國家圖書館出版品預行編目資料

出土文獻鄭國史料集釋（上）／白星飛 著 ── 初版 ── 新北市：
花木蘭文化事業有限公司，2018〔民107〕
目 2+262 面：19×26 公分
（古典文獻研究輯刊 二七編：第10冊）
ISBN 978-986-485-568-1（精裝）
1.春秋史 2.史料 3.史學評論
011.08   107012290

ISBN-978-986-485-568-1

古典文獻研究輯刊
二七編 第 十 冊   ISBN：978-986-485-568-1

出土文獻鄭國史料集釋（上）

作　　者　白星飛
主　　編　潘美月　杜潔祥
總 編 輯　杜潔祥
副總編輯　楊嘉樂
編　　輯　許郁翎、王筑　美術編輯　陳逸婷
出　　版　花木蘭文化事業有限公司
發 行 人　高小娟
聯絡地址　235 新北市中和區中安街七二號十三樓
　　　　　電話：02-2923-1455／傳真：02-2923-1452
網　　址　http://www.huamulan.tw 信箱 hml 810518@gmail.com
印　　刷　普羅文化出版廣告事業
初　　版　2018 年 9 月
全書字數　341033 字
定　　價　二七編 24 冊（精裝）新台幣 46,000 元

出土文獻鄭國史料集釋（上）

白星飛　著

作者簡介

白星飛，男，1992 年生，江蘇常州人，曲阜師範大學歷史文學化學院（歷史文獻學方向）碩士，攻讀碩士研究生期間隨導師侯乃峰老師學習先秦史和出土文獻學並進行相關研究。現任廣西師範大學出版社文獻分社編輯。

提　　要

鄭國是春秋時期一個非常重要的諸侯國，鄭國史的研究歷來受到學者們的足夠重視，相關研究成果頗豐。出土金文與簡帛文獻中也不乏與鄭國史相關的內容，對鄭國史的研究具有非常重要的參考意義。

本書收錄與鄭國史相關的簡帛文獻及青銅器銘文，借鑒並吸收學界已有的成果，形成集釋，在集釋的基礎上對鄭國早期的歷史地理和史事、鄭國的姓氏、不同於傳世文獻的出土鄭國史料、喪葬禮制進行研究。

《鄭文公問太伯》篇中提及非常多的鄭國地名，對了解鄭國早期歷史地理大有裨益。簡文所載爲鄭桓公滅鄶之說又添一例證。此外，據清華簡《繫年》和《鄭文公問太伯》中的相關記載，鄭武公時期鄭國或已稱霸於東方諸侯。

簡帛金文中出現的大量鄭國人名，對研究鄭國的姓氏具有重要的參考價值。據清華簡可證實前人將鄭國的堵氏與洩氏混同之誤。據清華簡《良臣》《子產》篇的記載，可推測鄭國有王子氏，王子嬰次爐之器主亦當出自鄭國之王子氏。封子楚簠的器主當與清華簡《繫年》所見「子封子」相關。

出土文獻中與傳世文獻所載難免會存在不同之處，清華簡《繫年》第十一章、十二章、十三章、十六章，上博簡《鄭子家喪》篇所見鄭國史事與傳世文獻記載均存在差異。清華簡《繫年》可信度較高，其中一些記載可糾正傳世文獻之誤。上博簡《鄭子家喪》與子書類似，重說教不重史實，當以辯證的態度對待之。

《鄭武夫人規孺子》和《鄭子家喪》中所見的喪禮用語，印證了禮書以及其他傳世文獻中相關喪葬禮制的記載。《鄭武夫人規孺子》反映了春秋時期諸侯的葬禮；通過《鄭子家喪》篇，可深入了解春秋時期犯下重罪的卿大夫死後用以降低其葬禮等級的一系列措施。

目次

緒　論

一、研究背景

　　鄭國爲春秋時期的一個次等大國，雖不如晉、楚、齊、秦那般強盛，但在春秋歷史中具有重要的地位。鄭國爲姬姓國，乃周厲王少子桓公友之封國，周宣王二十二年（公元前 806 年）始封桓公友於鄭。據《國語》記載，鄭桓公於幽王時爲周王室司徒，當時幽王失德，王室衰微，桓公聽從史伯的建議，東遷至虢、鄶一帶。西周滅亡，桓公亦死難。平王東遷，其子鄭武公與晉文侯夾輔周室，《國語·周語》所載「我周之東遷，晉、鄭是依」〔註 1〕，說的便是此事。此外，據清華簡記載：「鄭武公亦正東方之諸侯」〔註 2〕，說明當時鄭武公已成爲東方諸侯之長，鄭國國勢已相當強盛。春秋初期秦、晉、楚、齊尚未興起，這段歷史則是以黃河中下游魯、衛、鄭、宋諸國的爭雄以及鄭國與周王室的衝突爲主。

　　鄭國於春秋初年強橫一時，鄭莊公「以王命討不庭」〔註3〕，在與宋衛等國的爭衡中佔據絕對優勢，甚至挑戰周王權威，擊敗周王所率聯軍，周鄭交質，鄭國於春秋初期幾爲霸主。然而鄭莊公死後鄭國內亂，莊公諸子鬥閱斬伐，鄭大夫祭仲、高渠彌專權，甚至左右鄭國君主的廢立，使得鄭國陷入內亂並很快淪爲二流國家，雖說鄭厲公之野心及手段不輸於鄭莊公，但是其在位時間並不長，無法使鄭國再度興起。隨著齊、秦、晉、楚的興起，鄭國也逐漸淪爲大國的附庸。雖然鄭國疆域並不大，但是其西鄰周王室，北有晉，

〔註 1〕 徐元誥《國語集解》，北京：中華書局，2002 年 6 月，第 44 頁。
〔註 2〕 清華大學出土文獻研究與保護中心編，李學勤主編《清華大學藏戰國竹簡（貳)》，上海：中西書局，2011 年 12 月，第 138 頁。
〔註 3〕 楊伯峻《春秋左傳注》，北京：中華書局，2009 年 10 月，第 68 頁。

南有楚，東與宋、衛、陳接壤，其優越的地理位置使得鄭國成爲大國爭霸的中心，楊伯峻先生曾指出「欲霸中原，必先得鄭」〔註4〕。秦、晉、楚這些大國都曾對鄭國虎視眈眈，秦晉關係徹底破裂的一個主要原因就是兩國對於鄭國的爭奪；春秋中後期，鄭國長期遭受晉楚兩國軍事以及經濟上的雙重壓迫，國內矛盾極其尖銳，國家長期處於內憂外患之中，其內政較之其他國家更爲難治。雖說子產的出現使得鄭國的處境得以改善，甚至出現中興之勢，但終究無法使鄭國擺脫衰亡的命運，鄭國於鄭康公二十一年（公元前 375 年）爲韓所滅。

綜觀春秋歷史，鄭國的地位雖不及晉楚這些大國，但是談及春秋史，沒有人會忽略鄭國的存在。鄭國從春秋初期的一方雄主；到之後國內的大亂，莊公的諸位公子以及鄭國權臣之間相互鬥鬩斬伐；再到春秋中後期成爲晉楚兩個大國爭奪和拉攏的主要對象；再到在當時與孔子齊名的子產治鄭，其對鄭國的治理卓有成效，使得國家和人民都得到了相當的利益。鄭國的歷史獨具特色，具有相當高的研究價值。春秋中後期早已是禮崩樂壞，諸侯國不尊周王，到了諸侯國內也是「上行下效」，卿大夫多不尊各自的君主，國內政權多由世族掌控，鄭國則有良、由、國、罕、駟、印、封七穆之族。由於鄭國具有非常優越的地理位置，所以其商業在春秋時期最爲發達。從春秋初期到春秋末年，鄭國始終具備很強的軍事實力，鄭國的「魚麗之陣」也是春秋時期有名的戰陣。鄭國毗鄰周王室，禮法方面也多沿襲周禮，鄭文化地位雖不及魯文化，但仍是春秋文化的一個重要組成部分。鄭國的發展歷程、政治、經濟、軍事、文化均獨具特色，都具有很高的研究價值。

自從上世紀 70 年代以來，大量的簡帛文獻資料出土，與甲骨文、金文、敦煌遺書、明清內閣檔案一樣，爲學術研究提供了豐富的新材料。這些新出土的簡帛材料一方面豐富了古代歷史的內容，修正並補充了傳世史書的記載；另一方面還可以作爲校勘某些傳世典籍的依據以及研究語言文字的原始素材。

前人對於鄭國史已做過很多深入的研究，然而在清華簡第六輯公佈之前，並無大篇幅的關於鄭國史的出土文獻可供學者參考，雖說上博簡第七輯中的《鄭子家喪》與鄭國存在密切聯繫，但該篇文獻爲楚國文獻，其主人公爲楚莊王。在清華簡公佈之前，涉及鄭國史的出土文獻雖說不是很少，但是

〔註4〕楊伯峻《春秋左傳注》，北京：中華書局，2009 年 10 月，第 988 頁。

非常零散，大多爲金文，簡帛文獻中也只有零星的幾句話涉及鄭國史。前輩學者們對於鄭國史的研究還是以參照《詩經》《左傳》《國語》等傳世文獻爲主，輔之以青銅器銘文。

清華簡第六輯中的《鄭武夫人規孺子》《鄭文公問太伯》和《子產》三篇篇幅較長，且與鄭國歷史密切相關，其內容可印證和補充傳世文獻的記載，甚至可以根據其中的內容解決其他出土文獻中存在的爭議性問題。雖說這些出土文獻一經公佈，就有許多學者對其展開討論和研究，但是尚未有學者將所有與鄭國史相關的出土文獻加以整理並進行綜合研究。

涉及鄭國史的出土文獻包括簡帛文獻和青銅器銘文。涉及鄭國史的簡帛文獻包括包山楚簡中的兩條大事紀年、馬王堆帛書《春秋事語・伯有章》、上博簡（七）中的《鄭子家喪》、清華簡（貳）《繫年》中涉及鄭國史的部分、清華簡（叁）《良臣》中記載的十餘個鄭國人名、清華簡（陸）《鄭武夫人規孺子》《鄭文公問太伯》《子產》三篇、清華簡（柒）《晉文公入於晉》最末晉文公稱霸諸侯的記載。與鄭國史相關的青銅器銘文有鄭同媿鼎、鄭楙父賓父壺、叔虝父盨、鄭子石鼎、良夫盤、良夫匜、鄭伯盤、鄭莊公之孫盧鼎、王子嬰次爐、哀成叔鼎等數十件。其中如鄭莊公之孫盧鼎、哀成叔鼎均爲有名的重器，相關的研究成果頗豐；而關於王子嬰次爐，其歸屬問題更是眾說紛紜。

雖說前人對於這些出土文獻的研究成果頗豐，但是仍然存在許多爭議性問題有待學者們分析解決。

二、學術史回顧

鄭國史是先秦史的一個重要組成部分，鄭國史的研究也受到學者們的足夠重視，前人對於鄭國史的研究成果更是不勝枚舉。

（一）相關傳世文獻研究成果

《左傳》《國語》是研究春秋歷史的重要參考文獻，後人所作的注疏和論著往往都包含他們對鄭國史的獨到見解，具有代表性的有清人高士奇的《左傳紀事本末》、清人洪亮吉的《春秋左傳詁》、童書業的《春秋左傳研究》、楊伯峻的《春秋左傳注》、徐元誥的《國語集解》等等。

傳世文獻所載先秦時期地名、地望的研究亦是先秦史研究的一個重要組成部分，清代學者尤擅考據之學，對於《春秋》經中地名的考證結果對後人研究先秦歷史地理大有補益，如江永的《春秋地理考實》、高士奇的《春秋地

名考略》等。

清人顧棟高所輯之《春秋大事表》一書將《春秋》和《左傳》的基本內容都用表的形式類聚群分，進行考證和總結，其內容包括時令、朔閏、列國疆域、爵姓及存滅、都邑、山川、險要、官制、姓氏、卿大夫世系、刑賞、田賦軍旅、吉凶賓軍嘉五禮、列國爭盟、交兵、天文、五行、齊紀鄭許宋曹吞滅、亂賊、兵謀、人物、列女等，凡五十卷。如這般內容豐富、分類精細、體制龐大的春秋學著作並不多見，此書對於春秋時期鄭國歷史的研究具有非常高的參考價值。〔註5〕

陳槃的《春秋大事表列國爵姓及存滅表撰異》一書在顧棟高《春秋大事表》卷五《列國爵姓及存滅表》的基礎上，對春秋列國之國、爵、姓、始封、都、存滅分別進行考證和研究。此書內容豐富，條理清晰，見解獨到，書中對於鄭國始封的考證以及「鄭國滅鄶」問題的辨析都極具參考意義。〔註6〕

《竹書紀年》為西晉汲郡古墓出土竹簡的一部分，屬編年體史書，所載史事與《左傳》《史記》等傳世文獻所載多有不同。經過千年的流傳，亦可視作傳世文獻。《竹書紀年》原文雖已佚失，如今能見到的均為後人輯佚的結果，但仍然是研究先秦史的重要史料。後世對於《竹書紀年》的研究著作亦是先秦史研究的重要參考材料。如雷學淇的《竹書紀年義證》、王國維的《今本竹書紀年疏證》、范祥雍的《古本竹書紀年輯校訂補》以及方詩銘、王修齡的《古本竹書紀年輯證》等。

許多先秦史專著都涉及鄭國歷史，其中的不少觀點都極具參考價值。先秦史的通論類著作中比較具有代表性的有呂思勉的《先秦史》、徐中舒的《先秦史論稿》等等，對春秋時期鄭國歷史的敘述與分析均是非常到位。

童書業先生的《春秋史》，以《詩經》《尚書》《左傳》《國語》為主要參考材料，用非常通俗易懂的語言敘述整個春秋時期的歷史，書中對春秋各國的歷史發展都有全面的分析，此書對於了解鄭國史大有裨益。〔註7〕

張以仁《春秋史論集》一書，收錄作者關於春秋史研究的論文九篇，其中有三篇是關於鄭國歷史的研究。《鄭國滅鄶資料的檢討》一文，綜合先前學者對於鄭國滅鄶問題的不同意見，得出五點結論，這些結論說明鄭武公滅鄶

〔註5〕（清）顧棟高《春秋大事表》，北京：中華書局，1993年6月。

〔註6〕陳槃《春秋大事表列國爵姓及存滅表撰異》，上海：上海古籍出版社，2009年11月。

〔註7〕童書業《春秋史》，上海：上海古籍出版社，2003年4月。

的可能性遠大於鄭桓公滅鄶的可能性；《春秋鄭人入滑的有關問題》一文，對鄭人首次伐滑時間及滑的地望進行探討，認爲鄭人首次伐滑時間爲周襄王十三年，即魯僖公二十年，滑的地望在河南緱氏縣；《鄭桓公非厲王之子說述辨》一文對雷學淇和陳槃二人提出的鄭桓公爲宣王之子，厲王之孫的觀點進行商榷，認爲鄭桓公當爲周厲王之子。〔註8〕

　　晁福林《論鄭國的政治發展及其歷史特徵》一文，對鄭國歷史進行高度概括，將鄭國在東周時期的政治發展分爲四個不同的階段，在此基礎上探討鄭國社會歷史發展的特徵。〔註9〕文章篇幅雖然很短，但對於鄭史的研究頗有借鑒意義。

　　關於鄭國疆域的研究，李玉潔的《鄭國的都城和疆域》一文，結合《左傳》《國語》《漢書·地理志》等傳世文獻的記載，對鄭國東遷後的都城、對外擴張和疆域進行綜合研究，得出「鄭國的疆域在今河南省的中心地區」的結論。〔註10〕

　　楊建敏《從〈世本〉記載看鄭國四都三遷》一文根據《世本》所載鄭國遷都之事，對鄭國「四都三遷」作進一步探討，鄭國初都棫林，徙都拾，東遷於溱、洧之間，最後徙於新鄭。文章對鄭國三次遷都的原因分別進行分析，并結合傳世文獻和相關出土文物加以佐證。〔註11〕

　　「鄭國滅鄶」之說一直都存在很大的爭議，古籍中所記載的觀點大致分三類：一是主張鄶滅於鄭桓公，如《竹書紀年》和《漢書·地理志》臣瓚注等；二是主張鄶滅於鄭武公，如班固之《漢書·地理志》應劭、顏師古注、張守節《史記正義》、《國語》韋昭注、雷學淇《竹書紀年義證》等；三是言鄶滅於鄭，但並未明確指出是滅於鄭桓公還是鄭武公，如陳槃《春秋大事表列國爵姓及存滅表撰異》等。張以仁《鄭國滅鄶資料的檢討》總結前人之說，並對文獻記載詳加考證，提出鄭武公滅鄶的可能性更大。〔註12〕邵炳軍《鄭武公滅檜年代補

〔註8〕　張以仁《春秋史論集》，臺北：聯經出版事業公司，1990年1月。
〔註9〕　晁福林《論鄭國的政治發展及其歷史特徵》，《南都學壇（社會科學版）》1992年第3期，第40～44頁。
〔註10〕李玉潔《鄭國的都城和疆域》，《中州學刊》2005年第6期，第162～164頁。
〔註11〕楊建敏《從〈世本〉記載看鄭國四都三遷》，《黃河科技大學學報》2009年第4期，第42～47頁。
〔註12〕張以仁《春秋史論集》，臺北：聯經出版事業公司，1990年1月，第205～247頁。

證》提出襲鄶而取其邑者爲桓公，滅鄶而遷鄭者爲武公。〔註13〕邵炳軍、路艷艷《〈詩・檜風・隰有萇楚〉〈匪風〉作時補證》提出鄭桓公襲鄶而取其地但未滅其國，鄭桓公死後武公繼續伐鄶，鄶滅於周平王二年。〔註14〕

關於鄭國的卿族研究，駱賓基《鄭之「七穆」考》一文對鄭國之「七穆」逐一進行考辨，得出鄭之「七穆」無國氏，子產非鄭穆公子嗣之族的結論。〔註15〕房占紅《七穆與鄭國政治》以鄭國七穆之族的政治變遷爲切入口，對鄭國以外交求生存、外交求獨立的政治特色和七穆在這些方面的作用進行全面分析。〔註16〕

到目前爲止，已有不少研究鄭國歷史的碩博論文，內容涉及鄭國東遷、鄭國的疆域、政治、經濟、文化、卿族、邦交、城市發展等各個方面。

梁霞《春秋時期鄭國外交研究》對鄭國小霸、衰落、「介居」、小幅中興等各階段外交的狀況、原因、表現和影響進行整理和研究。〔註17〕

蘇勇《周代鄭國史研究》從鄭國的建立、東遷、歷史發展、邦交、卿族、疆域和都城、經濟、文化各個方面對鄭國歷史作全面、系統的綜合性研究。〔註18〕

林寶華《春秋鄭國卿族的權力維繫及其歷史變遷》對鄭國卿族，尤其是鄭國七穆之族的興起、權力維繫的特點、權力的歷史變遷進行考察研究。〔註19〕

熊棟樑《鄭國東遷歷史地理研究》對鄭國東遷相關史事進行深入分析，並對鄭國東遷所取十邑之地望分別進行考證和研究。〔註20〕

高雪《兩周之際東遷封國轉型研究——以虢、鄭爲例》一文涉及鄭國東遷過程及東遷後所處地理位置的討論以及對於周王室衰微背景下鄭國轉型過程的探討。〔註21〕

〔註13〕邵炳軍《鄭武公滅檜年代補證》，《上海大學學報（社會科學版）》2005 年第 1期，第 31～35 頁。

〔註14〕邵炳軍、路艷艷《〈詩・檜風・隰有萇楚〉〈匪風〉作時補證》，《中國文化研究》2006 年第 3 期，第 38～44 頁。

〔註15〕駱賓基《鄭之「七穆」考》，《文獻》1984 年第 3 期，第 40～48 頁。

〔註16〕房占紅《七穆與鄭國政治》，長春：吉林大學，1999 年碩士學位論文。

〔註17〕梁霞《春秋時期鄭國外交研究》，濟南：山東大學，2009 年碩士學位論文。

〔註18〕蘇勇《周代鄭國史研究》，長春：吉林大學，2010 年博士學位論文。

〔註19〕林寶華《春秋鄭國卿族的權力維繫及其歷史變遷》，南昌：江西師範大學，2012年碩士學位論文。

〔註20〕熊棟樑《鄭國東遷歷史地理研究》，武漢：湖北省社會科學院，2016 年碩士學位論文。

〔註21〕高雪《兩周之際東遷封國轉型研究——以虢、鄭爲例》，上海：華東師範大學，2016 年碩士學位論文。

其他如張曉的《鄭國法家文化研究》〔註22〕、李傑的《試論春秋時期的晉鄭關係》〔註23〕、史雪飛的《鄭國城市研究》〔註24〕等，均從不同角度研究春秋時期鄭國的歷史。

（二）相關出土文獻研究成果

涉及鄭國史的出土文獻材料包括青銅器銘文和簡帛文獻。前人對於商周金文的著錄和研究成果頗豐，因此對於鄭國青銅器銘文已經有了較爲系統而又全面的研究。

如于省吾的《雙劍誃吉金文選》、楊樹達的《積微居金文說》、容庚的《商周彝器通考》、郭沫若的《兩周金文辭大系圖錄考釋》、馬承源的《商周青銅器銘文選》等。這些大家關於青銅器銘文的論著，都是後人研究青銅器銘文的重要參考材料，其中亦包括這些大家對鄭國金文的諸多考證和看法。

王國維之《觀堂集林》涉及領域甚廣，爲中國學術史上的一部不朽之作。其中便涉及兩周金文的考釋和研究，包括鄭國青銅器銘文的考釋，對後人的研究具有非常重要的借鑒意義。

吳鎮烽的《金文人名彙編》是了解青銅器銘文中所見人名的重要參考材料，書中附有《金文人名研究》。此書不僅是作者對金文中所見人名的整理彙編，書中亦包含作者對一些金文中所見人名有理有據的辨析。〔註25〕

20 世紀以來，隨著出土文獻研究的興起，大量學者將新出土的青銅器銘文與傳世文獻記載相結合，對傳統的說法進行補充和修正。亦有學者利用青銅器銘文考證鄭國始封之地以及鄭國東遷，如向志儒的《鄭、棫林之故地及其源流探討》〔註26〕、李學勤的《論西周鄭的地望》〔註27〕、李峰的《西周金文中的鄭地和鄭國東遷》〔註28〕。按照傳統說法，鄭國始封之地在今陝西華縣，李學勤支持傳統說法并結合出土文獻對傳統說法進行補充，而向志儒

〔註22〕張曉《鄭國法家文化研究》，濟南：山東師範大學，2011 年碩士學位論文。

〔註23〕李傑《試論春秋時期的晉鄭關係》，太原：山西師範大學，2013 年碩士學位論文。

〔註24〕史雪飛《鄭國城市研究》，鄭州：鄭州大學，2015 年碩士學位論文。

〔註25〕吳鎮烽《金文人名彙編》，北京：中華書局，2006 年 8 月。

〔註26〕尚志儒《鄭、棫林之故地及其源流探討》，《古文字研究（第 13 輯）》，北京：中華書局，1986 年 6 月，第 438～450 頁。

〔註27〕李學勤《論西周鄭的地望》，《夏商周年代學札記》，瀋陽：遼寧大學出版社，1999 年 10 月，第 40～47 頁。

〔註28〕李峰《西周金文中的鄭地和鄭國東遷》，《文物》2006 年第 9 期，第 70～78 頁。

和李峰均主張鄭國始封之地在涇河以西陝西鳳翔一帶而非華縣。

吳其昌《金文世族譜》，開啓了利用金文資料研究西周世族之先河。韓巍的《西周金文世族研究》在此基礎之上，搜集有關西周世族的青銅器銘文，對各世族進行歸納，整理各世族的基本資料，並對相關問題加以考訂。其中亦包含作者對金文所見鄭國世族的深入研究。〔註29〕

尹盛平《西周金文世族與宗法制度》一文中涉及鄭井以及虢季世族的考證，與鄭國早期歷史研究亦存在一定的關聯。〔註30〕

馬超《春秋時期淮上方國金文研究》一文中亦包括鄭國青銅器銘文的整理與研究。〔註31〕

劉麗《出土傳世文獻所見鄭國婚姻關係探討》一文通過對傳世文獻的記載分析，結合相關青銅器銘文，對西周至春秋時期鄭國與諸國的婚姻關係進行梳理，勾勒出鄭國在西周、春秋時期的婚姻政治地圖，並對鄭國的婚姻關係特點進行深入分析。〔註32〕

前人對於鄭國青銅器銘文的研究中亦存在許多分歧，其中具有代表性的問題如下：

關於子耳鼎（寶登鼎）銘文中的「鄭噩叔」，張莉認爲是「鄭伯克段于鄢」事件中的共叔段〔註33〕，馬超認爲銘文中的「噩」字當釋爲「喪」，「鄭喪叔」爲鄭穆公之子——公子去疾，即入楚爲質的「子良」〔註34〕。

關於鄭臧公之孫鼎銘文中的「鄭臧公」，黃錫全、李祖才認爲是鄭襄公〔註35〕，吳鎮烽、李學勤認爲是鄭莊公，李學勤提出器主爲鄭莊公之裔孫〔註36〕。

〔註29〕韓巍《西周金文世族研究》，北京：北京大學，2007年博士學位論文。

〔註30〕尹盛平《西周金文世族與宗法制度》，《陝西歷史博物館館刊（第11輯）》，西安：三秦出版社，2004年12月，第10～25頁。

〔註31〕馬超《春秋時期淮上方國金文研究》，合肥：安徽大學，2014年碩士學位論文。

〔註32〕劉麗《出土傳世文獻所見鄭國婚姻關係探討》，《出土文獻（第六輯）》，上海：中西書局，2015年4月，第32～54頁。

〔註33〕張莉《登封告成春秋鄭國貴族墓研究》，《中國歷史文物》2007年第5期，第74～80頁。

〔註34〕馬超《春秋時期淮上方國金文研究》，合肥：安徽大學，2014年碩士學位論文，第17～21頁。

〔註35〕黃錫全、李祖才《鄭臧公之孫鼎銘文考釋》，《考古》1991年第9期，第855～858頁。

〔註36〕吳鎮烽《金文人名彙編（修訂本）》，北京：中華書局，2006年8月，第325頁。李學勤《鄭人金文兩種對讀》，《中華國學研究》創刊號，2008年10月；

關於王子嬰次爐的歸屬問題，王國維認爲銘文中王子嬰次爲楚令尹子重，此爐爲鄢陵之戰楚軍之遺器〔註37〕；郭沫若認爲王子嬰次爲鄭莊公之子，鄭子嬰〔註38〕；楊樹達、張頷等均贊同王子嬰次爲楚令尹子重，楊樹達對此爐爲鄢陵之戰楚軍遺棄於鄭之說提出質疑〔註39〕；孔令遠認爲王子嬰次爐爲春秋晚期徐國之器〔註40〕。

涉及鄭國史的簡帛文獻大多公佈時間不長，相關研究尚不成熟，研究成果仍是以學術論文爲主。前人對涉及鄭國史的出土文獻提出過許多獨到見解，但往往各家說法不一，相關簡帛文獻的研究中仍然存在許多爭議性問題。

關於包山楚簡中「魯陽公以楚師後城鄭之歲」的年代，劉彬徽《從包山楚簡材料論及楚國紀年與楚曆》一文推測爲公元前 320 年〔註41〕；何浩《魯陽君、魯陽公及魯陽設縣的問題》一文推算爲楚懷王八年（公元前 321 年）〔註42〕；徐少華《周代南土歷史地理與文化》估計不出楚宣、威二王（公元前 369～329 年）在世的 40 年間〔註43〕；陳偉《包山楚簡初探》一文根據楚曆推算魯陽公城鄭之歲爲公元前 320 年的可能性較大些〔註44〕；劉信芳《包山楚簡解詁》認爲該大事紀年的絕對年代爲楚懷王九年（前 320 年）〔註45〕；李學勤《論包山楚簡魯陽公城鄭》據相關傳世文獻推測魯陽公城鄭之歲當在公元前 394 年〔註46〕。

　　　　後輯入李學勤《通向文明之路》，北京：商務印書館，2010 年 4 月，第 166～170 頁。
〔註37〕王國維《王子嬰次爐跋》，《觀堂集林》，北京：中華書局，1959 年 6 月，第 899～901 頁。
〔註38〕郭沫若《新鄭古器之一二考核》，《郭沫若全集・考古編第 04 卷・殷周青銅器銘文研究》，北京：人民文學出版社，1982 年 10 月，第 91～100 頁。
〔註39〕楊樹達《積微居金文說》，上海：上海古籍出版社，2013 年 9 月，第 277 頁。
〔註40〕孔令遠《王子嬰次爐的復原及其國別問題》，《考古與文物》2002 年第 4 期，第 30～33 頁。
〔註41〕劉彬徽《從包山楚簡材料論及楚國紀年與楚曆》，《包山楚墓》，北京：文物出版社，1991 年 10 月，第 533～547 頁。
〔註42〕何浩《魯陽君、魯陽公及魯陽設縣的問題》，《中原文物》1994 年第 4 期，第 47～51 頁。
〔註43〕徐少華《周代南土歷史地理與文化》，武漢：武漢大學出版社，1994 年 10 月，第 319～320 頁。
〔註44〕陳偉《包山楚簡初探》，武漢：武漢大學出版社，1996 年 8 月，第 18～19 頁。
〔註45〕劉信芳《包山楚簡解詁》，臺北：藝文印書館，2004 年 1 月，第 6 頁。
〔註46〕李學勤《論包山楚簡魯陽公城鄭》，《清華大學學報（哲學社會科學版）》2004 年第 3 期，第 30～32 頁。

　　張政烺《春秋事語解題》一文最早提出《春秋事語·伯有章》中的「閔子辛」爲「閔子騫」。〔註47〕學界多讚同其說，並對此說加以補證。而裘錫圭、龍建春曾對此說提出過質疑〔註48〕。

　　張新俊《〈鄭子家喪〉「愿」字試解》一文指出《鄭子家喪》簡文「以邦之變」的「邦」指的是楚國，據《左傳》的記載，鄭子家弑其君鄭靈公之事發生在公元前605年，這一年楚國的政局正處在動蕩之中。「邦之變」指的是《左傳·宣公四年》所記楚莊王九年楚國所發生的內亂。〔註49〕

　　馮時《〈鄭子家喪〉與〈鐸氏微〉》一文，通過對《鄭子家喪》文本的釋讀以及竹書編寫特點的分析，認爲《鄭子家喪》的撰寫特色與《鐸氏微》相吻合。《鄭子家喪》當爲佚書《鐸氏微》中的一章。〔註50〕

　　廖群《上海博物館敘事簡與先秦「說體」研究》一文，以上海博物館敘事簡爲例，揭示簡帛出土文獻對於先秦「說體」研究的價值和意義。文中圍繞《鄭子家喪》與先秦「說體」續補展開論述，指出《鄭子家喪》一段敘事，對於鄭子家弑君故事既是很好地續文，又對《左傳》的敘事，有補充和釋疑的作用。〔註51〕

　　關於《鄭子家喪》一篇中喪禮用語的研究，復旦大學出土文獻與古文字研究中心研究生讀書會《〈上博七·鄭子家喪〉校讀》中根據《禮記》《墨子》等文獻中的相關記載，將簡文「梨木三寸，疏索以絃」理解爲描述子家死後的葬制，解釋爲「給鄭子家用梨木製的三寸薄棺，用粗劣的絾繩捆綁。」〔註52〕網友一蠹在此基礎之上，以簡文「利（梨）木三耆（寸）」與《左傳》「斲子家之棺」互相發明，指出《左傳》杜注孔疏中「剖棺見尸」說法之誤，並言《左

〔註47〕張政烺《〈春秋事語〉解題》，《文物》1977年第1期，第36～39頁。

〔註48〕裘錫圭《帛書〈春秋事語〉校讀》，《裘錫圭學術文集（第二卷）》，上海：復旦大學出版社，2015年8月，第415～416頁。龍建春《〈春秋事語〉札論》，《台州學院學報》2004年第2期，第5～8頁。

〔註49〕張新俊《〈鄭子家喪〉「愿」字試解》，復旦大學出土文獻與古文字研究中心網，2009年1月3日，http://www.gwz.fudan.edu.cn/Web/Show/604

〔註50〕馮時《〈鄭子家喪〉與〈鐸氏微〉》，《考古》2012年第2期，第76～83頁。

〔註51〕廖群《上海博物館敘事簡與先秦「說體」研究》，《中南民族大學學報（人文社會科學版）》2016年第1期，第138～143頁。

〔註52〕復旦大學出土文獻與古文字研究中心研究生讀書會《〈上博七·鄭子家喪〉校讀》，復旦大學出土文獻與古文字研究中心網，2008年12月31日，http://www.gwz.fudan.edu.cn/Web/Show/584

傳》中的「斷子家之棺」當爲斲薄子家之棺，降低其葬禮等級之意。〔註53〕

　　代生、張少筠《清華簡〈繫年〉所見鄭國史事初探》一文，對清華簡《繫年》中與鄭國相關的史事進行討論，將《繫年》中的鄭國史事分爲「兩周之際的鄭國」「大國爭霸下的鄭國」「繻公時代的鄭國」三個部分；並將《繫年》中的鄭國史料與傳世文獻中的相關資料進行對比，對兩種史料加以辨析，指出《繫年》所見鄭國史料的特點。〔註54〕

　　王淑芳、李充《秦晉崤之戰相關問題再研究》一文，根據清華簡《繫年》第八章內容，從秦、晉、鄭三國角度出發，對崤之戰之前秦晉關破裂的原因進行分析；並對秦晉崤之戰之後的形勢加以分析。〔註55〕

　　魏慈德《〈上博〉與〈清華〉簡中的楚國史事輯補》一文中，作者分述清華簡《繫年》第十二、十三章以及上博簡《鄭子家喪》中與邲之戰的相關記載，並與傳世文獻中有關邲之戰的記載相對讀，進行相應的史料分析。〔註56〕

　　清華簡《良臣》篇中有「王子伯願」「王子百」，原整理者注云：「鄭有王子氏」〔註57〕，然《世本》中並無鄭國王子氏之記載，其他傳世文獻中亦無鄭國王子氏的明確記載。

　　李學勤《新整理清華簡六種概述》一文指出《良臣》篇簡文所載唐虞到西周時的良臣，不少與《尚書》有關，但一部分人物的活動時代和傳統說法存在明顯不同；簡文爲突出子產，特別列舉了「子產之師」和「子產之輔」，李先生猜想簡文的作者可能源出鄭國，甚至和子產有某種特殊的關係。〔註58〕

　　程浩《小議〈良臣〉中的「叔向」》一文，認爲簡文中「後有叔向」和「楚共王有伯州犁，以爲太宰」等內容的出現均與子產有關，是爲特別突出子產，

〔註53〕一盏《由〈鄭子家喪〉看〈左傳〉的一處注文》，復旦大學出土文獻與古文字研究中心網，2009 年 1 月 3 日，http://www.gwz.fudan.edu.cn/Web/Show/609

〔註54〕代生、張少筠《清華簡〈繫年〉所見鄭國史事初探》，《中南大學學報（社會科學版）》2015 年第 3 期，第 242～247 頁。

〔註55〕王淑芳、李充《秦晉崤之戰相關問題再研究》，《檔案》2016 年第 11 期，第 52～55 頁。

〔註56〕魏慈德《〈上博〉與〈清華〉簡中的楚國史事輯補》，《出土文獻語言研究》第二輯，廣州：暨南大學出版社，2015 年 3 月，第 145～165 頁。

〔註57〕清華大學出土文獻研究與保護中心編，李學勤主編《清華大學藏戰國竹簡（叁）》，上海：中西書局，2012 年 12 月，第 162 頁。

〔註58〕李學勤《新整理清華簡六種概述》，《文物》2012 年第 8 期，第 66～71 頁。

并徵引相關傳世文獻加以論證。該篇文章推測《良臣》篇很可能出自一位推崇子產的三晉儒者之手。〔註59〕

李守奎《〈鄭武夫人規孺子〉中的喪禮用語與相關的禮制問題》一文中，作者推斷《鄭武夫人規孺子》篇成書於鄭莊公在世期間，是史官實錄。在梳理全篇結構與文義的基礎上，考察喪禮中的一些稱謂與用語，解讀文本中的疑難釋讀，對春秋初年的一些喪禮問題進行探討。文章指出，簡文中的「先君之憂」或與《禮記》中的「三年憂」有關。〔註60〕

王紅亮《清華六〈鄭武夫人規孺子〉有關歷史問題解說》一文結合清華簡《繫年》及傳世文獻中的相關內容指出鄭武公所陷之「大難」即指周亡王九年，認爲《繫年》所見「周亡王九年」即周幽王九年（前773年），并結合《鄭武夫人規孺子》的內容推測當時身爲父子的鄭桓公和鄭武公持不同政見，鄭桓公支持周幽王，而鄭武公支持周平王，鄭武公出奔衛國也是因爲衛武公是周平王的堅定支持者。〔註61〕

王寧《由清華簡六二篇說鄭的立國時間問題》一文通過對清華簡（陸）中的《鄭武夫人規孺子》《鄭文公問太伯》兩篇簡文的分析，結合其他相關傳世文獻和出土文獻的內容，對鄭國早期歷史加以辨析。文章指出：「鄭桓公滅鄶當在晉文侯二年，滅虢在晉文侯四年，到其遇難之時鄭已經在東方立國數年。只是因爲臣瓚誤讀了《竹書紀年》，把本來發生在晉文侯二年、四年的鄭桓公滅鄶、虢之事說成了是『幽王既敗二年』『四年』，才造成了後人認識的混亂。」文章根據《鄭文公問太伯》篇的記載，提出鄭國東遷啓疆離不開晉國的幫助。〔註62〕

陳偉《鄭伯克段「前傳」的歷史敘述》一文指出竹書中的「邊父」，很可能就是在鄭國執政六十多年的祭仲。〔註63〕

〔註59〕程浩《小議〈良臣〉中的「叔向」》，清華大學出土文獻研究與保護中心網，2013年5月12日，http://www.ctwx.tsinghua.edu.cn/publish/cetrp/6842/2013/20130512212040098858357/20130512212040098858357_.html

〔註60〕李守奎《〈鄭武夫人規孺子〉中的喪禮用語與相關的禮制問題》，《中國史研究》2016年第1期，第11～18頁。

〔註61〕王紅亮《清華六〈鄭武夫人規孺子〉有關歷史問題解說》，復旦大學出土文獻與古文字研究中心網，2016年4月17日，http://www.gwz.fudan.edu.cn/Web/Show/2772

〔註62〕王寧《由清華簡六二篇說鄭的立國時間問題》，復旦大學出土文獻與古文字研究中心網，2016年4月20日，http://www.gwz.fudan.edu.cn/Web/Show/2777

〔註63〕陳偉《鄭伯克段「前傳」的歷史敘述》，《中國社會科學報》，2016年5月30日。

關於《鄭武夫人規孺子》簡序的排列問題上，網友悅園在《〈鄭武夫人規孺子〉初讀》中的發言推測簡 9 中的這段文字應是後文「邊父」對鄭莊公說的話。〔註64〕而網友子居認同網友悅園的觀點，簡 9 當從簡 8 與簡 10 之間抽出，簡 8 當與簡 10 連讀。〔註65〕尉侯凱也認爲將簡 9 置於簡 8 和簡 10 之間有很大問題，簡 9 單獨抽出後，尚無可放置之處，推測該篇文獻還有其他脫簡。〔註66〕

晁福林《談清華簡〈鄭武夫人規孺子〉的史料價值》一文，指出簡文體現周代國家大事的決策程序，同樣簡文也是說明周代諸侯國的貴族民主體制的重要史料。文章推測鄭武公「居衛三年」的時間當爲鄭武公娶妻後的十一年到十三年間（公元前 760-758 年），也是衛武公在世的最後三年，鄭武公被拘禁於衛國，到衛武公去世才得以趁機逃回鄭國。〔註67〕

馬楠《清華簡〈鄭文公問太伯〉與鄭國早期史事》一文，結合《左傳》《國語》《韓非子》《呂氏春秋》等傳世文獻，對簡文中太伯提及的「孔叔、佚之夷、師之佢鹿、堵之俞彌、詹父」五人的身份進行辨析；并將簡文內容與古本《竹書紀年》《韓非子》等傳世文獻中的相關內容結合，對鄭國早期歷史，尤其是鄭桓公時期的歷史提出一些認識，如對鄭取虢、鄶的時間問題加以辨析。〔註68〕

王寧《清華簡六〈鄭文公問太伯〉的「縈軛」「遺陰」解》一文，根據各家對簡文中「縈軛」和「遺陰」的說法，徵引《詩》《說文》《釋名》等典籍中的相關內容及各家注疏，提出「『輮車』『縈軛』『遺陰』都是說軍隊在某地維修車輛，以此來表示作戰經過或佔領了這個地方，軍隊得以在此地駐扎休整」的觀點。〔註69〕

〔註64〕　《〈鄭武夫人規孺子〉初讀》，簡帛網——簡帛論壇，50 樓發言，發表日期：2016 年 5 月 30 日。

〔註65〕　子居《清華簡〈鄭武夫人規孺子〉解析》，中國先秦史網，2016 年 6 月 7 日，http://xianqin.byethost10.com/2016/06/07/338

〔註66〕　尉侯凱《清華簡六〈鄭武夫人規孺子〉編連獻疑》，簡帛網，2016 年 6 月 9 日，http://www.bsm.org.cn/show_article.php?id=2573

〔註67〕　晁福林《談清華簡〈鄭武夫人規孺子〉的史料價值》，《清華大學學報（哲學社會科學版）》2017 年第 3 期，第 125〜139 頁。

〔註68〕　馬楠《清華簡〈鄭文公問太伯〉與鄭國早期史事》，《文物》2016 年第 3 期，第 84〜87 頁。

〔註69〕　王寧《清華簡六〈鄭文公問太伯〉的「縈軛」「遺陰」解》，復旦大學出土文獻與古文字研究中心網，2016 年 5 月 16 日，http://www.gwz.fudan.edu.cn/Web/

夏含夷 The Tsinghua Manuscript *Zheng Wen Gong wen Tai Bo and the Question of the Production of Manuscript in Early China 一文，將《鄭文公問太伯》簡文的兩個抄本中含有「邑」旁的字體加以對比，提出簡文的抄錄利用了兩個不同的底本，一個可能出自楚國的書寫習慣（即「邑」旁置於左邊），另一個可能出自秦國或另外一種北方國家的書寫習慣（即「邑」旁置於右邊）。文章以此爲基礎對中國古代多文本文獻的製作問題加以探討。〔註70〕

劉光《清華簡〈鄭文公問太伯〉所見鄭國初年史事研究》一文，通過對《鄭文公問太伯》簡文的研究以及對相關傳世史料的考證，提出以下三點結論：一、鄭桓公克鄶時間當爲《竹書紀年》所記的「周幽王既敗二年」，晉文侯十二年，公元前 769 年。二、鄭桓公東遷或有奉周平王之命經營成周附近地區的戰略意圖，爲周平王東遷奠定了很好地基礎，爲王室立「勛」。三、簡文記載鄭莊公所伐之「齊酀之戎」，當爲濟水之戎，在春秋初年是以今山東曹縣附近爲中心。〔註71〕

清華簡《鄭文公問太伯》原整理者根據簡文中「堵之俞彌」這個人名，糾正《左傳·僖公二十四年》一處斷讀的錯誤，舊說皆斷作「公子士、洩堵俞彌帥師伐滑」，以「洩堵」爲「俞彌」之氏，此句當在「公子士洩」後斷句。〔註72〕尉侯凱《〈左傳〉「公子士洩」新考》一文同意原整理者之說，並在此基礎上提出《左傳》中的「公子士」與「公子士洩」並非一人，「公子士」爲鄭文公之子，「公子士洩」當屬鄭國公族。〔註73〕

張伯元《清華簡六〈子產〉篇「法律」一詞考》一文，對於簡 20 中的「法律」一詞加以考證，認爲簡 20 句當釋爲：「善君必察昔前善王之毻（薦），聿求蓋之賢。」此句講求賢，與「法律」、鑄刑鼎並無關聯。〔註74〕

Show/2793

〔註70〕夏含夷 The Tsinghua Manuscript *Zheng Wen Gong wen Tai Bo and the Question of the Production of Manuscript in Early China，《北京論壇（2016）文明的和諧與共同繁榮——互信·合作·共享：出土文獻與中國古代文明分論壇論文及摘要集》，2016 年 11 月 4 日，第 1～13 頁。

〔註71〕劉光《清華簡〈鄭文公問太伯〉所見鄭國初年史事研究》，《山西檔案》2016年第 6 期，第 31～34 頁。

〔註72〕清華大學出土文獻研究與保護中心編，李學勤主編《清華大學藏戰國竹簡（陸）》，上海：中西書局，2016 年 4 月，第 123～124 頁。

〔註73〕尉侯凱《〈左傳〉「公子士洩」新考》，《殷都學刊》2017 年第 1 期，第 53～56 頁。

〔註74〕張伯元《清華簡六〈子產〉篇「法律」一詞考》，簡帛網，2016 年 5 月 10 日，http://www.bsm.org.cn/show_article.php?id=2551

　　王寧《清華簡〈良臣〉〈子產〉中子產師、輔人名雜識》一文，將《良臣》篇所載的「子產之師」「子產之輔」十人與《子產》篇中所記的「老先生之俊」「子產之輔」十人加以對比并進行辨析。〔註75〕

　　范雲飛《〈清華陸・子產〉「尊令裕義」解》一文，對《子產》篇中「慈命裕義」一詞加以辨析，認爲該詞當讀爲「尊令裕義」。以此爲基礎對《子產》篇「由善用聖」章作進一步引申，提出「『刑』的意義在於『尊令裕義』。『令』『刑』之間的關係，大概就類似於『禮』『法』之間的關係。子產鑄刑書，並不僅僅是刑罰，其實還有『令』的教化的一面。」〔註76〕

　　王捷《清華簡〈子產〉篇與「刑書」新析》一文，將清華簡《子產》篇與《左傳》《尚書・呂刑》《逸周書・嘗麥解》等傳世文獻進行對讀，對「子產鑄刑書」一事的歷史淵源和思想背景加以辯證，並對春秋時期法律形式及演變問題進行深入探討。〔註77〕

　　李力《從法制史角度解讀清華簡（六）〈子產〉篇》一文，結合學者們的不同觀點，對《子產》篇中「法律」一詞進行辨析，分析《子產》篇第十段與「鑄刑書」時間的關係，並結合《尚書・呂刑》分析《子產》篇的結構與內容，得出以下結論：原整理者對於簡20「法律」一詞的解釋最爲合理；《子產》篇第十段與子產「鑄刑書」事件無直接關係；《子產》篇「此謂」「是謂」之後內容出自子產所鑄刑書之說難以成立。〔註78〕

三、研究內容

　　此書內容包括兩大部分，一是出土文獻所見鄭國史材料的整理，二是利用這些涉及鄭國歷史的出土文獻材料進行的相關研究。

　　出土文獻所見鄭國史材料的整理工作，就是將所有與春秋時期鄭國相關

〔註75〕王寧《清華簡〈良臣〉〈子產〉中子產師、輔人名雜識》，復旦大學出土文獻與古文字研究中心網，2016年6月27日，http://www.gwz.fudan.edu.cn/Web/Show/2843

〔註76〕范雲飛《〈清華陸・子產〉「尊令裕義」解》，簡帛網，2016年10月18日，http://www.bsm.org.cn/show_article.php?id=2646

〔註77〕王捷《清華簡〈子產〉篇與「刑書」新析》，《上海師範大學學報（哲學社會科學版）》2017年第4期，第53～59頁。

〔註78〕李力《從法制史角度解讀清華簡（六）〈子產〉篇》，武漢大學簡帛研究中心、香港中文大學歷史系中國歷史研究中心、韓國國立慶北大學歷史系《新出土戰國秦漢簡牘研究論文集》，2017年10月9-12日，第85～96頁。

的出土文獻進行整合並收集各家說法形成集釋。集釋部分爲涉及鄭國史的簡帛文獻集釋以及涉及鄭國史的青銅器銘文集釋兩部分。關於這些出土文獻的研究成果數量龐大，再者因條件所限，一些港臺甚至是國外學者的相關研究成果恐難以完全收錄，集釋部分的材料搜集出現疏漏恐難以避免。

相關簡帛文獻與青銅器銘文的集釋亦是作爲研究部分的基礎。研究部分的內容大致如下：

（一）清華簡《鄭文公問太伯》篇所見地名分析兼談鄭國早期史事

清華簡（陸）《鄭文公問太伯》記載太伯勸諫鄭文公的話語中包括其對鄭桓公、鄭武公和鄭莊公三位先君豐功偉績的追述，此段記載也有助於人們更深入的了解鄭國東遷後對外擴張和走向強盛的過程。簡文中提到非常多的鄭國地名，對鄭國早期的歷史地理研究具有非常重要的借鑒意義。本書對《鄭文公問太伯》篇中所涉及的地名加以辨析，在此基礎上對春秋早期鄭國疆域以及相關歷史問題進行探討。

（二）出土文獻所見鄭國人物姓氏整理研究

與鄭國史相關的青銅器銘文以及簡帛文獻中包含許多鄭國人名，其中大多屬鄭國的貴族階層，這些鄭國貴族的姓氏大多都能與傳世文獻所載相對應，而有些姓氏則不見於傳世文獻。出土文獻中少數幾個人物的姓氏尚存在較大的爭議。此部分將與鄭國相關出土文獻中所有鄭國人物的姓氏進行輯錄，並對見於傳世文獻的姓氏和不見於傳世文獻的姓氏分別進行討論。

（三）涉及鄭國史出土文獻中不同於傳世文獻記載之處辨析

出土文獻中存在不少與傳世文獻中不同的記載，尤其是晉楚邲之戰，上博簡、清華簡與傳世文獻的記載形成了三個不同的版本。其他如清華簡《繫年》第十一章所記厥貉之會後楚穆王與宋公、鄭伯共逐孟渚之麋一事以及第十六章所載之晉楚鄢陵之戰等，與傳世文獻均存在差異。此外《古本竹書紀年》中「鄭莊公殺公子聖」一事也不同於《左傳》所載。本書對出土文獻與傳世文獻記載不同之處進行辨析和研究。

（四）與鄭國史相關出土文獻中所見喪禮用語研究

李守奎《〈鄭武夫人規孺子〉中的喪禮用語與相關的禮制問題》一文便逐一分析了清華簡（陸）《鄭武夫人規孺子》篇中的喪禮用語，並結合簡文中的喪禮用語研究春秋初年的一些喪禮問題。上博簡《鄭子家喪》篇中亦存在喪

禮用語，而且對於此篇中喪禮用語的釋讀和解釋，學界一直以來都存在很大的爭議。對於《鄭武夫人規孺子》篇中的喪禮用語，本書在李守奎的研究成果上提出幾點補充。對《鄭子家喪》篇中所見喪禮用語進行相應整理，並在前人研究成果的基礎上，結合相關歷史背景以及《禮記》《左傳》《荀子》等傳世文獻的記載對這些喪禮用語進行辨析。

一、簡帛文獻所見鄭國史料集釋

　　在清華簡公佈之前，簡帛文獻中關於春秋時期鄭國歷史的內容並不多見，包括包山楚簡文書類簡中的兩條大事紀年，馬王堆帛書《春秋事語・伯有章》，上博簡（七）《鄭子家喪》甲乙兩篇。而清華簡中涉及鄭國史的內容則較爲豐富，清華簡（貳）《繫年》第二、六、七、八、十一、十二、十三、十五、十六、二十二、二十三章都有內容涉及鄭國歷史；清華簡（叁）《良臣》篇以很大的篇幅記載鄭國的賢臣；清華簡（陸）《鄭武夫人規孺子》《鄭文公問太伯》《子產》三篇均爲鄭國史相關材料；清華簡（柒）《晉文公入於晉》於文末亦捎帶提到與鄭國相關的史事。

凡　例

　　（一）每一篇相關簡帛文獻的集釋都由「簡介」「釋文」「集釋」三部分構成。

　　（二）爲方便閱讀，每一篇簡帛文獻釋文後均附上其通行釋文。各篇簡帛文獻的釋文是在原整理者的基礎上參考各家說法修訂而成。

　　（三）若簡帛文獻中有殘去的部分，若確定殘缺字數，則用若干□號表示，若不確定殘缺字數，則以……號表示。

　　（四）「集釋」中所引用的參考文獻均使用簡稱，如李守奎《〈鄭武夫人規孺子〉中的喪禮用語與相關的禮制問題》〔J〕，《中國史研究》2016 年第 1 期，第 11～18 頁。簡稱：李守奎 2016。集釋中所引論著或論文內容所在的頁碼均標注於參考文獻簡稱之後的括號內，參考文獻簡稱表附於每個批次出土文獻的集釋之後。

（五）集釋部分盡量保持所引文獻的原貌，有的爲行文需要會加以刪減，刪減部分則以……號表示。

（六）釋文中的通假字、異體字後加以（　）號，隨文注明本字或正體字；無法辨認之字則將原簡中的字形放入釋文中；衍文用{　}號標出；訛文則以〈　〉號標示；擬補字以〔　〕號標出。

（七）集釋所引文獻中若存在錯誤，則以頁下注的形式給出校記。

（八）爲行文簡潔，集釋中若引用論壇上網友的討論或網文下回帖，則以頁下注的形式標明出處，網文下回帖在文中以§號標出。

（一）包山楚簡涉及鄭國史內容集釋

【簡介】

包山楚簡是湖北省荊沙鐵路考古隊於 1987 年 1 月在湖北荊門市包山二號楚墓中發現的，其內容分爲文書、卜筮祭禱記錄以及遣策三大類。其中文書類竹簡是若干獨立的事件或案件的記錄，都是各地官員向中央政府呈報的檔案，文書簡又分爲有篇題和無篇題兩種。

文書類竹簡之中的《集箸》篇中有兩處提到「魯陽公以楚師後城鄭之歲」，涉及鄭國歷史，可補充鄭國史料。《集箸》即集著，共 13 枚簡，是有關驗查名籍的案件記錄。《集箸》中第一篇命名爲《〼人之典》，其內容如下：

【釋文】

魯昜（陽）公𠳵（以）楚帀（師）逡（後）𩫖（城）奠（鄭）之𢧢（歲），冬柰（夕）之月，〼敓（令）壴（彭）圍命之於王大子而以𨻰（登）〼人，所〔2〕幼未𨻰（登）〼之玉𢋈（府）之典，〼𢧵（列）之少僮鹽族𨛫（國）一夫，㾗（瘠）一夫，凥（處）於郢（黃）逄（路）區涑邑，〔3〕凡君子二夫，𢽳是。亓（其）箸（書）之。遊（魯）昜（陽）公𠳵（以）楚帀（師）逡（後）𩫖（城）奠（鄭）之𢧢（歲），屈柰（夕）之月，丁巳〔4〕之日，𠈓大敓（令）悆（悆）以爲〼敓（令）圍𨻰（登）〼人，其𡣍（溺）典，新官帀（師）瑗、新官敓（令）𨛗（越）、新官婁〔5〕履犬、新官連囂（敖）郙𧼗，犇（奔）𢔶（得）

受之。〔6〕

通行釋文：

魯陽公以楚師後城鄭之歲，冬夕之月，刉令彭圍命之於王大子而以登刉人，所幼未登刉之玉府之典，刉列之少僮鹽族國一夫，瘳一夫，處於黃路區溹邑，凡君子二夫，敭是。其書之。魯陽公以楚師後城鄭之歲，屈夕之月，丁巳之日，侂大令悆以爲刉令圍登刉人，其溺典，新官師瑗、新官令越、新官嫛履犬、新官連敖郘趄，奔得受之。

【集釋】

（1）魯昜（陽）公

【《包山楚簡》】（P39）：魯昜公，昜通作陽。《淮南子‧覽冥訓》：「魯陽公與韓構難，戰酣日暮，援戈而撝之。」高誘注：「魯陽，楚之縣公，……《國語》所稱魯陽文子也。楚僭號稱王，其守縣大夫皆稱公，故曰魯陽公，今南陽魯陽是也。」「魯昜公……之歲」，以事紀年。

【何浩 1994】（P47）：縣公、縣尹屬於官職，君、侯屬於爵稱，兩者的區別本來是很明顯的，但在一些涉及於此的注釋和著作中，卻多有相互混淆的現象。以魯陽君爲魯陽公，便是其中曾被誤釋，并屢爲後人信從、引用的一例。……封君不是縣公，文子封於魯陽和魯陽始有縣公，這畢竟是兩回事。

【徐少華 1994】（P319～320）：《史記‧楚世家》載楚肅王十年（公元前371 年）「魏取我魯陽」，按魯陽即今河南省魯山縣，春秋中期以前當爲應地，楚滅應後入爲楚邑。春秋戰國之際，楚惠王曾以其地封司馬子期之子公孫寬，即魯陽文君（見《國語‧楚語下》和《墨子‧魯問篇》）。據 70 年代湖北隨縣曾侯乙墓出土竹簡記載，曾侯乙死後，楚魯陽公贈其車馬以助喪。從墓中所出楚王作曾侯鐘銘文分析，曾侯乙約死於楚惠王五十六年，公元前 433 年，這時楚有「魯陽公」，說明楚將魯陽封於公孫寬之後不久，又收歸國有，并設縣置民。《淮南子‧覽冥訓》亦有楚魯陽公與韓構難，日反三舍的故事，漢高誘說「魯陽，楚之縣公」是對的，然又將其與《國語》之魯陽文子等同，則又誤。魯陽文子與魯陽公，一爲封君，一爲縣公，兩者身份不一，時代先後有別，不能混同。

【顏世鉉 1997】（P209）：《漢書‧地理志》南陽郡有魯陽縣，班固自注：

「有魯山，古魯縣，御龍氏所遷。魯山，滍水所出，東北至定陵入汝。又有昆水，東南至定入汝。」據《中國文物地圖集·河南分冊》所載，魯陽故城在今魯山縣縣城。

【劉信芳 2004】（P6）：簡 4 作「遽昜公」，文獻作「魯陽公」。楚國世襲官爵，比於封君。……曾侯乙簡 16：「魯陽公之陷車。」簡 195：「遽𤞗公之逐車三乘。」曾侯乙既與楚惠王同時，楚國君臣賵贈曾侯乙車馬者甚眾，則此「魯陽公」非「文子」莫屬。若依楚王世系推算，文子至懷王時之魯陽公隔六世楚王，一百餘年，其中至少應有五代「魯陽公」未見於記載。

【李學勤 2004】（P31～32）：楚地魯陽在今河南魯山。魯陽公係楚的縣公，……《墨子·耕柱》《魯問》兩篇有魯陽文君，稱謚與新蔡葛陵楚簡的「平夜（輿）文君」相似，自然就是魯陽文子或魯陽公。他曾多次與墨子問答，特別值得注意的是他有意攻鄭，被墨子勸止一事。……魯陽文君即魯陽公參加了伐韓的戰役，這就是《淮南子·覽冥》所說：「魯陽公與韓構難，戰酣日暮，援戈而撝之，日爲之反三舍。」楚、韓會戰，其事與鄭有關，而又有魯陽公在內的，只有這一次。……《史記·六國年表》載，楚肅王七年「魏取我魯陽」，即公元前 371 年。在這以後，楚已沒有一位魯陽公了，所以，無論如何包山楚簡中這條紀年都一定是追記。

【鄭威 2013】（P83～84）：「魯陽公」與「魯陽文君」所指不是同一人，不存在名稱交叉使用的情況，二者如果並非同時存在，則魯陽有可能先爲縣邑，魯陽公爲其縣公，後改爲封邑，魯陽君爲其封君；如果二者同時存在，則與簡牘文獻反映的情況類似，二者同名共地，但判然有別。……公孫寬稱魯陽文君，「文」當是其謚號，與新蔡葛陵楚墓竹簡所見的平夜文君謚「文」類似，稱「君」且有封邑說明他的身份是封君，魯陽文子亦是一種尊稱。由此可知魯陽文君必指公孫寬，不會另有他人，亦不可能稱魯陽公。楚惠王十一年（前 478 年），公孫寬襲父職爲楚之司馬時，應已成年，其活動年代當主要在公元前 5 世紀後半葉。

【后曉榮 2013】（P168～169）：曾侯乙墓出土第 162 號楚簡「復尹之騏一黃，以乘魯陽公之修車」。包山楚簡「魯陽公以楚師後城鄭之歲」。《國語·楚語下》：「惠王以梁與魯陽文子，文子辭……與之魯陽。」楚魯陽一度爲魏國所占。《史記·楚世家》：「肅王十年，魏取我魯陽。」又《史記·魏世家》：「（武侯）十年，伐楚，取魯陽。」戰國魏方足布幣有「魯陽」，何琳儀釋讀。

《左傳·昭公二十九年》：「劉累遷於魯縣。」此「魯縣」即「魯陽」。楚惠王時爲魯陽文君封邑。《呂氏春秋》及《淮南子》都載有魯陽公與韓構的戰事。楚國稱縣尹爲公，可知戰國時魯陽已設縣。《正義》引《括地志》云：「汝州魯山縣，本漢魯陽縣也，古魯縣，以山爲名。」故址即今河南省魯山縣。

（2）楚帀（師）

【何琳儀 1998】（P1280）：「楚帀」，讀「楚師」，楚國師旅。

【張士博 2011】（P62）：「帀」通「師」，軍隊。

（3）篗（後）轐（城）奠（鄭）之散（歲）

【《包山楚簡》】（P39～40）：篗，通作後。《呂氏春秋·長見》：「知古則可知後」，注：「來也」。轐，《說文》籀文城字作𩫖，與簡文形似，轐即城字。《左傳·昭公二十三年》：「囊瓦爲令尹，城郢。」杜注：「楚用子囊遺言，已築郢城矣。今畏吳，復增修以自固。」又，《左傳·莊公二十八年》：「邑曰築，都曰城。」城，修建都城。奠，讀如鄭。《說文》：「鄭，京兆縣，周屬王子友所封，……宗周之滅，鄭徙溱洧之上，今新鄭是也。」今河南省新鄭縣有鄭韓故城遺址，即爲鄭。

【劉彬徽 1991】（P198）：「魯陽公以楚師後城鄭之歲」和「齊客陳豫賀王之歲」兩個紀年材料，其年代據竹簡內容記事不能考定。這兩個紀年材料各有一個月日記錄：屈柰之月丁巳之日和八月乙酉之日。經查驗曆表，在已確定了的年代的公元前 322 年和 319 年之間，魯陽公之歲的屈柰丁巳與公元前 320 年的曆譜相合。齊客陳豫之歲的八月乙酉與公元前 321 年的曆譜符合。因此，公元前 321 年和公元前 320 年就是這兩個紀年材料的年代。

【何浩 1994】（P49）：楚人曾以魯陽爲縣，以致包山楚簡有「魯陽公以楚師後城鄭」的記載。據推算，「後城鄭」事在楚懷王八年（前 321 年）。魯陽的修復及縣署的重建，當在此年之前。

【徐少華 1994】（P319～320）：湖北荊門新出土的包山楚簡，有兩條以「魯陽公以楚師後城鄭之歲」爲紀年的文書材料，根據簡文序列和內容，其年代比以「大司馬昭陽敗晉師於襄陵之歲」爲紀年的文書要早，約在楚懷王初年，這時楚仍有魯陽縣，其縣公且率師助鄭（即韓）築城爲守，并作爲當時楚國內頗值得紀念的大事以作爲紀年標誌，說明此前魯陽又被楚所收復，設縣置師以爲守。楚收復魯陽的確切年代，現已無從稽考，估計不出楚宣、威二王

（公元前 369～329 年）在世的 40 年間，由此可見楚對魯陽等地的重視，以及楚、韓、魏三國勢力在汝水上游地區爭奪之激烈。

【陳偉 1996】（P18～19）：魯陽公之歲的日期只有屈柰丁巳一個。曆表中公元前 318 年以上的實曆正月（當上年屈柰）的朔日干支為：

公元前 319 年壬子〔49〕

公元前 320 年戊午〔55〕

公元前 321 年甲子〔1〕

公元前 322 年庚子〔37〕

公元前 323 年乙巳〔42〕

公元前 324 年辛巳〔18〕

公元前 325 年丙戌〔23〕

公元前 326 年壬辰〔29〕

可以容納丁巳日的年份有公元前 319、322、323、326 等年，按之楚曆實為公元前 320、323、324、327 等年。……由於這兩個年份的紀年資料均只有一條，所以曆表中可以對應的年份都比較多。考慮到這些簡書共存於一墓，簡文內容又都是當時實錄。全部年份應比較接近。這樣，魯陽公之歲為公元前 320 年，陳豫之歲為公元前 321 年的可能性，相對說來要大些。

【何琳儀 1998】（P811）：𡎸，讀城。……謂築城也。（P1129）：奠，讀鄭，地名（新鄭）或國名（韓國）。

【劉樂賢 2003】（P199）：簡文的「後」字應讀為「厚」。……簡文的「後（厚）城」，是大規模築城的意思，與古書的「大城」或「厚築」相當。「大城」一詞，在別的楚簡及傳世文獻中較為常見。

【劉信芳 2004】（P6～7）：後：據文意城鄭之事非止一次，故用「後」以別於前此之城鄭。𡎸：字從章，城聲，與「城」字籀文形近。用如動詞，謂築城。簡文另有「成」字，多用作名詞「城」，或「成事」之「成」。奠：讀為「鄭」，此謂新鄭。《史記‧鄭世家》〈索隱〉：「鄭，縣名，屬京兆。秦武公十一年『初設杜、鄭』是也。……至秦之縣鄭，蓋是鄭武公東徙新鄭之後。」《水經注‧洧水》：「洧水又東徑新鄭縣故縣中。……皇甫士安《帝王世紀》云：或言縣故有熊氏之墟，黃帝之所都也，鄭氏徙居之，故曰新鄭矣。」今河南新鄭縣有鄭韓故城遺址。哉：即「歲」字。該簡以大事紀年，其絕對年代為楚懷王九年（前 320 年）。

【李學勤 2004】（P31～32）：「魯陽公以楚師後城鄭之歲」的「後」，當指後軍而言。魯陽文君本有意伐鄭，因受墨子之諫，轉而爲鄭築城，正是爲了防備韓的攻擊。隨後楚師伐韓，奪取了叛鄭歸韓的負黍，這已到下一年。由於楚師的活動，韓未能攻鄭。據此，城鄭之戰應在公元前 394 年。驗以曆日，該年屈㮮（周正正月、夏正十一月）丁酉朔，丁巳二十一日，與簡文相適合，公元前 393 年便不合了。

【王穎 2004】（P145）：疑 2 號簡中的「後」爲後援之義。

【吳良寶 2010】（P166～167）：《國語・楚語下》：「惠王以梁與魯陽文子，文子辭，……與之魯陽」。地在今河南魯山縣。據李學勤考證，包山簡「魯陽公以楚師後城鄭之歲」當發生在前 394 年，應屬於追記；該年屈夕丁酉朔，丁巳二十一日，也與簡文相合。《史記・楚世家》肅王十年（前 371 年）「魏取我魯陽」。楚懷王時，汝、潁上游一帶又爲楚人控制，包山簡文「魯陽公以楚師後城鄭」表明，魯陽再次爲楚所收復。具體的年代，徐少華推定在楚宣、威二王在位的公元前 369─公元前 329 年間。

【張士博 2011】（P59～60、96）：「奠」通「鄭」……讀如「鄭」。古地名。今河南新鄭縣有鄭韓故城遺址，即爲「鄭」。《說文》：「鄭，京兆縣，周厲王子友所封，……今新鄭是也。」「後」……名詞。時間、順序在後。與「前」相對。

【清華（貳）】（P200）：魯陽公率師救武陽，與晉師戰於武陽之城下，楚師大敗，包山簡之「魯陽公後城鄭之歲」當與此有關。前一次城鄭在簡文中悼王即位第二年，此次城鄭是悼王五年之後。若此，武陽當距鄭地不遠。但悼王初年下距包山簡的下葬年代有八十多年，楚國公文是否能保存這麼長時間尚待證明。

【鄭威 2012】（P83～84）：楚人以大事紀年，簡文記載的魯陽公城鄭之歲，一般認爲是楚懷王九年，公元前 320 年。說明魯陽曾長期設縣，魯陽公指魯陽縣公，先後有數人任此職，前後延綿百餘年，斷不可能指魯陽文君。

【陳穎飛 2012】（P106）：魯陽公見於《淮南子・覽冥訓》：「魯陽公與韓構難，戰酣日暮，援戈而撝之，日爲之反三舍」；另見於曾侯乙簡、包山簡，後者是紀年簡，「魯陽公以楚師後城鄭之歲」。李學勤教授已指出「城鄭之歲」是公元前 394 年，當時楚韓爭鄭，《淮南子》「與韓構難」〔註1〕說的是第二年

〔註1〕 《淮南子》原典作「與韓構難」，原文誤作「與韓構戰」，今據《淮南子》改之，下同。

的伐韓之戰，結合《繫年》簡，情況就更明了。楚悼王四年（前 398 年），楚鄭戰爭已結束，而第二年的武陽之戰大敗，楚與韓、魏結怨深，在這一背景下，當楚悼王八年（前 394 年）負黎叛鄭歸韓時，楚選擇了「城鄭」，並於第二年伐韓，魯陽公參加了此戰。高誘、韋昭等都認為「與韓構難」的這位魯陽公是《國語・楚語》的「魯陽文子」，係「楚平王之孫，司馬子期之子」，即楚惠王十一年（前 478 年）任司馬的公孫寬（《左傳》哀公十六年、十七年）。《繫年》簡、包山簡的材料都證明了這是不正確的。據《繫年》簡，魯陽公死於武陽之戰，伐韓的應是其子，而公元前 478 年任司馬的公孫寬不可能活到公元前 397 年且作為主將，即便曾侯乙簡（前 433 年）的魯陽公能否活到公元前 397 年也還是問題。因此，魯陽公至少有三代，「魯陽文子」辭楚惠王封梁而封魯陽，應是第一代封君，即公孫寬，不排除他活到了曾侯乙墓下葬年（前 433 年）的可能。死難於武陽之戰的魯陽公是第二代或第三代。「以楚師後城鄭」「與韓構難」的魯陽公是第三代或第四代。

【鄭伊凡 2015】（P68）：簡文中的「城鄭」，一般認為是為鄭築城或是築城於鄭。「後」字……此處取劉樂賢先生讀為「厚」，釋為「大」之意。魯陽公在整個戰役中直接出現的地方有兩處，第一處是與晉人交戰，而且「不果入王子定」，則「魯陽公以楚師後城鄭之歲」只能是指「魯陽公率師救武陽」一事。而這一年據《繫年》記載，為楚悼王六年（公元前 395 年）。楚簡大事紀年一般用前一年發生的大事作為此後一年的紀年，因此，包山簡「魯陽公以楚師後城鄭之歲」的絕對年代應當是公元前 394 年。……包山簡中作為紀年出現的魯陽公不應該被視為楚懷王時期仍有魯陽公的證據，而應是楚悼王時期的魯陽公。從楚惠王到楚悼王時期，魯陽公可能一直存在，楚悼王時期的魯陽公死於楚國與晉、鄭的戰爭中，至於此後的魯陽公情況，李學勤先生認為，自《史記・六國年表》中楚肅王七年（公元前 371 年）「魏取我魯陽」之後，楚國就沒有魯陽公了。……「魯陽公以楚師後城鄭之歲」當與清華簡《繫年》第二十三章的記載有關，其絕對年代可能是公元前 394 年。對楚簡大事紀年的性質需要加以反思，同一批簡牘材料中的大事紀年可能在年代上相近，但未必是逐年相次的。

（4）遬（魯）昜（陽）公

【《包山楚簡》】（P40）：遬，簡文作![字形]，與《說文》旅字古文![字形]形似，讀作旅。對照上文可知，遬昜公即魯陽公。

　　【李守奎 2002】（P469）：「遞」所從「旅」正作「𣎵」，與《說文》古文合。「遞易公」即 2 號簡之「魯易公」，與《說文》「古文以爲魯衛之魯」合。

　　【吳良寶 2010】（P166）：「旅」與「魯」古音相近可通，疑曾侯乙墓竹簡中 195 號簡的「遞陽公」就是 162 號簡的「魯陽公」的異文。包山簡中的「遞（魯）易」也應讀爲「魯陽」。

【參考文獻簡稱表】

1. 《包山楚簡》：湖北荊沙鐵路考古隊《包山楚簡》〔M〕，北京：文物出版社，1991 年 10 月。

2. 劉彬徽 1991：《從包山楚簡材料論及楚國紀年與楚曆》〔C〕，《包山楚墓》，北京：文物出版社，1991 年 10 月，第 189～201 頁。

3. 何浩 1994：《魯陽君、魯陽公及魯陽設縣的問題》〔J〕，《中原文物》1994 年第 4 期，第 47～51 頁。

4. 徐少華 1994：《周代南土歷史地理與文化》〔M〕，武漢：武漢大學出版社，1994 年 10 月。

5. 陳偉 1996：《包山楚簡初探》〔M〕，武漢：武漢大學出版社，1996 年 8 月。

6. 顏世鉉 1997：《包山楚簡地名研究》〔D〕，臺北：臺灣大學，1997 年碩士學位論文。

7. 何琳儀 1998：《戰國古文字典》〔M〕，北京：中華書局，1998 年 9 月。

8. 李守奎 2002：《〈說文〉古文與楚文字互證三則》〔C〕，《古文字研究》第二十四輯，北京：中華書局，2002 年 7 月，第 468～472 頁。

9. 劉樂賢 2003：《讀包山楚簡札記》〔C〕，《第四屆國際中國古文字研討會論文集》，香港：香港中文大學，2003 年 10 月，第 23～26 頁。

10. 劉信芳 2004：《包山楚簡解詁》〔M〕，臺北：藝文印書館，2004 年 1 月。

11. 李學勤 2004：《論包山楚簡魯陽公城鄭》〔J〕，《清華大學學報（哲學社會科學版）》2004 年第 3 期，第 30～32 頁。

12. 王穎 2004：《包山楚簡詞彙研究》〔D〕，廈門：廈門大學，2004 年博士學位論文。

13. 吳良寶 2010：《戰國楚簡地名輯證》〔M〕，武漢：武漢大學出版社，2010 年 3 月。

14. 張士博 2011：《包山楚簡詞義研究》〔D〕，上海：華東師範大學，2011 年碩士學位論文。

15. 清華（貳）：清華大學出土文獻研究與保護中心編，李學勤主編《清華大學藏戰國竹簡‧貳》〔M〕，上海：中西書局，2011 年 12 月。

16. 鄭威 2012：《墨子游魯陽年代考——兼談出土材料所見楚國縣大夫與封君稱謂》〔J〕，《江漢考古》2012 年第 3 期，第 81～102 頁。

17. 陳穎飛 2012：《楚悼王初期的大戰與楚封君——清華簡〈繫年〉札記之一》〔J〕，《文史知識》2012 年第 5 期，第 105～107 頁。

18. 后曉榮 2013：《戰國政區地理》〔M〕，北京：文物出版社，2013 年 3 月。

19. 朱曉雪 2013：《包山楚簡綜述》〔M〕，福州：福建人民出版社，2013 年 12 月。

20. 鄭伊凡 2015：《再論包山簡「魯陽公以楚師後城鄭之歲」——兼談楚簡大事紀年的性質》〔J〕，《江漢考古》2015 年第 2 期，第 64～70 頁。

（二）馬王堆帛書《春秋事語·伯有章》集釋

【簡介】

帛書《春秋事語》是由多個歷史小故事組成，張政烺《〈春秋事語〉解題》指出其：「分量輕，文章簡短，在編輯體例上也亂七八糟。」所記時間的順序亦是雜亂無章，大概爲當時的啓蒙教材。帛書《春秋事語》所見史料基本上皆可見於《春秋》三傳及《國語》，記事年代亦與之相當。雖說《春秋事語》之敘事遠不及《左傳》，但也具有一定的史料價值。

帛書《春秋事語·伯有章》與鄭國史相關，此章記鄭國執政伯有在楚、鄭交惡的情況下使大夫公孫黑如楚，公孫黑不聽，伯有歸家後飲酒作樂，毫無顧忌，最終招致災禍之事。此章所記之事亦見於《左傳》襄公二十九年及三十年。

【釋文】

伯有章

□鄭伯有□□□□□□□□□□□□□□□□□□□□□□□□□□〔35〕是殺我也。遂弗聽。伯有亦弗芒，自歸亓（其）□。伯有閉室，縣（懸）鐘而長歓＝（飲酒）。閔子〔辛聞之〕〔36〕曰：「伯有必及矣。吾聞之，□□事君无（無）罪，禮下无（無）窓（怨），誰（推）臤（賢）讓能，同立（位）之人弗與□，□〔37〕德守也。亓（其）次明備以候適（敵）。□□□有窓（怨）而使公子往，是以同立（位）之人鮮（解）邦惡也。□贈□〔38〕□□□也。令有不行而□□咎君□□□□□閉室縣（懸）鐘而長〔39〕歓＝（飲酒），是怒

亓（其）心而耤（藉）之閒（間），非□也。三者皆失而弗知畏，□□□□□□□□□□〔伯〕[40] 有，而使〔子〕產相。[41]

通行釋文：

伯有章

□鄭伯有□□□□□□□□□□□□□□□□□□□□□□□□□□□□是殺我也。遂弗聽。伯有亦弗芒，自歸其□。伯有閉室，懸鐘而長飲酒。閔子辛聞之曰：「伯有必及矣。吾聞之，□□事君無罪，禮下無怨，推賢讓能，同位之人弗與□，□德守也。其次明備以候敵。□□□有怨而使公子往，是以同位之人解邦惡也。□贈□□□□也。令有不行而□□咎君□□□□□閉室懸鐘而長飲酒，是怒亓（其）心而藉之間，非□也。三者皆失而弗知畏，□□□□□□□□□□伯有，而使子產相。

【集釋】

（1）篇名《伯有章》

【帛書（叁）】（P9）：此章事見《左傳》襄公二十九年及三十年（公元前五四四年及次年），此記事比左傳簡而有閔子辛的議論。

【裘錫圭 2004】（P414）：此章記鄭國執政伯有在楚、鄭交惡的情況下使大夫公孫黑如楚，公孫黑不聽，伯有歸家飲酒作樂，毫無顧忌，終於招來災禍之事。

（2）鄭伯有

【帛書（叁）】（P9）：伯有是鄭國的大夫良宵，鄭穆公的曾孫，此時是鄭國的執政。此章第一行殘缺，《左傳》襄公二十九年所記較詳：「鄭伯有使公孫黑如楚，辭曰：『楚鄭方惡而使余往，是殺余也。』伯有曰：『世行也。』子晳（即公孫黑）曰：『可則往，難則已，何世之有。』伯有將強使之。子晳怒，將伐伯有氏，大夫和之。十二月己巳，鄭大夫盟於伯有氏。」

【裘錫圭 2004】（P414）：「伯有」上所殘去者疑是分章圓點及「鄭」字。

【裘錫圭 2014】（P180）：諦審圖版，「伯」上尚存「鄭」字的「邑」旁殘筆，今逕釋。

（3）遂弗聽

【鄭良樹 1982】（P28）：此指公孫黑子皙而言，據《左傳》，伯有再勸子皙使楚，子皙曰：「可則往，難則已，何世之有！」伯有又欲強使之，子皙怒，將伐伯有氏；其後，諸大夫和之。然則子皙豈止弗聽而已乎！《事語》略。

【裘錫圭 2004】（P414）：《左傳》襄公二十九年記此事曰：「鄭伯有使公孫黑如楚。辭曰：『楚、鄭方惡而使余往，是殺余也。』伯有曰：『世行也（杜注：言女——通「汝」——世爲行人）。』子皙（引者按：公孫黑之字）曰：『可則往，難則已，何世之有！』伯有將強使之。子皙怒，將伐伯有氏。大夫和之。十二月己巳，鄭大夫盟于伯有氏。」帛書「是殺我也」爲公孫黑之語，《左傳》作「是殺余也」。

【裘錫圭 2014】（P180）：35 行中部尚有若干字的右側殘筆，無法確釋。其中尚存「邑」旁之字，似爲「鄭」字。

（4）伯有亦弗芒

【張政烺 1977】（P38）：這裡的「芒」是著急的意思，「弗芒」就是現代口語中的「不慌不忙」，古代文字材料和現代口語對應得如此明白，是很少見的。

【帛書（叁）】（P9）：芒疑當讀爲改，《說文》：「撫也。」是說伯有不安撫公孫黑。一說，芒即茫，《方言》二：「遽也。」弗芒是不慌不忙的意思。

【鄭良樹 1982】（P28～29）：芒、荒、慌，並從亡得聲（陽部），古得相通。《史記·三代世表》「帝芒」，《索隱》曰：「芒，一作荒。」《集韻》上聲曰：「慌，或作芒。」即其證。《左傳》曰：「伯有將強使之，子皙怒，將伐伯有氏，大夫和之。十二月己巳，鄭大夫盟於伯有氏。」據《左傳》，鄭大夫盟而和之，是伯有於子皙，蓋亦無可奈何也。

（5）自歸亓（其）□

【裘錫圭 2004】（P415）：此字殘存上端，似是「家」或「室」字。

【裘錫圭 2014】（P180）：此處後二字原整理者據所綴的一塊殘片釋讀爲「亓（其）□」，裘文謂次字「殘存上端，似是『家』或『室』字」。但這塊小片最上所存殘筆跟前文「歸」字筆畫不密合，拼合根據似不足，殘片最下一字諦審亦非從「宀」。今已將此片剔除，釋文改打兩個缺文號。

（6）伯有閉室，縣（懸）鐘而長歔=（飲酒）

【帛書（叁）】（P9）：此文較簡。《左傳》襄公三十年說：「鄭伯有耆酒，為窟室而夜飲酒，擊鐘焉。朝至，未已。朝者曰：『公焉在？』其人曰：『吾公在壑谷。』皆自朝布路而罷。既而朝，則又將使子晳如楚。歸而飲酒。」

【王莉 2004】（P34）：閉室：《左傳》作「窟室」，即地下室。縣，「懸」的古文。縣，吊掛、懸掛之意。酉：「酒」的古文。《左傳》襄公三十年曰：「鄭伯有耆酒，為窟室而夜飲酒，擊鐘焉。朝至，未已。朝者曰：『公焉在？』其人曰：『吾公在壑谷。』皆自朝布路而罷。既而朝，則又將使子晳如楚。歸而飲酒。」足見伯有嗜酒之甚。

（7）閔子辛聞之曰

【張政烺 1977】（P37）：那些講話的人已多不可考，但大體可以分為兩種身份。一種是當事人，……另一種是喜歡評論事情的人，大約就是所謂「聖人」「賢人」「君子」之類。這些人又可以分為兩類。一類是同時人，……另一類是後代人……現在談論後者。

最引人注意的是閔子辛。這個人在書中出現三次，即：

《伯有章》，「閔子〔辛聞之〕曰」。事在公元前 544～543 年。

《魯桓公少章》，「閔子辛聞之曰」。事在公元前 713 年。

《魯莊公有疾章》，「閔子辛聞之曰」。事在公元前 662～660 年。

從公元前 712 年到公元前 543 年，凡一百六十九年，歷經魯桓公至襄公八個國君。其中魯桓、魯莊兩章年代太早，對閔子辛來說肯定屬於前代的傳聞。即使是《伯有章》所記，也不一定是同時代的事。……

閔子辛此人它書不見，疑即閔子騫。《說文》三篇上：「辛，罪也，從干二，讀若愆。」辛辛形近，愆騫音同，閔子騫名損，辛，愆和損義亦相應。據《史記·仲尼弟子列傳》，閔子騫「少孔子十五歲」。孔丘出生在公元前 551 年，閔子騫出生當在公元前 536 年。當伯有失敗而死時才七歲。

這三條記載，先敘事，接著是「閔子辛聞之曰」，最後簡單敘述事情的結果。看上去好像是同時人在發議論，並補記出其言之是否應驗，事實在上並非如此，而是閔子辛在作史論。……這種情況類似《資治通鑒》裡的「臣光曰」，《綱鑒易知錄》上的眉批。由此可見這書和閔子辛有密切關係，可能閔子辛有一部論春秋的書，被選用了這幾條，也可能本書的編者就是閔子辛的門徒。

【鄭良樹 1982】（P29）：《詩・小雅・天保篇》「不騫」，毛《傳》曰：「騫，虧也。」《淮南子・精神訓》高《注》云：「虧，損也。」是騫、損義相應。《說文通訓定聲》坤部第十六曰：「辛，大辠也，從羊上，會義，干上為辛。辠之小者羊。」是辛、騫義亦相應；可補張氏（張政烺）之說。

【座談會 1974】（P51 唐蘭）：它並不按時代次序，有幾段記事和《左傳》接近，但後面的議論，和《左傳》都不同。很多引閔子辛的話，可能就是閔子騫。

【吳榮曾 1998】（P35）：在東漢的畫像石刻的榜題中有「敏子愆」，羅振玉的《石交錄》卷一中有記載：「河南省城之白沙鎮，廿餘年前出漢畫像石題字凡十六榜，雕刻甚淺，然頗工致完好。」題記有下列幾條：

......

敏子愆父　　敏子愆　　後母子御　　子愆車馬

......張政烺先生以為辛和愆、騫同音，今從白沙漢畫像石題記中看到，漢人確有把騫寫成愆者，證明了張先生所作推測的精確性。

【楊伯峻 1990】（P1192）：閔子馬即閔馬父，長沙馬王堆三號墓出土帛書《春秋事語》中有閔子辛，不知是此人否。

【裘錫圭 2004】（P415～416）：如閔子辛即閔子馬，他既然在襄公二十三年就已在規勸公。在襄公三十年鄭國發生伯有事件時，完全有可能在當時就發議論。然而不但閔子辛究竟是閔子騫還是閔子馬，目前無法論定；甚至閔子辛實為另一人的可能性，也還不能完全排斥。

【龍建春 2004】（P6）：要論證閔子辛是否即閔子騫，其關鍵也只能在最具實質性的思想、品性和言論上去辨析。《論語》有 5 則閔損的記載，......綜觀 5 則記載不難發現其思想最大的特點是鄙視仕祿......其品性上最大的特點是孝......其言論是以不多言為特徵：孔子對閔子騫言論上的鑒定是「夫人不言」，即使有言，也同辭費宰一樣，只直接表明觀點，不作發揮。試問：這樣的一個閔子騫，與《事語》中關注時政（引者按：評論隱公的不言、不罪，抨擊慶父的弒君作亂，指斥伯有酗酒喪政）、雄辯滔滔（引者按：在 160～190字間三章中，他的言論分別為 109、81、120 字）的閔子辛能否是同一人？......我們不能以為有「聞之曰」的人即是《事語》的編者，也不能以「聞之曰」的多寡來判斷這個人便一定有一部相關的論著，......有口頭評論并不一定有書面論著，這個道理是不言自明的。再是《事語》中的「閔子辛聞之曰」與《史記》中的「太史公曰」、《通鑑》中的「臣光曰」甚至於《聊齋》中的「異

史氏曰」是完全不相同的。因爲，閔子辛不是《事語》中唯一的史實評論者，他的評論也並不代表全書的觀點。至於說「《事語》和閔子辛有密切關係」，那至多也只能說明他是發表「聞之曰」最多的人而已。總之，閔子辛不能疑作閔子騫，閔子辛就是閔子辛。

【王莉 2004】（P34）：張氏（張政烺）之說似有可商。一則，「辛」不能作爲一個單字單獨使用，《說文》僅將其作爲「童」「妾」二字的部首使用；二則，據學者考證：「辛」部下「童」「妾」二字，均不從辛，而從辛，當入辛部。另有「言」字，《說文》云「辛聲」，亦非是。（參董蓮池《說文部首形義通釋》第49～51頁。）故「辛」乃辛之訛無有根據。

（8）伯有必及矣

【裘錫圭 2004】（P416）：必及，謂必及於禍。

（9）□□事君无（無）罪，禮下無惌（怨）

【鄭良樹 1982】（P29）：「事君」上缺文，疑當是「大上」二字；下文「其次明備以候適（敵）」，「其次」與「大上」相應也。帛書本《戰國策》十二章曰：「大上破之，其次擯之。」亦「大上」「其次」相應，是其證。

【裘錫圭 2004】（P416）：（鄭良樹之說）有理。下文「其次明備以候敵」句後原釋文用逗號，今依此說改爲句號。

【王莉 2004】（P34）：帛書「事」前殘損兩字，鄭良樹先生曰：……說可從。《戰國縱橫家書》第十二章曰：「大上破之，其次擯之。」「大（太）上……其次……」爲上古習用句式，又如《禮記‧曲禮上》：「大上貴德，其次務施報。」可爲其證。惌：同「怨」，怨恨，仇怨。

（10）誰（推）賢（賢）讓能，同立（位）之人弗與□

【王莉 2004】（P34）：立：「位」的古文。戰國秦漢時期多用「立」作「位」。參看《古字通假會典》703 頁。位，君位。

（11）亓（其）次明備以候適（敵）

【王莉 2004】（P34）：明備：明確完備。適：「敵」的借字。二字皆從啻得聲，古音皆隸錫部定鈕，古音相同。敵，仇敵，敵人。

（12）□□□有惌（怨）而使公子往

【鄭良樹 1982】（P30）：公子，指公孫黑子晳而言；邦惡，指楚、鄭不睦。

閔子辛蓋謂伯有使公孫黑如楚，以解兩國之怨惡也；是以同位之人使同位之人，宜其不行也。《左傳》襄公二十九年載公孫黑之語，曰：「楚、鄭方惡，而使余往，是殺余也。」義與閔子辛近。

【裘錫圭 2004】（P416）：「公子」當指公孫黑，然彼爲鄭穆公之孫，實乃公孫而非公子。第九章（衛獻公出亡章）稱公孫剽爲公子浮（《馬王堆漢墓帛書（叁）》12 頁），與此同例。

【王莉 2004】（P34）：帛書「有」字前殘損三字，疑當作「今兩邦」三字。公子：指公孫黑，字子皙，鄭穆公之孫。

（13）是以同立（位）之人鮮（解）邦惡也

【王莉 2004】（P34）：鮮：帛書作「鮮」，當爲「解」字之訛。按：鮮，帛書版作「𩵋」，解，圖版作「𦔵」，二字蓋形近而誤。解：和解，緩解。邦惡：指鄭、楚兩國交惡。

（14）令有不行而□□

【裘錫圭 2004】（P416）：後一缺文從圖版看似「而」字。

（15）縣

【裘錫圭 2004】（P416）：此字殘去左半，右半「系」旁下尚有顯然屬於此字的一道橫畫，極似「心」旁所含最長一筆的右半。如果此字下部原來確有「心」旁，「懸」字出現的時代就可大大提前了。

【裘錫圭 2014】（P180）：那道橫筆實爲原圖版整理時誤將兩片剪開、後又重新黏貼到一起時留下的一道邊界線，此字仍當爲「縣」。又「縣」上從陳劍說綴入一片原歸入此篇殘片的小帛，「閉室」二字可辨，「閉」上一字待考。

（16）是怒亓（其）心而耤（藉）之閒（間）

【帛書（叁）】（P9）：藉通借。間，可乘之間隙。藉之間是給人以機會。

【王莉 2004】（P34）：耤：「藉」之借字。參看《古字通假會典》第 907 頁。藉，借，借助。閒：《馬王堆漢墓帛書〔叁〕》作「間」，今據帛書圖版嚴格隸定爲「閒」。閒：空隙，閒隙。耤之閒，意爲給人可乘之機。

（17）而使子產相

【帛書（叁）】（P9）：子產即公孫僑，鄭穆公之孫。據《左傳》，子皙伐伯有，伯有奔許，由許反攻鄭國死於羊肆。這時子皮執政，授子產政。

【參考文獻簡稱表】

1. 座談會 1974：《座談長沙馬王堆漢墓帛書》〔J〕，《文物》1974 年第 9 期，第 45～57 頁。

2. 馬王堆帛書整理小組《馬王堆漢墓出土帛書〈春秋事語〉釋文》〔J〕，《文物》1977 年第 1 期，第 32～35 頁。

3. 張政烺 1977：《〈春秋事語〉解題》〔J〕，《文物》1977 年第 1 期，第 36～39 頁。

4. 鄭良樹 1982：《帛書〈春秋事語〉校釋》〔C〕，《竹簡帛書論文集》，北京：中華書局，1982 年 1 月，第 28～30 頁。

5. 帛書（叁）：馬王堆漢墓帛書整理小組《馬王堆漢墓帛書（叁）》〔M〕，北京：文物出版社，1983 年 10 月，第 9 頁。

6. 楊伯峻 1990：《春秋左傳注（修訂本）》〔M〕，北京：中華書局，1990 年 5 月第 2 版，第 1192 頁。

7. 吳榮曾 1998：《讀帛書本〈春秋事語〉》〔J〕，《文物》1998 年第 2 期，第 35～38 頁。

8. 裘錫圭 2004：《帛書〈春秋事語〉校讀》〔J〕，《湖南省博物館館刊》第一期，長沙：《船山學刊》雜誌社，2004 年，第 72～95 頁，又載《裘錫圭學術文集（第二卷）》，上海：復旦大學出版社，2015 年 8 月，第 401～436 頁

9. 龍建春 2004：《〈春秋事語〉札論》〔J〕，《臺州學院學報》2004 年第 2 期，第 5～8 頁。

10. 王莉 2004：《帛書〈春秋事語〉校注》〔D〕，東北師範大學 2004 年碩士學位論文，第 32～35 頁。

11. 裘錫圭 2004：裘錫圭主編，湖南省博物館、復旦大學出土文獻與古文字研究中心編纂《馬王堆漢墓簡帛集成（叁）》〔M〕，北京：中華書局，2014 年 6 月，第 180 頁。

（三）上博簡（七）《鄭子家喪》集釋

【簡介】

　　《鄭子家喪》共十四簡，分甲、乙兩本，內容完全相同。《左傳‧宣公四年》記載子公因食黿之事與鄭靈公結怨，鄭靈公欲殺子公，子公與子家合謀弒鄭靈公，簡文所記與此相關。簡文記載子家死後，楚莊王以子家弒君行為顛覆天下之禮為由，出兵討伐鄭國，晉國出兵救鄭，與楚軍戰於兩棠，晉師大敗。晉楚兩棠之役於傳世史料可見，見於《呂氏春秋‧至忠》：「荊興師，

戰於兩棠，大勝晉，歸而賞有功者。」《鄭子家喪》是一篇完整的史籍，具有一定的史料價值。

【釋文】

甲本

奠（鄭）子豪（家）亡（喪），郙（邊）人坒（來）告。臧（莊）王熹（就）夫=（大夫）而與之言曰：「奠（鄭）子豪（家）殺丌（其）君，不毃（穀）日欲呂（以）告夫=（大夫），呂（以）邦之惼（病），〔甲1〕呂（以）急（及）於含（今），天後（厚）楚邦，由（使）爲者（諸）戾（侯）正。含（今）奠（鄭）子豪（家）殺丌（其）君，牕（將）保丌（其）慇（寵）炎呂（以）叟（沒）內（入）坓（地）。女（如）上帝粲（鬼）〔甲2〕神呂（以）爲蒜（怒），虖（吾）牕（將）可（何）呂（以）會（答）？售（雖）邦之惼（病），牕（將）必爲帀（師）。」乃记（起）帀（師），回（圍）奠（鄭）三月。奠（鄭）人書（請）丌（其）古（故），王命會（答）之曰：「奠（鄭）子〔甲3〕豪（家）遺（顛）返（覆）天下之豊（禮），弗悁（畏）粲（鬼）神之不恙（祥），戜（戕）惻（賊）丌（其）君。我牕（將）必由（使）子豪（家）毋呂（以）城（盛）名立於上，而威（滅）〔甲4〕炎於下。」奠（鄭）人命呂（以）子良爲埶（質），命思（使）子豪（家）利木三耆（寸），綎（疏）索呂（以）緋（紘），毋敢丁（當）門而出，敓（掩）之城坓（基）。〔甲5〕王許之。帀（師）未還，晉人涉，牕（將）救奠（鄭），王牕（將）還。夫=（大夫）皆進曰：「君王之记（起）此帀（師），呂（以）子豪（家）之古（故）。含（今）晉〔甲6〕人牕（將）救子豪（家），君王必進帀（師）呂（以）迀（應）之！」王安（焉）還軍呂（以）迀（應）之，與之戰於兩棠，大敓（敗）晉帀（師）安（焉）。〔甲7〕

乙本

〔奠〕（鄭）子豪（家）亡（喪），郙（邊）人坒（來）告。臧（莊）

王豪（就）夫＝（大夫）而与之言曰：「奠（鄭）子豪（家）殺亓（其）君，不穀（穀）曰欲呂（以）告夫＝（大夫），呂（以）〔乙1〕邦之悁（病），呂（以）急（及）於含（今），天後（厚）楚邦，由（使）爲者（諸）戻（侯）正。含（今）奠（鄭）子豪（家）殺亓君，牁（將）保亓（其）憼（寵）炎呂（以）及〈旻（沒）〉內（入）墬（地）。女（如）上帝〔鬼〕〔乙2〕〔神〕呂（以）爲蒫（怒），虐（吾）牁（將）可（何）呂（以）含（答）？售（雖）邦之悁（病），牁（將）必爲帀（師）。」乃迡（起）帀（師），回（圍）奠（鄭）三月。奠（鄭）人情（請）亓（其）古（故），王命含（答）之〔曰：「奠（鄭）〕〔乙3〕〔子〕豪（家）適（顛）逡（覆）天下之豊（禮），弗恨（畏）纍（鬼）神之不迲（祥），嵗（戕）惻（賊）丌（其）君。我牁（將）必由（使）子豪（家）〔毋以盛名立於上，而滅炎於〕〔乙4〕下。」奠（鄭）人命呂（以）子良爲藝（質），命思（使）子豪（家）利木三旾（寸），綻（疏）索呂（以）絑（紘），毋敢丁（當）門而出，斁（掩）之城〔乙5〕丕（基）。王許之。帀（師）未還，晉人涉，牁（將）救奠（鄭），王牁（將）還。夫＝（大夫）皆進曰：「君王之迡（起）此帀（師），呂（以）子豪（家）之古（故）。含（今）晉〔人〕〔乙6〕〔將救〕子豪（家），君王必進帀（師）呂（以）迣（應）之！」王安（焉）還軍呂（以）迣（應）之，與之戰於兩棠，大歔（敗）晉〔師焉〕。〔乙7〕

通行釋文

鄭子家喪，邊人來告。莊王就大夫而與之言曰：「鄭子家殺其君，不穀曰欲以告大夫，以邦之病，以及於今，天厚楚邦，使爲諸侯正。今鄭子家殺其君，將保其寵炎以沒入地。如上帝鬼神以爲怒，吾將何以答？雖邦之病，將必爲師！」乃起師，圍鄭三月。鄭人請其故，王命答之曰：「鄭子家顛覆天下之禮，弗畏鬼神之不祥，戕賊其君。我將必使子家毋以盛名立於上，而滅炎於下。」鄭人命以子良爲質，命使子家利木三寸，疏索以紘，毋敢當門而出，掩之城基。王許之，

師未還，晉人涉，將救鄭。王將還。大夫皆進曰：「君王之起此師，以子家之故。今晉人將救子家，君王必進師以應之！」王焉還軍以應之，與之戰於兩棠，大敗晉師焉。

【集釋】

篇名：《鄭子家喪》

【陳佩芬 2008】（P171）：本篇共十四簡，凡甲、乙兩本，各七簡，內容完全相同，唯行次略異。甲本完整……本篇甲本共二百三十五字，其中合文三字……乙本數簡殘損……書體與甲本不同，顯然不是同一抄手。本篇乙本現存二百十四字，其中合文三字……本篇原無篇題，現取其首句「鄭子家喪」為篇名。全篇內容以「鄭子家喪」為中心逐步展開，文義清晰，敘事詳盡。……本篇屬記敘體，記載公元前六〇五年，鄭國因靈公不予公子宋（子公）食黿，又欲殺子公，子家因此與子公共弒靈公，這是造成「鄭子家喪」的起因。

【凡國棟 2008】：據《左傳》的記載，鄭子家死於宣公十年，宣公十一年春，楚曾伐鄭，與陳、鄭盟於辰陵，不過鄭於是年又「徼事于晉」，楚於是在宣公十二年春圍鄭三月克之。簡文所記之事當與宣公十二年之役相和。莊王此次伐鄭與子家之死相去一年有餘，其間實際已經伐鄭一次，足見此次興師問罪乃藉口之辭，故莊王曰「日欲以告大夫」，想必莊王隱忍已久，此次謀劃實在是躊躇滿志，一定要將在晉鄭之間搖擺不定的鄭國徹底征服，因此在談話中明確提出要作諸侯之長的說法。

【復旦讀書會 2008】：《上海博物館藏戰國楚竹書（七）》之《鄭子家喪》（甲本、乙本）是一則楚王故事，記載了公元前 599 至 597 年間，鄭國大夫子家（公子歸生）卒，楚莊王以子家弒君為由討之，不使其成禮而葬之事。

【葛亮 2009】：簡文「鄭子家亡」指《左傳‧宣公十年》所載的「鄭子家卒」，而非原整理者所謂的《左傳‧宣公四年》子家弒鄭靈公事，這一點當無疑議。

我們認為《上博七‧鄭子家喪》是一個雜糅而成的故事，與以下四個歷史事件或多或少都有聯繫：

1 前 599 年冬，鄭子家卒。鄭人斲薄其棺，不使從卿禮。

2 前 598 年春，楚莊王伐鄭。鄭從楚。

3 前 598 年冬，楚莊王以夏徵舒弒君為由伐陳。

4 前 597 年春，楚莊王圍鄭三月而克之。晉發兵救鄭，與楚戰於邲，晉師敗績。

簡文所見的楚王故事與史實有所差異，由不同的歷史事件「移花接木」而成，這一點並不奇怪。由於編寫楚王故事的目的並不是記錄史實，而是重在說教，所以其涉及的時間、人物、事件都可能跟史籍存在較大的出入（如《上博六‧莊王既成》就將魯莊公鑄編鐘無射的故事移植到了楚莊王的身上）。這一點與《戰國策》中的許多故事非常相似。正如余嘉錫先生在《古書通例》「古書多造作故事」章中所說的：「若夫諸子短書，百家雜說，皆以立意為宗，不以敘事為主；意主於達，故譬喻以致其思；事之為賓，故附會以圓其說。」

【陳偉 2009】：復旦讀書會指出：此指《左傳》宣公十年（公元前 599 年）所載的「鄭子家卒」，而非原整理者所謂的《左傳》宣公四年（公元前 605 年）子家弒鄭靈公事。當是。

【李天虹 2009】：上博七《鄭子家喪》，記述鄭國大夫子家卒，楚莊王以其弒君之由出兵鄭國，鄭因之不以禮葬子家而與楚平。晉救鄭，楚與晉戰於兩棠，大敗晉國。簡文所記內容散見於《左傳》宣公四年、十年、十二年和《史記‧鄭世家》，《說苑‧立節》《復恩》《呂氏春秋‧至忠》《新書‧新醒》《新序‧雜事》等也有相關記載。葛亮先生研究認為《鄭子家喪》是一個根據歷史事件雜糅而成的故事，其說大概可以成立。

子家殺君之事，整理者指出見於《左傳》宣公四年和《史記‧鄭世家》。根據《左傳》的記載，謀弒靈公應該是子公的主意，子家因懼子公之威而從之。杜注《經》「鄭公子歸生弒其君夷」云：「子公實弒而書子家罪，其權不足也。」又注《傳》「書曰：『鄭公子歸生弒其君夷』，權不足也」云：「子家權不足以禦亂，懼譖而從弒君，故書以首惡。」那麼在「弒君」一事上，子家其實只是從犯。《史記》的記載比較簡略，只有「子公與子家謀先。夏，弒靈公」，文意應是子公和子家二人弒靈公。簡文所記則與《春秋》經完全一致。從現有資料看，「書」的記載直接影響時人認識，子家因弒君而被「斲棺」（《左傳》宣公十年），或「利木三寸……掩之城基」（《鄭子家喪》），而史書中卻似無與子公有關的類似記載。

【今按】：據《左傳‧宣公四年》所載，鄭子家弒鄭靈公，此事之主謀為鄭公子宋。《左傳‧宣公四年》云：「『鄭公子歸生弒其君夷。』權不足也。」

《鄭子家喪》記載楚國討伐鄭國，獨問罪於子家而不問公子宋之罪。《左傳》中記載鄭子家殺鄭靈公到鄭子家卒的這段時間內，楚國曾多次討伐鄭國。《左傳・宣公十二年》：「楚子討鄭，怒其貳而哀其卑，叛而伐之，服而舍之」，楚莊王對鄭用兵並非子家之故。正如葛亮所言，《鄭子家喪》是一個雜糅而成的故事，將鄭子家卒，鄭人斲子家之棺而逐其族；楚莊王率軍圍鄭三月而克之，鄭以子良爲質；楚敗晉師於兩棠等史事糅合到一起。《鄭子家喪》對眞實的歷史事件多有改編，本篇的主要目的應當是爲談尊君，並讚頌楚莊王之功績。

（1）鄭子家喪，邊人來告。

甲本：奠子豪芒，鄘人坴告。

乙本：〔奠〕子豪芒，鄘人坴告。

【陳佩芬 2008】（P173）：「奠」，用作「鄭」，爲西周西部畿內地，宣王封弟友於此，在今陝西省華縣西北。平王東遷，鄭遷於西北。平王東遷，鄭遷於濟西、洛東、河南、潁北四水之間，是爲新鄭，即今河南新鄭縣。春秋時爲鄭國，戰國時爲韓所滅。今河南中部、黃河以南皆其地。本文「鄭」指鄭靈公，穆公太子夷。「豪」，從爪，家聲，楚文字讀作「家」。「子家」，即公子歸生，春秋時鄭國大夫，鄭靈公時爲卿。「喪」指喪事。《左傳・僖公九年》「凡在喪」，杜預注：「在喪，未葬也。」關於「鄭子家喪」一事，據《史記・鄭世家》記載：「靈公元年春，楚獻黿於靈公。子家、子公將朝靈公，子公之食指動，謂子家曰：『佗日指動，必食異物。』及入，見靈公進黿羹，子公笑曰：『果然！』靈公問其笑故，具告靈公。靈公召之，獨弗予羹。子公怒，染其指，嘗之而出。公怒，欲殺子公。子公與子家謀先。夏，弒靈公。」此事發生在公元前六〇五年，時靈公在位僅數月。

鄘人坴告，讀爲「郎人來告」。「郎」爲春秋時息國，在河南息縣北，今汝南新息。《左傳・隱公十一年》：「鄭、息有違言。息侯伐鄭，鄭伯與戰於竟，息師大敗而還。」「坴」，從止，來聲。「來告」，來報告楚莊王。

【陳偉 2008】：邊，簡文從鼻從邑，當讀爲「邊」。《國語・魯語上》：「晉人殺厲公，邊人以告。」韋昭注：「邊人，疆場之司也。」整理者以爲「郎」字，不確。

【凡國棟 2008】：「人」上一字甲本作 ，乙本作 ，整理者讀作「郎」，認爲是春秋時期的息國。今按，上博五《鮑叔牙與隰朋之諫》5 號簡有「」

字，目前學者有釋「息」、釋「憂」兩種看法。但是該篇這個字與此明顯不同，其右下方不從「心」。我們認爲這個字應是從邑從舁之字，可以讀作「邊」。包山楚簡有從「舁」之字寫作或，用作人名；第 254 號簡有字，從金從舁，用作「鐙」。邊人指駐守邊境的官員、士兵等。《國語・魯語上》：「晉人殺厲公，邊人以告。」韋昭注：「邊人，疆場之司也。」

【復旦讀書會 2008】：「芒」即「芒」字，讀爲死亡之「亡」。「鄭子家亡」即《左傳・宣公十年》（公元前 599 年）所載的「鄭子家卒」，而非原整理者所謂的《左傳・宣公四年》（公元前 605 年）子家弑鄭靈公事。本篇後半部分述及的晉楚邲之戰發生在魯宣公十二年（公元前 597 年），而本篇記載的故事是楚莊王得到「鄭子家亡」的消息後即發兵討鄭，顯然不可能歷時八年之久。

「鄭（邊）人」指駐守邊境的官員、士兵等，典籍習見。《國語・魯語上》：「晉人殺厲公，邊人以告。」與本篇類似。「鄭」字原整理者隸定爲「鄐」，讀爲息國之「息」，不確。此字又見於《上博四・曹沫之陣》，亦讀爲「邊」。將兩篇中「鄭」字加以對照，可以發現本篇「鄭」字的右下部分當爲譌變之形。

| 曹沫之陣 13 | 曹沫之陣 17 | 鄭子家喪甲本 | 鄭子家喪乙本 |

§【飛虎】：整理者以「芒」爲「喪」字之省，還是有道理的。楚文字中這種寫法的「芒」皆可讀爲「喪」，特別是上博《周易》類似寫法的字今本就作「喪」，此爲其證。〔註2〕

【陳偉 2009】：「鄭」簡文皆作「奠」。喪，簡文從屮從亡，……今按，上博竹書《周易》32 號簡的「喪」字正如此作。喪有死義，《書・金縢》：「武王既喪，管叔及其群弟乃流言於國。」孔傳：「武王死。」

【禤健聰 2009】（將上博簡（七）《吳命》篇簡 3「兩君之弗順，敢不喪道以告，吳請成於楚」一句中的字釋爲「喪」）：依字形可隸定爲「芒」，但實際上是楚簡「喪」字作「」一類寫法的個別訛誤，《鮑叔牙與隰朋之諫》簡 2「喪」字作，上半所從與此寫法一致，故字不應讀爲「亡」。值得一提的是，楚簡所謂的「芒」字多次出現，皆表「喪亡」義，眞正寫作從「艸」並

〔註2〕復旦大學出土文獻與古文字研究中心研究生讀書會《〈上博七・鄭子家喪〉校讀》文下一樓評論，發表日期：2008 年 12 月 31 日。

用其本義的「芒」字只有信陽楚簡一例，故將隸定為「芒」，視之為「芒」字異寫並不符合情理。上博《周易》與傳世本「喪」字對應的字作「」（簡32），可謂鐵證。

【孫賽雄】：上博民之父母 9 號簡「喪」作；郭店老子丙 8 號簡「喪」作；上博民之父母 14 號簡「喪」作。楚文字桑作（上博民之父母 6號簡）。可見該字形上「屮」乃「桑」「又」之訛形，為簡省後的聲符，故讀為喪是可以肯定的。

陳偉（2008）一說甚是。包山喪葬 254 號簡有從「臱」的「」，其中「臱」的下半部分與甲本「邊」字近似，甲本字形右下部當為筆畫簡省。包山卜筮祭禱 199 號簡「」，其中「臱」的下半部分與乙本「邊」近似，但乙本字形筆畫有所損益。

【曹方向 2013】（P152）：「邊」字在甲骨文中從丙聲，金文中添加「方」作聲符。楚簡「臱」字多以「方」為基本聲符，如包山簡 254「鎬」字作「」。本簡之字作「」，不從「方」，乙本此字作「」，「臱」旁也不從「方」，均為變體。

（2）莊王就大夫而與之言曰

甲本：戕王臱夫=而與之言曰

乙本：戕王臱夫=而与之言曰

【陳佩芬 2008】（P180）：戕王臱夫=而与之言，讀為「莊王就大夫而與之言」。「夫=」為「大夫」二字合文。「与」，「與」之古字。

【陳偉 2009】：就，應是使動用法，是讓大夫前來的意思。

【李天虹 2009】：就，同樣用法的「就」見於上博六《平王問鄭壽》〔註3〕簡 1：「競平王就鄭壽， 之於坅廟」，其整理者謂：《玉篇》：「就，從也」，「競平王就鄭壽」即「鄭壽從平王」。其後，研究者的看法大致可分為兩種，一種認為「就」是使動用法，可訓為「召見」，即平王召鄭壽前來；一種訓為造訪，即平王到鄭壽處拜訪。我一直懷疑同篇簡 5～6 記載第二年平王復

〔註 3〕原文誤作「上博五」，《平王問鄭壽》篇收錄於《上博六》，今據改。

與鄭壽相見，鄭壽所云「君王踐尻（處），辱於老夫」，是指「平王就鄭壽」這件事，「踐處」是說平王來到鄭壽的居所。所以，我比較傾向於對「就」字的第二種詮釋。

【李天虹 2009A】（附記）：同樣用法的「就」字，其實見於傳世文獻。《禮記·祭義》：「是故朝廷同爵則尙齒。七十杖於朝，君問則席；八十不俟朝，君問則就之，而弟達乎朝廷矣。」鄭注：「就之，就其家也。」孔疏：「若君有事問之，則就其室。」可証造訪之說可以成立。

【巫雪如 2009】：將「就」訓爲「造訪」雖然能使「競平王就鄭壽」這句話通讀無礙，但用來解釋《鄭子家喪》的這段話卻並不恰當。《鄭子家喪》簡1曰：「鄭子家喪，邊人來告。莊王就大夫而與之言，曰：『⋯⋯。』」

在這段簡文中，大夫並不是單指一個人，這一點從簡 6 的「大夫皆進」就可以證明。如果說「莊王就大夫」是莊王親自去造訪每位大夫的家，這恐怕與事實不合，因爲當時莊王應該是同時對著眾位大夫說話的。因此，在這個句子中「就」不能訓爲「造訪」了。⋯⋯我們認爲上博簡這兩個例子裡的「就」也可以用這個最常見的詞義去理解，似乎沒有必要另立不同的義項。不過值得注意的是，雖然上古動詞「就」的基本語意是一致的，不過在實際使用中，由於受到語境的影響，「就」的動詞內部語義也有細微的差別。⋯⋯「就」原本是個搭配處所論元的動詞，當它搭配屬人論元時，也有把人物比擬爲處所以顯示其尊貴的意味。此外，先秦「就」這個動詞的動作一般是主語自願且主動發出的，在當時那個尊卑制度極爲嚴明的社會中，地位較高的人一般不會主動趨近地位較低的人，若「就」字後面所接的人地位較主語爲低，就表示「就」的動作是由地位較高的人主動發出，因此很容易在語境中衍申出「紆尊降貴」的意味。

【宋華強 2009B】：我們懷疑此二「就」字可讀爲「肅」「宿」或「速」，表示「邀請」之義。⋯⋯《儀禮·特牲饋食禮》「乃宿尸」，鄭玄注：「凡宿，或作速，記作肅，《周禮》亦作宿。」賈公彥疏：「或作速者，若《公食大夫》速賓之類是也。」《公食大夫禮》實作「親戒速，迎賓於門外」，《鄉飲酒禮》《鄉射禮》則有「速賓」，鄭玄注皆云：「速，召也。」《士冠禮》「宿賓」下胡培翬《正義》云：「宿爲古文夙，宿又通速，皆是豫召使來之義。」可以看出，「速」表示的並非一般性的召見，而是一種恭敬的延請。

【蘇建洲 2010】：《鄭子家喪》「就」字詞義理解爲「造訪」「趨近」可以

先排除，同時也不能將「就」理解爲使動用法，直接訓爲「召見」。這已經提示我們簡文的「就」應該是個通假字。衡諸文意來看，「就」讀爲「召」應該是比較好的選擇，文獻多見「召大夫」的說法。

【孫賽雄】：「就」字完全可以讀通，不必捨近求遠讀爲他字。李天虹先生所引《禮記》一段甚佳。此處我們補充一則《孟子》：「故將大有爲之君，必有所不召之臣。欲有謀焉，則就之。」簡文中辭例完全符合這段引文所言，莊王以起師之事謀於大夫，則就之所。當然這裡也體現了莊王的尊賢下士，但是這已經超出我們討論字義的範圍，更不代表「衍申出『紆尊降貴』的意味」。

【王鑫 2012】（P44）：此簡的「就」字與《平王問鄭壽》的「競平王就鄭壽」的「就」字可謂異曲同工。我們同意此處的「就」字表「召見」的意義，用爲使動用法，因爲，從「莊王就大夫而與之言」來看，莊王與大臣講話，莊王是處於居高臨下的狀態的，「就」作「召見」講更符合情理。

（3）鄭子家殺其君，不穀日欲以告大夫，

甲本：奠子豪殺丌君，不穀日欲吕告夫=，

乙本：奠子豪殺亓君，不穀日欲吕告夫=，

【陳佩芬 2008】（P173～174）：不穀，讀爲「不穀」。《左傳·宣公十二年》：「不穀不德而貪，以遇大敵，不穀之罪也。」「不穀」，爲王者自貶之辭，謙稱，不善也。《左傳·僖公四年》：「齊侯曰：『豈不穀是爲？』」杜預注：「孤〔註4〕、寡、不穀，諸侯謙稱。」

【陳偉 2008】：日，整理者無說。《左傳》文公七年：「日衛不睦，故取其地。」杜預注：「日，往日。」《國語·晉語一》：「日，君以驪姬爲夫人，民之疾心固皆至矣。」韋昭注：「日，昔日也。」莊王與大夫言當去子家之亂有一段時間，故有此語。

【復旦讀書會 2008】：「日」，意爲「往日」。

【陳偉 2009】：日，每日。《易·大畜》：「剛健篤實輝光，日新其德。」孔穎達疏：「故能輝耀光榮，日日增新其德。」先前小文與復旦讀書會均訓爲「往日」〔註5〕，不確。

〔註4〕 《上海博物館藏戰國楚竹書（七）》將「孤」寫作「弧」，當爲訛字，今改之。
〔註5〕 「先前小文」爲陳偉：《〈鄭子家喪〉初讀》，簡帛網，2009 年 1 月 10 日。「往日」原文誤寫作「每日」，今據改。

【今按】：「不穀」，整理者之說可從，爲楚莊王自貶之辭；「日」，陳偉解釋爲每日更爲合理。此句當解釋爲自從鄭子家弒其君，我每天都想把這事告訴大夫們。

（4）以邦之病，以及於今，天厚楚邦，使爲諸侯正。

甲本：吕邦之悁，吕急於含，天後楚邦，由爲者戻正。

乙本：吕邦之悁，吕急於含，天後楚邦，由爲者戻正。

【陳佩芬 2008】（P174）：吕邦之悁，讀爲「以邦之恸」。「邦」，指鄭國。「恸」，《說文・心部》：「恸，憂也。從心，丙聲。」《詩・小雅・頍弁》曰：「憂心恸恸。」《廣韻》：「恸，憂也。」《玉篇》：「恸，憂也，懼也。」吕忣於含，讀爲「以急於今」。「忣」，《集韻》同「急」。《五音集韻》：「急，疾也。《說文》作忥。忥，古文。」而逡楚邦由爲者戻正，「由」，《說文通訓定聲》：「思者心神通於墙。」《說文・心部》：「思，睿也。」段玉裁注：「凡深通皆曰睿⋯⋯謂之思者，以其能深通也。」「正」，《儀禮・士喪禮》「決用正」，鄭玄注：「正，猶善也。」此句意爲：以後楚國需考慮對待諸侯親善。

【陳偉 2008】：邦，整理者以爲指鄭國，不確。應指楚國。恸，整理者引《說文》云：「憂也。」今按，或當讀爲「病」。此前所見楚簡中的「病」皆從「方」作，這可能是「病」字的另外一種寫法。忣，整理者讀爲「急」，但將「以急於今」作一句讀。今改讀，與上文「日」字呼應。思，《禮記・曲禮上》「儼若思」，孔穎達疏：「思，計慮也。」也有可能讀爲「司」，職掌義。正，有官長義。這裡指擔當諸侯盟主。

【凡國棟 2008】：簡文「悁」字亦見於上博二《從政》甲 8 號簡，上博五《季康子問於孔子》第 10 簡相應的字作盅[註6]，陳劍先生主張將其讀作「猛」。不過此處恐不能讀爲「猛」，整理者釋讀有理，可從之。「忣」字整理者讀爲「急」。今按，我們認爲當讀爲「及」，訓爲至。「正」字，整理者引《儀禮・士喪禮》鄭注解釋爲「善」，又說這句話的意思是「以後楚國需考慮對待諸侯親善」。今按，此處「正」字當取君、長之義。《墨子・親士》云：「昔者文公出走而正天下」，王念孫曰：「《爾雅》曰：『正，長也。』晉文爲諸侯盟主，故曰『正天下』，與下『霸諸侯』對文。又《廣雅》『正，君也』。《尚賢》篇曰：『堯、舜、禹、湯、文、武之所以王天下正諸侯者』。凡《墨子》書言

[註6] 此字在《季康子問於孔子》簡 10，原文誤寫作「簡 9」，今據上博簡改之。

正天下正諸侯者，非訓爲長，即訓爲君，皆非征伐之謂。」王氏所云甚是，簡文中「正」字亦當作此解，「而後楚邦思爲諸侯正」是楚王召集楚國大夫所講述的話，意思是從今而後楚國要謀求爲諸侯之君長，即要作諸侯之霸主。

【復旦讀書會 2008】：「邦之病以急」之「以」，訓爲「甚」，「邦之病以急」即楚國之病甚急。「急」即从「及」，不必隸作「忞」。「思」，訓爲「應、當」，參看沈培（2005）。「正」，即主宰。

這段話的意思是：我早就想把鄭子家弒君之事告訴大夫您了，因爲當時國家禍亂頻仍（所以沒有提起此事），從今往後楚國應該做諸侯的主宰。話外之意是如今楚國應該聲張正義，起兵討鄭。

【郝士宏 2009】：「正」義當訓爲「長」。《爾雅・釋詁》：「正，長也。」郭注：「正、伯，皆官長。」……所以訓「正」爲「長」切合文義。這與晉楚之間爲爭奪與鞏固霸主地位，交互發動戰爭的史實相符，同時也透露出楚莊王謀求「諸侯長」的野心。

【陳偉 2009】：思，疑當讀爲「斯」。《古書虛字集釋》「思」字條云：「『思』猶『斯』也。『思』與『斯』一聲之轉，古通用。故『思』可訓『斯』。……《詩・關雎》篇：『寤寐思服。』《閔予小子》篇：『於乎皇王，繼序思不忘。』《烈祖》篇『賚我思成。』《那》篇：『綏我思成。』以上四例，『思』訓『斯』，並與『是』同義。」

【張新俊 2009】：我傾向於把🀄字隸定作「愿」，可以看成从心、从口、疾聲的字。……但是「愿」字不見於後世字書，從文字通假的角度來考慮，我懷疑它可以讀作「訰」，可以訓「禍亂」。如果此說可以成立，簡 1 的「以邦之🀄以急」，也就是「以邦之訰以急」。前一個「以」用爲介詞，表示原因，后一個「以」用爲連詞，可訓爲「而」。「急」訓爲「緊急、危急」。……《鄭子家喪》的整理者認爲此處的「邦」指鄭國，是不正確的，所言應爲楚國。這從簡 3 的「雖邦之訰，將必爲師」也可以看出來。大概在楚莊王看來，楚國此時也正遭受到某種禍亂。根據《左傳》的記載，鄭子家弒其君鄭靈公之事發生在公元前 605 年，這一年楚國的政局正處在動蕩之中。《左傳・宣公四年》中記載了該年也就是楚莊王九年楚國所發生的內亂。

【李天虹 2009】：愿，從張新俊先生隸定，簡文作🀄（甲簡 1）、🀄（乙簡 3）。單純從形體看，此字確實如張先生所言，上部寫法與「丙」字有別

而與「矣」一致，當隸定為「愿」。張先生讀「愿」為「詢」，從文意看也講得通。但結合古書用字習慣看，這裡如果用「病」字則更為合適。上博《從政甲》簡8「猛則亡親」之「猛」，簡文作𥄎，可以隸定為「𢟪」，構形和所謂「愿」一致，形體也比較接近。這使我們懷疑「愿」或許是𥄎（「𢟪（病）」）的訛字。

把凡、侯二位的斷讀和釋字結合起來，將這段文字釋讀為「以邦之愿，以及於今。天厚楚邦思為諸侯正」，似乎更為合理。這段簡文「天厚楚邦思為諸侯正」之前連上文大意是說：子家殺其君，莊王每日都想告知大夫（以討之），因為楚邦之「愿」，一直拖延至今。「以及於今」，類似句例如《平王問鄭壽》簡 5 記平王曰：「前多言曰邦必喪，我及今，何若？」《左傳》昭公十四年「二子因民之欲叛也，請朝眾而盟，遂劫南蒯。曰：群臣不忘其君。畏子以及今。三年聽命矣」等。「正」，陳偉、凡國棟先生已指出有官長義，這裡指擔當諸侯盟主或霸主。那麼，「諸侯正」即「諸侯長」。《呂氏春秋・諭大》：「五伯欲繼三王而不成，既足以為諸侯長矣。」

【郭永秉 2009】：古文字中「大」形（「丙」中間所從是「大」形，戰國文字的「大」也有寫作這種形體的）和「矢」形容易相混，是很常見的現象。郭店楚簡《老子》甲組 33 號用作「猛」的「獻」字作𩲐，李守奎先生指出「所從酉為訛形」，（李守奎《楚文字編》，第 576 頁）甚是。可見「悯」字訛從「矢」絲毫也不足怪。第二，讀「愿」為「詢」並無來自古文獻和出土文字資料的文字學證據，且二字中古等呼皆不同，似亦難信；第三，「邦之詢」顯然不如「邦之病」來得文從字順。總之，我們認為，此字釋為「悯」讀為「病」是完全可以肯定下來的。

陳劍先生曾有兩篇文章指出，此字在《從政》篇中應讀為「猛」。（原注：《上博簡〈子羔〉〈從政〉篇的竹簡拼合與編連問題小議》，《文物》2003 年第 5 期；《上海博物館藏戰國楚竹書〈從政〉研究（三題）》，邢文主編《儒學的再思考——第三屆國際簡帛研討會論文選》，Trinity University San Antonio，U.S.A 2006）比照「狂」字《說文》古文從「心」的情況，「悯」字似有可能就是郭店《老子》所見「獻」字的異體，也就是「猛」的本字。此字在《鄭子家喪》裏，大概是假借為「病」的。

【侯乃峰 2009】：我們看簡文中整理者釋為「而」之字如下：

甲本   乙本

若無辭例的影響，儼然是「天」字。楚簡中「天」「而」多有混訛，實爲常見現象。諸家之所以將此字認作「而」，恐怕主要原因還在於其後的「後」字，「而後」作爲一個詞較爲常見，而「天後楚邦」似乎不辭，所以此字好像祇能是「而」之訛。其實不然，祇要將「後」讀爲「厚」，則此句句意自然通暢無礙了。「後」與「厚」二字古音同爲侯部匣紐，典籍中通假例多見。且楚簡中也有通假例。如上博（二）《容城氏》第 45 簡「詨樂於酉」，即讀爲「厚樂於酒」。（白於藍：《簡牘帛書通假字字典》，第 79 頁，福建人民出版社，2008年 1 月第 1 版）準此，我們就可以將此簡文讀作「天後（厚）楚邦，囟（使）爲者（諸）侯正」，自爲一句。意思是說「上天厚待楚邦，使它成爲諸侯之長」（「正」字從上引郝士宏先生之解），在簡文中既承上句「以邦之病以及於今」，又啓下句「今鄭子家殺其君，……」。我們如此讀法，在句意的理解上，則是以爲楚莊王說這句話時，已經是具備了「諸侯正」的地位，掌握了發動戰爭的主動權，而不當理解爲他欲謀取「諸侯正」的地位。不然，他後面所說的爲「上帝鬼神」代言的話就成爲無稽之談了。因爲楚邦若非「諸侯正」，而是莊王此時欲謀取「諸侯正」的地位而尚未得到，那麼「上帝鬼神」爲何要責怒楚邦呢？

【宋華強 2009】：我們認爲釋字方面，「病」「及」的改讀可從；斷句方面，整理者以「以邦之怲」四字爲句和陳偉先生把「以及於今而後」連讀的意見可從。如此簡文當讀爲：「鄭子家殺其君，不穀日欲以告大夫，以邦之病，以及於今而後。」按，「今而後」等於「今」，「以及於今而後」即「以及於今」。古漢語虛詞複說的情況很多見，如《莊子‧逍遙遊》「而後乃今將圖南」，「而後」與「乃今」同義，「而後乃今」即「而後」或「乃今」。《左傳》昭公二十六年齊景公之言「吾今而後知禮之可以爲國也」，在《晏子春秋‧外篇》「景公問後世孰將踐有齊者晏子對以田氏第十五」中作「今知禮之可以爲國也」，可知「今而後」與「今」同義。《左傳》襄公七年有「吾乃今而後知有卜筮」，昭公二年有「吾乃今知周公之德」，哀公二十七年有「吾乃今知所以亡」，第一例「乃今而後」即《逍遙遊》「而後乃今」，與後兩例「乃今」同義，亦可知「今而後」與「今」同義。宋代典籍則有「至今而後」之語，如《孟子‧

萬章下》「今而後知君之犬馬畜伋」《疏》云「至今而後乃知魯君以犬馬畜養其伋也」，王安石《臨川文集‧苗振職方郎中制》「至今而後得遷」，「至今而後」與簡文「及於今而後」同義。

陳偉先生認為「以及於今而後」說的是「邦之病」，恐怕是有問題的；李天虹先生的斷讀意見我們雖然不同意，但是他認為「以及於今」指的是「不穀日欲以告大夫」這件事，卻是可信的。簡文的意思是：由於楚國有難，與諸位大夫商討處理子家弒君之事拖延至今。

【野狼爹 2009】：在《鄭子家喪》簡文此處，若讀為「以及於今而後」，（宋先生以為「以及於今」指的是「不穀日欲以告大夫」這件事），則楚王要告訴大夫鄭子家弒君這件事，其中的時間概念應該是「時間點」（楚王告訴大夫這件事就完事了），而不會說「楚王從今以後一直告訴諸位大夫這件事」（時間段）的；因為「以及……」的「及」就限定了，祇能「及」於一個「時間點」而不是「時間段」。

【高佑仁 2010】：認為「𢏃」形是一般「丙」字（𠕋）的訛變，即《說文》的「病」，只不過「宀」改「厂」而已，其餘《鄭子家喪》的寫法則是省「爿」添「心」旁，應隸作「𢠽」或「𢘪」。

【李天虹 2010】（P187）：楚莊王講因為「邦之病」，所以對子家殺其君之事沒有及時做出反應，一直拖延至子家喪亡。所謂「邦之病」，大概是說楚國有內憂外患。張新俊先生認為這裡的「邦之病」，指宣公四年（前 605 年）楚國發生的內亂，有一定道理。據《左傳》，宣公四年到宣公十年，晉、楚爭霸處於膠著狀態，期間楚國未占到優勢；宣公八年，楚又有群舒之叛，這些可能都與所謂「邦之病」有關。

【李詠健 2011A】：就文義言之，A 從「丙」聲，讀為「病」固然可通，但這裡筆者提出另一看法。古書中「便」與「變」可以通用，《馬王堆漢墓帛書‧五行》：「和也者小體（體）變變然不囿於心也」。「變變」，整理者釋為「便便」，是其證。又帛書《六十四卦‧革卦》：「大人虎便」，今本《周易》作「大人虎變」，此「便」字讀為「變」。「便」從「更」聲，「更」從「丙」聲。是聲素「丙」與「緣」可以通用。A 字與「便」同從「丙」聲，疑亦可讀為「變」。「丙」古音幫紐陽部；「變」幫紐元部，二字幫紐雙聲，陽、元通轉，可以通假。準此，簡文應讀為「以邦之變」及「雖邦之變」。「邦之變」即「國之變」，猶「國變」之謂也。

【孫賽雄】:「天後楚邦，由爲者戻正」，此處若不讀爲「天」，下文「思爲諸侯正」之「思」缺乏主語，亦難讀通。「天逡」當讀爲「天厚」，「天厚楚邦」與「使爲諸侯正」語義連接緊密。「由」，當讀爲「使」。與下文「我將必使子家毋以盛名立於上，而滅【簡 4】光於下」之「思」同。「正」訓爲「長」。「諸侯正」即諸侯長。莊王觀兵于周疆，問鼎中原，雖與晉國屢戰，互有勝負，仍不失爲諸侯之翹楚。

【馮時 2012】(P77):以，因也。「已」，本作「㠯」，讀爲「已」。「急」，整理者釋爲「㤅」，二者爲一字，可以通行之體寫出。「已急於今」，已如今日之急迫也。

【李詠健 2013】(P5、10):筆者認爲。「邦」當如復旦讀書會及陳偉所言，指楚國。

與釋「訩」及釋「病」等說相比，「變」有「變亂」義，可指內亂。因此，釋「愊」爲「變」，與史書所載楚國亂事正好相應。

總言之，愊字可讀爲「變」，簡文讀作「以邦之變」「雖邦之變」。「邦之變」謂國家發生非常之事，或取「政變」「變亂」之義。筆者此讀法於音義皆通，在字形上則可解決諸家釋愊爲「病」的矛盾。

【今按】:簡文「怲」從「丙」得聲，此從陳偉之說，讀作「病」。「以急於今」當從復旦讀書會之說，讀作「以及於今」。「天後楚邦」當從侯乃峰之說，讀作「天厚楚邦」，指上天厚待楚國。

(5) 今鄭子家殺其君，將保其寵炎以沒入地。

甲本：含奠子豪殺亓君，牆保亓憩炎㠯叟內墜。

乙本：含奠子豪殺亓君，牆保亓憩炎㠯及內墜。

【陳佩芬 2008】(P174):牆保亓憐炎，讀爲「將保其懺悷」。《集韻》:「保，隸作保。」《詩・大雅・崧高》:「南土是保」，鄭玄箋:「保，守也，安也。」「憐炎」，讀爲「懺悷」。《廣韻》:「懺，懺悷，不調。」《玉篇》:「悷，懺悷，多惡。」此句意爲:我將會保持其惡劣行徑。㠯及內墜，讀爲「以及入地」。「入地」，入於地下，猶言死也。

【陳偉 2008】:甲本此字與包山 270、272 號簡「靈光」的「光」字近似，應可釋爲「光」。乙本作「炎」，或楚文字「光」有此寫法，或轉抄致誤。

懺光，當讀爲「寵光」。《左傳》昭公十二年記昭子曰:「必亡。宴語之不

懷，寵光之不宣，令德之不知，同福之不受，將何以在？」

【復旦讀書會 2008】：甲本的「旻（沒）內（入）堅（地）」乙本作「及內（入）堅（地）」，「旻」作 ，「及」作 二字字形相近，必有一譌字。從文意看，由於楚師討鄭旨在使子家無法成禮而葬，「□入地」應理解爲「入葬」這個實在的行動，而不是原整理者認爲的「猶言死」，所以當以甲本的「旻（沒）」爲是。

這段話的意思是：現在鄭子家弒君，（犯了如此罪行）卻將保有其「悳炎」而安葬入地。如果上帝鬼神因此發怒，我將如何回答？所以，即使國家禍亂頻仍，還是一定要興師討鄭。

「悳炎」，乙本作「悳炎」，原整理者讀爲「懥悷」，意爲「不調」「多惡」，把「將保其悳炎」理解爲「將會保持其惡劣行徑」。我們認爲「悳炎」讀爲「懥悷」不但取義迂遠，完全不像是先秦口語，而且「炎」「悷」古音遠隔，無法通假。

要解決「悳炎」的問題，就要首先考慮整段話的取義方向問題。

「懥悷」的取義是往惡的方向考慮的，因爲鄭子家是惡人，做了惡事。其實，鄭子家越是惡，楚莊王不希望鄭子家保有的東西——「悳炎」——就越應該往好的方向考慮。楚莊王的正常邏輯是：鄭子家作爲弒君之人，不能保有「悳炎」這個好東西入葬，否則就會造成鬼神發怒。楚莊王的這個觀點直接導致了後面阻止鄭子家成禮而葬的行爲。

將「悳炎」往好的方面理解，還有一個旁證，就是鄭子家卒後，「鄭人討幽公之亂，斲子家之棺，而逐其族。」（《左傳·宣公十年》）也就是說鄭子家弒君之後仍然很有權勢，鄭人要等他死後才敢「斲其棺」「逐其族」。「悳炎」就是鄭子家弒君仍然保有卻不應保的東西。

基於上述考慮，我們把「悳炎」讀爲「恭嚴」或「恬淡」。

「恭嚴」，意爲肅敬、端莊、威嚴。「龏（右上或從『兄』）」字用爲「恭」，在出土文獻中很常見，無須贅述。「恭」字從「心」，「龏」加上形符「心」仍讀爲恭敬之「恭」，是完全可能的。

「炎」的上古音屬云母談部。「嚴」的上古音屬疑母談部，兩者音韻地位極近，可以通假。「啖」就有與「噉」相通的例子（參看《古字通假會典》第248頁）。

形容一個社會地位比較高的人「恭」或「嚴」在典籍中很常見，而「恭

嚴」連言的例子也是有的，不過時代略晚。「恬淡」，意爲清淨、寧靜。

　　「懢」字又見《馬王堆帛書·老子乙》「銛懢爲上」，「銛懢」通行本作「恬淡」「恬憺」，《馬王堆帛書·老子甲》作「銛襲」，《郭店·老子》作「鑷懢」。通過以上異文可知「懢」讀爲「淡」，而「恬」「淡」聲音又相近。「鋑」就有與「銛」「恬」相通的例子（參看《古字通假會典》第 248 頁）。所以「懖炎」可以讀爲「恬淡」。

　　楚莊王認爲不能讓鄭子家在弒君之後甚至死後仍然保持恭嚴或者清淨狀態，要讓他「死得難看」，才有了以後的種種行動。

　　【陳偉 2009】：光，整理者釋爲「炎」。今按：甲本此字與包山 270、272 號簡「靈光」的「光」字近似，應可釋爲「光」。乙本作「炎」，或楚文字「光」有此寫法，或轉抄致誤。懢光，當讀爲「寵光」。《左傳》昭公十二年記昭子曰：「必亡。宴語之不懷，寵光之不宣，令德之不知，同福之不受，將何以在？」

　　及，甲、乙二本寫法不同。整理者皆釋爲「及」，復旦讀書會改釋甲本爲「叟（沒）」，認爲乙本作「及」訛。今按，「入地」見於漢人語，猶言下葬。如《白虎通·崩薨》云：「葬之爲言下藏之也。所以入地何？人生於陰，含陽光，死始入地，歸所與也。」如果其前一字爲「沒」，語句會顯得不通順。因而此處當以作「及」爲是。甲本近似「叟」的那個字很可能是「及」字異寫。

　　【李天虹 2009】：沒，甲本作「叟」，乙本作「及」，整理者均釋爲「及」。復旦讀書會認爲：「叟」「及」二字字形相近，必有一訛字，當以甲本的「叟（沒）」爲是。其說可從。沒，死也。《唐虞之道》簡 2～3：「身窮不均，叟（沒）而弗利，窮仁矣。」「入地」，陳偉先生指出見於漢人語，猶言下葬，如《白虎通·崩薨》云：「葬之爲言下藏之也。所以入地何？人生於陰，含陽光，死始入地，歸所與也。」

　　【高佑仁 2009】：楚簡中的「光」字有兩種寫法，第一種作「灻」（包 207），上从火下半从人跪跽之形，第二種作「灻」（包 272），字形已有所訛變，上半仍視成从「火」，而下半則訛作「火」形，使之與从二「火」的「炎」字（灻帛甲 6.1）產生類化。但是本處的「灻」「灻」字形的「火」旁都沒有橫筆，換言之雖然楚簡「炎」「火」確實有相混的情況，但本簡二字是能否讀「火」，似也不能排除，但恐要更多證據補足。

　　從文義上來看，簡 2 作者敘述楚莊王因不滿鄭子家弒君的舉動，因此要他不能「懖炎」以入葬，無論「炎」字究竟該讀作什麼，但肯定是個正面意涵

的字眼，莊王出兵以後，鄭人詢問圍鄭之理由，莊王認爲鄭子家顛覆天下之禮，因此要他「毋以成名位於上，而滅△（炎）於下」，「滅」指絕盡、毀滅之意，正因不願意讓鄭子家「懅炎」入葬，因此才要出兵攻打，讓他滅絕其「炎」，兩個「炎」字在字形、意義上，都必須一起考釋。

【侯乃峰 2009A】：我們以爲這兩個字可以直接讀爲「寵炎」。「寵」訓爲「尊榮、光耀」，「炎」訓爲「熱」，借指權勢。成語有「趨炎附熱」（出《宋史·李垂傳》）或「趨炎附勢」，其中「炎」字之意味與「寵炎」之「炎」當略似。《左傳·文公七年》：「酆舒問於賈季曰：『趙衰、趙盾孰賢？』對曰：『趙衰，冬日之日也；趙盾，夏日之日也。』」以太陽之炎熱喻人之權勢，義亦與此相承。元人馬祖常撰《石田文集》卷十二《勅賜贈參知政事胡魏公神道碑》有「於富貴寵炎未嘗動於意」之語；「寵炎」或作「寵焰（燄）」。宋人陳均撰《九朝編年備要》卷三十：「故左右交口稱譽，一時寵焰赫然。」此處所舉的兩條書證雖晚，但其語義之所出卻自當有源，亦可爲參。

【劉信芳 2009】：《說文》：「恭，肅也。」貌思恭，事思敬。《國語·楚語上》：「若先君善則請爲恭。」炎，《說文》：「火光上也。」段注引《洪範》曰：「火曰炎上。」《詩·大田》「秉彼炎火」，《傳》：「盛陽也。」《雲漢》「赫赫炎炎」，《傳》：「熱氣也。」《楚辭·大招》「南有炎火千里」，《章句》：「盛兒也。」簡文「炎」大致是指氣勢盛大。「慫（恭）炎」在此指榮耀性的諡稱，原本並非確指，釋讀也不必求之過深，理解爲好的名譽就可以了。論者引到《郭店·老子》「鐈縟」展開討論，可能沒有必要。楚莊王的意思是，鄭公子家弒君，顛覆天下之禮，人世間已是荒唐如此；倘若再以正面的諡稱入於地下，褻瀆神靈，上帝鬼神必然震怒。此所以爲楚莊王出兵之口實，在神道設教的背景下，楚莊王的理由是很充分的。

甲本「昃」，乙本作「及」，二字形近，均可讀通。

【李松儒 2009】：《鄭子家喪》甲、乙本簡 2 中的「光」字都寫作類似「炎」形，我們這裡暫時還不能把這個字歸入誤字之列，因爲在已出土的竹簡中，多字同形的例子很多，這與抄手用字習慣有很大關係，如「而」和「天」字在竹簡中字形是相混的，可是在同一抄手的用字系統裡是不相混淆的。（原注：李守奎先生在其研究生課程上曾指出此點。又可參看李守奎、曲冰、孫偉龍：《上海博物館藏戰國楚竹書（一～五）文字編》第2～5頁、第447～456頁，作家出版社 2007 年。）「炎」與「光」在字形上也是很相近的，如果說

乙本抄寫的錯誤多，誤把「光」做「炎」是很有可能的，不過甲本在糾正乙本的基礎上還未將此字改正，那麼，很有可能這兩個抄手（或者其中之一）書寫「光」字的習慣就是寫作「炎」形，不過我們並沒有看到這兩個抄手所書寫的「炎」和「光」的更多字形，所以我們只能做猜測至此。

「沒」字誤作「及」字。

【高佑仁 2010A】：乙本的文字行款較爲疏朗，而甲本則較爲緊密，因此兩篇都使用了七枚竹簡，值得留意的是，甲、乙本文字在竹簡中的相對位置差異不大，而且兩個版本的第三簡都是「神以爲怒，吾將何以答？雖邦之病，將必爲師。乃起師圍鄭三月。鄭人請其故，王命答之曰：鄭子」等內容，我認爲這不是巧合，此充分說明書手是據某本而抄寫成另一版本，書手抄寫時，在有意無意之中導致二版本的書寫行款頗爲類似，如此一來「及」「叟」應有一者是錯字。

若從簡文「以叟入地」這句話來考察，甲本的用字較爲正確，推敲乙本訛誤的原因，可能是同簡前段有「以及於今」一句，故乙本書手在抄寫到「以叟入地」時，誤將「叟」誤寫成「及」，王叔岷先生稱這種現象爲「涉上下文而誤」（王叔岷先生撰：《斠讎學（補訂本）》，臺北：中央研究院歷史語言研究所，1995 年，頁 286～287）。李松儒先生曾透過《鄭子家喪》甲、乙本的字跡進行比對研究，其結論是乙本許多錯字、漏字之處，甲本都正確無誤，例如甲本簡 2「今鄭子家殺其君」一句，乙本漏「今」字，這是由於甲本抄手在校讀乙本後補足的結果」，也就是說書手據乙本而寫成了甲本時，同時糾正了乙本的錯誤。我的看法與李先生相反，我們知道楚簡中文字的訛誤問題頗爲常見（原注：參裘錫圭先生：《談談上博簡和郭店簡中的錯別字》，收入《新出楚簡與儒學思想國際學術研討會論文集》，北京：清華大學出版社，2002 年 3 月，頁 13～25），如果說《鄭子家喪》乙本訛字、漏字之處，在甲本都正確無誤，那麼恐怕是書手據甲本而抄寫乙本時，不慎把甲本的「以叟入地」因爲涉上而誤之故，錯抄成「以及入地」，又不慎將「今鄭子家殺其君」的「今」字給遺漏掉，我認爲這個可能性會比較高。

【孫賽雄】：從辭例考慮，此字當從甲本，爲「沒」。乙本或從甲本抄寫時產生訛誤。

【黃儒宣 2012】（P22～23）：將「憩炎」釋爲「龍炎」。「龍炎」疑讀爲「壟培」。「壟」，《禮記・曲禮》：「適墓不登壟」，注：「壟，冢也，墓塋域。」《呂

氏春秋・孟冬》：「飭喪紀，辨衣裳，審棺槨之厚薄，營丘壟之小大高卑厚薄之度，貴賤之等級。」高誘注：「壟，冢也。度其制度，貴者高大，賤者卑小，故曰等級也。」

「炎」疑讀爲「埳」。炎，匣紐談部，埳，從臽得聲，臽，匣紐談部，二者聲韻相同，故可通假。《墨子・節葬》：「滿埳無封，已葬而牛馬乘之。」尹桐陽云：「埳，即窞，坎也。」簡文「將保其壟埳」，是說將要保持其封土堆與墓穴，也就是按照鄭子家生前的爵等，營造高大的冢墓，依禮厚葬之意，這正是楚莊王所不予許的。

【馮時 2012】（P77～78）：「將」，本作「牂」，讀爲「將」，猶也，尚也。

「恭儉」，本作「戁炎」，乙本作「戁炎」，讀爲「恭儉」。「戁」「戁」皆「恭」之異體。「龏」「共」同音可通，文獻不乏其證，不贅舉。《詩・小雅・巧言》：「亂是用餤。」《禮記・表記》陸德明《釋文》：「餤，徐本作鹽。」「鹽」從「監」聲。《說文・厂部》：「厵，讀若籃。」是「炎」「儉」互用之證。楚竹書《慎子曰恭儉》：「恭儉以立身。」「恭儉」本作「共僉」。鄭子家弒其君，事見《左傳・宣公四年》，是無恭儉之德。

「以」「及」同用，若或也。「入地」，安葬也。辭言若或安葬子家。

【今按】：「將保其戁炎以沒入地」，此句無須斷讀，句中「炎」字亦當讀如本字，此句可參照下文「我將必使子家毋以盛名立於上，而滅炎於下」，「命使子家利木三寸，疏索以紘，毋敢丁（當）門而出，掩之城基」，均與此句中的「戁炎」相對，此句當指子家將按照卿大夫之禮風光下葬。

（6）如上帝鬼神以爲怒，吾將何以答？

甲本：女上帝梟神呂爲悫，虔牂可呂含？

乙本：女上帝〔鬼神〕呂爲悫，虔牂可呂含？

【陳佩芬 2008】（P175）：上帝梟神呂爲悫，「神呂爲悫」四字在下簡句首。《史記・封禪書》：「禹收九牧之金，鑄九鼎，皆嘗亨鬺上帝鬼神。」「鬼神」是指神與祖先之靈。「悫」，《集韻》：「怒，古作悫。」「怒」，憤也。

【李天虹 2009】：如上帝鬼神以爲怒，《平王問鄭壽》簡 1～2 記平王問曰：「禍敗因踵於楚邦，懼鬼神以爲怒，思先王亡所歸，吾何改而可？」有類同的用語。

（7）雖邦之病，將必爲師！

　　甲本：售邦之悎，牭必爲帀。

　　乙本：售邦之悎，牭必爲帀。

　　【陳佩芬 2008】（P175）：將「售邦之悎」讀爲「雖邦之炳」。「售」釋爲「唯」，讀爲「雖」。牭必爲帀，讀爲「將必爲師」。《經傳釋詞》：「爲，猶用也，用兵也。」

（8）乃起師，圍鄭三月。鄭人請其故，王命答之曰

　　甲本：乃𢀛帀，回奠三月。奠人青丌古，王命㠯之曰

　　乙本：乃𢀛帀，回奠三月。奠人情亓古，王命㠯之〔曰〕

　　【陳佩芬 2008】（P175）：乃𢀛帀回奠，讀爲「乃起師圍鄭」。「𢀛」，「起」之古文，從辵與從走通。《左傳・昭公二十六年》：「王起師于滑。」杜預注：「起，發也。」「起師」，指發兵。「回奠」，讀爲「圍鄭」，與《史記・楚世家》「十七年春，楚莊王圍鄭，三月克之」爲同一事，此時爲公元前五九七年。

　　【何有祖 2008】：青，甲本此處仍可辨認出「青」字，可參考乙本看作「情」而讀作「請」，也可直接讀作「請」。

　　【陳偉 2008】：甲本此字不大清楚，乙本作「情」。從輪廓看，甲本此字似是「青」，讀爲「請」。

　　【郝士宏 2009】：按此句斷句似有可商，似當讀爲：乃𢀛（起）帀（師）回（圍）奠（鄭）。三月，奠（鄭）人情（請）丌（其）古（故）……起師與圍鄭是連動式，中間以不斷爲佳。此次楚人起師圍鄭之具體時間，我們在史書中還未找到明確證據，但以《春秋》紀事之例例之，「三月」當从下讀爲佳。《春秋・隱公元年》：「夏五月，鄭伯克段于鄢。」又《隱公四年》：「九月，衛人殺州吁于濮。」

　　【陳立 2011】：「巳」字作「𢀛」《包山143》、「又」《仰天湖25.34》，「己」字作「𢀛」《包山185》，可知前者從辵巳聲，後者從辵己聲。又「𢀛」或「𢀛」的形體與《說文》古文「𢀛」相近，惟「巳」的形體略異。又將「𢀛」與《說文》收錄的古文相較，「己」字上古音屬「見」紐「之」部，「巳」字上古音屬「邪」紐「之」部，疊韻，己、巳作爲聲符使用時可替代，二者的差異爲聲符的不同。

　　【孫賽雄】：按辭例「回」確實當讀爲「圍」，「圍」楚文字作🗊（包山文

書2號簡）、（包山文書5號簡），字形、聲音均與「回」相近。容易混同。甲本回字下似隱約有筆畫，或爲「止」，或爲長期卷起存放，對面的簡文翻印到了該簡處。

青從丹，楚文字丹多作三形，由簡到繁分別爲（包山文書16號簡）、（上博容成氏6號簡）、（上博容成氏38號簡），其中第三形當隸定爲從口，楚文字「青」僅見從上述第三形「丹」。故此字即是「青」字，嚴格隸定爲「青」十分正確。但是乙本作「情」，很由可能爲錯字：楚文字中「情」絕大部分從「青」，未見從「青」之「情」字，「情」在辭例中亦無法解釋，故該字「心」形或從甲本或他本「青」之「口」誤。

【馮時 2012】（P78）：（將甲本「青」釋爲「問」。）「問」，本作「昏」，讀爲「問」。乙本作「請」。

（9）鄭子家顛覆天下之禮，弗畏鬼神之不祥，戕賊其君。

甲本：奠子豪邅返天下之豐，弗恨綦神之不恙，愍惻丌君。

乙本：〔奠子〕豪邅返天下之豐，弗恨綦神之不恙，愍惻亓君。

【陳佩芬 2008】（P176、182）：「邅返」，讀爲「顛覆」。《尙書・胤征》：「惟時義和，顛覆厥德。」孔安國傳：「顛覆言反倒。」《孟子・萬章上》：「太甲顛覆湯之典刑。」「顛覆」謂傾敗。「天下」，《孟子・離婁上》：「皆曰『天下國家』。」趙岐注：「天下謂天子之所主。」「豐」，與「禮」同。《左傳・昭公二十五年》：「子產曰：『夫禮，天下之經也，地之義也，民之行也。』」

弗恨綦神之不恙，讀爲「弗畏鬼神之不祥」。「恙」借爲「祥」。「恨」，作省筆形，通「畏」。

愍惻丌君，讀爲「戕折其君」。《後漢書・盧植傳論》：「當植抽白刃嚴閣之下，追帝河津之間，排戈刃，赴戕折，豈先計哉？君子至於忠義，造次必於是，顛沛必於是也。」李賢注引杜預云：「戕者，卒暴之名也。」「戕折」，謂戕害，傷害。

【何有祖 2008】：惻，整理者讀作折，當讀作賊。戕賊指摧殘，破壞。《孟子・告子上》：「如將戕賊杞柳而以爲桮棬，則亦將戕賊人以爲仁義與？」

【陳偉 2008】：惻，讀爲「賊」。《孟子・告子上》「將戕賊杞柳而後以爲杯棬也」，趙岐注：「戕猶殘也。」殘賊，殘殺、毀壞的意思。

【單育辰 2009】：乙本簡4「弗思鬼神之不祥」，「思」整理者陳佩芬先生

釋爲「悁」，按此實爲「思」字，但參照《鄭子家喪》甲本簡4可知「思」爲「悁（畏）」之訛。

【李松儒2009】：乙本在簡4將「畏」字誤作「思」字。

【孫賽雄】：乙本「思」當同上文「情」，亦是誤字。惑惻，第一字當爲戕，第二字當從何有祖（2008）讀爲「賊」。「賊」字本從戈，後「戈」或訛變爲「心」，上博彭祖7號簡的兩個「賊」字🖼️🖼️（「賊者自賊也」）。郭店老子甲本、語叢二，上博從政甲、容成氏均讀「惻」爲賊。

【馮時2012】（P78）：「愴」，本作「惑」，從「心」，「戒」聲，讀爲「愴」。「惑」「愴」雙聲疊韻，同音可通。……「愴惻」，連綿詞。《文選·潘安仁寡婦賦》：「思纏綿以瞀亂兮，心摧傷以愴惻。」呂向《注》：「愴惻，悲傷也。」「愴惻其君」意即使其君悲傷。

【今按】：「惑」，從「戒」得聲，原整理者釋爲「戕」之說可從。「惻」，此從何有祖之說，讀作「賊」。上文言「鄭子家顛覆天下之禮」，「戕賊其君」則指子家以下犯上，弑殺國君。

（10）我將必使子家毋以盛名立於上，而滅炎於下。

甲本：我酒必由子豪毋呂城名立於上，而威炎於下。

乙本：我酒必由子豪〔毋呂城名立於上，而威炎於〕下。

【陳佩芬2008】（P176）：（甲本）「豪」字待考。本句據乙本讀爲：「我將必思子家」。意爲一定要子家考慮到後果。

毋呂城名立於上，讀爲「毋以成名位於上」。「城名」用作「成名」。《易·繫辭下》：「善不積，不足以成名。」韓康伯注：「成立名聲也。」

（「而滅光於下」，釋爲「而戒鼎於下」）「戒」，字待考。本句意不明。

【陳偉2008】：「豪」字釋爲「夷」。夷，從尸從示。楚月名中荊屍、夏屍的後一字，秦簡或作「夷」。《史記·鄭世家》：「二十二年，鄭繆公卒，子夷立，是爲靈公。」簡文此字應即鄭靈公之名。整理者未釋此字，因與乙本比照而將其屬下讀，不確。

【復旦讀書會2008】：甲本的豪字，乙本對應之字作「我」，用作第一人稱代詞。豪當爲「余」字訛體。可與《郭店·太一生水》簡14的余字相對照。之所以抄手會將此字抄成豪，可能是承上一字「君」的上部而訛，或者把「余」的上半🖼️抄成了🖼️，抄到一半發現不對，又草率地補上了「余」

字下半的五筆。

「囟」讀爲「使」，參看沈培（2005）。簡甲5的「囟」字亦同。

「威（滅）」字除左側略殘外並無特別之處。不應從原整理者釋爲「鼎」。

「毋以成名立於上」的「成名」顯然是名詞，典籍中用「盛名」，即美名。原整理者誤讀爲動賓結構。

字似 ![圖] 从「亦」，當是「滅」的賓語，待考。

此句意爲：我必使子家不能在世上樹立好名聲，還讓他在地下滅絕 ![圖]。而使子家「滅 ![圖] 於下」的行動，就是不使其成禮而葬，正是簡文下一句的內容。

【凡國棟2008A】：第4號簡最後一字漫漶不清，可能有的墨跡已經脫落。若試著將其復原，則該字可能就是「滅」字，不過最終論定尚需結合下文來考察。第5號簡首字雖然較爲模糊，但仔細審看，其上從酉，下從攵，當是「復」字，楚簡較爲常見，同簡「顚覆」之「覆」從辵，該字應該是省去了這個偏旁。可讀作「覆」。滅覆，即灭亡之義。

簡文是楚莊王使人應對鄭人之語，云「鄭子家顚覆天下之禮，弗恨鬼神之不恙（祥），戕賊其君，我將必由子家毋以成名立於上，而滅覆於下。」而前文莊王在與楚國大夫謀劃伐鄭之時曾說到，鄭子家弑其君，「將保其懤（寵）光以及入地」。從莊王之言語可以看出，他不願意看到鄭子家這個弑君者帶著「懤（寵）光」死去，因此他要使得子家「毋以成名於上」，而是要使他「滅覆於下」。因此，「滅覆於下」一語實際上是承上文「保其懤（寵）光以及入地」而來。籍此我們也可以看出上文對「滅」字的釋讀是可靠的。

【陳偉2009】：夷，整理者未釋，復旦讀書會釋爲「余」。今按，此字從尸從示，楚月名中的此字秦簡或作「夷」。古書有夷、餘通假之例。（高亨《古字通假會典》532頁，齊魯書社1989年）這裡似當讀爲「余」，與乙本「我」字相對。成名，猶盛名、美名。

【高佑仁2009】：我認爲第五簡首字與前述第二簡的「炎」是同一字。從文義上來看，簡2作者敘述楚莊王因不滿鄭子家弑君的舉動，因此要他不能「懤炎」以入葬，無論「炎」字究竟該讀作什麼，但肯定是個正面意涵的字眼，莊王出兵以後，鄭人詢問圍鄭之理由，莊王認爲鄭子家顚覆天下之禮，因此要他「毋以成名位於上，而滅△（炎）於下」，「滅」指絕盡、毀滅之意，正因不願意讓鄭子家「懤炎」入葬，因此才要出兵攻打，讓他滅絕其「炎」，兩

個「炎」字在字形、意義上，都必須一起考釋。如果採讀作「嚴」看法，這裡的「炎」可解釋成「威嚴」，讓鄭子家死得連最後的威嚴、尊嚴都滅絕，若採「光」的釋法，「光」有也有光彩、光榮的意思，《詩・大雅・韓奕》：「不顯其光。」，鄭玄箋：「光，猶榮也。」，即滅絕其光榮，但是就文意而言，「滅嚴於下」的讀法會比較好。

【李松儒 2009】：「我」字在楚簡中常作形，和字形區別較大。不過，我們知道楚簡中的「義」字是從「羊」從「我」的，在包山簡中「義」字作：

　　　　49　　　　66

郭店簡中「義」字作：

　　語叢一 53　　語叢三 65　　　殘 7　　　　殘 8

上博六《天子建州》中「義」字作：

　　　　乙 6　　　　甲 3　　　　甲 6

「義」字下面所從的「我」均作下形：

　　通過比較，我們發現，這個「我」符的寫法與十分相近。「我」字上部的「戈」符訛作形，形左邊略有殘缺，以致於與「戈」符有些差異。(《天子建州》乙本簡 3 中「義」字作，其下面的「我」符上部訛變情況與《鄭子家喪》甲本簡 4 中「我」字是有些相似之處的。) 並且「我」字下部寫得較為豎直，就訛作「示」形了，上博六《天子建州》乙本簡 6 中「義」字中的「我」符作，其下面的三劃寫的就比較豎直了。所以 A 字還應該釋作「我」。

　　【宋華強 2009A】：簡文「滅光於下」與「毋以成名位於上」，語義都是承接「我將必使子家」而言。上文有「子家……將保其寵光以沒入地」，故此言「我將必使子家……滅光於下」，「下」即指「地」下，意謂將必使子家不能保其寵光於地下。「滅光」既是與上文「寵光」相照應，又是借用天象術語來比喻莊王將使子家不但在世上聲名掃地，葬在地下也顏面無存。這種一語

雙關的語言現象在《左傳》中是常見的。

【陳立 2011】：將「▨」與「▨」相較，其間差異爲「勹」寫作「勹」，並將之置於「戈」的下方。

【孫賽雄】：楚字「盛」之「成」形原從「人」或「千」（▨郭店唐虞之道2 號簡，▨上博孔子詩論 2 號簡），後「千」與下面「皿」形最上之一橫合爲「壬」（▨包山文書 132 號簡），後「壬」又省一畫成「土」（▨包山卜筮祭禱201 號簡）。今《鄭子家喪》之「城」同包山文書 132 號簡「盛」字，省「皿」而其一橫猶存，與「城」形同；或者該字即作「城」而讀爲「盛」，已不可考。總而言之，該字讀爲「盛」是沒有問題的。

「▨炎」，第一字釋爲「威」而讀爲「滅」當沒有問題。楚字「威」從人從火，作▨（上博五《三德》11 號簡）或▨（上博五《季庚子問於孔子》22 號簡）。本簡「滅」字當作第二形，殘泐而不見「人」形。第二字殘泐，暫從「光」說。

【馮時 2012】（P78～79）：「戕」，本作「戈必」，從「戈」「必」聲。「戈必」或即「戕」字異體，唯聲符互換而已。「戕鼎」意即聚藏鼎彝等隨葬之器。據前文「以及入地，如上帝鬼神以爲怒，吾將何以答」，知楚王誓在不使子家安葬，因人行葬禮，才可與上帝鬼神相通。此可明子家並未入葬。是簡文乃言必不能使弒君之子家於世享有令名，而死後又可入土爲安。

【何有祖 2014】：「君」下一字應該是一個與「我」讀音可通或者意義相近的字。「戕賊其君」可與上文「殺其君」相對應，其意完整，且「君」下一字與乙本「我」對應，可知該字屬下讀的意見可从。……「君」下一字當分析爲從示，巳聲，隸定作「祀」。「祀」在句中可讀作訓作「我」的「台（yí）」（原注：《爾雅·釋詁》：「台，我也。」《書·湯誓》「非台小子，敢行稱亂。」），但不排除有讀作「我」的可能。……「祀」「台（yí）」韻同聲紐近，文獻中通假例子較爲直接，通作可能性較大。而「祀」「我」則存在韻紐皆偏遠，雖文獻中有輾轉通假的例子，通作的可能性仍尚待更多材料予以加強。

（11）鄭人命以子良爲質

　　甲本：奠人命吕子良爲埶
　　乙本：奠人命吕子良爲埶

【陳佩芬 2008】（P177）：讀爲「鄭人命以子良爲執命」。「子良」，《左傳·

宣公十二年》：「潘尫入盟，子良出質。」杜預注：「潘尫，楚大夫。子良，鄭伯弟。」又，「子良，鄭之良也。師叔，楚之崇也。師叔入門，子良在楚，楚鄭親矣。」子良，一稱公子去疾，春秋時鄭國人，鄭穆公庶子。魯宣公四年，鄭靈公被殺，鄭人欲立之爲君，以非賢長推辭，鄭人遂立鄭襄公。襄公欲盡除靈公之人及眾公子，以他諫阻而罷。十二年，鄭爲楚所敗，求和，入質於楚，後得歸鄭。魯成公三年，以許不事鄭，率師伐之。魯襄公十九年，子展、子西率國人殺執政子孔，懼而奔楚。「埶命」，即「執命」，執行命令。

【陳偉 2008】：執，恐當讀爲「質」。簡文所記即子良爲質之事。如然，「命」字屬下讀。

【陳偉 2009】：命，有請求之意，與下文「王許之」呼應。執，整理者與其後「命」連讀，以爲執行命令。今按，恐當讀爲「質」。古書中從「執」得聲的「贄」「摯」均有與「質」通假之例，可佐證。（《古字通假會典》569頁）《左傳》宣公十二年記楚許鄭平曰：「潘尫入盟，子良出質。」簡文所記似即此事。如然，「命」字當屬下讀。

【李天虹 2009】：整理者將「執命」連讀，解釋爲「執行命令」。陳偉先生讀「執」爲「質」，「質」後斷讀，《左傳》宣公十二年記楚許鄭平曰：「潘尫入盟，子良出質。」簡文所記似即此事；又認爲這裡兩「命」字都是請求之意。陳先生讀「執」爲「質」，應無可疑。但我懷疑第二個「命」，或許應該讀爲「盟」。古書中「命」與「明」「盟」有通用之例。「爲質」和「盟」在這裡是兩個並列詞，「盟」用爲動詞，結盟之意。簡文大意是：鄭人請求以子良爲質並結盟，薄葬子家，莊王許之。《左傳》宣公十二年記楚克鄭，「鄭伯肉袒牽羊以逆」莊王，莊王「退三十里，而許之平。潘尫入盟，子良出質」，其「許之平」「入盟」「出質」，並可與簡文「王許之」「盟」「爲質」對讀。

（12）命使子家利木三寸，疏索以紖，毋敢丁門而出，掩之城基。

甲本：命思子豪利木三耆，綖索呂紸，毋敢丁門而出，斁之城巠。
乙本：命思子豪利木三耆，綖索呂紸，毋敢丁門而出，斁之城巠。

【陳佩芬 2008】（P177）：「利木三耆」，待考。「綖索呂紸」，讀作「疏索以供」。「綖」，《玉篇》：「亦疏字。」「疏」，《詩·大雅·召旻》「彼疏斯粺」，鄭玄箋：「疏，麤也。」「疏索」，意爲稀少。

毋敢厶門而出，斁之城巠，讀爲「毋敢私門而出，陷之城基」。「私門」，《淮

南子・氾論訓》「私門成黨」，謂得以私行請托之權門。又，家門亦稱「私門」。「基」，《爾雅・釋詁》：「始也。」此句意爲：不要敢於從私門而外出，否則就要遭受陷入於城的禍害。

【何有祖 2008】：楚簡有「犯」字作

語叢三 45　　　　　　容成氏 51　　　　　　從政甲 16

其右部與簡文形近，字當隸作「巳」，讀作「犯」。犯門指違禁強行打開城門。《左傳》襄公二十三年：「乃盟臧氏，曰：『毋或如臧孫紇於國之紀，犯門斬關。』」同簡言及「城」，此處「門」當指城門。

【陳偉 2008】：（將「奪」隸定爲「尊」。）楚簡中，用作「使」義的「思」與「命」字可換用。「命思」連言，還是第一次看到。

奪，簡文從关（朕字所從）從旨，似是與「尊」有關的字，在此疑當用作「寸」。（參看《郭店楚墓竹簡》，174 頁裘按，文物出版社 1998 年；劉國勝《信陽長臺關楚簡〈遣策〉編聯二題》，《江漢考古》2001 第 3 期。）利，或可讀爲「梨」。梨木三寸，與後文「絹索以共（從糸）」大概都是指將子家禁錮在家的措施。

【復旦讀書會 2008】：「利（梨）木三奪（寸），綎（疏）索呂（以）絖（紘）」，與《墨子・節葬》的「桐棺三寸」，「葛以緘之」如出一轍。

「奪」字從「旨」，「关」聲，讀爲「寸」。《信陽長臺關楚簡・遣冊》有「長六寸」「徑四寸間寸」等，「寸」作「关」，詳見劉國勝（2001）。沈培（2003）對楚文字中從「关」之字可讀爲「寸」有詳說，可參。

《禮記・檀弓》曰：「夫子制于中都，四寸之棺，五寸之槨。」《左傳・哀公二年》：「桐棺三寸，不設屬辟，下卿之罰也。」可見簡文的「梨木三寸」正是不以禮制葬子家之舉，在當時還被看作一種懲罰的措施。

「綎索」，讀爲「疏索」。「疏」訓「粗」，粗劣。「索」指束棺之緘繩。

「絖」讀爲「紘」，訓爲「束」。「絖」從「共」得聲，上古音「共」屬見母東部，「紘」屬匣母蒸部，兩者音近可通。《廣雅》：「紘，束也。」王念孫《廣雅疏證》：「《考工記・輪人》：『良蓋弗冒弗紘。』是凡言紘者，皆系束之義。」《說文》：「緘，束也……《墨子》曰：禹葬會稽，桐棺三寸，葛以緘之。」

「葛以緘之」之「緘」，《說文》亦云「束篋也。」可見簡文的「緘（紘）」正對應典籍之「緘」「繃」，皆作動詞「束」。

「梨木三寸，疏索以紘」意為：給鄭子家用梨木製的三寸薄棺，用粗劣的緘繩捆綁。

《左傳·宣公十年》云：「鄭子家卒。鄭人討幽公之亂，斲子家之棺，而逐其族。」「斲子家之棺」或許與這段簡文有關，是同一事件的不同版本。典籍記載的此次楚莊王圍鄭三月的結果是「鄭伯肉袒牽羊以逆」（《左傳·宣公十二年》），與本篇所說的情況也不相同。

「毋敢▓門而出」之▓，乙本作▓，當為「丁」字，試比較楚文字「丁」（轉引自《楚文字編》）：

| 包 81 | 九 M5640 | 九 M5639 | 秦 M13 | 秦 M13 |

上揭「丁」字都是先寫一個折筆，再用墨團填實，或者在轉折處直接頓出墨團。甲本的▓左下角殘缺，乙本▓的折筆比寫得其他「丁」字長，但是結構、筆順都是相同的。

「数」讀為掩埋之「掩」。《上博四·昭王毀室、昭王与龔之脾》簡 3 有如下一句：「僕之毋辱君王，不幸僕之父之骨在於此室之階下，僕將埮（揜／掩）亡老〔□□□〕」，劉樂賢（2005）指出：「『埮』當讀為『掩』或『揜』，是掩埋的意思。《呂氏春秋·孟春紀》：『揜骼霾髊。』亡老，指亡父亡母。」這無疑是正確的。「埮」與「数」應該是表示同一個詞。從「炎」得聲的字與從「奄」「弇」得聲相通的例子又見於《張家山漢簡·二年律令·金布律》：「不知何人，貍而謰之。」「貍」亦讀為「掩」。

「城坖（基）」即城墙之基，《水經注·河水》：「蒲昌海溢，盪覆其國，城基尚存而至大，晨發西門，暮達東門。」

「毋敢丁門而出，掩之城基。」的意思應當是：棺木不許從城門出城，只能埋在內城的城墙底下。「丁門」是一個動賓結構，或許可以讀為「當門」。

§【高佑仁】：「利」應是「劙」的借字，《說文》：「劙，剝也。割也。」《文選·長楊賦》：「分劙單于，磔裂屬國。」李善注引韋昭曰：「劙，割也。」《尸子》卷下：「屠者割肉，則知牛長少，弓人劙筋，則知牛長少。」，《說文》

「蠚」字，段注：「蠚之言勢也，如刀之剶物」。〔註7〕

【程燕 2008】：上博簡 ![字形] 與「犯」所從的 ![字形]、![字形]、![字形] 明顯不同，所以將此字釋作「㔾」恐不確。

正如作者所言上博七的 ![字形] 折筆比「丁」字寫的長，還是有區別的。另外，讀作「當門」似乎與「棺木不許從城門出城」意思聯繫不大。我們懷疑此字可能是「夕」。「夕」字上博簡習見：

![字形]   ![字形]   ![字形]   ![字形]

上博四·柬 9   上博五·姑 1   上博六·競 3   上博六·用 15

顯而易見，上列「夕」字的結構、筆勢皆與上博七 ![字形] 同，只是虛框與填實的不同，古文字中填實與虛框往往無別。

「夕」在簡文中讀作「藉」。夕，邪紐鐸部；藉，從紐鐸部，二者音近可通。夕與昔二聲係通假例證（可參見《古字通假會典》905 頁「昔與夕」條）。藉有踐踏之義。《荀子·正名》：「故窮藉而無極。」楊倞注：「藉，踐履也。」《左傳·昭公十八年》：「鄅人藉稻」孔穎達疏：「藉，踐履之義。」簡文「毋敢藉門而出」即不敢踏著門出去。

【羅小華 2008】：耆，此字就甲本字形而言，似從「炗」從「與」從「口」，乙本此字形體殘損，似當從「炗」從「旨」。

如果嚴格隸定，甲本之字當作「耆」。然陳師（陳偉）讀為「寸」則十分正確。

【郝士宏 2009】：簡 5：「毋敢厶門而出」之「厶」，此字確應從「讀書會」釋為「丁」字。不過此處不應讀為「當」，而是要讀為「正」。丁為端紐耕部，正為照三耕部，二字古音極相近。（見陳复華、何九盈《古韻通曉》）「丁」在《廣韻》就有「中莖切」一讀。「丁門」，正門也。《左傳·昭公五年》：叔促子謂季紗曰：「帶受命于子叔孫曰：『葬鮮者自西門。』」杜注：「不以壽終為鮮，西門非魯朝正門。」即謂葬「不以壽終」不從正門而出。由此可知，側門出葬並非禮之常故，所以簡文言葬子家不敢以「正門」而出。

【一蠚 2009】：通過簡文「利（梨）木三耆（寸）」與《左傳》「斲子家之棺」互相發明，我們可以知道，舊注中杜注孔疏信而可從，而「剖棺見尸」

〔註7〕 復旦大學出土文獻與古文字研究中心研究生讀書會《〈上博七·鄭子家喪〉校讀》文下 18 樓評論，發表日期：2009 年 12 月 14 日。

的說法不符合《左傳》本意。

　　大概杜預的時代還是能見到與《鄭子家喪》類似的古書，所以作出了正確的注解。隨著這類古書的逐漸亡佚，後來學者失去了像《鄭子家喪》中這樣的異文的對照，才會將《左傳》的「斲子家之棺」曲解為見於漢魏古書的義為「剖棺見尸」的「斲棺」。總之，《左傳》中的「斲子家之棺」的意思應當是斲薄子家之棺，降低其葬禮的等級。

　　「利木三耆」四字，陳偉先生也疑讀為「梨木三寸」。但陳偉先生同時認為「梨木三寸，與後文『緒索以共（從糸）』大概都是指將子家禁錮在家的措施」，認為子家並沒有死，則是對文意闡發不確。如果子家已經死了，為什麼簡文最後還說「今晉人將救子家」呢？我們認為，這其實是楚大夫們為楚王擬定的與晉交戰的口實，將戰爭的罪名推給一個死人，並不能以此說明鄭子家沒有死。我們將「梨木三寸，疏索以紘」理解為描述子家死後的葬制，並不與「今晉人將救子家」矛盾。

　　【熊立章2009】：「紘」，《說文》訓為「冠卷」，即帽帶，後引申出「束」義，顯然不及「拲」與《上博七》之原字貼進。實際兩手同械，當為「拲」字，與兩手同縛的「拲」字皆由「奉」分化而出；亦或異源而皆統於「奉」字。要之上博簡該字當以隸作「奉」字為優。且「奉」字所屬文段為「緒（疏）索以奉」，「緒」為陳偉先生讀。（見陳偉《〈鄭子家喪〉初讀》）《上博七》該字甲本漫漶不清，乙本作（從糸，疋聲），此處亦指繩索。《易·夬·九四》的「且」字，《上博三·周易》作「疋」（　），馬王堆漢墓帛書本《周易》則作「胥」。可見把《上博七》該字隸作「緒」也是非常合適的。「緒」亦為古魚部字，同時可作動詞用。《漢書·楚元王傳》：「二人諫，不聽，胥靡之」，王先謙補注：「劉敞曰：胥靡，《說文》作緒縻，謂拘縛之也。」故《上博七·鄭子家喪》中的「緒」「奉」二字也可為「舂」字古魚部、東部二讀的參照。

　　【陳偉2009】：命，與上一「命」字同義，是鄭人向楚人請求的另一件事。

　　利，也許讀為「梨」，有割裂、剖離義。《管子·五輔》：「是故博帶梨，大袂列，文繡染，刻鏤削，雕琢采。」尹知章注：「梨，割也。」

　　寸，簡文從夅（朕字所從）從旨。劉國勝博士曾指出楚簡中從夅從酉之字，可讀為「寸」。古人以指寬為寸。《大戴禮記·主言》：「布指知寸，布手知尺。」《禮記·投壺》「室中五扶」，鄭玄注：「鋪四指曰扶，一指案寸。」此字作「旨」作不知與這一觀念是不是有關。

【李天虹 2009】:《左傳》哀公二年:「桐棺三寸,不設屬辟,下卿之罰也。」可見「梨木三寸」正是不以禮制葬子家之舉,在當時還被看作一種懲罰的措施;《左傳》宣公十年云:「鄭子家卒。鄭人討幽公之亂,斲子家之棺,而逐其族。」「斲子家之棺」或許與這段簡文有關。陳偉先生也把「利」讀爲「梨」,但訓爲割裂、剖離。陳先生的意見很值得重視。這種用法的「梨」,或許可以看作是「離」的借字。古書中「利」或從「利」聲之字和「離」通假的例子比較常見。這裡的「丁」或許可以不破讀。「丁」本有「當」義。是「毋敢丁門而出」即「毋敢當門而出」。

【劉信芳 2009】:「丁(當)門」從讀書會說。惟讀書會云:「棺木不許從城門出城,只能埋在內城的城墻底下。」恐怕有問題。

按:門應指廟門或殯宮門。《禮記・曲禮上》:「居喪之禮毀瘠不形,視聽不衰,升階不由阼階,出入不當門隧。」居喪者所以出入不當門隧者,是因爲特殊之時,須給鬼神留下通道。則周人出喪當門而出,乃題中之義。

簡文所云子家之喪「毋敢丁(當)門而出」者,《禮記・檀弓上》「及葬,毀宗躐行,出于大門,殷道也。學者行之」,注:「明不復有事於此。周人浴不掘中霤,葬不毀宗躐行。毀宗,毀廟門之西而出,行神之位在廟門之外。」孔疏「廟門之西」云:「廟門西邊牆也。」依周禮,子家之喪若是正常喪禮,不毀宗躐行。而楚人施壓,不得當門而出,則必毀廟牆。廟牆既毀,有如殷道不復有事於此。可知簡文「毋敢丁(當)門而出」,蓋子家死後不得入宗廟之謂。

所謂「𢾊(掩)之城丌(基)」,若解爲「只能埋在內城的城墻底下」,則勢必毀城,不合情理。古代筑城,基址一般要高於周邊,墻基須下挖至堅硬的土層,而貴族墓地以高出城基址爲常見。「掩之城基」是對墓葬選址高度的限制,大致是不得超過城牆下基高程,猶「城下」之謂也。《左傳》僖公三十三年「文夫人斂而葬之鄶城之下」,注:「鄭文公夫人也。鄶城,故鄶國,在滎陽密縣東北。傳言穆公所以遂有國。」葬之鄶城之下是謙恭姿態,可作爲「掩之城基」之參考。

【熊立章 2009A】:𢾊,應當以「炎」爲聲符,讀爲「掩」。炎,古音在匣母談部;掩,古音在影母談部。因此二者相假本是十分合於音理的。《上博七・鄭子家喪》中的這個以「炎」爲聲符的「掩」字更提供了上古「炎」「奄」相假的實證。

【劉雲 2009】：我們認爲讀書會釋 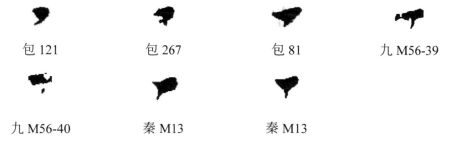 爲「丁」的觀點和劉信芳先生對文意的理解是非常正確的，但劉先生仍從讀書會讀「丁」爲「當」卻恐怕是有問題的，因爲根據劉先生的理解，「毋敢（敢）丁門而出」的意思應該是不要從廟門出去，而是毀壞廟墻出去，但這樣理解之後，再讀「丁」爲「當」就顯得有點別扭了。「當門而出」的意思從上揭劉先生文所引的《禮記・曲禮上》的相關語段中可以看出來，意思是正對著門出來，這樣翻譯也完全符合「當」字的一般用法。「毋敢（敢）丁（當）門而出」的意思應該與「當門而出」正相反，即不要正對著門出去，也就是說要從門的側邊出去，不走門的正中間，可是說到底還是從門中出去，這樣的話就與劉先生自己所說的不從廟門出去的意見發生了衝突，看來讀「丁」爲「當」應該是不正確的。

我們認爲「丁」應該讀爲「經」，「丁」字的古音是端母耕部，「經」字的古音是見母耕部，兩字聲母分屬舌、牙，相距不遠，如「鳥」是端母字，而從「鳥」得聲的「梟」是見母字，兩字韻部相同，可見兩字古音相近。《說文解字・赤部》「經」字的或體作「赶」，「丁」聲字與「巠」聲字直接相通，可見「丁」讀爲從「巠」得聲的「經」是十分有可能的。

「經」有「經過」的意思。「毋敢（敢）丁（經）門而出」的意思就是不要從門中走出，不從門中走出去，那就只能破墻而出了，這樣解釋正和劉信芳先生對文意的十分恰當的理解相吻合，可見我們讀「丁」爲「經」是十分合適的。

【李松儒 2009】：乙本簡 5：下文作 C1 甲本簡 5：下文作 C2

從字形上來講，釋作「厶」「犯」「夕」，與 C1、C2 都還有一些差異，我們認爲復旦讀書會的釋讀是正確的。

在楚簡中「丁」字的字形如下：

| 包 121 | 包 267 | 包 81 | 九 M56-39 |

| 九 M56-40 | 秦 M13 | 秦 M13 |

經過上文對甲、乙本字跡對照後可以看出，《鄭子家喪》乙本中出現的書

寫錯誤較多，所以，僅拿乙本的 C1 來進行考釋是不合理的。C 字的考釋只能依據書寫基本未出現錯誤的甲本的 C2 來進行。C2 字形清楚，即「丁」字，這同上引的「丁」字比較，即可明瞭。所以，C1 也應釋為「丁」，只不過它是一種訛變的寫法。並且，從字形上看，我們列舉出的前兩個字形與 C1 的寫法更為接近，只是 C1 的撇筆寫得更長而已。

【楊澤生 2009A】（P53）：簡文「利木三寸」的「利木」無論讀作「梨木」還是「離木」都是有問題的。根據語境和有關資料，「利木」應該讀作「厲木」，是「惡木」的意思：「利（厲）木三寸」即「惡木三寸」。

【李天虹 2010】（P187）：《左傳》杜注所謂「斲薄其棺」，具體應和簡文「利木三寸」相對；而《左傳》哀公二年的「桐棺三寸」，就是對卿的懲罰，那麼或許「斲薄其棺」就是指把子家的棺木削薄為三寸。

三寸棺說也見於《荀子‧禮論》：「刑餘罪人之喪，不得合族黨，獨屬妻子。棺槨三寸，衣衾三領，不得飾棺，不得晝行，以昏殣，凡緣而往埋之。」

楊倞注結合《左傳》哀公二年趙簡子所云和《墨子‧節葬》之文，謂「然則厚三寸，刑人之棺也」，今出土竹書有類似記載，為楊說增添了證據。可能因為罪人之棺三寸已是定制，所以《左傳》可以說「斲子家之棺」，而無須明言「三寸」。

【林清源 2011】（P289）：《禮記‧喪服大記》云：「君蓋用漆，三衽三束。大夫蓋用漆，二衽二束。士蓋不用漆，二衽二束。」孔穎達疏云：「衽謂燕尾合棺縫際也，束謂以皮束棺也。」當時只要是士以上的貴族，其封棺衽束原則上皆以牛皮為緘繩。如今限制子家封棺只能用粗劣的緘繩，同樣也是表示將他廢為庶民的意思。

【李詠健 2011】：簡文「毋敢A（引者按：由於簡文甲本、乙本所對應之字字形不同，故此處作 A。）門而出」應作「毋敢勺門而出」。惟「勺門」一語，於義難通。復旦讀書會曾指出，此短語應為動賓結構。筆者認為，此處「勺」字似可讀為「排」。

「勺」與「排」相通，也可在古籍中找到證據。案從非聲與從勺聲字古有相通例證。《禮記‧曲禮下》云：「苞屨、扱衽、厭冠，不入公門。」鄭玄注：「苞，或為菲。」是「苞」與「菲」通。「菲」從「非」聲，而「苞」從「包」聲，「包」從「勹」聲。是其證。「排」亦從「非」聲，故「勹」讀為

「排」，應無問題。再就文義言之。「排」有「推」義。《廣雅・釋詁三》云：「排，推也。」《玉篇・手部》亦謂：「排，推排也。」「排門」即「推門」，古籍中不乏以「排」表「推門」之例。

《春秋左傳・昭公五年》傳云：「卿喪自朝，魯禮也。」服虔注云：「言卿葬，三辭於朝，從朝出正門。卿，佐國之楨榦，君之股肱，必過於朝，重之也。」至於服氏所謂「從朝出正門」者，清李貽德（1783～1832）《左傳賈服注輯述》釋云：「從朝出正門者，《爾雅・釋宮》：『應門謂之正門。』郭注云：『朝門。』《曲禮》云：『龜策、几杖、席蓋、重素、袗絺綌，不入公門。』然則出正門者，非雉皋之門。由朝之路，出國之南門耳。《禮記・玉藻》：『聽朔於南門之外』，注：『南門，國門是也。』」楊伯峻（1909～1992）《春秋左傳注》亦取李貽德說，並引《禮記・檀弓》解釋周代之喪葬禮制，楊氏曰：「《禮記・檀弓下》云：『喪之朝也，順死者之孝心也。其哀離其室也，故至於祖考之廟而後行。殷朝而殯於祖，周朝而遂葬。』則周代之禮，葬前必移柩於宗廟，從朝出正門，正門即《爾雅・釋宮》之應門，郭璞《注》之朝門。由朝之路，出國都之南門。」

楊說指出周代之禮制，出葬前必先以柩朝廟，再由朝之路出國門。以此證之，簡文「毋敢排門而出」所指之門，統言之爲「城門」，析言之，即李、楊二氏所言之「國都之南門」。蓋周代正常喪禮，喪者之柩必從朝出國門，而楚人欲貶損子家地位，「不使從卿禮」，故不讓其柩「推門而出」。子家之柩既未能出國都之門，則只能埋於「城基」（即國都的城牆）之下。筆者認爲，這樣的考釋較合於周代禮制，而釋此門爲國門，亦能照應下文所言之「城基」，並合符楚人不讓子家成禮而葬的原意。

【李詠健2011B】：簡文「綎」應理解爲「苴」的借字。簡文「綎索以綑」應讀作「苴索以鞏」。就器用而言，「苴」爲牝麻，古時常用於喪事，以「苴索」束棺，與典籍記載與出土所見實物相符；就文意而論，「苴」有粗惡之意，以「苴索」束棺，也合符鄭人貶損子家葬禮之用意。

【李詠健2011C】：筆者認爲，誠如復旦讀書會及楊澤生先生所言，「利木三寸」與《墨子・節葬》中的「桐棺三寸」如出一轍，因此「利木」應該和「桐棺」結構相同，含義相近。細繹楊說，其讀「利」爲「厲」，也是通過文獻對讀而得出的結論。

簡文「利木」應讀爲「栗木」，「栗木三寸」意爲「給子家用栗木製的三寸薄棺」。這種做法正如文獻所見的「桐棺三寸」之制，其重點是斲薄死者的棺木，降低其葬禮之等級。栗木在鄭國並不稀有，鄭人喜於行道旁種栗，因此，鄭人「使子家栗木三寸」，就是要子家就地取材，以栗木製成三寸的薄棺，使他不能從卿禮下葬。

【孫賽雄】：筆者認爲「利」讀爲「劙」一說爲佳。《說文》：「劙，剝也。」段玉裁指出此爲方言字，當是，今仍可見於潮州話、廣東話以及溫州話，表示「割開」義。但是該字出現較晚，未見於先秦文獻，或爲晚起字，今暫從之，釋文仍作「利」，訓爲割裂。

「絓」與「疏」均從「㐬」得聲，又見於郭店簡六德，「～斬布實（絰）丈（杖）」。《禮記》「共殯服，則子麻，弁絰，疏衰，菲，杖」。該字讀爲「疏」應當是沒有問題的。「疏食」爲「粗食」，「疏」訓爲「粗劣」當沒問題。《說文》訓「疏」爲「通」，「絓」字從「糸」，或更符合造字本意。另「疏索」或可爲稀疏的繩索。從考古學發掘結果可以看到，在楚國墓葬之中，不論貴族墓葬還是庶民墓葬，大多數可見到棺外被繩子或絲帶捆縛的現象，稱爲棺束。這除了加固棺木外，還是當時禮制的反映。《禮記·檀弓》：「棺束，縮二，衡三，衽每束一。」《禮記·喪服大記》：「君蓋用漆三衽三束，大夫蓋用漆二衽二束，士蓋不用漆，二衽二束。」可見除了在楚國，中原各禮制之邦應該也有類似的葬制。可見「疏索」是對葬禮等級的降級，是對子家的懲罰措施。

在沒有合理的解釋的情況下，筆者傾向於釋爲「丁」，讀爲「當」。《左傳·襄公二十九年》：「夏，四月，葬楚康王，公及陳侯，鄭伯，許男，送葬，至於西門之外，諸侯之大夫，皆至于墓。」「當門」即對城門而出殯。楚軍圍城，子家之族定不敢出城門而葬，故下文言「掩之城基」。

子家爲鄭大夫，本當葬於郊，今楚國圍城，只得掩之城基。

【馮時 2012】（P80～81）：「媾」，本作「絓」，讀爲「媾」。古音「共」在見紐東部，「媾」在見紐侯部，聲爲雙聲，韻爲對轉，同音可通。《戰國策·趙策三》：「而制媾者在秦。」鮑彪《注》：「媾，求和也。」此言鄭人將子家之棺斲薄疏束，與楚求和。《左傳·宣公十二年》：「（楚）退三十里而許之平。」即言此事。即言「許之平」，亦知鄭人曾有媾和之請。

「犯」，本作「已」，甲本漫漶，乙本清晰，讀爲「犯」。「犯門而出」意即踰城逃脫而叛楚。

「贍」，本作「燅」，字從「炎」聲，讀爲「贍」。「贍」訓爲「足」。

「城基」，城墻之下。是「贍之城基」即言鄭伯自請不泯其社稷而苟活於城郊。……是竹書「贍之城基」意即「夷於九縣」或「錫之不毛之地，使帥一二耋老而綏焉」。杜注《左傳》「夷於九縣」謂「楚滅九國以爲縣，願得必之」，未得的解。竹添光鴻《會箋》：「夷，等也。夷於九縣，言服事恭謹，如其縣邑耳，不必以楚滅國計數。且鄭方望其存而不滅之，而以滅國爲比，與上文又不合矣。書傳凡稱九者，皆極言之也。」其說甚是，今可據竹書以證之。文獻以「縣」比之，竹書則云「城基」，皆有邊遠之義。

【今按】：簡文「利」字不必破讀，「利木三寸」對應《左傳・宣公十年》「斲子家之棺」，是指將子家的棺木削薄爲三寸。《玉篇・刀部》：「利，剡也。」剡有切、削之義，如《易・繫辭下》：「刳木爲舟，剡木爲楫。」又如《說文繫傳・刀部》：「利，鋸也。」可知「利」字可解釋爲削。

（13）王許之，師未還，晉人涉，將救鄭。王將還。大夫皆進曰

甲本：王許之。帀未還，晉人涉，牆救奠，王牆還。夫=皆進曰

乙本：王許之。帀未還，晉人涉，牆救奠，王牆還。夫=皆進曰

【陳佩芬2008】（P178）：「涉」，作「涉河」解。謂晉人進入鄭地需涉河。「夫=」，大夫二字合文。「進」，謂進言，猶上言。

（14）君王之起此師，以子家之故。

甲本：君王之记此帀，吕子豪之古。

乙本：君王之记此帀，吕子豪之古。

（15）今晉人將救子家，君王必進師以應之！

甲本：含晉人牆救子豪，君王必進帀吕迈之！

乙本：含晉〔人牆救〕子豪，君王必進帀吕迈之！

【陳佩芬2008】（P178）：「進師」即「進軍」。

【何有祖2008】：「迈」，此字見於新蔡等簡，如：

☒☒犧馬。先之以一璧，迈而歸之。迈文君之崇☒（甲三：99）

大宰迈而謂之：君皆楚邦之將軍（《柬大王泊旱》17）

　　何琳儀先生釋新蔡簡中的「迺」字：「乃」，原篆下從「辶」，見《集韻》。訓「往」或「及」，即《說文》訓「驚聲」之「廼」（五上十二）的異文。（何琳儀：《新蔡竹簡選釋》，《安徽大學學報（哲學社會科學版）》第28卷第3期6頁，2004年5月。）

　　陳斯鵬先生釋《柬大王泊旱》「迺」字：此字諸家釋「起」，察其字形實是一從辶從乃之字，其義待考。當然，也可能是「起」字的訛寫。（陳斯鵬：《〈柬大王泊旱〉編聯補議》，簡帛研究網，2005年3月10日。）

　　此亦當釋爲迺，訓作及。

　　【陳偉2008】：乃，簡文從辶，整理者釋爲「起」。似當釋爲「仍」，因、從義。這裡是說聽從大夫的建議。

　　【復旦讀書會2008】：「王安還軍迺之」一句是作者的陳述，不是楚莊王的話。本篇凡稱楚莊王爲「王」者皆爲作者之陳述，大夫稱王作「君王」。這樣修改，文意也更加順暢。「安」，乙本作「女」，訓爲「乃」。

　　「迺」字，原整理者隸定爲「起」，不確。「君王必進師以迺之」，「迺」應表示「迎擊」一類意思，疑讀爲「應」或「膺」，兩者相關的文例都比較多。

　　§【月有暈】：「迺」應表示「迎擊」一類意思，疑讀爲「應」或「膺」。從文義上看非常恰切，然而聲紐遠隔。史牆盤銘文在講述周昭王事跡時，提到他「廣𤧬楚荊」。裘先生將「𤧬」讀作「笞」。這裡的「𤧬」字毫無疑問表示「打擊」義。而「能」和「乃」古音相同。古書中也有「能」「乃」相通之例。《書·君陳》：「必有忍其乃有濟。」《國語·周語中》引《書》曰：「必有忍也，若能有濟也。」（高亨纂著：《古字通假會典》「能字聲系」，齊魯書社，1989年，第34頁。）這裡的「迺」和「𤧬」一樣也可讀作「笞」，表「打擊」義。〔註8〕

　　§【單育辰】：此篇甲7的「迺」又見「上博四」《柬大王泊旱》簡17：「將爲客告。太宰迺而謂之：君皆楚邦之將軍，作色而言於廷，王事可」

　　新蔡甲3·99：「犧馬，先之以一璧，迺而歸之。」

　　此「迺」字《柬大王泊旱》那個原多釋爲「起」，「新蔡」那個或釋「乃」，

〔註8〕復旦大學出土文獻與古文字研究中心研究生讀書會《〈上博七·鄭子家喪〉校讀》文下4樓評論，發表日期：2009年1月4日。

看來是釋錯了。從字義看，讀爲「應」倒是有可能的。〔註9〕

　　【孟蓬生 2009】：古音日紐與泥紐關係十分密切，我們可以肯定地說，至少在一些方言中，這兩個音是分不開的。（原注：參看章太炎《國故論衡・古音娘日二紐泥說》，《章氏叢書》本，浙江圖書館校刊。）所以影跟日紐的關係，實際上也可以看成影跟泥紐的關係。然則應之於迆（乃爲古泥紐），猶焉之於然（難），安之於然（難），禽之熊（能）也。

　　需要指出的是，我們只是贊成把「迆」讀爲「應」，但並不贊成讀爲「膺」。根據本篇敘述，楚師是在即將班師時由於晉人出兵救鄭才掉頭跟晉師作戰，其爲「應擊」之義甚明。讀書會所舉《戰國策》的兩個例句也都是在別國出兵的情況下進行「應擊」作戰。而在上博四《柬大王泊旱》中，則可以把「應」理解爲「應對」。「膺」古代雖然可以訓爲「擊」，但並非「應擊」的意義。

　　【孟蓬生 2009A】：《老子》第六十九章：「用兵有言：吾不敢爲主而爲客，不敢進寸而退尺。是謂行無行，攘無臂，執無兵，仍無敵。禍莫大於輕敵，輕敵幾喪吾寶。故抗兵相加，哀者勝矣。」河上公注：「雖欲仍引之，心若無敵可仍（或作扔）也。」中的「仍（扔）」可能和「迆」一樣，二者是非常相近的假借字。

　　我們認爲《老子》「仍（扔）」都是緊接「攘臂」之後的動詞，自然應當加以認同，而不能分開訓釋。

　　傳說老子是楚國人，那他跟上博簡《君人者何必安（然）》的抄寫者應該是老鄉。老子口中的這個「仍（扔）」有沒有可能是「膺」的借字呢？我想這種可能性大概是不能排除的。

　　【陳偉 2009】：迆，整理者釋爲「起」，當釋爲「迆」，讀爲「仍」。《詩・大雅・常武》：「鋪敦淮濆，仍執醜虜。」毛傳：「仍，就。」孔穎達疏：「《釋詁》云：『仍，因也。』因是就之義也。」「仍」在類似場合的訓釋，後人理解不是很確定。我們懷疑是往就、趨赴的意思。《老子》第三十八章：「上禮爲之而莫之應，則攘臂而仍之。」吳澄《道德眞經注》卷三就解釋說：「此專言義。上禮者，在禮之上，義也。攘，卻也，猶言挌也。仍，就也。義不足感人，故爲之而莫之應。人不來就我，則我將往就人矣。故將卻其袂於臂以行而就之也。甚言其勞拙之狀。」《老子》第六十九章：「吾不敢爲主而爲客，

不敢進寸而退尺。是謂行無行，攘無臂，執無兵，仍無敵。」《楚辭・遠游》：「仍羽人於丹丘兮。」這些文句中的「仍」也訓作往就、趨赴，似無不順適。前揭《詩》孔疏引《爾雅・釋詁》訓「仍」爲「因」。「因」也有這種用法。《國語・鄭語》：「公曰；『謝西之九州，何如？』對曰：『其民沓貪而忍，不可因也。』」章昭注：「因，就也。」簡文此處和下文的「仍」字，也應該如此作解，是往就晉師的意思。

　　【楊澤生 2009】：我們認爲復旦學者指出「迎」表示「迎擊」一類意思是很正確的，但其所列文獻中的「應」和「膺」都是「擊」的意思，與簡文「迎」還表示「迎」義並不密合。

　　我們懷疑「迎」可以直接讀作「迎」。「迎」字古音屬日母蒸部，「迎」則屬疑母陽部。從聲母來說，日、疑二母分別爲舌上音和喉音，看起來頗有差別。但在形聲字中有日、疑二母的字相諧的情況，如饒繞堯撓嬈等屬日母宵部，其聲旁「堯」屬於疑母宵部。而在一些方言中，日、疑二母的字更是混而不分。從韻母來說，蒸部字可以和陽部字相通，「徵」「騰」爲蒸部字，「章」「揚」屬陽部字。這是從讀音來說的。從簡文文義看，後面「與之戰於兩棠，大敗晉師焉」說的纔是切實的「打擊」，而之前的「迎」表示「迎敵」的「迎」無疑非常合理。《越絕書》卷七：「吳晉爭疆，晉人擊之，大敗吳師。越王聞之，涉江襲吳，去邦七里而軍陣。吳王聞之，去晉從越。越王迎之，戰於五湖。三戰不勝，城門不守，遂圍王宮，殺夫差而僇其相。伐吳三年，東鄉而霸。」所說「越王迎之，戰於五湖」與簡文「王安（焉）還軍迎之，與之戰於兩棠」文例正相同。

（16）王焉還軍以應之，與之戰於兩棠，大敗晉師焉。

　　甲本：王安還軍呂迎之，與之戰於兩棠，大敗晉帀安。

　　乙本：王安還軍呂迎之，與之戰於兩棠，大敗晉〔帀安〕。

　　【陳佩芬 2008】（P178～179）：「還軍」，回師。《史記・高祖本紀》：「乃封秦重寶財物府庫，還軍霸上。」

　　「戢」，同「戰」。「兩棠」，古地名。《呂氏春秋・至忠》：「荊與師戰於兩棠，大勝晉。」高誘注：「兩棠，地名也。荊尅晉負，故曰大勝。」《新書・先醒》：「（楚莊王）乃與晉人戰於兩棠，大克晉人。」此即春秋宣十二年邲之戰。「邲」，春秋鄭地，在今河南鄭縣。《說文・邑部》：「邲，晉邑也。從邑，

必聲。」《說文通訓定聲》：「邲，在今河南開封府鄭州。」《春秋穀梁傳·宣公十二年》：「晉荀林父帥師及楚子戰于邲。」范寧《集解》：「邲，鄭地。」《史記·楚世家》：「夏六月，晉救鄭，與楚戰，大敗晉師河上，遂至衡雍而歸。」皆指楚晉戰於兩棠事。「安」字下有墨釘，爲終止符。其下尚留一字餘白，示本文結束。

【葛亮 2009】：《鄭子家喪》問世後，我們發現簡文對兩棠之役起因的描寫與《左傳》等書對邲之役起因的記載有許多相同之處，……可以說《鄭子家喪》的問世爲兩棠之役即邲之役提供了直接的證據。

至於「兩棠」與「邲」的關係，孫人和在《左宧漫錄·兩棠考》（載新建設編輯部編：《文史》第二輯，1963 年 4 月，第 45 頁。）中對作了詳細的考證，指出「兩棠」即「狼湯渠」，「兩棠」與「邲」是析言與總言的關係，其結論也是可信的。現撮引其文如下：

> 兩棠即邲也。按《水經·濟水》注：「濟水於滎陽，又兼邲目。《春秋·宣公十三年》晉楚之戰，楚軍于邲，即是水，音卞。（《公羊》何注亦云「邲水」。）京相璠曰：在敖北。」是滎陽境內，濟水所經，小水及支流皆得邲名。《漢書·地理志》：「河南郡……滎陽縣，卞水、馮池皆在西南，有狼湯渠。（《水經·河水》及《濟水》注並作「蒗蕩渠」，《說文》作「浪湯渠」，同。）……（古馮池）東北流，歷敖山南。春秋晉楚之戰，設伏於敖前，謂是也。馮與卞邲聲亦相近。因以邲目境內濟水之水流。故狼湯渠亦有邲名。……兩棠即狼湯，文異音同。楚敗晉師，即在此處……總言之，則曰戰于邲，軍于邲。析言之，則曰戰于兩棠。兩棠即狼湯，可無疑矣。

【參考文獻簡稱表】

1. 陳佩芬 2008：《鄭子家喪（甲本、乙本）》，《上海博物館藏戰國楚竹書（七）》〔M〕，上海：上海古籍出版社，2008 年 12 月，第 171～184 頁。

2. 何有祖 2008：《上博七〈鄭子家喪〉劄記》〔EB/OL〕，簡帛網，2008 年 12 月 31 日，http://www.bsm.org.cn/show_article.php?id=917。

3. 陳偉 2008：《〈鄭子家喪〉初讀》〔EB/OL〕，簡帛網，2008 年 12 月 31 日，http://www.bsm.org.cn/show_article.php?id=919。

4. 復旦讀書會 2008：復旦大學出土文獻與古文字研究中心研究生讀書會《〈上博七·鄭子家喪〉校讀》〔EB/OL〕，復旦大學出土文獻與古文字研究中心網，2008 年 12 月 31 日，http://www.gwz.fudan.edu.cn/Web/Show/584。

5. 程燕 2008：《上博七讀後記》〔EB/OL〕，復旦大學出土文獻與古文字研究中心網，2008 年 12 月 31 日，http://www.gwz.fudan.edu.cn/Web/Show/586。

6. 羅小華 2008：《〈鄭子家喪〉〈君人者何必安哉〉選釋三則》〔EB/OL〕，簡帛網，2008 年 12 月 31 日，http://www.bsm.org.cn/show_article.php?id=924。

7. 凡國棟 2008：《〈上博七·鄭子家喪〉校讀劄記兩則》〔EB/OL〕，簡帛網，2008 年 12 月 31 日，http://www.bsm.org.cn/show_article.php?id=920。

8. 凡國棟 2008A：《釋〈鄭子家喪〉的「滅覆」》〔EB/OL〕，簡帛網，2008 年 12 月 31 日，http://www.bsm.org.cn/show_article.php?id=923。

9. 郝士宏 2009：《讀〈鄭子家喪〉小記》〔EB/OL〕，復旦大學出土文獻與古文字研究中心網，2009 年 1 月 3 日，http://www.gwz.fudan.edu.cn/Web/Show/602。

10. 張新俊 2009：《〈鄭子家喪〉「愿」字試解》〔EB/OL〕，復旦大學出土文獻與古文字研究中心網，2009 年 1 月 3 日，http://www.gwz.fudan.edu.cn/Web/Show/604。

11. 一蠢 2009：《由〈鄭子家喪〉看〈左傳〉的一處注文》〔EB/OL〕，復旦大學出土文獻與古文字研究中心網，2009 年 1 月 3 日，http://www.gwz.fudan.edu.cn/Web/Show/609。

12. 葛亮 2009：《〈上博七·鄭子家喪〉補說》〔EB/OL〕，復旦大學出土文獻與古文字研究中心網，2009 年 1 月 5 日，http://www.gwz.fudan.edu.cn/Web/Show/616。

13. 侯乃峰 2009：《〈上博（七）·鄭子家喪〉「天後（厚）楚邦」小考》〔EB/OL〕，復旦大學出土文獻與古文字研究中心網，2009 年 1 月 6 日，http://www.gwz.fudan.edu.cn/Web/Show/626，又載於中國古文字研究會、復旦大學出土文獻與古文字研究中心《古文字研究》（第二十九輯），北京：中華書局，2012 年 10 月。

14. 孟蓬生 2009：《「迸」讀爲「應」補證》〔EB/OL〕，復旦大學出土文獻與古文字研究中心網，2009 年 1 月 6 日，http://www.gwz.fudan.edu.cn/Web/Show/628。

15. 熊立章 2009：《續釋「春」及〈上博七〉中的幾個字》〔EB/OL〕，簡帛網，2009 年 1 月 9 日，http://www.bsm.org.cn/show_article.php?id=962。

16. 孟蓬生 2009A：《「迸」讀爲「應」續證》〔EB/OL〕，復旦大學出土文獻與古文字研究中心網，2009 年 1 月 10 日，http://www.gwz.fudan.edu.cn/Web/Show/644。

17. 陳偉 2009：《〈鄭子家喪〉通釋》〔EB/OL〕，簡帛網，2009 年 1 月 10 日，http://www.bsm.org.cn/show_article.php?id=964。

18. 李天虹 2009：《〈鄭子家喪〉補釋》〔EB/OL〕，簡帛網，2009 年 1 月 12 日，http://www.bsm.org.cn/show_article.php?id=967，又載於《江漢考古》

2009 年第 3 期，第 110～113 頁。

19. 禤健聰 2009：《上博（七）零劄三則》〔EB/OL〕，簡帛網，2009 年 1 月 14 日，http://www.bsm.org.cn/show_article.php?id=970。

20. 楊澤生 2009：《〈上博七〉補說》〔EB/OL〕，復旦大學出土文獻與古文字研究中心網，2009 年 1 月 14 日，http://www.gwz.fudan.edu.cn/Web/Show/656。

21. 高佑仁 2009：《釋〈鄭子家喪〉的「減嚴」》〔EB/OL〕，復旦大學出土文獻與古文字研究中心網，2009 年 1 月 14 日，http://www.gwz.fudan.edu.cn/Web/Show/657。

22. 侯乃峰 2009A：《上博（七）字詞雜記六則》〔EB/OL〕，復旦大學出土文獻與古文字研究中心網，2009 年 1 月 16 日，http://www.gwz.fudan.edu.cn/Web/Show/665。

23. 劉信芳 2009：《〈上博藏（七）〉試說（之三）》〔EB/OL〕，復旦大學出土文獻與古文字研究中心網，2009 年 1 月 18 日，http://www.gwz.fudan.edu.cn/Web/Show/669。

24. 單育辰 2009：《佔畢隨錄之九》〔EB/OL〕，簡帛網，2009 年 1 月 19 日，http://www.bsm.org.cn/show_article.php?id=977。

25. 熊立章 2009A：《以〈上博七〉假借用字考釋金文地名一例》〔EB/OL〕，簡帛網，2009 年 1 月 20 日，http://www.bsm.org.cn/show_article.php?id=979。

26. 李天虹 2009A：《〈君人者何必安哉〉補說》〔EB/OL〕，簡帛網，2009 年 1 月 21 日，http://www.bsm.org.cn/show_article.php?id=980。

27. 郭永秉 2009：《〈競公瘧〉篇「病」字小考》〔EB/OL〕，復旦大學出土文獻與古文字研究中心網，2009 年 1 月 23 日，http://www.gwz.fudan.edu.cn/Web/Show/677。

28. 劉雲 2009：《上博七詞義五札》〔EB/OL〕，簡帛網，2009 年 3 月 17 日，http://www.bsm.org.cn/show_article.php?id=1004。

29. 李松儒 2009：《〈鄭子家喪〉甲乙本字跡研究》〔EB/OL〕，簡帛網，2009 年 6 月 2 日，http://www.bsm.org.cn/show_article.php?id=1062。

30. 宋華強 2009：《〈鄭子家喪〉「以及於今而後」小議》〔EB/OL〕，簡帛網，2009 年 6 月 9 日，http://www.bsm.org.cn/show_article.php?id=1073。

31. 野狼參 2009：《關於〈鄭子家喪〉「以及於今而後」問題》〔EB/OL〕，復旦大學出土文獻與古文字研究中心網論壇，2009 年 6 月 9 日，http://www.gwz.fudan.edu.cn/forum/forum.php?mod=viewthread&tid=1490。

32. 宋華強 2009A：《〈鄭子家喪〉「減光」試解》〔EB/OL〕，簡帛網，2009 年 6 月 12 日，http://www.bsm.org.cn/show_article.php?id=1079。

33. 巫雪如 2009：《楚簡考釋中的相關語法問題試探》〔EB/OL〕，簡帛網，2009 年 6 月 18 日，http://www.bsm.org.cn/show_article.php?id=1093。

34. 宋華強 2009B：《〈鄭子家喪〉〈平王問鄭壽〉「就」字試解》〔EB/OL〕，簡帛網，2009 年 7 月 21 日，http://www.bsm.org.cn/show_article.php?id=1118。

35. 楊澤生 2009A：《上博簡〈鄭子家喪〉之「利木」試解》〔J〕，《中山大學學報（社會科學版）》2009 年第 6 期，第 50～53 頁。

36. 高佑仁 2010：《〈鄭子家喪〉〈競公瘧〉諸「病」字的構形考察》〔EB/OL〕，簡帛網，2010 年 1 月 4 日，http://www.bsm.org.cn/show_article.php?id=1200。

37. 高佑仁 2010A：《〈鄭子家喪〉「以殘入地」考釋及其相關問題》〔EB/OL〕，復旦大學出土文獻與古文字研究中心網，2010 年 1 月 9 日，http://www.gwz.fudan.edu.cn/Web/Show/1051。

38. 蘇建洲 2010：《〈鄭子家喪〉甲 1「就」字釋讀再議》〔EB/OL〕，復旦大學出土文獻與古文字研究中心網，2010 年 5 月 1 日，http://www.gwz.fudan.edu.cn/Web/Show/1138。

39. 李天虹 2010：《竹書〈鄭子家喪〉所涉歷史事件綜析》〔C〕，《出土文獻》第一輯，上海：中西書局，2010 年 8 月，第 185～193 頁。

40. 陳立 2011：《試以上博簡（七）之文字與〈說文〉古文字形合證》〔EB/OL〕，復旦大學出土文獻與古文字研究中心網，2011 年 1 月 7 日，http://www.gwz.fudan.edu.cn/Web/Show/1361。

41. 林清源 2011：《上博（七）〈鄭子家喪〉文本問題檢討》〔C〕，中央研究院歷史語言研究所《第三屆古文字與古代史國際學術研討會論文集》，2011 年 3 月 25～27 日，第 289 頁。

42. 李詠健 2011：《〈上博七·鄭子家喪〉「毋敢排門而出」考》〔EB/OL〕，簡帛網，2011 年 4 月 15 日，http://www.bsm.org.cn/show_article.php?id=1453。

43. 李詠健 2011A：《〈上博七·鄭子家喪〉「以邦之變」考》〔EB/OL〕，簡帛網，2011 年 4 月 16 日，http://www.bsm.org.cn/show_article.php?id=1454。

44. 李詠健 2011B：《〈上博七·鄭子家喪〉「苴索」補釋》〔EB/OL〕，簡帛網，2011 年 6 月 19 日，http://www.bsm.org.cn/show_article.php?id=1496。

45. 李詠健 2011C：《〈上博七·鄭子家喪〉「利木」釋讀再議》〔EB/OL〕，簡帛網，2011 年 6 月 19 日，http://www.bsm.org.cn/show_article.php?id=1497。

46. 孫賽雄：《〈上海博物館藏戰國楚竹書（七）·鄭子家喪〉集釋》，未發表。

47. 馮時 2012：《〈鄭子家喪〉與〈鐸氏微〉》〔J〕，《考古》2012 年第 2 期，第 76～83 頁。

48. 王鑫 2012：《上博簡楚王故事相關竹書綜考》〔D〕，天津：天津師範大學，2012 年碩士學位論文。

49. 黃儒宣 2012：《上博楚簡字詞考釋九則》〔J〕，《古籍整理研究學刊》2012 年第 5 期，第 22～26 頁。

50. 曹方向 2013：《上博簡所見楚國故事類文獻校釋與研究》〔D〕，武漢：武漢大學，2013 年博士學位論文。

51. 李詠健 2013：《〈上博七・鄭子家喪〉「悑」字補釋》〔J〕，《寧夏大學學報（人文社會科學版）》2013 年第 3 期，第 5～10 頁。

52. 何有祖 2014：《釋〈鄭子家喪〉的「祀」》〔EB/OL〕，簡帛網，2014 年 7 月 6 日，http://www.bsm.org.cn/show_article.php?id=2044。

（四）清華簡所見鄭國史料集釋

1. 清華簡（貳）《繫年》涉及鄭國史內容集釋

【簡介】

《清華大學藏戰國竹簡（貳）》出版於 2011 年，收錄有一部編年體的史書，整理者命名爲《繫年》，記載了從周初到戰國前期的重要歷史事件。《繫年》的問世是繼西晉出土的《竹書紀年》之後，先秦編年體史書的又一次重大發現。《繫年》共 138 支簡，分爲 23 章，其中第二、七、八、十一、十二、十三、十五、十六、二十二、二十三章都有內容涉及鄭國歷史。

第二章

【釋文】

周亡（無）王九年，邦君、者（諸）戾（侯）安（焉）肎（始）不朝于周，〔8〕晉文戾（侯）乃逆坪（平）王于少（小）鄩（鄂），立之于京𠂤（師）。三年，乃東遷（徙），止于成周，晉人安（焉）肎（始）啓〔9〕于京𠂤（師），奠（鄭）武公亦政（征）東方之者（諸）戾（侯）。武公即殜（世），戚（莊）公即立（位）。戚（莊）公即殜（世），卲（昭）公即立（位）。〔10〕亓（其）大夫高之巨（渠）爾（彌）殺卲（昭）公而立亓（其）弟子瞴（眉）壽。齊襄公會者（諸）戾（侯）于首𣥲（止），殺子〔11〕瞴（眉）壽，車縵（轘）高之巨（渠）爾（彌），改立東（厲）公，奠（鄭）吕（以）肎（始）政（正）。

通行釋文：

周無王九年，邦君、諸侯焉始不朝于周，晉文侯乃逆平王于小鄂，

立之于京師。三年，乃東徙，止于成周，晉人焉始啓于京師，鄭武公亦征東方之諸侯。武公即世，莊公即位。莊公即世，昭公即位。其大夫高之渠彌殺昭公而立其弟子眉壽。齊襄公會諸侯于首止，殺子眉壽，車轘高之渠彌，改立厲公，鄭以始正。

【集釋】

（1）奠（鄭）武公亦政（征）東方之者（諸）戻（侯）。

【清華（貳）】（P140）：鄭武公，周宣王弟鄭桓公友之子，《史記・鄭世家》：「犬戎殺幽王於驪山下，并殺桓公。鄭人共立其子掘突，是爲武公。」「政」與「正」通，訓爲「長」，此云鄭武公爲東方諸侯之長。

【華東師大讀書小組 2011】：「奠（鄭）武公亦政（正，定）東方之者（諸）侯」，據《詩・鄶風》正義引東漢鄭玄《詩譜》，鄭武公東遷時，滅東虢、鄶，簡文殆即指此。又，鄭國本居在今陝西華縣之地，東遷結果，則至今河南新鄭之地。

【子居 2012】：征，原字作「政」此文前爲晉人啓土之事，後爲楚人啓土之事，則所言鄭武公事，亦當爲拓疆啓土之事。且鄭武公諡號爲「武」，自是武功顯著的緣故，所以《繫年》此處的「政」字或當讀爲「征」，「鄭武公亦征東方之諸侯」事可參看《韓非子・說難》：「鄭武公欲伐胡，先以其女妻胡君，因問於群臣：『吾欲用兵，誰可伐者？』大夫關其思曰：『胡可伐。』武公怒而戮之。曰：『胡，兄弟之國也，子言伐之何也？』胡君聞之，以鄭爲親己，遂不備鄭，鄭人襲胡，取之。」及鄭玄《詩譜・鄭譜》：「其子武公與晉文侯定平王於東都王城，卒取史伯所云十邑之地。」

【劉建明 2012】：政，從正從父，可作動詞用。正，首先來看「正諸侯」。見墨子《尚賢中・第九》：「故唯昔三代聖王堯、舜、禹、湯、文、武，之所以王天下正諸侯者，此亦其法已……今王公大人欲王天下，正諸侯，夫無德義將何以哉？」……故「正」字本義爲：爲統一天下而戰；正加上形旁父爲政，可引申爲：統一天下、天下統一。故此處可直接釋讀爲「政」。

（2）武公即殜（世），減（莊）公即立（位）。減（莊）公即殜（世），卲（昭）公即立（位）。

【清華（貳）】（P140）：即世，意爲亡卒，見《左傳》成公十三年、十六

年，襄公二十九年，昭公十九年、二十六年，如成公十三年「穆、襄即世」，杜注：「文公年晉襄、秦穆皆卒。」《左傳》桓公十一年及《鄭世家》記莊公卒後，其子厲公曾一度繼位，簡文不載。

【廖名春 2012】（P52～53）：「世」不可能有「去世」義，「殜」表去世義，當爲本字。……《左傳》之「即世」當讀爲「既殜」，也就是「既歿」，解爲「下世」「去世」，顯爲不妥。……簡文之「即殜」當讀爲「既殜」，而不應該根據《左傳》讀爲「即世」。

【集解 2013】（P124～125 蘇建洲）：廖名春認爲「即殜」當讀爲「即世」，實無必要。「即」，精紐職部；「既」，見紐微部，聲與韻的通假條件都不好，……《繫年》第三章簡 15「周室即軍」，「即軍」整理者括注「即卑」，不知是否以爲是通假？「即」與「既」當是形近而誤的關係……同時廖先生將「殜，病也」引申爲「殜」有「歿」義，似乎也顯得勉強。……「即」的意思如同「就」一般，皆訓爲「終」。……所以說「即世」就是「就世」，也就是「終世」的意思。

（3）亓（其）大夫高之巨（渠）爾（彌）殺卲（昭）公而立亓（其）弟子覭（眉）壽。

【清華（貳）】（P140）：高之巨爾，即高渠彌。之，助詞。先秦古書習見在人姓名中加「之」的用法，可參看楊樹達《古書疑義舉例續補》「人姓名之間加助字例」條。高渠彌殺鄭昭公，事見《左傳》桓公十七年。覭壽，傳文作「公子覭」，「覭」「亹」爲通假字。

【華東師大讀書小組 2011】：「沬」，整理者隸爲「覭」，有誤（第一三八頁），此字是「沬」，並有多體的異寫（《說文解字注》第五六三至五六四頁，龍宇純《中國文字學》第一六二至一六三頁）；假讀爲「眉」，則是。「子沬」，在古書之中，都作「子亹」，是以疑「沬」通假爲「亹」。簡文「壽」字，殆因前一字可讀爲「眉」而羨衍於此，當視爲衍文。

【集解 2013】（P133 吳雯雯）：![字]，整理者隸爲「覭」。華東師大則認爲整理者隸爲「覬」有誤。一方面整理者並未隸定爲「覬」，而是「覭」。二方面裘錫圭先生曾於《史牆盤銘解釋》云：「『覿』字習見於金文，或作『覿』，像用水盆洗臉，即『頮』（沬）字異體，『覭』『亹』等字皆由此字演變。『沬』『眉』古音極近，所以金文多假借爲眉壽之『眉』。」……蘇建洲老師提示筆者王引之在《經義述聞》卷二十二《春秋名字解詁上》「楚史老字子亹」

條下說：「釁讀爲眉。……釁釁爲一字而與眉通用。」整理者解釋的詞條作「釁壽」不妥，由上下文來看，實爲「子釁壽」，應該相應於文獻上的「子釁」。

（4）齊襄公會者（諸）戻（侯）于首壮（止），殺子〔11〕釁（眉）壽，車繯（轘）高之巨（渠）爾（彌），改立東（厲）公

【清華（貳）】（P140）：《左傳》桓公十八年：「秋，齊侯師于首止，子釁會之，高渠彌相。七月戊戌，齊人殺子釁而轘高渠彌。」未言會諸侯。又：「祭仲逆鄭子于陳而立之」，杜注：「鄭子，昭公弟子儀也。」子儀，《鄭世家》作「公子嬰」，簡文不載其事。

【子居 2012】：齊襄公改立厲公事，見《左傳・桓公十七年》：「初，鄭伯將以高渠彌爲卿，昭公惡之，固諫，不聽。昭公立，懼其殺己也，辛卯，弒昭公而立公子釁。君子謂昭公知所惡矣。公子達曰：『高伯其爲戮乎！復惡已甚矣。』」及《左傳・桓公十八年》：「秋，齊侯師于首止，子釁會之，高渠彌相。七月戊戌，齊人殺子釁，而轘高渠彌。祭仲逆鄭子于陳而立之。是行也，祭仲知之，故稱疾不往。」杜預注：「車裂曰轘。」《繫年》所記與《左傳》同，而《史記》以爲高渠彌亡歸，則恐是傳聞的訛誤。又據《春秋・桓公十五年》：「冬十有一月，公會宋公、衛侯、陳侯于袲，伐鄭。」《左傳・桓公十五年》：「冬，會于袲，謀伐鄭，將納厲公也。弗克而還。」《公羊傳・桓公十五年》：「冬十有一月，公會齊侯、宋公、衛侯、陳侯于侈，伐鄭。」《說文・衣部》：「袲，衣張也。從衣多聲。《春秋傳》曰：公會齊侯于袲。」可見袲之會本有齊侯，且意在納厲公，今《左傳》文有脫誤。《史記・鄭世家》：「子釁元年七月，齊襄公會諸侯於首止，鄭子釁往會，高渠彌相，從，祭仲稱疾不行。所以然者，子釁自齊襄公爲公子之時，嘗會鬥，相仇，及會諸侯，祭仲請子釁無行。子釁曰：『齊強，而厲公居櫟，即不往，是率諸侯伐我，內厲公。我不如往，往何遽必辱，且又何至是！』卒行。於是祭仲恐齊並殺之，故稱疾。子釁至，不謝齊侯，齊侯怒，遂伏甲而殺子釁。高渠彌亡歸，歸與祭仲謀，召子釁弟公子嬰於陳而立之，是爲鄭子。」說明首止之會後齊襄公或即立鄭厲公於櫟，但並未護送其歸鄭。

【集解 2013】（P135～136 吳雯雯）：厲公，即公子突，又字子元，方炫琛先生云……厲公之事簡文不詳，子居先生認爲這「說明本章原記錄者很可能並不知道齊襄公立鄭厲公之後的史事」。至於猜測首止之會後齊襄公或即立

鄭厲公於櫟，但並未護送其歸鄭之事，則恐不可信。若立之，不應在齊桓公七年鄭厲公才與甫假謀劃回國。

【子居 2017】：《繫年》第二章的原文，「齊襄公會諸侯于首止，殺子眉壽，車轘高之渠彌，改立厲公。」而不是「猜測」。彼時鄭厲公未能歸鄭，《左傳》有記，更不屬於「猜測」。而立鄭厲公就要「護送其歸鄭」，才是《清華二〈繫年〉集解》作者自己的猜測。《春秋·桓公十五年》：「冬，十有一月，公會宋公、衛侯、陳侯于袲，伐鄭。」《左傳·桓公十五年》：「冬，會于袲，謀伐鄭，將納厲公也。弗克而還。」師出當有名，此時魯、宋、衛自然是只承認出逃的鄭厲公，而不承認祭仲所立的鄭昭公，然而「弗克而還」，聯軍同樣沒能把鄭厲公送回。至桓公十八年「齊襄公會諸侯于首止」雖然能「殺子眉壽，車轘高之渠彌，改立厲公」表明齊國的態度，但或是仍然沒有足夠的兵力打敗祭仲，或是不願投入足夠的兵力送鄭厲公歸鄭，更願意讓鄭厲公與祭仲自相攻伐，以方便消弱鄭國，這都不足爲奇。所以，《清華二〈繫年〉集解》該段作者所猜想的「不應在齊桓公七年鄭厲公才與甫假謀劃回國。」實際上並沒有「不應」之理。

(5) 奠（鄭）呂（以）訇（始）政（正）。

【清華（貳）】（P140）：政，通「正」，《周禮·宰夫》注：「猶定也。」在此指鄭公子爭位之亂的結束。

【子居 2012】：《左傳·莊公十四年》：「鄭厲公自櫟侵鄭，及大陵，獲傅瑕。傅瑕曰：『苟舍我，吾請納君。』與之盟而赦之。六月甲子，傅瑕殺鄭子及其二子，而納厲公。初，內蛇與外蛇鬥于鄭南門中，內蛇死。六年而厲公入。」可見鄭厲公最終成功歸鄭已是齊桓公時事，而清華簡《繫年》此章僅記至「齊襄公會諸侯于首止，殺子眉壽，車轘高之渠彌，改立厲公，鄭以始正」，說明本章原記錄者很可能並不知道齊襄公立鄭厲公之後的史事，這也說明下句「楚文王以啓漢陽」當是後人補入，因此本章的成文時間下限可以推測是在公元前 694 年後不久。

【劉建明 2012】：政，從正從攵，可作動詞用，使動用法。正，指事。……再加上形旁攵，作「安定」。故此處亦可直接釋讀爲「政」。

【羅運環 2013】：改立厲公，何以記到齊襄公名下？有兩種可能，即：對「鄭以始正」的重新解讀；在「改立」前以句號斷句。其一……「正」，既可按原整理者理解爲「定」，也可以理解爲：「正，謂承嫡。」……鄭厲公

就是唯一公認的「承嫡」者，故可曰「正」。……其二，在「改立」前以句號斷句。……按歷史進程，在「改立」前以句號斷句，則本章的歷史寫到了楚文王十一年（公元前 679 年），「鄭以始正」的「正」義爲「定」，《史記·楚世家》記該年「齊桓公始霸，楚亦始大」，正與本章「鄭以始正」的下句「楚文王以啓漢陽」意思相近，如此，則本章的內容可前後貫通。……以上這兩種可能，顯然後者更合文意，也符合歷史的眞實。這樣，既不存在「原記錄者很可能並不知道齊襄公立鄭厲公之後的史事」「『楚文王以啓漢陽』當是後人補入」的問題；也無須在「以」字後補一「始」字。

【李松儒 2015】（P73）：此處與上文「鄭武公亦政（征）東方之諸侯」之「政」用爲「征」應相一致，指征伐鄭諸鄰國。

第六章

【釋文】

文公十又（有）二年居翟（狄），翟（狄）甚善之，而弗能內（入）。乃远（跖）齊，齊人善之。远（跖）宋，宋人善之，亦莫〔36〕之能內（入）。乃远（跖）㢓（衛），㢓（衛）人弗善。远（跖）奠（鄭），奠（鄭）人弗善。乃远（跖）楚。

通行釋文：

文公十有二年居狄，狄甚善之，而弗能入。乃跖齊，齊人善之。跖宋，宋人善之，亦莫之能入。乃跖衛，衛人弗善。跖鄭，鄭人弗善。乃跖楚。

【集釋】

【清華（貳）】（P152）：《左傳》僖公二十三年：「晉公子重耳之及於難也……遂奔狄。……處狄十二年而行。過衛，衛文公不禮焉。……及齊，齊桓公妻之，有馬二十乘，公子安之。……及曹……及宋，宋襄公贈之以馬二十乘。公子過鄭，鄭文公亦不禮焉。……及楚，楚子饗之……」《國語·晉語四》：「（文）公在狄十二年……遂適齊。齊侯妻之，甚善焉。有馬二十乘，將死於齊而已矣。……過衛，衛文公有邢、狄之虞，不能禮焉。……自衛過曹，曹共公亦不禮焉。……公子過宋，與司馬公孫固相善。……襄公從之，

贈以馬二十乘。公子過鄭，鄭文公亦不禮焉。……遂如楚，楚成王以周禮享之，九獻，庭實旅百。」簡文所述重耳流亡途經國家及先後序次，與《左傳》《國語》有所不同，值得注意。

第七章

【釋文】

晉文公立四年，楚成王衛（率）者（諸）戻（侯）吕（以）回（圍）宋，伐齊，戍敕（穀），居鏝。晉文公由（思）齊及宋之〔41〕蟇（德），乃及秦皀（師），回（圍）曹及五麿（鹿），伐蟨（衛），吕（以）敓（脫）齊之戍及宋之回（圍）。楚王豫（舍）回（圍）歸，居方城。〔42〕命（令）尹子玉述（遂）衛（率）奠（鄭）、蟨（衛）、墮（陳）、鄰（蔡）及群繺（蠻）尼（夷）之皀（師），吕（以）交（要）文公。文公衛（率）秦、齊、宋及蠹戎〔43〕之皀（師）吕（以）散（敗）楚皀（師）於城僼（濮），述（遂）朝周襄王于衡潸（雍），獻楚俘馘，累（盟）者（諸）戻（侯）於壉（踐）土。〔44〕

通行釋文：

晉文公立四年，楚成王率諸侯以圍宋，伐齊，戍穀，居鏝。晉文公思齊及宋之德，乃及秦師，圍曹及五鹿，伐衛，以脫齊之戍及宋之圍。楚王舍圍歸，居方城。令尹子玉遂率鄭、衛、陳、蔡及蠹蠻夷之師，以要文公。文公率秦、齊、宋及群戎之師以敗楚師於城濮，遂朝周襄王于衡雍，獻楚俘馘，盟諸侯於踐土。

第八章

【釋文】

晉文公立七年，秦、晉回（圍）奠（鄭），奠（鄭）降秦不降晉，晉人吕（以）不懋。秦人豫（舍）戍於奠（鄭），奠（鄭）人敊（屬）北門之笑（管）於秦之〔45〕戍人，秦之戍人叟（使）人歸（歸）告曰：「我既得奠（鄭）之門笑（管）已，埀（來）嘼（襲）之。」秦皀（師）烮（將）東嘼（襲）奠（鄭），奠（鄭）之賈人弦高烮（將）

西〔46〕市，遇之，乃以奠（鄭）君之命，袋（勞）秦三衛（帥），秦
自（師）乃遻（復），伐髑（滑），取之。

通行釋文：

晉文公立七年，秦、晉圍鄭，鄭降秦不降晉，晉人以不憖。秦人
舍戍於鄭，鄭人屬北門之管於秦之戍人，秦之戍人使人歸告曰：「我
既得鄭之門管已，來襲之。」秦師將東襲鄭，鄭之賈人弦高將西市，
遇之，乃以鄭君之命，勞秦三帥，秦師乃復，伐滑，取之。

【集釋】

（1）晉文公立七年，秦、晉回（圍）奠（鄭），奠（鄭）降秦不降晉，
晉人吕（以）不憖。

【清華（貳）】（P155）：《左傳》僖公三十年：「九月甲午，晉侯、秦伯
圍鄭，以其無禮於晉，且貳於楚也。……秦伯說，與鄭人盟，使杞子、逢孫、
楊孫戍之，乃還。」魯僖公三十年正當晉文公七年。不憖，不悅，《說文》：
「憖……一曰：說（悅）也。」

【華東師大讀書小組 2012】：此事見於《左傳·僖公三十年》……魯僖
公三十年正當晉文公七年。

【海天 2012A】：《繫年》45「晉人以不憖」，「憖」作 ，與《包山》15
反 相比，多一「臼」旁，可以證明《包山》簡 16 就是「憖」字，「心」
旁省減了。……劉信芳先生的《從 之字彙釋》視爲簡 15 反「憖」之異體，
說「不憖」爲古代常用語，《詩·小雅·十月之交》：「不憖遺一老。」鄭玄
箋：「憖者，心不欲自強之辭也。」平輿令薛君碑：「不憖遺君。」《國語·
楚語上》：「不穀雖不能用，吾憖置之於耳。」章昭注：「憖，猶願也。」（包
山簡 16）「不憖新造尹」，意謂不願再勉強新造尹斷案。現在看來是有道理
的。

【劉建明 2012A】：憖，甘也，即甘心、情願。《說文》：「憖，問也。謹
敬也。從心猌聲。一曰說也。一曰甘也。《春秋傳》曰：『昊天不憖。』又曰：
『兩君之士皆未憖。』魚覲切。」憖，可釋爲甘亦可，即願意、情願。

【集解 2013】（P394 蘇建洲）：「憖」字亦見《芮良夫》15「萬民具（俱）
憖（憖）」的「憖」作 ，與 （《上博九·靈王遂申》簡 1）相比，都是加

了「臼」旁。《包山楚墓文字全編》頁 311 認爲《包山》簡 16𢡛字「下所從臼旁或爲心之殘形」，今由《繫年》45、《芮良夫》15 的「懋」字，可知其說不確。此外，《包山》172 尚有人名字，《包山楚墓文字全編》頁 143 隸定爲「瞭」，比對「懋」來看，所謂的「目」旁似也不能排除是「臼」旁的訛誤。

（2）秦人隃（舍）戍於奠（鄭），奠（鄭）人敓（屬）北門之筸（管）於秦之戍人，秦之戍人叟（使）人歸（歸）告曰

【清華（貳）】（P155）：《左傳》僖公三十二年：「杞子自鄭使告于秦，曰：『鄭人使我掌其北門之管，若潛師以來，國可得也。』」《史記·秦本紀》：「鄭人有賣鄭於秦曰：『我主其城門，鄭可襲也。』」敓，讀作「屬」，表示委託，交付。

【黃傑 2011】：豫可讀爲舍，謂舍鄭之圍。「豫」下應當斷開。本篇「豫」字四見，另外三處（簡 42、52、117）均用爲舍。

【華東師大讀書小組 2012】：此處作「戍」更好，「秦人釋戍」與後文「秦之戍人」相呼應，且「釋戍」又見上文，即《左傳》所謂「出戍」。《左傳》謂內應爲秦之大夫，《史記》則以爲鄭本國人，說不同。

【孫飛燕 2012A】：筆者贊成簡文「豫」讀爲「舍」，但反對在「舍」下斷讀。此處「舍戍於鄭」的「舍」不是捨棄的意思，而是指置。《左傳》僖公三十年：「秦伯說，與鄭人盟，使杞子、逢孫、楊孫戍之，乃還。」《左傳》襄公十四年戎子駒支對范宣子追述殽之戰的起因時說：「昔文公與秦伐鄭，秦人竊與鄭盟而舍戍焉，於是乎有殽之師。」楊伯峻先生注：「舍，置也。即僖三十年傳『秦伯說，與鄭人盟，使杞子、逢孫、楊孫戍之』之事。」簡文的「舍戍」即《左傳》的「舍戍」。

（3）我既得奠（鄭）之門筸（管）已，垅（來）𩫏（襲）之。

【清華（貳）】（P155～156）：筸，通「管」。《左傳》僖公三十二年杜注：「管，籥也。」即鑰匙。𩫏，又見於戰國銅器屬羌鐘（《集成》一五七～一六一），李家浩讀作「襲」（《釋上博戰國竹簡〈緇衣〉中的「茲臣」合文——兼釋兆域圖「迮」和屬羌鐘「𩫏」等字》，《康樂集——曾憲通教授七十壽慶論文集》第 24 頁，中山大學出版社，二〇〇六年），簡文「𩫏」用法相同。

【陳偉 2011】：《左傳》僖公三十二年記秦戍人之語云：「鄭人使我掌其北門之管，若潛師以來，國可得也。」簡文此字在「巳」之外，也有可能是「云」

字。《繫年》「云」字，上部多作實心，但也有空心的寫法，如85、86號簡二見的「芸」字所從。在此疑可讀爲「陰」，與「潛」義通。

　　46號簡　　　　　　　　　　　　　　　　　　　　　　　　　芸（85號簡）

會（94號簡）　　　盇（陰，55號簡）

【暮四郎 2011】：「我既得鄭之門管」下之字原釋「也」，蓋偶疏。字當釋巳，讀爲矣。郭店老子甲組簡 15「巳」用爲矣。

【復旦讀書會 2011】（陳劍）：簡 46「我既得鄭之門管巳（已）」，「巳（已）」誤釋爲了「也」。

【海天 2011】：「因襲」「襲擊」現在都寫爲「襲」，《繫年》則是分得很清楚：37-38「懷公自秦逃歸，秦穆公乃召〔37〕文公於楚，使袞（襲）懷公之室。」111「戉（越）人因袞（襲）吳之與晉爲好。」「袞」字形是表示穿衣加服的表意字，用爲「因襲」義。46「我既得鄭之門管巳（已），來嘉（襲）之。秦師將東嘉（襲）鄭，鄭之賈人弦高將西」、93「欒盈嘉（襲）巷（絳）而不果」、94「莊公涉河嘉（襲）朝歌」。依照唐蘭先生的說法：嘉訓疾言也。嘉敓猶襲奪，襲爲覘取，故利疾速，嘉襲聲同，故可通假。嘉應是「偷襲」「襲擊」的專字。

【集解 2013】（P396 蘇建洲）：「笶」讀爲「管」又見於《清華三·芮良夫》簡 20「女（如）聞（關）枳屋（扃）銎」，「銎」作，亦解爲鑰匙。此外，《上博五·季庚子問於孔子》簡 4「且笶（管）中（仲）有言曰」讀爲管仲的「管」。不過本簡「笶」字形作（簡 46），與《季庚子問於孔子》「笶」作以及相比較，顯然是在橫筆上加了直飾筆，遂與「矢（即「矤」）」形混了。相似「关」字寫法亦見115、116。可見這是《繫年》書手習慣性的寫法。

字作，釋爲「巳」讀爲「已」可從，相同用法如《郭店·老子甲》15「皆知善，此其不善巳（已）」。此字筆順與「云」不同，不能釋爲「云」。

（4）秦自（師）牂（將）東嘉（襲）奠（鄭），奠（鄭）之賈人弦高牂（將）西市，遇之，乃以奠（鄭）君之命，袋（勞）秦三衒（帥），秦自（師）乃逡（復），伐顡（滑），取之。

【清華（貳）】（P156）：《左傳》僖公三十三年：「三十三年春，秦師……及滑，鄭商人弦高將市於周，遇之。以乘韋先，牛十二犒師，曰：『寡君聞吾子將步師出於敝邑，敢犒從者，不腆敝邑，爲從者之淹，居則具一日之積，行則備一夕之衛。』且使遽告于鄭……孟明曰：『鄭有備矣，不可冀也。攻之不克，圍之不繼，吾其還也。』滅滑而還。」滑，姬姓國，在今河南偃師南。簡文「顝」和「滑」同從骨聲，音近通假。

【華東師大讀書小組 2012】：此字（𢆶）從古書對文角度看，當讀爲「弦」，然從簡文字形上看，實爲「幻」字。整理者直接隸定爲「弦」，並不妥當。幻，古音匣母、元部，弦，匣母、眞部，音近可通。《史記・晉世家》：「兵至滑，鄭賈人弦高將市於周，遇之，以十二牛勞秦師。秦師驚而還，滅滑而去。」

第十一章

【釋文】

楚穆王立八年，王會者（諸）医（侯）于友〈畢（厥）〉䝙（貉），牁（將）己（以）伐宋。宋右帀（師）芋（華）孫元欲裞（勞）楚帀（師），乃行，﹝56﹞穆王思（使）敺（驅）㝅（孟）者（諸）之麋，遚（徙）之徒蒿（林）。宋公爲左芋（盂），奠（鄭）白（伯）爲右芋（盂）。

通行釋文：

楚穆王立八年，王會諸侯于厥貉，將以伐宋。宋右師華孫元欲勞楚師，乃行，穆王使驅孟諸之麋，徙之徒林。宋公爲左盂，鄭伯爲右盂。

【集釋】

（1）宋公為左芋（盂），奠（鄭）白（伯）為右芋（盂）。

【清華（貳）】（P161）：《左傳》文公十年記此事云：「宋公爲右盂，鄭伯爲左盂」，與簡文相反。杜預注：「盂，田獵陳（陣）名。」

【王紅亮 2013】：《左傳》文公十年：「宋公爲右盂，鄭伯爲左盂。期思公復遂爲右司馬，子朱及文之無畏爲左司馬。……宋公違命，無畏抶其僕以

徇。或謂子舟曰：『國君不可戮也』。子舟曰：『當官而行，何彊之有？……』」……清代學者俞樾明確指出今本《左傳》所載有誤，反對杜預注與孔穎達之曲說，其曰：「此《傳》必有誤。如杜注則當中央者反謂之右司馬，而左司馬二人分當左右，以當右者而得左名，名實之不稱甚矣！疑《傳》文本作「期思公復遂爲司馬，子朱及文之無畏爲左右司馬」，蓋宋鄭既分左右，其中央必楚子也。期思公復遂爲司馬，不言左右，可知其在中矣。子朱及文之無畏爲左右司馬，則子朱左，而文之無畏右，故下文宋公違命，無畏得抶其僕，自謂「當官而行」，以右司馬宜治右盂也。《傳》寫者以上文分言左盂、右盂，遂亦分而言之曰左司馬、右司馬，致成此誤。杜氏不能訂正，而曲爲之說，非也。」俞樾雖然注意到了《左傳》所載有矛盾，但謂「子朱左，而文之無畏右」，亦屬無據之猜測。根據清華簡《繫年》所載，宋公實爲左盂，故左司馬文之無畏抶其僕，與其自謂「當官而行」正可對應。……根據《繫年》所載，《左傳》之矛盾自可冰釋。故今本《左傳》所記「宋公爲右盂，鄭伯爲左盂」實誤，當從《繫年》正之。

第十二章

【釋文】

楚臧（莊）王立十又（有）四年，王會者（諸）厇（侯）于醹（厲），奠（鄭）成公自醹（厲）逃歸，臧（莊）王述（遂）加奠（鄭）䚂（亂）。晉成 [61] 公會者（諸）厇（侯）已（以）㦵（救）奠（鄭），楚㠯（師）未還，晉成公㪥（卒）于扈。[62]

通行釋文：

楚莊王立十有四年，王會諸侯于厲，鄭成公自厲逃歸，莊王遂加鄭亂。晉成公會諸侯以救鄭，楚師未還，晉成公卒于扈。

【集釋】

（1）楚臧（莊）王立十又（有）四年，王會者（諸）厇（侯）于醹（厲），奠（鄭）成公自醹（厲）逃歸

【清華（貳）】（P163）：厲，國名，在今湖北隨州東北，或作「賴」。王夫之《春秋稗疏》則以爲在今河南鹿邑東。楚莊王十四年會諸侯於厲一事，

《春秋》宣公九年未能明記，以致後代學者多有誤會。據《史記・十二諸侯年表》，當時鄭君爲襄公，簡文作「成公」，疑因下涉「晉成公」而誤。鄭君自厲逃歸，見《左傳》宣公十一年追述，「厲之役，鄭伯逃歸。」杜注云：「蓋在六年。」按宣公六年傳有「楚人伐鄭，取成而還」，齊召南《春秋左氏傳注疏考證》已指出：「此傳既曰『取成而還』，鄭伯又何至於逃歸乎？」詳參楊伯峻《春秋左傳注》第六八九頁。由簡文知杜說不確。

【陳偉 2011】：春秋厲（賴）國所在，舊有多種說法。《左傳》昭公四年在「遷賴於鄢」之後復云：「楚子欲遷許於賴，使鬭韋龜與公子棄疾城之而還。申無宇曰：『楚禍之首，將在此矣。召諸侯而來，伐國而克，城竟莫校，王心不違。民其居乎。民之不處，其誰堪之。不堪王命，乃禍亂也。」「城竟莫校」，顯示賴當在春秋晚期楚國的邊境地區。王夫之認爲厲（賴）約在今河南鹿邑縣境，當更爲可信。

【孫飛燕 2012】（P58）：《左傳》提到的「厲之役」，見於宣公九年和宣公十一年。……這兩次「厲之役」不見於《春秋》，《左傳》也沒有具體的說明。……由《繫年》可以得知，楚莊王十四年（魯宣公九年）會諸侯於厲，鄭襄公自厲之會逃歸。因此《左傳》的「厲之役」實際上是指「厲之會」，即楚莊王在厲地會諸侯一事。……「役」在《左傳》中除了常訓爲戰役、戰爭外，還可以特指會盟之事。此處的「役」指的正是會盟之事。《左傳》襄公三年：「六月，公會單頃公及諸侯。己未，同盟于雞澤……晉侯之弟揚干亂行於曲梁，魏絳戮其僕……晉侯以魏絳爲能以刑佐民矣，反役，與之禮食，使佐新軍。」案：楊伯峻注：「反役，自盟會之事返國。」這是正確的。盟會指的是雞澤之會。

【胡凱、陳民鎭 2012】（P59）：由簡文可知宣公九年的「厲之役」當指「王會諸侯于厲」之事，並非杜預所說的宣公六年「楚人伐鄭，取成而還」。宣公十一年所記「鄭伯逃歸」則是對宣公九年「厲之役」的追述，杜注亦誤。

【集解 2013】（P475～476 蘇建洲）：「役」，余紐錫部；「會」，見紐月部或匣紐月部，二者聲韻皆近，可以相通。《繫年》𢼰則應分析爲從「戌」，「千」聲。「戌」，禪紐耕部；「千」，清紐眞部，聲韻皆近。

【王紅亮 2013】（P217～222）：在戰役之後常有盟會，所以文獻中常有「某某役」，亦稱爲「某某盟（會）」，此不足爲奇；但如據此認爲「役」有會盟之義，將兩者等同，恐失偏頗。因此《左傳》中的「厲之役」實際上既

包含了楚莊王十四年在厲地會諸侯，又包含了由於在此盟會鄭伯逃歸所導致的楚伐鄭。

（2）臧（莊）王述（遂）加奠（鄭）뭥（亂）。

【清華（貳）】（P163）：加，《左傳》襄公十三年注：「陵也」，意即欺凌。鄭國其時方有「討幽公之亂」之事，見宣公十年傳。

【暮四郎 2011A】：首先，從語法上看，「加鄭亂」似當理解爲「以亂（戰亂）加於鄭」，即侵鄭之意。其次，簡 61-62 敘述的事在宣公九年，整理者以《左傳》宣公十年之事來注解，顯然是不對的。宣公九年，鄭國國內並無「亂」。

【王紅亮 2012】：「加……亂」這是一種見於《左傳》典型的句式，當整體來理解。《左傳》哀公十五年：「吳人加敝邑以亂」。這裡的「吳人加敝邑以亂」与《繫年》「莊王遂加鄭亂」句式相同，只是省略了「以」字，兩者沒什麼區別。……「加……（以）亂」實際上就是「以亂加於……」。這裡的「加」，也可以理解爲「加兵」，意即由於加兵造成了亂。……「楚莊王立十又四年，王會諸侯於厲，鄭成公自厲逃歸，莊王遂加鄭亂」，實際上是講楚莊王伐鄭是由於鄭成公（《左傳》作襄公）自厲逃歸，於是楚才把動亂加於鄭國。這裡的「亂」，應指由於楚加兵於鄭而造成的亂。

【子居 2012A】：此處之加，爲加諸其上之意，鄭彼時本無亂，而楚以鄭襄公逃歸爲由伐鄭，是以亂加諸鄭邦，故《繫年》有此語。《左傳·隱公三年》：「且夫賤妨貴，少陵長，遠間親，新間舊，小加大，淫破義，所謂六逆也。」孔穎達疏：「妨謂有所害，陵謂加尙之，間謂居其間使彼疏遠也，加亦加陵也。」《國語·周語中》：「夫人性，陵上者也，不可蓋也。」韋昭注：「如能在人上者，人欲勝陵之也，故君子上禮讓而天下莫敢陵也。」可見「加」訓「陵」，並非是「意即欺凌」，而是「加於其上」之義。

（3）晉成公會者（諸）矦（侯）已（以）救（救）奠（鄭），楚自（師）未還，晉成公羍（卒）于扈（扈）。

【清華（貳）】（P163～164）：《春秋》宣公九年：「楚子伐鄭，晉郤缺帥師救鄭」，傳云：「楚子爲厲之役故，伐鄭。晉郤缺救鄭，鄭伯敗楚師于柳棼。」《晉世家》則云晉使中行桓子（即荀林父）救鄭。扈，鄭地，今河南原陽西。《春秋》宣公九年記「九月，晉侯、宋公、衛侯、鄭伯、曹伯會

于扈」，傳云：「會于扈，討不睦也。陳侯不會，晉荀林父以諸侯之師伐陳，晉侯卒于扈，乃還。」其下始記楚伐鄭事，與簡文顯有差異。

【子居 2012A】：「晉成公卒于扈」的「扈」地，很可能當是在今河南省孟津縣會盟鎮北的雷河村一帶，而非在如杜預注所言河南省原陽縣西的古「扈亭」。

【集解 2013】（P480 蘇建洲）：「扈」字作■。「扈」字亦見於《清華三·良臣》「臣扈」的「扈」作■，從戶聲、瓜聲，讀爲扈，是雙聲字。

【王紅亮 2013A】（P217～222）：所謂「晉成公會諸侯以救鄭」，並不是說晉成公率領諸侯之師救鄭；因爲根據簡文所記「楚師未還，晉成公卒于扈」，則說明晉成公仍留守扈地；而應如《左傳》所言命荀林父率諸侯之師救鄭。但就在晉及諸侯師救鄭之時，晉成公卒於扈地。成公卒後，晉軍就徹還晉國，《左傳》宣公九年「晉成公卒于扈，乃還」。楚可能由於在這次伐鄭之役未占到便宜，所以才又有第二次楚伐鄭。

第十三章

【釋文】

……〔臧（莊）〕王回（圍）奠（鄭）三月，奠（鄭）人爲成。晉中行林父衒（率）𠂤（師）救（救）奠（鄭），臧（莊）王述（遂）北〔63〕……〔楚〕人明（盟）。邻（趙）罜（旃）不欲成，弗卲（召），𢎐（射）于楚軍之門。楚人〔64〕被軸（駕）𢎐（以）𠂤（追）之，述（遂）敗晉𠂤（師）于河〔上〕……〔65〕

通行釋文：

……〔莊〕王圍鄭三月，鄭人爲成。晉中行林父率師救鄭，莊王遂北……〔楚〕人盟。趙旃不欲成，弗召，射于楚軍之門。楚人被駕以追之，遂敗晉師于河〔上〕……

【集釋】

（1）……〔臧（莊）〕王回（圍）奠（鄭）三月，奠（鄭）人爲成。

【清華（貳）】（P165）：簡上部殘失，約缺七或八字。楚莊王圍鄭，事見《春秋》宣公十二年經傳，即楚莊王十七年。《左傳》云：「十二年春，楚子

圍鄭，旬有七日。鄭人卜行成，不吉；卜臨于大宮，且巷出車，吉。國人大臨，守陴者皆哭。楚子退師。鄭人修城。進復圍之，三月，克之。」孔疏指出三月非季春之月，而是圍鄭至克共經三月，由簡文知其正確。楚莊王許鄭平，詳《左傳》宣公十二年及《史記‧楚世家》。

【清華讀書會 2011】：疑本簡開頭所殘當作「楚臧王立十又七年」，適爲八字，則「王圍鄭三月」之王自爲「莊王」無疑，如第十二章「楚莊王立十又四年，王會諸侯于屬」，整理者補「臧（莊）」字實無必要。

【李松儒 2015】（P193）：殘簡首有很小的殘畫「　　」，清華讀書會所補於文義比較允恰。

（2）晉中行林父衛（率）自（師）救（救）奠（鄭），臧（莊）王述（遂）北

【清華（貳）】（P165～166）：中行林父，及荀林父、中行桓子。《左傳》宣公十二年：「夏六月，晉師救鄭。荀林父將中軍，先縠佐之。士會將上君，郤克佐之。趙碩將下軍，欒書佐之。趙括、趙嬰齊爲中軍大夫。鞏朔、韓穿爲上軍大夫。荀首、趙同爲下軍大夫。韓厥爲司馬。」《左傳》宣公十二年云：「楚子北，師次於郔。」

【集解 2013】（P484 蘇建洲）：稱「中行林父」，以荀林父曾率領晉國步兵建制「左行」。其稱名格式如同第九章簡 51「佐（左）行瘛（蔑）」，皆以官名冠名上。

（3）……〔楚〕人明（盟）。

【清華（貳）】（P166）：簡上部殘失，約缺十一或十二字。《左傳》云楚莊王「使求成于晉，晉人許之，盟有日矣。」

【集解 2013】（P485 蘇建洲）：對照《左傳》的史實，可擬補爲：「〔楚求成于晉＝（晉，晉）人許之，遂與楚〕人明（盟）」，恰好十二字。

（4）邮（趙）睪（旃）不欲成，弗卲（召）

【清華（貳）】（P166）：睪，即「單」字，禪母元部，與章母元部之「旃」通假。趙旃，趙穿之子，見《左傳》宣公十二年杜注。《左傳》云：「趙旃求卿未得，且怒於失楚之致師者，請挑戰，弗許；請召盟，許之。與魏錡皆命而往。」簡文「弗召」指不執行召盟的使命。

【集解 2013】（P486 蘇建洲）：睪字作　，即「單」字繁體，陳劍先生

曾引述裘錫圭先生的意見總結說：「……此銘的『嘼』字和大盂鼎從『辵』從『嘼』的那個字都應該釋讀爲戰爭的『戰』。……郭店楚墓竹簡《六德》篇第 16 簡說『……弗敢嘼（憚）也』；又《成之聞之》篇第 22 簡引《君奭》的一句話，其中『嘼』今本《尙書·君奭》作『單』，裘錫圭先生的按語說：『「嘼」在古文字中即「單」字繁文，《說文》說此字不可信。』……按狩獵的『狩』古作『獸』，本從單從犬會意。『嘼』後來其中『單』形的繁化，獨立的『嘼』字音義當與『獸』無關；在戰國文字及傳抄古文中，『戰』字所從的聲符『單』多作『嘼』；上舉郭店簡及《汗簡》、《古文四聲韻》、王存乂《切韻》等書中保存的傳抄古文資料，都有以『嘼』表示『單』和『單』聲的例子；因此從文字學的角度說，『嘼』即『單』字的繁體無可懷疑。」

（5）㱷（射）于楚軍之門。

【清華（貳）】（P166）：㱷，疑爲「射」的表意字，清華簡中有「射」字作「𝌓」，在此讀爲「席」，「席」與從射的「謝」「榭」同爲邪母鐸部。《左傳》云：「趙旃夜至於楚軍，席於軍門之外，使其徒入之。」

【清華讀書會 2011】：「㱷」（射）可以讀如本字。

【小狐 2012】：據《左傳》宣公十二年記載，此次晉楚之戰前，兩國本來已經定下結盟之日，然楚人先致師於晉。此時晉國陣營中，除了「求卿未得」的趙旃之外，還有一個「求公族未得」的魏錡。兩人皆心懷怨恨，唯恐晉國不敗。先是魏錡請致師而未獲允許，又請求出使而獲得允許。到了楚軍陣營之後，魏錡請戰而還，其實是借出使之名而行致師之實。楚人追逐魏錡，而有魏錡射麋之事。——因楚人致師時，晉人去追趕，先有楚人射麋之事，此實爲報復之舉。緊接著又敘及趙旃，他請求召盟獲得允許，然後「夜至於楚軍，席於軍門之外，使其徒入之」。《繫年》簡文驟括其事作「趙旃不欲成，弗召，㱷于楚軍之門」。……趙旃所謂的召盟不過是藉口，他到楚軍陣營的眞正目的與魏錡一樣，也是想向楚軍挑戰。如果簡文讀爲「席于楚軍之門」，趙旃挑戰的意圖無法得到充分表現。而如果就字讀爲「射于楚軍之門」，則其挑戰的意圖立顯。因此，簡文之本意很有可能就是說趙旃「射于楚軍之門」。前番楚人致師於晉之時，曾「右入壘，折馘執俘而還」，則趙旃前去挑戰而「射于楚軍之門」也就並非什麼過分之舉了。由於傳聞異辭，記載的角度不一，《繫年》與傳世史書在細節上容有出入。簡文記載的趙旃挑戰之事，也有可能是

雜揉了魏錡射麋之事，從而變成「射于楚軍之門」。

【顏世鉉 2012】：射，當讀爲「舍」，爲停留之意。……又《詩・大雅・嵩高》：「申伯番番，既入于謝。」謝，魯《詩》作「徐」……可見「射」讀爲「舍」在聲音上是可以成立的。……舍，有停留、止宿之義。《左傳・哀公十四年》：「成子出舍于庫。」這是指成子住在府庫裏。……。」《繫年》「射（舍）于楚軍之門」，應該是指趙旃停留在楚軍軍門之外。《左傳・宣公十二年》：「席於軍門之外。」杜注：「布席坐，示无所畏也。」有關杜預的說法，日人竹添光鴻有不同的看法，《左傳會箋》：使眾從者犯突之，而己則在軍門外，布席安坐，與棄車走林，一樣醜態。《注》「示不畏」，誤。既是夜戰，雖欲示，得乎？……這個「席」可能是個假借字。對照清華簡《繫年》「射」的異文，《左傳》「席」也當讀爲「舍」。古音「席」爲邪紐鐸部，「舍」爲書紐魚部，在韻母方面是魚鐸陰入對轉，在聲母方面，邪紐和書紐有相通的情形。以下舉「席」和「舍」音近相通的例證：《尚書・梓材》：「惟其塗墍茨；……惟其塗丹臒。」塗，《說文》「臒」字引作「敷」，孔穎達《正義》本作「斁」，「席」是從「石」聲；「度」，《說文》云「庶省聲」，應當也是從「石」聲。

【郭永秉 2012】：古文字中的「射」，基本上都是從「矢」形或者寫作倒矢形的「箭」的，幾無例外……《左傳》與此字對應的詞作「席」，「席」「射」音近，可這兩個字完全有可能只是義近的異文關係，並非通用字，所以不一定有語音上的聯繫。……關於「發」字演變，裘錫圭先生有詳細論證……無論這個字按照整理者的看法，視右邊爲從「夬」，還是把它看作「攴」的寫壞（此旁與一般的「夬」上部寫作封閉的圈形有別，和整理者舉出「射」字的寫法也有別），它所會以手或器物「撥」「發」弓之義身爲明顯。戰國文字中的「發」，多已形聲化，但也有不加「癶」聲的古體。此字釋「發」，在簡文中似可讀爲《召南・甘棠》「召伯所茇」之「茇」。「發」「茇」古音極近，古「發」和從「發」聲字與從「犮」得聲的字通用之例極多；……「茇」是「草舍」之義（毛傳），《周禮・夏官・大司馬》「中夏，教茇舍」鄭注：「茇舍，草止之也，軍有草止之法。」可見行軍在草野中住宿可稱爲「茇」。趙旃夜至楚軍，自然要舍止，「茇於楚軍之門」就是在楚軍門外舍止之義。

【胡凱、陳民鎮 2012】（P60）：該字隸作「攷」，視作「發」的初文，還是可信的。戰國璽文，尚有寫作該形者（《璽彙》3923）。順著郭先生的思路，我們認爲該字也可能通作「拔」或「廢」。「發」與「拔」「廢」均可通用，「攷」

通作「拔」或「廢」文義亦通。《漢書・禮樂志》云:「神之出,排玉房,周流雜,拔蘭堂。」顏師古注云:「拔,舍止也。」……「拔」與「茇」也是通假關係,均可訓行軍之止。「廢」亦有舍止義。無論是「拔」還是「茇」,均可對應《繫年》的「𢿛」,該字當是表示行軍舍止的詞。故此,「拔於楚軍之門」或「茇於楚軍之門」,均有「舍於楚軍之門」之義,與《左傳》的「席於軍門之外」文義相近。

【鄔可晶 2012】(P103～112):《新收殷周青銅器銘文暨器影彙編》第二冊 1283 號……「乍(作)」「鑒」之間還有一字……原作🔲……應隸定為「𢿛」。裘錫圭先生指出,「𢿛」即「弢」之簡體,「𢿛」「象弓弦被撥後不斷顫動之形」,乃「發」之表意初文。上海博物館藏戰國楚竹書《周易》26 號簡中,兩見一個上「𢿛」下「肉」之字。馬王堆帛書本《周易》與之相應的字均作「䏢」;今本一處作「腓」,一處作「股」。季旭昇先生釋楚簡之字為從「肉」「𢿛(發)」聲,並指出「發」「肥」「非」音近可通,此字或即「腓」之異體。……《繫年》64 號簡有一個整理者釋為「射」、讀為「席」之字,郭永秉……改釋為「發」……凡此皆可印證裘先生釋「𢿛」為「發」之初文的看法。

【劉建明 2012A】:細看簡圖🔲,左為城墻象形,類似於我們今天常見的長城「弓」字形,右邊為旗幟象形,顯然一幅擂鼓叫陣的戰爭局勢圖。故簡圖🔲應隸定為△〔註10〕,可釋讀為「席」。……有「鋪席、墊、壓」之意,《儀禮・特牲饋食禮》「席於門中」……從此處的象形字意義引申之,釋讀為「席」應在戰爭中作「佈陣、列隊、陣軍」之意,更符合簡文之意。

【集解 2013】(P490～491 蘇建洲):「🔲」見於《清華三・赤鵠之集湯之屋》簡 1,從弓從倒矢形從夫。也見於《清華三・祝辭》簡 3 作🔲,從弓從矢形從夫。而本簡所謂的「𢇇」字作🔲,既無楚文字常見的倒矢形,更重要的是與「夫」形體也不相似。……仔細觀察🔲右上所從實非「夫」形,請比對🔲(《郭店・老子乙》簡 14)……其寫法均是從左上逆時針寫作一封閉型的圈形,類似「厶」的寫法。但是🔲由筆勢來看,書手顯然並非想寫「夫」,而是類似「宀」的筆法或甚至是「卜」形的訛變。此字或許當如郭永秉先生所說是「𢿛」的訛變,讀為「茇」。

【李松儒 2015】(P197～198):(🔲)釋「席」「射」皆可,尚難確定哪

〔註10〕 網頁未顯示隸定字形。

個更好，暫從《左傳・宣公十二年》「趙旃夜至於楚軍，席於軍門之外，使其徒入之」相應字讀「席」。此字作「（符）」，郭永秉、胡凱、陳民鎮釋「發」讀「芨」不可信，清華三《赤鵠之集湯之屋》簡1、清華三《祝辭》簡3「射」作「（符）」「（符）」，與此字形極近，差別唯在此字無「矢」旁。「矢」上面的兩形極類同，唯「（符）」上面所從之「夬」一封閉一未封閉而已，此種整體字形基本類同而唯一小節處的細微差別很難構成兩個不同字的區別要素，且釋「射」也有典籍佐證。「發」楚簡也常見，如《芮良夫毖》簡25作「（符）」，與此字完全不同。……「弞」似乎是「弞（弻）」字的異體，「弻」「腓」古音相通……此字座旁「（符）」（《合》26889）甲骨文很常見，爲否定副詞，裘錫圭認爲它「象弓弦被撥後不斷顫動之形」因而釋之爲「發」。

【今按】：清華簡第六輯《鄭武夫人規孺子》篇中「夬馷」一詞，《清華六整理報告補正》引馬楠先生之說，釋爲「射馭」，此說可從。簡文中的「夬」字釋作「射」。

（6）楚人被軸（駕）己（以）𠂤（追）之，述（遂）敗晉𠂤（師）于河〔上〕……

【清華（貳）】（P166）：被駕，被甲駕馬。《左傳》云：「楚子爲乘廣三十乘，分爲左右。右廣雞鳴而駕，日中而說。左則受之，日入而說。許偃御右廣，養由基爲右。彭名御左廣，屈蕩爲右。乙卯，王乘左廣以逐趙旃，趙旃棄車而走林，屈蕩搏之，得其甲裳。」簡下部殘失。《十二諸侯年表》晉景公三年：「救鄭，爲楚所敗河上。」疑簡文「河」下應補「上」字。

【集解2013】（P492 蘇建洲）：《史記・楚世家》亦云：「夏六月，晉救鄭，與楚戰，大敗晉師河上，遂至衡雍而歸。」對比《春秋》宣公十二年「夏六月，乙卯，晉荀林父帥師及楚子戰于邲，晉師敗績」可知「河上」相應於「邲」，即「邲水」，在今河南滎陽縣東北。……孫人和在《左宧漫錄・兩棠考》中指出：「兩棠即邲也。」

第十五章

【釋文】

楚臧（莊）王立，吳人服于楚。墜（陳）公子謹（徵）邻（舒）取（娶）妻于奠（鄭）穆公，是少孟。臧（莊）王立十又（有）五

年，〔74〕墬（陳）公子諻（徵）余（舒）殺亓（其）君需（靈）公，臧（莊）王衒（率）自（師）回（圍）墬（陳）。王命繡（申）公屈晉（巫）迈（跖）秦求自（師），𢔶（得）自（師）弖（以）〔75〕埅（來）。王入墬（陳），殺豈（徵）余（舒），取亓（其）室弖（以）𢍏（予）繡（申）公。連尹襄老與之爭，敓（奪）之少盐。連尹戩（止）於河〔76〕澮（澭），亓（其）子墨（黑）要也或（又）室少盐。臧（莊）王即殜（世），龏（共）王即立（位）。墨（黑）要也死，司馬子反與繡（申）〔77〕公爭少盐，繡（申）公曰：氏（是）余受妻也，取（娶）弖（以）爲妻。司馬不訓（順）繡（申）公。王命繡（申）公嘐（聘）於齊，繡（申）〔78〕公𥨰（竊）載少盐弖（以）行，自齊述（遂）逃迈（跖）晉，自晉迈（跖）吳，安（焉）訂（始）迵（通）吳晉之逄（路），教吳人反楚。

通行釋文：

楚莊王立，吳人服于楚。陳公子徵舒娶妻于鄭穆公，是少盐。莊王立十有五年，陳公子徵舒殺其君靈公，莊王率師圍陳。王命申公屈巫跖秦求師，得師以來。王入陳，殺徵舒，取其室以予申公。連尹襄老與之爭，奪之少盐。連尹止於河澭，其子黑要也又室少盐。莊王即世，共王即位。黑要也死，司馬子反與申公爭少盐，申公曰：是余受妻也，娶以爲妻。司馬不順申公。王命申公聘於齊，申公竊載少盐以行，自齊遂逃跖晉，自晉跖吳，焉始通吳晉之路，教吳人反楚。

【集釋】

（1）墬（陳）公子諻（徵）郐（舒）取（娶）妻于奠（鄭）穆公，是少盐。

【清華（貳）】（P171）：諻郐，即夏徵舒。《國語・楚語上》「昔陳公子夏爲御叔娶於鄭穆公，生子南」，韋注：「公子夏，陳宣公之子，御叔之父也，爲御叔娶鄭穆公少妃姚子之女夏姬也。……子南，夏徵舒之字。」《左傳》

與之相合。簡文則云公子徵舒娶鄭穆公女，與《左傳》《國語》不同。少盉，即《左傳》《國語》等的夏姬。《左傳》宣公十一年稱夏徵舒爲「少西氏」，杜注：「少西，徵舒之祖子夏之名。」「少盉」之「少」疑爲「少西氏」之省稱，而「盉」是夏姬之名。

【程薇 2012】（P108～112）：夏姬並非是御叔之妻，而是夏徵舒之妻。……鄭穆公生於公元前 649 年，他在位的時間是公元前 627 年至公元前 606 年。作爲鄭穆公的小女兒，夏姬的年齡顯然並不會太大，而公元前 599 年夏徵舒不僅能射殺陳靈公，而且還能篡取陳國的君位，自立爲君，說明夏徵舒本人已是一個年輕人。從時間上來說，夏姬絕不可能會有夏徵舒這樣一個兒子，反而是夏徵舒的年紀要比夏姬更大一些。因此，夏徵舒作爲夏姬的丈夫，其身份顯然是再合適不過。如果陳靈公被射殺時，夏姬只不過是一個二十歲左右的少婦，那麼後來歷史的發展就全部非常合理了，圍繞夏姬的所謂「老而復壯」的傳說自然也就是一些荒誕可笑的傳聞而已。「少盉」的「少」可能是「小」的意思。《左傳》中有「少衛姬」「少姜」等名字，所表示的「少」也是指其在家族的兄弟姐妹中年齡較小，史載夏姬是「鄭穆少妃姚子之子，子貉之妹」，這可能與稱之爲「少」有關；應該是夏姬的名字。

【子居 2012A】：《左傳》中實際上並沒有夏姬爲御叔之妻、夏徵舒之母的內容，這一點與《國語》是相當不同的。無論是《左傳·宣公十年》的「徵舒似女」還是《左傳·成公二年》的「天子蠻，殺御叔，弒靈侯，戮夏南，出孔儀，喪陳國」還是《左傳·昭公二十八年》的「殺三夫，一君，一子，而亡一國、兩卿」都並不能必然性地得出「夏姬爲御叔之妻」的結論，但將三段內容合觀，則很容易產生這樣的誤解。《國語》則明確記述爲「昔陳公子夏爲御叔娶於鄭穆公，生子南。子南之母亂陳而亡之，使子南戮於諸侯。莊王既以夏氏之室賜申公巫臣，則又畀之子反，卒於襄老。」從這個角度上說，也可以看出，相對於《左傳》而言，《國語》的若干記載大都有著更多的衍生成分，而往往去史實更遠。

【劉建明 2012A】：疑少盉與其母少妃姚子同姓，爲「少」姓。可以根據楊希枚……的研究可知，先秦女子多從母姓，故疑少盉之姓名與其母之姓名少妃姚子有關。

【集解 2013】（P536～537 吳雯雯）：「三夫」「一子」確實未有明確的指稱，但是從《左傳》陳靈公與孔寧、儀行父淫於夏姬，即飲酒中互相調笑的

「徵舒似女」「亦似君」之語，似乎仍可解讀爲夏徵舒是夏姬之子，因此遽言「《國語》的若干記載大都有著更多的衍生成分」，似未使人信服。《穀梁傳·宣公九年》云：「陳靈公通於夏徵舒之家，公孫寧、儀行父，亦通其家。……」《左傳·僖公十五年》記載晉懷公在秦國當質子，「六年期遁，逃歸其國，而棄其家」，楊伯峻先生注云：「桓十八年《傳》云：『女有家，男有室。』然家室亦通言，此棄家猶言棄其妻，指棄懷嬴。」則《穀梁傳》「夏徵舒之家」，或可言夏徵舒之妻，此可爲《繫年》之說增添一證。

【張崇依 2015】（P38～39）：釋文云：「少孔，即《左傳》《國語》等的夏姬」，說可從。《左傳》《國語》與簡文的分歧在於夏姬是夏徵舒之母，還是夏徵舒之妻。……如根據簡文「陳公子徵舒娶妻于鄭穆公」，那麼，在夏徵舒弒陳靈公之時，夏姬年紀尙幼。楚莊王、巫臣、黑要諸人爭奪夏姬之事，也便可以說通了。

【侯文學、宋美霖 2015】（P39）：宣公八年，當楚莊王十三年。「盟吳、越而還」之事，當即《繫年》所言「吳人服于楚」的具體時間。至於「陳公子徵舒娶妻于鄭穆公」一事則更在楚莊王十三年「吳人服于楚」之後、楚莊王十五年夏徵舒弒靈公之前。徵舒弒君之時，其與少孔的婚齡至多兩年。前面已經提到，兩周時期女子適婚年齡，多在 15 至 20 歲之間。然則少孔（夏姬）時年只有 20 歲左右，是個妙齡少婦。較之《左傳》的記載，她的年齡無疑縮小至少十餘歲，後面發生的事情也因而趨於合理。從《左傳》他處記載來看，春秋時期，單身的貴族女性雖然在禮法上沒有與異性交往的權利，但再醮或有私情者卻大有人在，而其子卻並不追究，至於子爲母殺人更無其例。相反，《左傳》中夫爲妻殺人、亡國、毀家被逐的情況較爲多見。……由上述諸例所展示的春秋風氣來看，夏徵舒作爲夏姬之子冒著弒君的罪行去殺害母親情人的可能性較小，而作爲丈夫去報奪妻之恨卻極爲可能。因此，我們認爲，《繫年所言較爲合理》，當是歷史的本來面目。

第十六章

【釋文】

楚龏（共）王立七年，命（令）尹子禈（重）伐奠（鄭），爲沐之𠂤（師）。晉競（景）公會者（諸）医（侯）已（以）𢦏（救）奠（鄭），奠（鄭）人戠（止）芸（鄖）公義（儀），獻〔85〕者（諸）競（景）

公，竸（景）公以歸（歸）。一年，竸（景）公欲與楚人爲好，乃敓（稅）芸（鄅）公，由（使）歸（歸）求成，龍（共）王叟（使）芸（鄅）公嘼（聘）於〔86〕晉，旻（且）許成。竸（景）公叟（使）翟（羅）之伐（茷）嘼（聘）於楚，虞（且）攸（修）成，未還，竸（景）公釆（卒），東（厲）公即立（位）。龍（共）王叟（使）王〔87〕子脣（辰）嘼（聘）於晉，或（又）攸（修）成，王或（又）叟（使）宋右帀（師）芊（華）孫元行晉楚之成。畾（明）歲（歲），楚王子返（罷）會晉文〔88〕子燮（燮）及者（諸）戾（侯）之大夫，明（盟）於宋，曰：爾（弭）天下之辥（甲）兵。畾（明）歲（歲），東（厲）公先起兵，銜（率）自（師）會者（諸）戾（侯）以伐〔89〕秦，至于涇。鞏（共）王亦銜（率）自（師）回（圍）奠（鄭），東（厲）公救（救）奠（鄭），敗（敗）楚自（師）於隄（鄢）。東（厲）公亦見禂（禍）呂（以）死，亡（無）逡（後）。〔90〕

通行釋文：

　　楚共王立七年，令尹子重伐鄭，爲沐之師。晉景公會諸侯以救鄭，鄭人止鄅公儀，獻諸景公，景公以歸。一年，景公欲與楚人爲好，乃稅鄅公，使歸求成，共王使鄅公聘於晉，且許成。竸景公使羅之茷聘於楚，且修成，未還，景公卒，厲公即位。共王使王子辰聘於晉，又修成，王又使宋右師華孫元行晉楚之成。明歲，楚王子罷會晉文子燮及諸侯之大夫，盟於宋，曰：弭天下之甲兵。明歲，厲公先起兵，率師會諸侯以伐秦，至于涇。共王亦率師圍鄭，厲公救鄭，敗楚師於鄢。厲公亦見禍以死，無後。

【集釋】

（1）楚龍（共）王立七年，命（令）尹子禮（重）伐奠（鄭），為沐之自（師）。

　　【清華（貳）】（P174～175）：楚龍王，《左傳》及《史記・楚世家》等作「楚共王」，《國語》作「楚恭王」，《呂氏春秋》作「楚龔王」。名審，又作葳，

在位三十一年。楚共王七年爲魯成公七年。《春秋》成公七年：「秋，楚公子
嬰齊帥師伐鄭。」同年《左傳》：「秋，楚子重伐鄭，師于氾。」令尹子重即
公子嬰齊，青銅器作「王子嬰次」（一九二三年新鄭李家樓所出王子嬰次爐），
楚莊王弟。沐，《左傳》作「氾」，杜預注：「鄭地，在襄城縣南。」楊伯峻《春
秋左傳注》：「氾有二，僖公二十四年傳與此傳之氾是南氾，在河南襄城縣。
僖三十年傳之氾是東氾，在河南中牟縣。南氾離楚較近。」

　　【董珊 2011】：楚人攻鄭，應由南往北，不可能先跑到新鄭東北再向南進
攻，所以簡文兩見「沐」的位置，都應該是南氾，位於襄城的南氾。

　　§【有鬲散人】：「沐」字若果讀爲「氾」，那麼該字的右旁，也即它的聲
旁有可能是「朿」的訛體。甲骨文中的從「朿」之字或作：𤓰（《新甲骨文編》
403 頁）、𥝆（《新》407 頁）、𥝌（《新》893 頁）。上揭諸字所從的「朿」旁，
與「禾」有些相似，演變到戰國時代，訛爲「禾」字形是可以理解的。「朿」
與「巳」聲字古音很近（參裘錫圭：《說「𥄶 𥄶白大師武」》，《古文字論集》
357～358 頁，中華書局，1992 年；裘錫圭等：《晉侯蘇鐘筆談》，《文物》1997
年第 3 期 65～66 頁。），作「氾」的聲旁是沒有問題的。〔註 11〕

　　【子居 2013】：經於摩陂的白溝水，其名不古，摩、禾音近，因此疑白
溝水古當即稱沐水，其地蓋爲一地。《平頂山文史資料第 12 輯》：「摩陂亦
稱龍陂，故地在今郟縣長橋境內。」是摩陂正鄰於今河南省襄城縣西境。《史
記・周本紀・正義》引《括地志》云：「故泛城在許州襄城縣一里。《左傳》
云『天王出居於鄭，處於泛』，是。」由此可推知，若摩陂確即先秦時之沐
地，則沐、氾兩地距離大致在先秦之一舍三十里內，《左傳》記在故襄城縣
南一里的泛地與《繫年》記在河南省襄城縣西境的沐地自是並沒有大的差
異。

　　【劉剛 2013】：「沐」字當釋爲「染」，……「染」可以讀爲「湛」。「湛水」
位於「氾」之南，是楚軍在「氾」攻鄭的必經之地。

　　【集解 2013】（P641 蘇建洲）：《蘭賦》簡 2 𥝆，學者以往都認爲是「黍」
字。（詳見拙著《楚文字論集》頁 39）……陳劍先生……告訴我《蘭賦》「𥝆」
字仍應讀爲「氾」，文例是「汗（旱）其不雨，可（何）淋（氾）而不沽（涸）？」
氾、涸正是相反概念。……會不會「𥝆」的造字方式與「沉」相同，亦即

〔註 11〕 董珊《讀清華簡〈繫年〉》文下 3 樓評論，發表日期：2011 年 12 月 26 日。

「禾」較輕，所以會漂浮在水面上。「氾」本有漂浮的意思，如《國語》：「是故氾舟於河。」……又燕國璽印亦見「沑」字，文例皆是「沑某都＋官名」（參見王愛民《燕文字編》，頁174），「沑」作地名用，如何釋讀亦待考。從聲音考察，「黍」（書紐魚部）與「氾」（並紐談部），韻部魚談孟蓬生先生已多次著文證明二者可通，但是聲紐距離太遠，不能通假。或是將「沑」與「淋」分析爲從「禾」聲，「禾」，匣紐歌部，與「氾」聲紐屬喉唇相通……至於韻部歌談屬通轉……聲韻條件並不好。眞實情況如何還有待新出材料來證明。

【黃德寬2017】：清華一《楚居》「淋」字和清華二《繫年》「沑」字，兩形爲一字之繁簡，學界似無異議。這個字由「水」（從兩「水」或省其一）與「禾」兩個偏旁構成。我們認爲，這個字是以會意方式構成的「湛」字，也就是「沈」（「沉」）的古字，其構形模式與甲骨文表示「狸沈」的「湛」字一致。……楚簡中「湛」字的構形，與甲骨文表示沈祭的專用字構形模式一脈相承，從「禾」乃沿襲了沈祭於河以求豐年的傳統。甲骨文和楚文字中表示沈祭的專用字，後來爲「湛」字所替代。

（2）晉競（景）公會者（諸）戾（侯）已（以）栽（救）奠（鄭），奠（鄭）人戠（止）芸（鄖）公義（儀），獻者（諸）競（景）公，競（景）公以歸（歸）。

【清華（貳）】（P175）：晉競公，《左傳》及《鄭世家》作「晉景公」，名獳，又名據，晉成公子，在位十九年。《春秋》成公七年：「（魯成）公會晉侯、齊侯、宋公、衛侯、曹伯、莒子、邾子、杞伯救鄭。」芸公義，《左傳》作「鄖公鐘儀」，《左傳》成公七年：「鄭共仲、侯羽軍楚師，囚鄖公鐘儀，獻諸晉。……晉人以鐘儀歸，囚諸軍府。」

【集解2013】（P645蘇建洲）：鄖國地點一般以爲在今湖北省安陸市（《包山》181已載有「安坴（陸）」）。

（3）龏（共）王亦衒（率）𠂤（師）回（圍）奠（鄭），枼（厲）公栽（救）奠（鄭），戲（敗）楚𠂤（師）於陚（鄢）。

【清華（貳）】（P176）：《春秋》成公十五年：「楚子伐鄭。」同年《左傳》：「楚子侵鄭，及暴隧。遂侵衛，及首止。鄭子罕侵楚，取新石。」《春秋》成公十六年：「六月……晉侯使欒黶來乞師。甲午晦，晉侯及楚子、鄭

伯戰于鄢陵。楚子、鄭師敗績。楚殺其大夫公子側。」同年《左傳》稱鄭叛晉，衛侯爲晉伐鄭。晉厲公伐鄭，「六月，晉、楚遇於鄢陵」。《左傳》說楚伐鄭，鄭服於楚而叛晉，晉伐鄭，遂與楚戰於鄢陵，與簡文不同。隩，從𦣞，右半所從爲「嬰」省形。《說文》「嬰⋯⋯一曰：讀若偃。」「吳」下大形譌爲矢形。大、矢作爲構字部件時有互譌，可參看《戰國文字編》第三三六頁「侯」字下、三三七頁「矣」字下。

【集解 2013】（P658～659 賴怡璇）：「隩」字作「𰻞」，整理者以爲右旁是「嬰」省形，楚簡中相似的形體從雙目如「𧰨」（《包山》2.174）「𩔖」（《上博八・成王既邦》簡 13），後者辭例不明，前者爲人名⋯⋯依據傳世文獻記載以及《說文》「嬰⋯⋯一曰：讀若偃」，將所論字讀爲「鄢」應該是沒有問題的。

第二十二章

【釋文】

晉公獻齊俘馘於周王，述（遂）呂（以）齊𫝀（侯）貣（貸）、魯𫝀（侯）𩔖（顯）、宋公畋（田）、衛𫝀（矦）虔、奠（鄭）白（伯）忽（駘）朝〔124〕周王于周。〔125〕

通行釋文：

晉公獻齊俘馘於周王，遂以齊侯貸、魯侯顯、宋公田、衛矦虔、鄭伯駘朝周王于周。

【集釋】

（1）晉公獻齊俘馘於周王，遂以齊侯貸、魯侯顯、宋公田、衛矦虔、鄭伯駘朝周王于周。

【清華（貳）】（P195）：晉公，晉烈公，此時當時晉烈公十六年。三晉以獻齊俘馘爲名，要求周王命爲諸侯。魯侯𩔖，即魯穆公顯，本章一二〇號簡作「侃」，人名異寫楚簡多見。宋公畋，即宋休公田，悼公之子，《宋微子世家》：「悼公八年卒，子休公田立。」衛侯虔，據《衛世家》和《六國年表》，此時爲衛愼公穨。《衛世家》記愼公之父是公子適，《索隱》云：「《系（世）本》『適』作『虔』。」可見《世家》衛世系有混亂處。簡文「虔」

字所從文旁兩側有裝飾筆畫，類似寫法見姑虞昏同之子句鑵（《集成》四二四）。鄭伯駘，《鄭世家》：「幽公元年，韓武子伐鄭，殺幽公。鄭人立幽公弟駘，是爲繻公。」

【馬衛東、王政冬 2012】：三晉命侯，實爲三晉伐齊入長城，迫使齊康公會同三晉前往朝見周威烈王的結果。

第二十三章

【釋文】

　　楚聖（聲）赶（桓）王立四年，宋公畋（田）、奠（鄭）白（伯）忿（駘）皆朝于楚。王銜（率）宋公已（以）城鄂（榆）闢（關），是（寔）武腸（陽）。秦人〔126〕歗（敗）晉白（師）於茖（洛）会（陰），已（以）爲楚敩（援）。聖（聲）王即殡（世），刌（悼）折（哲）王即立（位）。奠（鄭）人戠（侵）俸（榆）闢（關），腸（陽）城洹（桓）惡（定）君銜（率）〔127〕韋（榆）闢（關）之白（師）與上或（國）之白（師）已（以）迧（邀）之，與之戰（戰）於珪（桂）陵，楚白（師）亡（無）工（功）。競（景）之賈與醬（舒）子共戠（止）而死。晶（明）〔128〕歲（歲），晉睡乡（余）銜（率）晉白（師）與奠（鄭）白（師）已（以）內（入）王子定。遞（魯）易（陽）公銜（率）白（師）已（以）迧（邀）晉＝人＝（晉人，晉人）還，不果內（入）王子。晶（明）歲（歲），〔129〕郎臧（莊）坪（平）君銜（率）白（師）戠（侵）奠＝（鄭，鄭）皇子＝（子、子）馬、子池、子坴（封）子銜（率）白（師）已（以）迧（邀）楚＝人＝（楚人，楚人）涉洔，牁（將）與之戰（戰），奠（鄭）白（師）逃〔130〕內（入）於蔑。楚白（師）回（圍）之於鄵（蔑），聿（盡）逾（降）奠（鄭）白（師）與亓（其）四遰（將）軍，已（以）歸（歸）於郢。奠（鄭）大（太）剸（宰）慾（欣）亦起（起）褙（禍）於〔131〕奠（鄭），奠（鄭）子腸（陽）用滅，亡（無）逡（後）於奠（鄭）。晶（明）歲（歲），楚人歸（歸）奠（鄭）之四牁（將）軍與亓（其）萬民於奠（鄭）。

通行釋文：

楚聲桓王立四年，宋公田、鄭伯駍皆朝于楚。王率宋公以城榆關，
寘武陽。秦人敗晉師於洛陰，以爲楚援。聲王即世，悼哲王即位。
鄭人侵榆關，陽城桓定君率榆關之師與上國之師以邀之，與之戰於
桂陵，楚師無功。景之賈與舒子共止而死。明歲，晉䵠余率晉師與
鄭師以入王子定。魯陽公率師以邀晉人，晉人還，不果入王子。明
歲，郎莊平君率師侵鄭，鄭皇子、子馬、子池、子封子率師以邀楚
人，楚人涉泯，將與之戰，鄭師逃入於蔑。楚師圍之於蔑，盡降鄭
師與其四將軍，以歸於郢。鄭太宰欣亦起禍於鄭，鄭子陽用滅，無
後於鄭。明歲，楚人歸鄭之四將軍與其萬民於鄭。

【集釋】

（1）楚聖（聲）趄（桓）王立四年，宋公畋（田）、奠（鄭）白（伯）
　　刍（駍）皆朝于楚。

【清華（貳）】（P197）：楚聖（聲）趄（桓）王立四年，爲周威烈王二
十二年。此時三晉正忙於與越聯兵攻打齊國，楚趁機發展其在中原的勢力。

【李銳 2011】：《呂氏春秋・慎勢》說楚聲王圍宋十月，楊寬附此事於楚
聲王六年（402B.C.）。今按《繫年》楚聲王元年宋公親晉，朝周，四年朝楚，
較有可能是楚聲王三年圍宋十月，或逾年而至楚聲王四年，宋被迫朝楚。據
《繫年》三年當 402B.C.。

【陶金 2012】：第二十三章則證明，楚聲王實際上僅在位四年。《史記》
中的《楚世家》與《六國年表》均以楚聲王在位六年。筆者認爲可能是篆文
「四」與「六」極易混淆。

【李銳 2013】（P102）：楚聲王在位可能只有四年，而《史記》記爲六年。
李家浩教授提示筆者：《史記》戰國年表多據「秦記」推定，而秦小篆文字
「四（四）」與「六（𠕋）」形近，《說文》古文「四（𠫔）」與秦小篆「六」
形更近，可能由此而產生訛誤，古書中多有其例。如《史記・十二諸侯年表》
楚成王二十六年「滅〈六〉、英」當是二十四年「滅黃」之訛，梁玉繩《史
記志疑》已有考證。而《楚世家》《六國年表》中楚聲王記載簡略，無大事
繫之。又楚文字「四」作「𦏆」，有可能是「秦記」僅記有「楚聲王在位六

年」一類文字，而「六」爲訛字，或因移錄楚史「𥝋」時訛誤爲「𠰚」。

（2）奠（鄭）人戠（侵）偁（榆）𨳌（關），旞（陽）城洹（桓）惡（定）君衒（率）䎽（榆）𨳌（關）之𠂤（師）與上或（國）之𠂤（師）已（以）𨒈（邀）之

【清華（貳）】（P198）：旞城洹惡君，旞城君又見於曾侯乙墓簡一六三、一九三號簡。陽城是對君的封地。戰國時期有多個地名叫陽城，疑此在今河南漯河東。《文選·登徒子好色賦》「嫣然一笑，惑陽城，迷下蔡」，李善注：「陽城、下蔡，二縣名，蓋楚之貴公子所封。」「洹惡」當是此封君的謚，讀爲「桓定」。包山楚簡中的陽城公則可能是陽城被佔領後，流落他處的陽城君後人。犢關之師，駐守榆關的軍隊，當是楚軍。上國，《左傳》昭公十四年：「楚子使然丹簡上國之兵於宗丘」，杜注：「上國在國都之西，西方居上流，故謂之上國。」「上國」與「東國」對稱。一說上國是對北方列國的稱謂，《水經·濟水注》：「昔吳季札聘上國，至衛。」迻，《說文》：「會也。」此處指交兵迎戰。「迻」亦即「交」，《孫子·軍爭》杜牧注「交」云：「交兵也。」《楚世家》：「（悼王）十一年，三晉伐楚，敗我大梁、榆關。楚厚賂秦，與之平。」

【苦行僧 2011】：「交」字疑當讀爲「邀」。

【復旦讀書會 2011】（陳劍）：幾個「迻」字以及簡 43 之「交」字皆應讀爲義爲「遮攔、截擊、阻截、攔擊」一類意義之「邀／徼」；「迻」就可看作此類義之本字、異構。

【陳穎飛 2012】（P105～107）：平夜悼武君、陽城桓定君、郎莊平君三位都使用了兩字的謚號，這也是一個新發現。以往文獻的楚封君，謚號僅有一字，如魯陽文君、坪夜文君等。可見，兩字謚號不僅限於楚王。……《呂氏春秋·離俗覽》……「陽城君走，荊收其國」，這是最後一代陽城君。他是《繫年》簡「陽城桓定君」的下一代封君，很可能是其子輩。曾侯乙簡另有陽城君，疑是「陽城桓定君」的上一代，很可能是第一代陽城君。作爲「執圭之君」之一，與魯陽公。平夜君相類，陽城君也應出自王族，第一代陽城君很可能是王子或王孫。

【集解 2013】（P885 蘇建洲）：「旞（陽）城洹（桓）惡（定）君」的稱名方式如同「墉（盛）武君」（《新蔡》乙一 13），平夜文君、魯陽文君，都是「封地＋謚號＋君」。

（3）與之戲（戰）於珪（桂）陵，楚自（師）亡（無）工（功）。

【清華（貳）】（P198）：珪陵，桂陵，在今河南長垣北。《水經・濟水注》：「《竹書紀年》：『梁惠成王十七年，齊田期伐我東鄙，戰于珪陽，我師敗逋。』亦曰桂陵。按《史記》（田完世家）：『齊威王使田忌擊魏，敗之桂陵，齊于是疆，自稱為王，以令天下。』」熊會貞注：「《括地志》，故桂城在乘氏縣東北二十一里，故老云此即桂陵也。《寰宇記》亦云，乘氏縣有桂城，即田忌敗魏王師處。但乘氏之桂陵，在今菏澤縣東北二十里，與此注所指之地異，驗此注所指，當在今長垣縣西境。」

（4）競（景）之賈與醫（舒）子共戲（止）而死。

【清華（貳）】（P198）：競之賈，楚公族，楚平王謚競（景）平，競之賈為平王之後，亦即楚之景氏。楚青銅器有競（景）之定，見張光裕《新見楚式青銅器羣器銘試釋》（《文物》二零零八年第一期）。醫子共，舒子共，舒滅於楚，其後人以舒為氏，見秦嘉謨《世本輯補》。

【集解 2013】（P890 蘇建洲）：《包山》「舒慶」的「舒」有三種寫法，一是 （簡 135 反）、（簡 136 反），楚文字編頁 250 隸定為「㝅」，可從。……《繫年》的「舒」作 則是在「㝅」旁加上「㗊」。第二種寫法作 （簡 132）、（簡 137）。第三種寫法是 ，亦見於《新蔡》封泥作 。

（5）朢（明）戠（歲），晉賹豸（余）衒（率）晉自（師）與奠（鄭）自（師）已（以）內（入）王子定。

【清華（貳）】（P198）：明歲，楚悼王二年，賹字右側偏旁上部不很清晰。入王子定，當是使王子入周。《六國年表》王子定奔晉在楚悼王三年。晉入王子定未果，王子定奔晉。據簡文，王子定在三四年後流落到齊人田氏的領地。

【海天 2012】：但是戰國文字的「重」幾乎都添加了「土」旁，所以隸定為「賹」是有疑問的。筆者以為此字右旁實為「甫」。《天子建州》甲本簡 5〔註12〕「甫」作 ……其中間所從「用」旁也可以寫作「田」形，如 （專，《老子甲》12）……則自然可以寫作 。……所以 就是「賻」，字形見於《集成》1933「中賻王鼎」以及《集韻》。「甫」聲的字作為姓氏，古書及出土文獻常見，但是「賻余」是誰，待考。

〔註12〕此字在《天子建州》（甲本）簡 6，原文誤作「簡 5」。

【集解 2013】（P892 蘇建洲）：「內」讀爲「納」，見第六章簡 33「秦穆公乃內（納）惠公于晉」條注釋。

【代生、張少筠 2015】（P245）：此王子定非周王子，而是楚王子。我推測這個王子定可能是聲王之子，悼王兄弟，也是王位爭奪者，這一事件可能是「盜殺聲王」的後續事件。

【李松儒 2015】（P323）：此字（𩏇）右旁既非「重」也非「甫」，暫隸爲「𩏇」。

（6）遯（魯）昜（陽）公衛（率）𠂤（師）㠯（以）迖（邀）晉=人=（晉人，晉人）還，不果內（入）王子。

【清華（貳）】（P198）：遯昜公，曾侯乙墓簡一九五號簡作「遯瀘公」，一六二號簡作「魯陽公」，又見於包山楚簡。魯陽在今河南魯山，楚肅王時被魏國占領，《六國年表》楚肅王十年：「魏取我魯陽。」又《魏世家》：「（魏武侯）十六年，伐楚，取魯陽。」

【今按】：「魯陽公」可參看《包山楚簡》「魯昜（陽）公」及「遯（魯）昜（陽）公」集釋。

（7）晶（明）歲（歲），郎臧（莊）坪（平）君衛（率）𠂤（師）戕（侵）奠（鄭）

【清華（貳）】（P199）：郎臧（莊）坪（平）君，楚之封君，莊平是其諡，郎爲其封地。

【董珊 2011】：郎莊平君，「郎」疑讀爲「梁」，可能即《左傳》哀公四年「爲一昔（夕）之期，襲梁及霍」之梁，先爲蠻子之邑，後屬楚，「郎莊平君」即該地封君，又稱之爲「上梁」，見《楚策一》「城渾出周」章：「鄭魏之弱，而楚以上梁應之」「新城、上梁相去五百里〈百里〉。」戰國時又曾屬韓，稱之「南梁」，《田敬仲完世家》：「（齊宣王）二年，魏伐趙，趙與韓親，共擊魏，戰於南梁。」……此地《漢志》稱「梁」，屬河南郡。《括地志》：「故城在汝州西南。」在今河南臨汝縣西南四十五里。

（8）鄭皇子=（子、子）馬、子池、子坓（封）子衛（率）𠂤（師）㠯（以）迖（邀）楚人

【清華（貳）】（P199）：鄭皇子，鄭有皇氏，如《左傳》僖公二十四年的皇武子，宣公十二年的皇戌，成公十八年的皇辰等。

【董珊 2011】：鄭帥「子馬」見於《集成》01798「子馬氏」鼎，是知該鼎屬戰國早期鄭。

【集解 2013】（P898～899 蘇建洲）：「皇子」當理解爲「以氏配子」，此春秋、戰國時卿大夫稱謂之通例。「垟」作 ，可以比對第四章18「𩏑（衛）弔（叔）垟（封）」的「垟（封）」 。相同寫法還可參見： （《容成氏》18「垟（封）」）……「子垟（封）子」的稱名結構，可比對《左傳》襄公二十八年「子服子」。……「子服椒」是以父字爲氏；稱「子服子」者，以氏配子，此春秋時卿大夫稱謂之通例。時人稱其「子服子」，可證子服爲其氏。……此觀之，則「子垟（封）子」當是以氏（「子垟（封）」）配子，其次，《集成》01798「子馬氏」鼎出土於安徽省壽縣，與本簡的「子馬」似未必有關。「子馬」「子池」可能是「美稱＋名」，如同二十二章的「子牛」；或是「字」；若比對其下「子垟（封）子」，則「子馬」「子池」亦不能排除漏抄「子」，則「子馬」「子池」可能是「氏」，疑未能定。

（9）楚人涉沬

【清華（貳）】（P199）：沬，見本篇第十六章八十五號簡，此「沬」可能就是新鄭東北的汜水。

（10）牂（將）與之戰（戰），奠（鄭）自（師）逃內（入）於蔑。楚自（師）回（圍）之於郲（蔑）

【清華（貳）】（P199）：蔑，或作「郲」，當是鄭地。

【董珊 2011】：「鄭師逃入於蔑、楚師圍之於蔑」之地名「蔑」，應即「鄶」，見於以下兩件鼎銘：……這兩件鼎的銘文爲「鬵（鄶）朕（厨）。一斗半（器）」……該字從「衣」旁，其餘的部分，可以與下列字形相比較：0、 廿三年鼎；1、 璽印：魏眉・臣眉；2、 戟：五年龔命思左庫工師微史慶冶眉近。我認爲該字從衣、從蔑省，應即「襪」字……「襪」與「鬵（沫）」皆當讀爲鄭武公所滅虢、鄶之「鄶」。其音韵關係，可與曹劌又作曹沫、曹蔑相類比。……《正義》引《括地志》云：「故鄶城在鄭州新鄭縣東北二十二里。……」此地戰國時近韓新鄭，應多數時間屬韓。據銘文魏刻銘「襪」也可以讀爲「鄶」，該地曾一度屬魏，但屬魏具體年代不可考。

【集解 2013】（P900 蘇建洲）：奠（鄭）自（師）逃【一三〇】內（入）於戜（蔑）。簡131的「蔑」作 （戜） （郲）。請參見第九章簡51「𢍀（左）

行癹（蔑）」條的討論。

【林宏佳 2014】（P37～71）：（𢧜）應改隸爲「戜」，字從「莧」聲，故可通讀爲「蔑」。就字形而言，此字所從的「戈」不像《曹沫之陳》𢧜、𢧜直接割畫過「首」之下，而僅單純寫出「戈」；並且，此字與「𢧜」同指一地，亦可證明「𢧜（莧）」是獨立的部件而非「蔑」字的一部分，其中的「勿」形自然也不是因聲化而來的聲旁。

（11）聿（盡）逾（降）奠（鄭）𠂤（師）與亓（其）四遾（將）軍，
　　　　　己（以）歸（歸）於郢。

【清華（貳）】（P199）：聿，讀爲「盡」，全部。逾，楚簡中義多爲「下」，有征服、戰勝義，《逸周書‧允文》：「上下賀協，靡敵不下。」四將軍，指皇子、子馬、子池、子封子。郢，此時的郢當在鄢郢。

（12）奠（鄭）大（太）剆（宰）欿（欣）亦记（起）褐（禍）於奠（鄭）

【清華（貳）】（P199）：奠（鄭）大剆欿，即太宰欣。《韓非子‧說難》：「若夫齊田恒、宋子罕、魯季孫意如、晉僑如、衛子南勁、鄭太宰欣、楚白公、周單荼、燕子之，此九人者之爲其臣也，皆朋黨比周以事其君，隱正道而行私曲，上逼君，下亂治，援外撓內，親下以謀上，不難爲也。如此臣者，唯聖王智主能禁之，若夫昏亂之君，能見之乎？」

（13）奠（鄭）子牑（陽）用滅，亡（無）遂（後）於奠（鄭）

【清華（貳）】（P199）：鄭子牑用滅，《六國年表》：楚悼王四年「敗鄭師，圍鄭，鄭人殺子陽」。鄭子陽用滅，又見於《楚世家》《鄭世家》，《呂氏春秋‧首時》《適威》，《淮南子‧氾論》《繆稱》及《韓非子‧說疑》等。

【白光琦 2012】：楚敗鄭，鄭殺子陽。《繫年》在悼王三年，而《六國年表》當悼王二年，可見《六國年表》不是採自楚國史料，疑出鄭史。

（14）皿（明）歲（歲），楚人歸（歸）奠（鄭）之四酒（將）軍與亓
　　　　　（其）萬民於奠（鄭）。

【清華（貳）】（P199）：明歲，楚悼王即位第四年。楚人歸鄭之四將軍與其萬民於鄭，可參《六國年表》楚悼王三年「歸榆關于鄭」。

【集解 2013】（P907 蘇建洲）：（明歲），此年當是楚悼王四年，前三九七年。「歸榆關於鄭」當是前三九九年，楚悼王二年，與此處所論「楚人歸（歸）

奠（鄭）之四牁（將）軍與亓（其）萬民於奠（鄭）」似無關係。

2. 清華簡（叁）《良臣》相關內容集釋

【簡介】

　　清華簡《良臣》篇因記述黃帝以至春秋著名君主的良臣而得名。原整理者認為：「考慮到篇中特別突出子產，詳記『子產之師』『子產之輔』，作者可能與鄭有密切關係。」《良臣》篇對鄭國歷史人物的研究具有重要的史料價值。

　　《良臣》篇的研究亦可參照《漢書・古今人表》，可參看清梁玉繩《古今人表考》（收錄於《史記漢書諸表訂補十種》，中華書局，1982 年）。

【釋文】

　　奠（鄭）輨（桓）公與周之遺老：史全（百——伯）、宦中（仲）、虙（虢）弔（叔）、〔8〕土（杜）白（伯），復（後）出邦。

　　奠（鄭）定公之相又（有）子鞁（皮），又（有）子產，又（有）子大弔（叔）。

　　子產之币（師）：王子〔9〕白（伯）忑（願）、肥中（仲）、土（杜）舊（逝），黽斤。

　　子產之輔：子羽、子剌、蒭（蔑）明、卑登、酉（富）之厚、王子全（百）。〔10〕

通行釋文：

　　鄭桓公與周之遺老：史伯、宦仲、虢叔、杜伯，後出邦。

　　鄭定公之相有子皮，有子產，有子大叔。

　　子產之師：王子伯願、肥仲、杜逝，黽斤。

　　子產之輔：子羽、子剌、蔑明、卑登、富之厚、王子百。

【集釋】

（1）奠（鄭）輨（桓）公與周之遺老：史全（伯）

　　【清華（叁）】（P161）：鄭桓公友，見《古今人表》「中中」，為周宣王

弟,西周覆亡時爲犬戎所殺。「全」即「百」字,史伯列《古今人表》「中上」,任周大史,其與鄭桓公對話,見於《國語·鄭語》,鄭桓公與史伯等均爲西周末年人。

【黃傑 2013】:「與」疑讀爲「舉」,指鄭桓公舉用史伯、宮仲等人。

(2) 宮中(仲)

【清華(叄)】(P161):宮仲,文獻未見。

【周飛 2013】:疑宮仲即爲文獻中的南仲。南仲見於傳世文獻和出土文獻,是周宣王的重臣。傳世文獻見於詩經。

《詩·小雅·出車》「王命南仲,往城于方;出車彭彭,旂旐央央。天子命我,城彼朔方。赫赫南仲,玁狁于襄。」講王命南仲率師伐玁狁,毛注「南仲,文王之屬。」《詩·大雅·常武》「赫赫明明,王命卿士,南仲大祖,大師皇父。整我六師,以修我戎。既敬既戒,惠此南國。」講王命南仲南征,鄭箋「南仲,文王時武臣也。」正義「以《出車》之篇言之,知南仲,文王時武臣。」

傳統認爲這兩首詩中的南仲爲一人,時在文王。而郭沫若先生認爲《出車》《常武》講宣王時事,南仲即《漢書·古今人表》宣王時之南中(原注:郭沫若《兩周金文辭大系圖錄考釋》,科學出版社,2002 年,第 320 頁),王輝先生也對此進行詳細考釋(原注:王輝《駒父盨蓋銘文試釋》,《考古與文物》,1985 年第 5 期),確證詩中南仲爲宣王之臣。

南仲還見於駒父盨蓋(集成 4464)和無叀鼎(集成 2814),陳夢家和馬承源先生都定兩器爲宣王時器,因此器中南仲、南仲邦父與詩經中的南仲應爲一人。從詩經及金文內容來看,南仲在宣王時地位崇高,常率師征伐,功績赫赫,符合簡文「周之遺老」描述。宣王二十二年之後,很可能派他到新分封的鄭國,輔佐鄭桓公。

(3) 虔(虢)弔(叔)

【清華(叄)】(P161):文獻及金文中虢君常稱虢仲、虢叔、虢季等,此處虢叔疑爲《國語·周語上》宣王卿士虢文公,韋昭注云:「虢叔(文王之弟)之後。」《古今人表》列在「中上」。

(4) 土(杜)白(伯)

【清華(叄)】(P161):杜伯,周宣王時臣,《周語上》「杜伯射王于鄗」,

韋昭注：「杜國，伯爵，陶唐氏之後也。《周春秋》曰：『宣王殺杜伯而不辜，後三年，宣王會諸侯，田於圃，日中，杜伯起於道左，衣朱衣，冠朱冠，操朱弓朱矢，射宣王，中心折脊而死也。』」《古今人表》「中中」有杜伯，則係此杜伯先祖。

（5）佫（後）出邦。

【清華（叁）】（P161）：後出邦，指其後裔不留在周之朝廷。

【陳偉 2013】：邦，大概可以讀爲「封」。是指鄭桓公受封爲國的事情（《史記》《國語·鄭語》都有記載。比如《鄭世家》記載說：「鄭桓公友者，周厲王少子而宣王庶弟也。宣王立二十二年，友初封於鄭。」）而其他國家的始封未曾涉及。

【黃傑 2013】：「後」意爲後來，簡 5 有「後」字，也是後來之意。「後出邦」的主語應是鄭桓公，「邦」疑當讀爲「封」，《周禮》：「其卿六命，其大夫四命，及其出封，皆加一等。」鄭玄注：「出封，出畿內，封於八州之中。」「後出邦」指鄭桓公後來出封鄭國。

（6）奠（鄭）定公之相又（有）子皷（皮）

【清華（叁）】（P161）：鄭定公，名寧，簡公之子，見《古今人表》「中下」。子皮，見《古今人表》「中中」。

【郭麗 2015】（P49）：這裡的「相」是輔佐的意思，與篇內下文「輔」的意思對應。

（7）又（有）子產

【清華（叁）】（P161）：子產，見《古今人表》「上中」。

（8）又（有）子大弔（叔）

【清華（叁）】（P162）：子大叔，見《古今人表》「中上」。

（9）子產之帀（師）：王子白（伯）忎（願）、肥中（仲）、土（杜）酉（逝），鄙斥。

【清華（叁）】（P162）：鄭有王子氏，如《左傳》宣公六年「王子伯廖」，襄公八年、十一年「王子伯駢」。王子伯願等人文獻均未見。

【周飛 2013】：斥字作 ，從宀干聲，疑爲罕字異體。鄙斥疑爲子展的稱呼。《左傳·襄公八年》「子展欲待秦」，杜注「子展，子罕子。」子罕即

鄭穆公之子公子喜,字子罕。其後人以罕爲氏,乃鄭國七穆之一。見於《左傳》的有公孫舍之(子展)、罕虎(子皮)、罕嬰齊(子蠆)、罕達(子姚)。子展與子產均爲鄭穆公之孫,兩人關係密切,《左傳·襄公二十五年》「六月,鄭子展、子產帥車七百乘伐陳。」子展早於子產當國,可以爲子產師。

【袁金平】:黽斤,周(周飛)認爲此人名第二字疑爲「罕」可從,但拋開第一字,僅據「罕」而進行推論恐有不妥。如果第一字分析爲從「斤」得聲,則此人很有可能就是與鄭子產同時的「渾罕」。渾罕,見於《左傳》,爲鄭國大夫,又名游速、子寬。〔註13〕

【郭麗 2015】(P49):「子產之師」,這裡的「師」是老師的意思。《論語·爲政》:「溫故而知新,可以爲師矣。」子產是鄭定公的良臣,取得了巨大功業。他的成功,除自身條件外,老師的教導很有關係。子產爲政,亦需要有人協助他,故有「子產之輔」。

【袁金平、趙艷莉 2017】(P62):關於簡文中人名「黽斤」,周先生(周飛)認爲此人名第二字讀作「罕」,可從,但拋卻首字僅據第二字推論此人即「子展」恐有未妥。第一字原作,整理者據形隸爲「黽」,所從左邊部分疑爲「黿/龜」類屬之象形。按照漢字形體的一般分析原則,此字當可理解爲左形右聲,「斤」爲聲符。若此說成立,則此人很有可能就是與鄭子產同時的「渾罕」。軍、斤,古音皆爲見紐文部,古音至近。

(10)子產之輔:子羽

【清華(叁)】(P162):子羽,《古今人表》「中上」作「行人子羽」。

(11)子剌、蔑(蔑)明

【清華(叁)】(P162):子剌,文獻未見。蔑明,即馼蔑,或稱駟明、然明,見《古今人表》「中中」。

【羅小華 2015】(P198～199):「子剌」可能是公孫蠆。剌,月部來紐;蠆,月部透紐。透、來均爲舌音。《老子》:「蜂蠆虺蛇不螫。」「蠆」,馬王堆漢墓帛書《老子》甲本作「𧍓」。從《良臣》的記載來看,「子產之師」與「子產之輔」中,稱子某的,多爲稱字,如「子皮」「子產」「子大叔」「子羽」等。……公孫蠆,字子蟜,子遊之子。《左傳》襄公九年「公孫蠆」,杜預注:「子蟜。」襄公八年杜預注:「子蟜,子遊子。」傳世文獻中或稱其爲

〔註13〕《清華簡三〈良臣〉箚記》3樓,發表日期:2013年1月9日。

「公孫蠆」，或稱其爲「子蟜」。……清華簡《良臣》中，只是簡單地提及了「子刺」爲「子產之輔」。至於子刺究竟如何輔助子產則無從知曉。公孫蠆曾率領國人幫助子產平定鄭國內亂。就此事而言，公孫蠆可以稱得上是「子產之輔」。《良臣》是以「名上冠子字」的形式，將公孫蠆記作了「子刺（蠆）」。

（12）卑登

【清華（叁）】（P162）：卑登，《論語》《左傳》作「裨諶」，《古今人表》「中上」作「卑湛」。「登」在蒸部，「諶」「湛」在侵部，係通轉。

（13）畜（富）之厚

【清華（叁）】（P162）：「富」字所從的「畐」譌作「酉」形，富之厚當即《左傳》昭公十六年諫子產的富子。

【苦行僧】：簡 10 中的「富子厚」之「厚」，整理者隸定爲「厚」，其實該字爲從「厂」，「鞭」聲之字，不從「更」。此處的「鞭」字爲古文「鞭」，從「攴」，以「冕」的初文爲聲。〔註 14〕

（14）王子全（百）

【清華（叁）】（P162）：王子百也應是王子氏，未見於傳世文獻。

3. 清華簡（陸）《鄭武夫人規孺子》集釋

【簡介】

《鄭武夫人規孺子》爲清華簡三篇鄭史之一，現存十八支簡，關於竹簡排列的順序，存在兩種不同的觀點，原整理者根據竹簡背面劃痕認爲或缺第十五簡，全篇當有十九支簡。

根據網友悅園在《清華六〈鄭武夫人規孺子〉初讀》50 樓發言：「整理者將簡 9 置於簡 8、簡 10 之間，有不少疑問。我推測簡 9 中的這段文字應是後文『邊父』給鄭莊公說的話，邊父稱鄭莊公爲『君』，稱鄭武公爲『先君』，身份與話語比較匹配（參看簡 14）。將簡 9 從簡 8 之後抽出，根據簡 4『如毋有良臣』的辭例，通觀其餘簡文，可以接在簡 8 之後的祇有簡 10。但簡 9 抽出後，尚未找到可以放置的地方，故此篇文獻恐怕還有其他脫簡。」網友子居認同其觀點，并認爲簡 9 當置於簡 13 與簡 14 之間。

〔註 14〕《清華簡三〈良臣〉箚記》5 樓，發表日期：2013 年 1 月 9 日。

　　竹簡保存較爲完好，字跡亦較爲清晰。據《清華大學藏戰國竹簡（陸）》整理者說明：「完整簡長約四十五釐米，寬○‧六釐米，設三道編繩。簡背有三道劃痕，未見編號。今簡序爲整理者據內容及簡背劃痕排定。原無篇題，今篇題爲整理者所擬定。」〔註15〕整理者據簡文內容，認爲其成文時間當爲春秋早期。而網友子居根據簡文內容推測其成文時間不早於戰國晚期。

　　簡文述春秋初年鄭武公去世至下葬前後，鄭武夫人武姜等對年幼嗣君莊公的規誡及莊公的表態。主要是武姜規勸莊公汲取先君武公的治國經驗，守喪期間讓權於大夫老臣，以及邊父的兩次規勸：首次勸諸大夫愼辦先君之葬，再次則是向沉默不言的嗣君表達大臣們的擔憂。文末是莊公對邊父的回答，勸導諸大夫愼辦先君之喪，同時要求他們遵照自己的意志行事。全篇以對話的形式爲主，其間亦插入與對話相關的史事。

　　本文所涉史實不見於傳世文獻記載，傳世史料中記載鄭武公與武姜在嗣君繼承人的問題上意見不一，且簡文中武姜對鄭莊公的態度與傳世文獻中極爲相近，此段簡文與傳世文獻中的「鄭伯克段于鄢」具有相當大的聯繫，可以看作「鄭伯克段于鄢」的前傳，對於研究鄭國初期歷史，尤其是莊公與叔段之間的權力鬥爭問題具有重要的史料價值。

【釋文】

　　奠（鄭）武公萃（卒），既龏（殯），武夫人設（規）乳＝（孺子），曰：「昔虗（吾）先君，女（如）邦牆（將）又（有）大事，北（必）再三進夫＝（大夫）而與之虗（偕）〔1〕圐（圖）。既旻（得）圐（圖），乃爲之毀，圐（圖）所取（賢）者，女（爲）繡（申）之以龜箸（筮）。古（故）君與夫＝（大夫）蟲（晏）女（爲），不相旻（得）咠（惡）。區＝（區區）奠（鄭）邦〔2〕膣（望）虗（吾）君，亡（無）不盜（逞）丌（其）志於虗（吾）君之君呂（己）也。史（使）人姚（遙）餌（聞）於邦＝（邦，邦）亦無大繇賻（賦）於萬民。虗（吾）君函（陷）〔3〕於大難之中，凥（處）於䍿（衛）三年，不見丌（其）邦，亦不見丌（其）室。女（如）昏（毋）又（有）良臣，三年無君，邦豥（家）

𤔲（亂）巳（已）。〔4〕自𡥏（衛）與奠（鄭）若卑耳而昏（謀）。今是臣=（臣臣），亓（其）可（何）不寶？虗（吾）先君之棠（常）心，亓（其）可（何）不述（遂）？今吾君既〈即〉枼（世），孔=（孺子）〔5〕女（汝）母（毋）智（知）邦正（政），豆（屬）之夫=（大夫），老婦亦𨟻（將）丩（糾）攸（修）宮中之正（政），門檻之外母（毋）敢又（有）智（知）女（焉）。老婦亦不敢〔6〕以𡷈（兄）弟昏（婚）因（姻）之言以𤔲（亂）夫=（大夫）之正（政）。孔=（孺子）亦無以埶（褻）豎（豎）、卑（嬖）御、勤力、𢎫（射）馯（馭）、媺（媚）妬之臣，躳（躬）共（恭）亓（其）䢅（顏）色，〔7〕盦（掩）於亓（其）考（巧）語，以𤔲（亂）夫=（大夫）之正（政）。孔=（孺子）女（汝）共（恭）夫=（大夫），虘（且）以教女（焉）。女（如）及三𢧢（歲），幸果善之，孔=（孺子）亓（其）童（重）㝵（得）良〔8〕臣、亖（四）𨛫（鄰）以虗（吾）先君爲能敍。女（如）弗果善，殹虗（吾）先君而孤孔=（孺子），亓（其）辠（罪）亦欧（足）婁（數）也。邦人既𦘠（盡）䎽（聞）之，孔=（孺子）〔10〕或延（誕）告，虗（吾）先君女（如）忍孔=（孺子）志=（之志），亦猷（猶）欧（足）。虗（吾）先君𠁁（必）𨟻（將）相孔=（孺子），以定奠（鄭）邦之社禝（稷）。」

孔=（孺子）拜，乃𦣻（皆）臨。自是〔11〕𣅀（期）以至𦵯（葬）日，孔=（孺子）母（毋）敢又（有）智（知）女（焉），豆（屬）之夫=（大夫）及百執事，人𦣻（皆）愳（懼），各共（恭）亓（其）事。

𨘢（邊）父設（規）夫=（大夫）曰：「君共（拱）而〔12〕不言，加䡈（重）於夫=（大夫），女（汝）訢（慎）䡈（重）君𦵯（葬）而舊（久）之於上三月。」

少（小）羕（祥），夫=（大夫）聚昏（謀），乃吏（使）𨘢（邊）父於君曰：「二三老〔13〕臣，吏（使）䛳（禦）寇（寇）也，尃（布）圖（圖）於君。昔虗（吾）先君吏（使）二三臣，归（抑）杲（早）

歬（前）句（後）之以言，思羣臣𡧍（得）執女（焉），□（且）〔9〕母（毋）交於死。今君定，龏（拱）而不言，二三臣史（事）於邦，遈=女=（惶惶焉，焉）宵昔（錯）器於巽（選）贇（藏）之中，母（毋）乍（措）手止，飼（殆）於〔14〕爲數（敗），耆（胡）寍（寧）君，是又（有）臣而爲埶（褻）辟（嬖），幾（豈）既臣之䕶（獲）辠（罪），或（又）辱虗（吾）先君，曰是亓（其）律（藎）臣也？」

君畣（答）鼻（邊）〔15〕父曰：「二三夫=（大夫）不尚（當）母（毋）然，二三夫=（大夫）膚（皆）虗（吾）先君之所付（守）孫也。虗（吾）先君智（知）二三子之不二心，甬（用）歷（歷）受（授）之〔16〕邦。不是肰（然），或（又）爯（稱）记（起）虗（吾）先君於大難之中？今二三夫=（大夫）畜孤而乍（作）女（焉），幾（冀）孤亓（其）跌（足）爲免（勉），归（抑）亡（無）女（如）〔17〕虗（吾）先君之惪（憂）可（何）？」〔18〕

通行釋文：

鄭武公卒，既肂，武夫人規孺子，曰：「昔吾先君，如邦將有大事，必再三進大夫而與之偕圖。既得圖，乃爲之毀，圖所賢者，焉申之以龜筮，故君與大夫晏焉，不相得惡。區區鄭邦望吾君，無不逞其志於吾君之君己也。使人遙聞於邦，邦亦無大繇賦於萬民。吾君陷於大難之中，處於衛三年，不見其邦，亦不見其室。如毋有良臣，三年無君，邦家亂已。自衛與鄭若卑耳而謀。今是臣臣，其何不寶？吾先君之常心，其何不遂？今吾君即世，孺子汝毋知邦政，屬之大夫，老婦亦將糾修宮中之政，門檻之外毋敢有知焉。老婦亦不敢以兄弟婚姻之言以亂大夫之政。孺子亦無以褻豎、嬖御、勤力、射馭、媚妬之臣，躬恭其顏色，掩於其巧語，以亂大夫之政。孺子汝恭大夫，且以教焉。如及三歲，幸果善之，孺子其重得良臣，四鄰以吾先君爲能敘。如弗果善，欮吾先君而孤孺子，其罪亦足數也。邦人既盡聞之，孺子或誕告，吾先君如忍孺子之志，亦猶足。吾先

君必將相孺子，以定鄭邦之社稷。」

孺子拜，乃皆臨。自是期以至葬日，孺子毋敢有知焉，屬之大夫及百執事，人皆懼，各恭其事。

邊父規大夫曰：「君拱而不言，加重於大夫，汝慎重君葬而久之於上三月。」

小祥，大夫聚謀，乃使邊父於君曰：「二三老臣，使禦寇也，布圖於君。昔吾先君使二三臣，抑早前後之以言，思羣臣得執焉，且毋交於死。今君定，拱而不言，二三臣事於邦，惶惶焉，焉宵錯器於選藏之中，毋措手止，殆於為敗，胡寧君，是有臣而為褻嬰，豈既臣之獲罪，又辱吾先君，曰是其蓋臣也？」

君答邊父曰：「二三大夫不當毋然，二三夫大夫皆吾先君之所守孫也。吾先君知二三子之不二心，用歷授之邦。不是然，又稱起吾先君於大難之中？今二三大夫畜孤而作焉，冀孤其足為勉，抑無如吾先君之憂何？」

【集釋】

（1）奠（鄭）武公采（卒），既變（殣），武夫人設（規）乳=（孺子）

【清華（陸）】（P105）：鄭武公，桓公子掘突。《史記・鄭世家》記桓公三十六年，「犬戎殺幽王於驪山下，并殺桓公。鄭人共立其子掘突，是為武公」。

變，三體石經「逸」字古文，為喻母質部字，在此讀為喻母物部的「殣」，義為暫厝待葬。《逸周書・作雒》：「武王……崩鎬，殣于岐周。」《呂氏春秋・先識》：「威公薨，殣，九月不得葬。」均與簡文類似。

武夫人，武姜，生有二子。《史記・鄭世家》：「武公十年，娶申侯女為夫人，曰武姜。生太子寤生，生之難，及生，夫人弗愛。後生少子叔段，段生易，夫人愛之。」設，從李守奎說，讀「規」（參見李守奎《釋楚簡中的「規」——兼說「支」亦「規」初文》），規勸。《左傳》昭公十六年：「子寧以他事規我。」

【李守奎 2016】（P14～16）：簡文中鄭武公之死稱「卒」。《禮記・曲禮下》：「天子死曰崩，諸侯曰薨，大夫曰卒，士曰不祿，庶人曰死。」死之稱謂有等級禮制，《春秋》諸侯之死，或稱「薨」，或稱「卒」，與禮書並不吻合。經師解經，常以微言大義，字寓褒貶說事，揆諸事實，往往不符，語言中對死亡多異稱，涉及禮制、避諱、情感、使用場合的諸多原因。簡文中「鄭武公卒」與《左傳》相合，清華簡《繫年》稱「武公即世」。《繫年》中諸侯之死大都稱「即世」，無一例稱「薨」，可見禮書之晚出。「卒」與「即世」等應當是諸侯死亡之通稱，無關褒貶。

大喪議謚，小喪賜謚。鄭武公之謚「武」，下葬之前已經獲得，這篇文獻完成於武公下葬之後，時間吻合。姜氏因武公之謚而稱爲武夫人，《左傳》稱之爲武姜。「武」並非姜氏之謚，而是因夫君之謚的一種稱謂。《論語・季氏》云邦君之妻，「邦人稱之曰君夫人。」「武夫人」這個稱謂在武公獲謚之後即可成立。

全篇只有武公、武夫人的謚稱，嗣君稱「孺子」，稱「君」，沒有出現「莊公」謚稱，與《左傳》的「初，武公取於申，曰武姜，生莊公及共叔段」這種追述體例的稱謂完全不同。

從謚稱上看這篇文獻，很可能成於莊公在世期間，是史官實錄。

……

肂，原文作㙛，從死，𣥺聲。即肆解之肆，釋爲肂無疑。《逸周書・作雒解》：「武王既歸，成歲十二月崩鎬，肂于岐周。」《儀禮・士喪禮》記載，在小斂的同時，就開始「掘肂見衽，棺入，主人不哭，升棺用軸，蓋在下」。據舊注，殯時棺木大部分在地下，深度以能夠顯現聯接棺與蓋之間的小腰形扣槽爲準。禮文大意是說在西階掘肂，空棺移入，棺蓋在堂下。死日而襲，第二日小斂，第三日大斂而殯，掘肂當然在殯之前，陳尸於坎是在第三天，這是士喪之禮。諸侯則五日而殯。

孔穎達認爲「肂訓爲陳，謂陳尸於坎」。從掘坎到陳尸，這個過程都可以稱之爲肂，不然武夫人言罷「乃皆臨」就成了面對空坎或空棺之臨了。要言之，「既肂」，是說武公剛剛去世，第五日陳尸於西階坎中之棺。

【李守奎 2016A】（P81）：《鄭武夫人規孺子》中的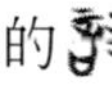字，右側所從與釋讀爲「規」的字形完全相同，從辭例上看，這個字應當就是「規諫」之「規」的專字。古書中「規」用爲規正、諫誨等義習見。《左傳》襄公十一年記載魏

絳辭晉侯賜樂之辭：「《書》曰：『居安思危。』思則有備，有備無患，敢以此規。」楊伯峻注：「規正，規諫，規勸。」《左傳》襄公十四年：「史爲書，瞽爲詩，工誦箴諫，大夫規誨，士傳言，庶人謗，商旅于市，百工獻藝。」杜預注：「規正諫誨其君。」《墨子·非命中》：「故上有以規諫其君長，下有以教順其百姓。」古書中還有規戒、規訓、規儆等。「規」在簡文中當爲規訓或規勸，文義很合適。

【王寧 2016A】：殔，《廣韻》：「埋棺坎下也」，即把棺材暫時淺埋於土中，是古人在正式殯葬前短時間存放靈柩的一種方式。《文選·顏延之〈宋文皇帝元皇后哀策文〉》李善注引《儀禮》曰：「死三日而殔，三月而葬。」

武夫人，即鄭武公夫人武姜。《左傳·隱公元年》：「初，鄭武公取于申，曰武姜」，又稱之爲「姜氏」。孺子，原簡文均作「乳=」，即「乳子」合文，《說文》：「孺，乳子也。」段注：「以疊韻爲訓。」「乳」「孺」古字通。上博簡《周易》需卦之「需」亦寫作「乳」，可以看做是以「孺」爲「需」。孺子指鄭莊公。《史記·鄭世家》云：「武公十年，娶申侯女爲夫人，曰武姜，生太子寤生。」《集解》引徐廣曰：「《年表》云十四年生寤生，十七年生太叔段。」如果然，鄭武公二十七年去世時，鄭莊公才十四歲，尚未成年。

【子居 2016A】：鄭桓公當卒於犬戎殺幽王之後的第十年。而「《史記》所記鄭武公年世，皆當減去十年」後的鄭武公元年即《史記》所記鄭武公十年，但鄭武公卒年是否與《史記》所記相當，實仍是問題。一種可能選擇爲鄭武公在位年數減少十年，另一種可能選擇爲鄭莊公在位年數減少十年。筆者以爲，《史記》所記鄭武公在位年數似仍是可靠的，而《史記》所記鄭莊公的在位年數則需減少十年。據《史記·鄭世家》：「莊公元年，封弟段於京，號太叔。祭仲曰：『京大於國，非所以封庶也。』莊公曰：『武姜欲之，我弗敢奪也。』段至京，繕治甲兵，與其母武姜謀襲鄭。」若依《史記·十二諸侯年表》鄭武公十四年生鄭莊公，十七年生大叔段，則鄭武公卒時，鄭莊公不過十三歲，大叔段更是僅十歲，「段至京，繕治甲兵，與其母武姜謀襲鄭」未免不似人情，而若按照筆者調整後的年世，鄭武公元年娶夫人，四年生鄭莊公，七年生大叔段。那麼當鄭武公二十七年卒時，鄭莊公已二十三歲，大叔段二十歲，皆已成年，「段至京，繕治甲兵，與其母武姜謀襲鄭」就完全可以理解了。

……《左傳·隱公三年》載「鄭武公、莊公爲平王卿士」，故筆者認爲，鄭武公所行恐是卿大夫之禮，「既殔」當是第三天。

……《鄭武夫人規孺子》中武姜稱鄭莊公爲「孺子」，只是因爲「孺子乃天子、諸侯、大夫正適之稱」。

（2）昔虔（吾）先君，女（如）邦酒（將）又（有）大事，北（必）再三進夫＝（大夫）而與之虞（偕）悥（圖）。

【清華（陸）】（P105）：圖，謀劃。《爾雅・釋詁》：「圖，謀也。」

【王寧 2016A】：鄭武夫人口中的「吾先君」與「吾君」很可能是不同的，「吾先君」當是指鄭桓公，「吾君」是指鄭武公。蓋古君主即位，以明年爲元年，鄭武公卒既殯之時，鄭莊公還沒正式即位，這時鄭武公雖死猶在，仍然是名義上的鄭君，故武夫人稱之爲「吾君」，「吾先君」則指鄭桓公，因爲在武公以前的鄭先君只有桓公。此時稱莊公爲「孺子」，敘述之文亦稱之爲「孺子」。下文言鄭莊公服喪既久，到了第二年，鄭莊公已經正式即位爲鄭君，故此時稱其爲「君」而不再稱「孺子」，他與邊父問答時所稱的「吾先君」當是指武公。蓋此時鄭先君已經有桓公、武公二人，若稱桓公當言「吾先君桓公」，若單言「吾先君」則指武公。故鄭武夫人所言之「吾先君」與鄭莊公、邊父所言之「吾先君」有所不同。在《鄭文公問太伯》篇中，此時文公之前已經有了桓、武、莊、厲、昭及子亹、子嬰等鄭君，故稱先君時均加言謚號，如「吾先君桓公」「吾先君武公」「吾先君莊公」「吾先君昭公、厲公」等，蓋隨語境不同而異。

【子居 2016A】：李守奎先生《〈鄭武夫人規孺子〉中的喪禮用語與相關的禮制問題》文中指出「武公初死未葬，武夫人稱之爲『吾先君』『君』和『吾君』。」故可知「吾先君」即鄭武公，由於武姜是鄭武公即位後所娶，此時鄭桓公已去世，武姜自然是不會對鄭桓公在世時如何謀事有詳細的了解，因此不難知道她所說的「吾先君」僅指鄭武公而不包括其前的鄭桓公。

筆者在《先秦文獻分期分域研究之一虛詞篇》中已列表表明，虛詞「必」「而」「與」皆春秋初期未見，約出現在春秋前期，因此〔註16〕，「必再三進大夫而與之偕圖」句決定了《鄭武夫人規孺子》當不早於春秋前期。

（3）既旻（得）悥（圖），乃爲之毀，悥（圖）所臤（賢）者，女（焉）繡（申）之以龜筮（筮）。

【清華（陸）】（P106）：乃，楊樹達《詞詮》：「顧也，却也。王引之云：

〔註16〕原文作「因此上」，疑「上」爲衍字，故刪去。

『異之之詞。』」（中華書局，一九五四年，第七〇頁）毀，訓「敗」。句義為謀劃實施却失敗。「圖所賢者」之「所」訓為「其」，見裴學海《古書虛字集釋》（中華書局，一九五四年，第七八七頁）。

【暮四郎】（2016 年 4 月 17 日 9 樓暮四郎發言）：「乃」處於「既……，乃……」結構中，只是普通連接詞，無煩另訓別解。「毀」的意義不是敗，而是減損。「既得圖，乃為之毀」大概是說得到了好的策略之後，則為之減損衣服、食物等。其意大概和祭祀前齋戒類似，是為了表示鄭重、敬謹。「圖所賢者為申之以龜筮」，按我們的理解，可以進一步斷讀為「圖所賢者，為申之以龜筮」，意思是說，君與大臣謀劃過程中認為很好的方案，就進一步付諸占卜，以視其吉凶。〔註 17〕

【劉孟瞻】：發布會當天晁福林先生指出「毀」有「批評」之意，毀譽之「毀」即此意。此句意思為：得到計謀，讓大臣對計謀有所批評（對計謀提出意見）。〔註 18〕

【厚予】：整理者，毀，訓「敗」，謂「計劃實施却失敗」。於上下文意稍顯突兀。暮四郎兄訓「減損」，謂「為之減損衣服、食物等（其意大概和祭祀前齋戒類似，是為了表示鄭重）」。稍有增字之嫌。竊疑毀或通「燬」。《詩・周南・汝墳》「王室如燬」，《列女傳》二引作「毀」。《楚帛書》丙：「易（陽），不□燬事」，燬事即毀事。是其證也。《毛傳》燬，火也。「王室如燬」，意即王室征伐之事酷烈，如火之急盛。此處「為之毀（燬）」，或即為之急。〔註 19〕

【魚遊春水】：「毀」字屬下讀。「得圖」是君臣意見一致認可的，就「為之」。「毀圖」就是有人反對，所以求助於龜策。〔註 20〕

【楚竹客 2016】：訓「毀」為「批評」，甚確。簡文「毀」字當屬下讀，斷句為：「既得圖，乃為之；毀圖所賢者，為申之以龜筮。」

「毀圖」就是對計謀的批評意見，「所賢者」就是說這些意見中尚有善而可從者。「賢」有「善」義，《禮記・內則》「若富則具二牲，獻其賢者於宗子。」鄭玄注：「賢，猶善也。」簡文「所」字亦不當訓為「其」，而是用為語助詞，或構成「所……者」的結構，用來修飾前面的主語「毀圖」，相

〔註 17〕《清華六〈鄭武夫人規孺子〉初讀》9 樓，發表日期：2016 年 4 月 17 日。
〔註 18〕《清華六〈鄭武夫人規孺子〉初讀》29 樓，發表日期：2016 年 4 月 19 日。
〔註 19〕《清華六〈鄭武夫人規孺子〉初讀》30 樓，發表日期：2016 年 4 月 19 日。
〔註 20〕《清華六〈鄭武夫人規孺子〉初讀》31 樓，發表日期：2016 年 4 月 19 日。

同的用法如《論語・雍也》「予所否者，天厭之。」（看《虛詞詁林》第 462
頁）

　　整句意思就是說，對於計謀的批評意見有善而可從者，就再「申之以龜
筮」，用龜筮來檢驗它們。後句的「焉」字當訓爲「乃、則」。

　　【龐壯城 2016】：原整理者讀爲「既旻（得）圂（圖）乃爲之毀」，可改
成「既旻（得）圂（圖）乃爲之，毀」，將毀字屬下讀，「乃」字就直接當作
「於是」使用。

　　毀字作「撤除」「廢棄」。女（焉）字作「則」。繡（申）字作「說明」「申
述」。簡文可以斷讀爲：「昔虐（吾）先君，女（如）邦牆（將）又（有）大
事，北（必）再三進夫＝（大夫）而與之膚（偕）【一】圂（圖）。既旻（得）
圂（圖），乃爲之。毀圂（圖）所𣂇（賢）者女（焉）繡（申）之以龜筹（筮），
古（故）君與夫＝（大夫）龏（晏）女（焉），不相旻（得）晉（惡）。」整段
話可語譯成：「過去鄭國先君，若國家將有大事，必會與大夫多次計劃、圖
謀。已有圖謀，於是執行。撤除、廢棄好的計劃，則要以龜筮的結果申述、
說明，所以先君與大夫們相安而不相惡。」

　　【王寧 2016A】：「得圖」與「毀圖」爲對，「得圖」謂意見一致形成決
議，故予以執行。「毀」即毀壞，這裡是改變的意思，「毀圖」即君主要改變
原來的決議。「賢」訓「善」，「所賢者」就是認爲原圖好的大臣，這些人不
願意改變決議，就用卜筮再重申，原決議不可更改。〔註21〕

　　【蔣偉男 2016】（P184～185）：典籍中「乃」雖可作轉折副詞，然「乃
爲之」爲典籍之中習見的表情動作相承的搭配：……可知簡文「乃」應訓爲
表承接的副詞「於是」，如此「毀」訓「敗」也就難以落實。以上諸說皆從
「毀」的「減損」「批評」之義入手，魚遊春水、楚竹客二先生並將「毀」
屬下讀。我們認爲整理者的句讀可從，不必另斷，而「毀」的訓釋或可換角
度思考。

　　古文字中「毀」多表「破壞」「詆毀」之義，但簡文與前舉鄂君啓節銘
文中的「毀」應是異於常義的義項。我們認爲此處「毀」與前文馮先生指出
的「改造」義相關。「毀舟爲杕」「毀鐘爲鐸」「毀方爲圓」等「毀」體現出
的是對具體事物的規律性「改造」，鄂君啓節「毀於五十乘中」則是數量轉
換計算。此處簡文開篇以「邦有大事」而先君與大夫共「圖」，細揣文義，「毀」

─────────

〔註21〕再，原文誤作「在」，今改之。

應是「圖」義近的遞進說明。君臣共謀由「圖」而至於「毀」，是對計策的進一步謀劃。「圖所賢者焉」則是指慎重考慮計策之中更善者，再「申之以龜筮」，才得「君與大夫晏」。「圖謀」也是一種具有規律性的活動，可理解爲思維的運用和改造，「毀」在改造具體事物（鐘、方）的具體含義之上引申出對思維的改造也是合於情理的。此處如將「毀」理解爲與「圖」語義相近的「計劃」「圖謀」則句意更加契合。故此段內容可理解爲：「（君臣）反復謀劃，慎重考慮計策之中更善者，告以占卜，因此君上與大夫相安，不相交惡。」

【子居 2016A】：毀當讀爲鑿，鑿即鑿龜卜問，《韓非子·飾邪》：「鑿龜數策，兆曰大吉。」……先秦時期謀事往往需卜問於龜筮。「圖所賢者焉申之以龜筮」即從君臣的謀劃中選出較優方案再用龜筮來卜問孰吉孰凶。筆者在《先秦文獻分期分域研究之一虛詞篇》中已列表表明，虛詞「所」「焉」皆出現於春秋前期，虛詞「者」出現於春秋後期，因此上《鄭武夫人規孺子》的成文時間上限當不早于春秋後期。

【晁福林 2017】（P126）：我以爲「毀」字，除了訓敗之外，還可能有另外的訓釋。這個字，還可以用作「詆」，批評之意，並且常常和表示稱讚之意的「譽」字相對使用。……總之，毀意爲敗，亦可指批評。簡文「偕圖」，意即大夫都提出自己的圖謀，簡文接著所說的「既得圖乃爲之毀」，其意也可能是將大夫們所提出的謀圖，讓大家批評。通過批評而選出圖謀之最優者，此即簡文所說「圖所（原考釋者訓簡文「所」爲「其」，甚是）賢者焉」。簡文意思是說，謀劃一定要慎重，提出謀劃之後，要廣泛徵求意見，讓大家橫挑鼻子豎挑眼地進行批評，用現在流行的話來說就是「吐槽」，只有經過這樣的過程才能選出最好的謀劃方案。

【今按】：此句斷作「既得圖，乃爲之毀，圖所賢者，焉申之以龜筮」似乎更爲合適。網友暮四郎將「毀」訓爲減損，認爲「既得圖，乃爲之毀」是指得到了好的策略，則爲之減損衣服、事物，網友厚予指出其意大概與祭祀前的齋戒類似，此說甚是。《左傳·成公十三年》云：「國之大事，在祀與戎。」足見春秋時期爲政者們對於祭祀的重視。春秋時期的人們是非常敬畏鬼神的，國家大事時常需借住占卜來決定。根據簡文「申之以龜筮」，簡文「乃爲之毀」是指爲得到的謀劃進行齋戒，此舉是爲之後的占卜所做的準備。此句解釋爲：已經得到了謀劃，就爲這些謀劃進行齋戒，將這些謀劃中的優者借助龜筮占問吉凶。

（4）古（故）君與夫=（大夫）𥸤（晏）女（焉），不相旻（得）亞（惡）。

【清華（陸）】（P106）：𥸤，上博簡《孔子詩論》中假爲「宛」字，在影母元部，此處讀爲同音的「晏」。《禮記・月令》鄭注：「晏，安也。」得，訓「獲」。不相得惡，意云不相互怨恨。

【王寧 2016A】：相當於「怨」的字本作「𥸤」，原整理者括讀「晏」。上博簡二《容成氏》裡琬琰的「琬」字寫法即上從三兔下從月，當即「腕」字而讀爲「琬」，則此字當讀與「宛」同，此讀爲「怨」。「怨焉不相得」即產生怨憤而相處不融洽。因爲君主有時候要改變決議，而群臣中有堅持原決議的用占卜來重申原決議不可改變，因此君主才與群臣產生了矛盾。原整理者與下「惡」字連讀爲「不相得惡」，然古書中「相得」「不相得」「得惡」之語甚常見，卻不見有「相得惡」「不相得惡」這種說法，故與「惡」連讀恐非。

【子居 2016A】：「𥸤」直接讀爲「安」也是可以的，似不必讀爲「晏」再訓爲「安」。

【單育辰 2017A】（P297）：「𥸤」不如讀爲「婉」更直接。《左傳・襄公二十六年》：「惡而婉」，杜注「貌惡而心順」；《文選・爲曹公作書與孫權》「婉彼二人，不忍加罪」，李注「婉，猶親愛也」。

（5）區=（區區）奠（鄭）邦瞳（望）虐（吾）君，亡（無）不盈（逞）兀（其）志於虐（吾）君之君㠯（己）也。

【清華（陸）】（P106）：盈，滿。《左傳》文公十八年「不可盈厭」，杜注：「盈，滿也。」「君己」之「君」爲動詞。此云鄭國之人擁護武公。

【清華讀書會 2016】（王挺斌）：「盈亓志」其實讀爲「逞其志」更佳。古書「逞志」一詞十分常見，出土古文字材料中亦不少見。

【王寧 2016A】：原整理者讀作「區區鄭邦望吾君，亡（無）不盈其志於吾君之君己也」，不可通。「惡」是疑問詞，義同「何」，即爲何之意。「區區鄭邦」即渺小的鄭邦。「望」字原作「瞳」，原整理者括讀「望」。按此字當是遠望之「望」的專字，故加「見」爲義符。《說文》：「望，出亡在外，望其還也。」「亡」，原整理者括讀「無」，疑非，當依字讀，出亡意。「望吾君亡」是說盼望出亡的吾君（武公）回來。這兩句是說：爲什麼小小的鄭邦都盼望著出亡的我君（指武公）回來，卻不能滿足這個意願？從這幾句簡文

中看，似乎其中隱藏著一個事實，就是鄭桓公時期的立儲之爭：可能鄭桓公有子數人，鄭武公爲太子，本是已經確定的君位繼承人，但後來鄭桓公想另立他人，群臣不同意，還要堅持立武公，并用占卜來和桓公爭辯，因此鄭桓公和群臣發生了矛盾，鄭武公爲了避難，出亡於外（此事與下文「吾君陷於大難之中，處於衛三年」之事無涉）。群臣國人都希望武公能回來，卻因爲桓公的堅持而不能滿足願望。桓公死後，大概群臣也沒有擁立桓公想立的人，最終還是武公回國即位，可能由此引起了一場鄭國內部的動亂，只是詳情已經不能知道。後來鄭武公的時候，夫人武姜要求廢太子寤生（鄭莊公）而立叔段，鄭武公堅決不同意（見《左傳・隱公元年》），或有這個事情的因素在裡面。鄭武夫人在這裡說得比較含糊，大概是爲先君諱之故。「於」當是至於意。「君己」即以己爲君。這二句很可能表述的是，武公出亡後，他在出亡之地自立爲鄭君，所謂「君己」，并派人把自立的事情告知於鄭國，說明他「君己」的時候不在鄭國。

【子居 2016A】：「盈」當讀爲「逞」，訓爲快意稱心，《左傳・宣公十七年》：「使郤子逞其志，庶有豸乎？」《左傳・昭公二十五年》：「無民而能逞其志者，未之有也。」北大簡《周訓・六月》：「四主無後，重耳乃置，孝悌仁慈，眾莫弗喜，遂長有晉。子孫繼嗣，非徒不廢，又伯於世，大逞其志。」皆是其例。

【今按】：「盈」當從王挺斌之說，讀作「逞」，「盈」與「逞」於古書中亦有互通之例，如《史記・晉世家》：「逞者，欒書孫也。」司馬貞《索隱》：「《左傳》逞作盈。」「逞」於此處訓作快意。「君己」之「君」當爲動詞，如《左傳・桓公二年》：「君人者，將昭德塞違，以臨照百官。」

（6）史（使）人姚（遙）䎽（聞）於邦₌（邦，邦）亦無大縣賻（賦）於萬民。

【清華（陸）】（P106）：武公在衛，故以使人聞知鄭邦大事。聞，與「知」同義。《戰國策・齊策四》「吾所未聞者」，高誘注：「聞，知也。」

【清華讀書會 2016】（王挺斌）：頗疑「縣賻（賦）」一詞當直接讀爲「徭賦」，指的是徭役與賦稅，《韓非子・詭使》：「習悉租稅，專民力所以備難充倉府也。而士卒之逃事狀匿附託有威之門以避徭賦，而上不得者萬數。」

【暮四郎】：「姚䎽」或當讀爲「勞問」。《詩・魏風・碩鼠》：「莫我肯勞。」《呂氏春秋・舉難》高誘注引作「逃」。「勞問」見於《逸周書・度邑》「久憂

勞問，害不寢。」〔註22〕

【王寧 2016A】：「繇」讀「徭」，大繇即大徭役，疑指戰爭，《山海經・南山經》：「見則縣有大繇」，郭璞注：「大繇，謂作役也。」「賻」當讀「敷」或「布」。鄭武公「君己」的這件事，和周平王被周幽王驅逐以後，在申國自立為王的情況可能非常相似。平王自立為君，所以引發了王室的內亂，周幽王因此起兵征伐西申，導致身死國亡。根據這個故事可知，鄭武夫人說的意思是，本來鄭武公在出亡地宣佈自己是國君，當時桓公應該還活著，他把自立為君的消息傳回鄭國之後，按照慣例應該出兵征伐他，可鄭國沒有興兵討伐。言外之意一是說鄭國群臣能堅持正確的決議，不因為君主的意願而隨便改變，在遇到大事時也能做出正確決斷。二是說群臣一直忠心於武公，他自立為君，他們認為合理，故不予征伐。總之是要說明鄭國群臣忠心且有能力，可以信賴。

【子居 2016A】：筆者以為，「䎽」讀為「問」是，「使人遙問於邦」即派使者到邦中詢問，這也說明當時鄭國當是由鄭武公的對立勢力掌控，因此鄭武公才只能派人到鄭國去了解鄭國的情況。……繇，即繇，字又作「徭」「傜」，即勞役。

【晁福林 2017】（P128）：簡文「䎽」，原訓為「知」，是正確的。這個「知」，應當是令鄭國臣民「知」。「知」什麼呢？依情理度之，應當是知道他只是暫被衛國羈絆，返回鄭國只是時間早晚的事情。這個時候鄭國也沒有如同後來的晉國那樣的作爰田州兵之事，說明鄭國形勢穩定。武姜所總結的鄭武公被為羈絆三年鄭國的情況，一是臣民堅決擁戴武公，「亡（無）不盈亓（其）志於吾君之君己」；二是鄭國國內形勢穩定；三是鄭國三年無君而不亂，應當歸功於眾大夫皆為「良臣」。武姜的這些說法，為當時鄭國大夫所親歷，不可能是謊言編造，而應當就是歷史事實。

（7）虔（吾）君函（陷）於大難之中，尻（處）於䘙（衛）三年，不見亓（其）邦，亦不見亓（其）室。

【李學勤 2016】（P80）：這裡講的武公「陷於大難」，當即指西周王朝的覆亡而言。當時桓公死難，武公即位，其間武公曾有三年不在他父親在今河南新鄭一帶建立的國家而居處於衛，這件事傳世文獻沒有記載，對於我們

〔註22〕《清華六〈鄭武夫人規孺子〉初讀》2樓，發表日期：2016年4月16日。

了解兩周之際的歷史頗為重要。

武公的該「三年」在什麼時候，不難大致估計。按清華簡《繫年》云：「周亡王九年，邦君諸侯焉始不朝于周，晉文侯乃逆平王於少鄂，立之於京師。三年，乃東徙，止於成周。」據此，迎逆平王一事是在幽王滅後九年（前762年），而《毛詩正義》引鄭玄《詩譜》說：「晉文侯、鄭武公迎宜咎於申而立之，是為平王。以亂故，徙居東都王城。」可知迎立平王的還有鄭武公，其時他顯然業已擺脫了處衛三年的困境，由此不難推想武公的處衛是在嗣位之初，到這個時候，已有與晉文侯一起行動的實力了。到下一年，即武公十年，他就與平王關係密切的申國通婚。

【清華（陸）】（P106）：函，匣母侵部字，讀為同部之「陷」，陷入。師詢簋（《殷周金文集成》四三四二）：「欲汝弗以乃辟函（陷）于艱。」清華簡《祭公》：「我亦不以我辟陷于難。」室，《逸周書・度邑》「矧其有乃室」，朱右曾《集訓校釋》：「室，家室。」

【清華讀書會2016】（程浩）：簡文講武公「陷於大難之中，處衛三年，不見其邦，亦不見其室」。比較難以理解的是，武公身為鄭國國君，為何要「處衛三年」。我們認為，這或與平王東遷成周有關。《左傳》云：「我周之東遷，晉、鄭焉依」，鄭國在平王東遷的過程中起到了至關重要的作用。平王東遷之初，在成周立足並未穩固，仍然「陷於大難之中」。武公處衛三年，乃是為了在旁輔佐平王。在武公之時，成周的東北仍為衛國所控制。按照《鄭文公問太伯》的說法，鄭國到了莊公時期才「北城溫、原」，「東啓隤、樂」，將鄭、衛兩國的邊界推到更往東的河南輝縣附近。因此，武公在鄭衛交界的成周夾輔平王自然可稱「處衛」，而簡文中武姜說「自衛與鄭，若卑耳而謀」也可印證這一點。

【王紅亮2016】：此處所謂的鄭武公所陷之「大難」即指周亡王九年（周幽王九年，前773年），周幽王由於廢嫡立庶，導致身為父子的幽王與平王勢同水火、兵戎相見。與此同時，諸侯也分化為兩派，或是支持周幽王，或是支持周平王。據《鄭武公夫人規孺子》可見，身為父子的鄭桓公與鄭武公實際上也持不同政見，父桓公支持周幽王，子武公支持周平王。

【魚游春水】：首先，「大難」是說鄭武公，不是周平王。所居之衛，應該直接理解為河淇一帶的衛國。這應該是比較自然的。

其次，鄭武公要「發展」，只要北過黃河，就算是到了衛人勢力範圍（衛

南臨河淇，而鄭謀求的是濟洛河潁之間，河水為界）。和衛國交手，無法回避。

鄭國幫助平王實現東遷後，積極擴張。王室要借助衛國來限制鄭國（成王顧命之際，顧命大臣中就有衛侯），也不是沒有可能的。《左傳》隱公期就寫，鄭莊公和王室的矛盾其實已經白熱化，以至於直接跟王室交戰。大概武公期並不是和王室同心同德。

清華簡新刊《鄭文公問大伯》，說到武公期開拓的成果之一，就是魯衛之君來見。據此，鄭武公和衛國交手差不多是既成事實。武公和衛國交手或許是有明顯占上風，所以到莊公時，直接和王室衝突；也可能是沒有占上風，所以莊公時王室還敢於取鄭國鄔劉等數處田邑。因為王室要限制鄭國。肯定會和衛國站一邊，所以不論哪一種情況，鄭武公和衛的衝突都不言而喻。

第三，武公夫人此時訓話，不但沒必要吹噓「勤勞王家」的勛業，反而是要表達「創業維艱」之意。其艱苦程度是，鄭武公既不見其邦，亦不見其室，而鄭國國內已經等同於「無君」，幸而有良臣，才沒有崩潰——這多半是暗示一個敗局。只是為夫君諱，沒有明說。

所以將其局面理解為武公被困的可能性應該比較大。簡文這陷入大難居於衛三年等等內容，估計就算不是說鄭武公被困在衛國三年，至少也應該直接理解成河淇之間。和輔佐平王大概是無關的。〔註23〕

【王寧 2016A】：從鄭武夫人的敘述來看，這個「大難」恐與周王室事無關。魚遊春水先生認為是鄭武公開拓疆土和衛人交手，「鄭武公既不見其邦，亦不見其室，而鄭國國內已經等同於『無君』，幸而有良臣，才沒有崩潰——這多半是暗示一個敗局。只是為夫君諱，沒有明說。」很有道理。總之，鄭武公時期鄭國曾經發生過一次很大的變故，武公被困於衛，後文載君（鄭莊公）回答邊父的話裡說「不是（啻）然，或（又）稱起吾先君於大難之中」，說明這次變故對鄭國是一次很沉重的打擊，但因為群臣的忠心和努力，全力輔佐武公，使鄭國重新振興起來。只是具體是怎麼回事已經不可知。

「室」當指妻子家人。《鄭世家》言武公十年娶武姜，則此「大難」很可能發生在武公十年以後。

【子居 2016A】：鄭桓公當未死難於幽王被殺時，而是在其後十年才去世，故《繫年》所說「晉文侯乃逆平王於少鄂，立之於京師」時，正是鄭桓公去

〔註23〕《清華六〈鄭武夫人規孺子〉初讀》24樓，發表日期：2016年4月18日。

世之時，因此從這個角度說，若按筆者觀點將鄭桓公、武公、莊公在位時間調整後，李學勤先生所說的「武公的處衛是在嗣位之初」和李守奎先生所說的「君父被殺，民人離散，嗣君寄居衛地」實際上就是同一個時間段。此時，鄭武公既然是在衛國而不能回到鄭國，可想而知鄭國國內應該是有與鄭武公對立的勢力趁鄭桓公去世的時機在與鄭武公爭奪鄭地的統治權，並且在爭奪初期鄭武公是處於劣勢的，而鄭武公最後之所以能夠在這次君位爭奪中獲勝，固然是有鄭國舊臣中支持者的努力，但主要原因恐怕是衛武公的庇護和娶武姜之後申國方面的援手。由《繫年》稱周無王九年可以知道，晉文侯立周平王於京師是在第十年，故「三年，乃東徙，止於成周。」正與鄭武公「處於衛三年」後重新在鄭國掌權的時期相應。

【晁福林 2017】（P129～130）：關於鄭武公因陷於大難而居於衛的時間，若以鄭武公「嗣位之初」來考慮，以時間推算當是公元前 770 年鄭武公繼位，到公元前 762 年迎立周平王，這八、九年間的事情。我們可以考慮將這三年推定在鄭武公繼位的前三年（公元前 770-前 768 年）。這就可以把簡文所說的「大難」理解為鄭武公之父死於驪山之難。國君被殺，毫無疑問就是國家的「大難」。若這樣考慮的話，鄭武公居衛的時間，便是在他繼位的前三年，即公元前 770 年到公元前 768 年。但是，還可以有另外的考慮，原因在於此「大難」，非彼「大難」。簡文之意是說鄭武公居衛三年，有國不能回，有家不能歸，此為「陷於大難之中」，非指鄭桓公被殺之大難。從簡文看，鄭武公居衛三年的時間，他在鄭國已經有了較大的影響，卿大夫們一致擁護他，希望他來「君己」，對於鄭武公沒有「二心」，並且幫助他復起「於大難之中」。這些都不應當是他剛繼位時的事情。

「室」是周代行用甚廣的一個詞，它可以表示宮室、寢室，也可以表示家室、妻室。如「納其室」「其有乃室」「建可室矣」「公父文伯之母欲室文伯」「丈夫生而愿為之有室」等，皆以「室」指妻室。簡文「不見其室」的「室」以指妻室為妥。如果這樣來理解的話，鄭武公居衛之前應當是有了妻室以後的事。

依據此篇簡文透露出的點滴信息，結合其他的記載，可以把鄭武公居衛三年的時間推論定在他在位的第十一年到十三年。鄭武公十年取申侯女為妻，簡文說鄭武公居衛三年，「不見其室」，正當是在這三年的時間。一代英雄衛武公於鄭武公十三年（公元前 758 年）去世，其時鄭武公方有機會逃歸鄭國。這個

時間節點，爲簡文所載鄭武公居衛三年的具體時間提供了一個旁證。

（8）女（如）戽（毋）又（有）良臣，三年無君，邦豪（家）麗（亂）巳（已）。

【清華讀書會 2016】（王挺斌）：「巳」字又出現在本冊清華簡《管仲》《子產》篇。「巳」「也」形音有別，「巳」字恐不能直接讀爲「也」。「巳」字有作爲已止之詞的用例，「已」字形其實是「巳」的分化。「已」字在古書中也常常作爲句末語氣詞出現，用法有時候同「也」，有時候同「矣」。「巳」「矣」也有異文的例子，如今本《老子》第二章「天下皆知美之爲美，斯惡已；皆知善之爲善，斯不善已」，北大簡本則作「天下皆智美之爲美，亞（惡）已；皆智善之爲善，斯不善矣」。「已」寫作「𠃊」。或有學者認爲類似用法的「巳」乃「矣」通假字。但是，「巳／已」的語氣詞用例既然那麼豐富，其實也可以保留其虛詞特性，不一定非得取消。

【王寧 2016A】：《管仲》篇簡 1 及簡 2 均有「學烏可以巳（已）」句，「巳」即「已」。此用爲句末語氣詞。

【今按】：此句中「巳」字原整理者讀作「也」，此從王挺斌之說，讀作「已」。

（9）自衛（衛）與奠（鄭）若卑耳而戽（謀）。

【清華（陸）】（P106）：與，《戰國策・秦策一》「不如與魏以勁之」，高誘注：「猶助也。」卑，《穀梁傳》僖公十五年楊士勛疏：「猶近也。」

【清華讀書會 2016】（王挺斌）：「卑」字，整理者引古注訓爲「近」，可信。可以補充的一點就是，「卑」字訓爲近，可能就是「比」的假字。「卑」「比」音近古通，例多不贅。「卑耳而謀」實際上就是「比耳而謀」。

【王寧 2016A】：這二句是說，鄭武公在衛國的時候，仍然管理鄭國國政，他從衛國傳回命令，都能被執行，就像對著耳朵謀劃一樣。此亦說明群臣對武公的忠心，能完全執行其命令。

【子居 2016A】：「與」就是一般意義上的同、跟；「卑耳」就是「辟耳」，辟可訓爲偏、側，故「卑耳」即後世所謂「側耳」。

（10）今是臣臣，元（其）可（何）不寶。

【清華（陸）】（P106）：是臣，這樣的臣。其下「臣」字爲動詞。句云以這樣的臣爲臣。其何不保，「保」訓安定。

【ee】：似應斷讀爲：「今是臣=（臣，臣）其可不保？」另外，「可」不必破讀爲「何」。〔註24〕

【王寧 2016A】：「可」原整理者括讀「何」，ee 先生認爲「『可』不必破讀爲『何』」，可從。「寶」原整理者括讀「保」，似亦不必，「寶」是珍惜、珍視的意思。

【子居 2016A】：「今是臣臣」猶言「今臣是臣」，此時鄭莊公尚未爲君，因此所倚重的自然仍多是鄭武公時期的舊臣。……保當訓保守，指保守舊政。下文「孺子如毋知邦政，屬之大夫」即與此處呼應。

【單育辰 2017A】（P298）：此句斷讀爲「今是臣，臣其可不寶？」兩「可」字不必破讀爲「何」，「可」是能得意思。「寶」字沒有必要改讀，直接如字讀即可，是寶貴的意思。

【今按】：「寶」字當如單育辰之說，讀如本字即可。本句的句讀仍當從原整理者之說，斷作「今是臣臣，其何不寶」，句式與下文「吾先君之常心，其何不遂」同。

（11）虡（吾）先君之裳（常）心，亓（其）可（何）不述（遂）？

【清華（陸）】（P106）：遂，《逸周書・常訓》：「順政曰遂。」

【子居 2016A】：這裡是讓鄭莊公繼承鄭武公的志願，即「先君之常心」。《鄭武夫人規孺子》中鄭武夫人讓鄭莊公重用先君舊臣，仍奉行前代舊政的規勸，顯然不合於鄭莊公的個人志向。

【單育辰 2017A】（P298）：「吾先君之常心其可不述？」「述」是稱述，引申爲遵循之義。

（12）今吾君既〈即〉枼（世），乳=（孺子）女（汝）母（毋）智（知）邦正（政），詎（屬）之夫=（大夫），

【清華（陸）】（P106）：即世，亦見清華簡《繫年》第二章「武公即世」，整理者注：「即世，意爲亡卒，見《左傳》成公十三年、十六年，襄公二十九年，昭公十九年、二十六年等，如成公十三年『穆、襄即世』，杜注：『文六年晉襄、秦穆皆卒。』」屬，《左傳》襄公十九年「仲子生牙，屬諸戎子」，杜注：「屬，託之。」

【清華讀書會 2016】（劉光）：孺子女毋知邦政，女讀爲如。

〔註24〕《清華六〈鄭武夫人規孺子〉初讀》8樓，發表日期：2016 年 4 月 17 日。

【石小力 2016】（P190）：《鄭武夫人規孺子》簡 5：「今吾君既〈即〉枼（世）。」整理者指出「既」乃「即」之訛字，「即世」亦見於清華簡《繫年》簡 10「武公即殜（世）」，意為去世。既、即二字形近，出土文獻互訛之例多見。如士山盤（《新收殷周青銅器銘文暨器影彙編》1555）：「隹（惟）王十又六年九月即（既）生霸甲申。」郭店《老子丙》簡 1：「其既〈即（次）〉愳（畏）之。」《易·旅·六二》「旅即次，懷其資」，馬王堆帛書本「即」訛作「既」。

【清華讀書會 2016】（馬楠）：《鄭武夫人規孺子》「（武公）使人遙聞於邦」，「孺子女毋知邦政，屬之大夫」「門檻之外毋敢有知焉」，《管仲》「大夫假事，便嬖知官事長」〔9〕。《子產》古之狂君「以自余智，……任硅（重）不果」〔18〕。都是指職責歸屬而言。

【王寧 2016A】：「如」本作「女」，原整理者讀「汝」。按當讀「如」，用為助動詞，當也。（楊樹達：《詞詮》，中華書局，1954 年，第 261 頁。）簡 8「孺子女共（恭）大夫」之「女」亦當如是解。

【陳偉 2016】：「孺子」後面的「女」，整理本讀為「汝」，看作人稱代詞。或許可以讀為「如」，是假設連詞。

【子居 2016A】：《清華六整理報告補正》中劉光指出：「孺子女毋知邦政，女讀為如。」所說是，此處是對鄭莊公說如果你不知道鄭邦的舊政，所謂舊政當即指鄭武公時期的親周政略。

……鄭武夫人讓鄭莊公將鄭國的政事託付給鄭武公舊臣，自然仍是希望鄭國的國政沒有大的變動，這與鄭武夫人的親周傾向也是一致的。相對而言，鄭莊公的與周室爭鋒傾向，在未即位時應該就已經很明顯了。

【沈培 2017】（P506）：此句「女」當讀為「汝」。如果把「女」讀為「如」，確實如陳偉所言，鄭武夫人要孺子不知政，是出於要挾。但是，從下文看，鄭武夫人要孺子對大夫恭敬，而且要向他們學習，並且要用三年時間來考驗大夫是否真是孺子的「良臣」。應該說，用這樣的理由去規勸孺子暫不知政的事情也不是母子間的密談，更不是母親以長輩的身份對子輩進行威嚇。基於這樣的分析，如果把此句看做是一種提條件式的要挾，恐怕不合鄭武夫人的身份。此句讀為「孺子，汝毋……」，更能體現母親是直截了當地在規勸孩子不必要去做什麼，從上下文來說應當是更加合適的。

【單育辰 2017A】（P298）：「孺子女毋知邦政」，用法相同的「女」又見

於簡 8「孺子女恭大夫，且以教（學）焉」、簡 13「女慎重君葬而舊（久）之於上」。這三個「女」有兩種可能，一種是整理者把它們讀爲的「汝」，是第二人稱代詞，但這種可能性不算太高，參簡 7、簡 8、簡 10 鄭武夫人對鄭莊公訓誡時，「孺子」後不帶「汝」。第二種即劉光先生讀爲的「如」。查《鄭武夫人規孺子》，「女」字除此三例外，凡六見，皆讀爲「如」，可見這三例讀爲「如」的可能性還是比較大的，但劉先生對「如」字未有解釋。若「女」讀爲「如」，「如」應訓爲「不如」。

【今按】：關於此句中的「女」字，沈培之說較爲合理，可從。結合上下文意，此句中「女」讀爲「汝」更爲合理。

（13）老婦亦酒（將）丩（糾）攸（修）宮中之正（政），門檻之外母（毋）敢又（有）智（知）女（焉）。

【清華（陸）】（P106）：糾修，治理。《左傳》昭公六年「糾之以政」，孔疏：「糾，謂舉治也。」《論語・堯曰》「修廢官」，皇侃義疏：「治故曰修。」

【陳偉 2016】：「老婦亦將」後面的「丩」，整理本讀爲「糾」，訓爲「治」。或許可以讀爲「收」，是收斂、約束的意思。如果這樣讀，這裡顯然是在談判，可以說是要挾，而非一般意義上母子間的規勸。

【子居 2016A】：據《禮記・曲禮》：「公侯有夫人，有世婦，有妻，有妾。夫人自稱於天子，曰老婦；自稱於諸侯，曰寡小君；自稱於其君，曰小童。」但《戰國策》中多例可證，自戰國後期多爲自稱「老婦」，這也說明《鄭武夫人規孺子》很可能是成文於戰國後期、末期。

……在前面武姜勸鄭莊公將邦政交付給舊臣處理，這裡武姜是表示自己也不會干預邦政，而只會整頓宮裡的事務。這實際上相當於將外政交給舊臣，宮中內務由武姜處置，鄭莊公被架空三年。女主內、男主外本就是春秋戰國時期的主流觀念，如《尚書・牧誓》：「牝雞無晨；牝雞之晨，惟家之索。」《國語・吳語》：「王乃入命夫人。王背屏而立，夫人向屏。王曰：自今日以後，內政無出，外政無入。內有辱，是子也；外有辱，是我也。吾見子於此止矣。」因此實際上武姜答應的內容並沒有任何消弱自身權力的內容，由於鄭莊公此時尚未即位，自然也未娶夫人，所以宮中之事本就是應由武姜處置。而鄭國國政則當由鄭莊公即位後決定，武姜讓鄭莊公「屬之大夫」，等於讓鄭莊公放棄執政權三年。

（14）老婦亦不敢以戕（兄）弟昏（婚）因（姻）之言以翾（亂）夫＝（大夫）之正（政）。

【子居 2016A】：這裡所說「兄弟婚姻」，主要是指武姜的娘家親屬，即申侯一方，這也說明至鄭莊公初期，西申猶存。

（15）乳＝（孺子）亦無以埶（褻）豈（豎）、卑（嬖）御、勤力、狹（射）馭（馭）、媖（媚）妠之臣，躳（躬）共（恭）亓（其）庬（顏）色，盦（掩）於亓（其）考（巧）語，以翾（亂）夫＝（大夫）之正（政）。

【清華（陸）】（P106～107）：《詩・雨無正》有「褻御」，朱熹《集傳》：「近侍也。」卑，卑微。御，《詩・車攻》「徒御不驚」，朱熹《集傳》：「車御也。」褻豎卑御，泛指近侍者。

力，《國語・晉語》「子之力」，韋注：「功也。」勤力意為有功勞。狹，從夫聲，讀為同在見母月部的「价」。《詩・板》「价人維藩」，鄭箋：「价，甲也。」一說「狹」為「射」字異體，指射手。馭，馭者。

妠，《戰國策・趙策二》「奉陽君妠」，鮑注：「嫉賢也。」顏色，《論語・鄉黨》「逞顏色」，劉寶楠正義：「顏色是氣之見於外者。」

盦，「鹽」本字，字在喻母，讀影母之「掩」，皆談部字。《戰國策・趙策二》「豈掩於眾人之言」，鮑注：「猶蔽。」

【清華讀書會 2016】（石小力）：「埶」字還見於簡 15「埶嬖」，亦括注為「褻」，從楚簡及古書用字習慣看，還是括注為「褻」較好。卑御之卑讀為「嬖」，「嬖御」見於《禮記・緇衣》：「毋以嬖御人疾莊后。」上博簡《緇衣》簡 12 作「毋以辟（嬖）御畫莊后」，郭店《緇衣》簡 23 作「毋以卑（嬖）御息莊后」。

【清華讀書會 2016】（馬楠）：「孺子亦毋以褻豎嬖御勤力射馭媚妠之臣躳恭其顏色、掩於其巧語，以亂大夫之政」應當作一句讀。「褻豎」「嬖御」「勤力」「射馭」「媚妠」並列。

【何有祖 2016】：馬楠先生提及「射馭」，當也是贊同「射」之異體之說。字為「射」之異體之說可從。勤力射馭，《國語・晉語》「智宣子將以瑤為後」章：「射御足力則賢」之「射御足力」，可與之參看。

【王寧 2016A】：《補正》引馬楠先生云：「『孺子亦毋以褻豎嬖御勤力射

馭媚妬之臣軀恭其顏色、掩於其巧語，以亂大夫之政』應當作一句讀。『褻豎』『嬖御』『勤力』『射馭』『媚妬』並列。」可從。「埶」通「褻」，《康熙字典・辰集上・日部》：「埶，《說文》：『日狎習相慢也。』《詩・小雅》：『曾我埶御』，《傳》：『埶御，侍御也。』《五經文字》與『褻』同。」「射」原作「夬」，原整理者括讀「价」，何有祖先生亦認爲當爲「射」，是也。在楚文字中此字用爲「射」殆是會意字，從弓從夬（決），表示決弦開弓射箭意，《天問》所謂「馮珧利決，封狶是射」是也。後世用爲決弦工具之「玦」（扳指）的或體，《集韻》：「夬，所以闓弦者。通作決。」則爲形聲字，二者形同而音義不同。褻豎即君主親近的內宦，嬖御即受寵幸的嬪妃姬妾，勤力指君主身邊的雜役人員，射馭是爲君主出獵遊樂服務的官員，媚妬即諂媚嫉妒之臣，這是說了君主身邊五種不同的人，都是君主易受其迷惑者。

【陳偉 2016】：「埶豎卑御」的「卑」，大概應該讀爲「辟」或「嬖」，寵信、親近的意思，與「埶」字含義類似。「埶豎卑（嬖）御」，也就是後文邊父所說的「埶辟（嬖）」。

【子居 2016A】：「褻豎」「嬖御」易以近侍得寵，「筋力」「射馭」易以勇武得寵，「媚妬」易以言語得寵，以《鄭武夫人規孺子》篇作者的觀念，這些會妨於邦政。……「勤力」當讀爲「筋力」，「筋力」一詞在先秦文獻中的出現時間不早於戰國後期，因此這同樣說明《鄭武夫人規孺子》的成文時間很可能不早於戰國後期。……《韓非子・詭使》：「今守度奉量之士欲以忠嬰上而不得見，巧言利辭行奸軌以幸偷世者數御。」所論與此處類似，「巧言」即此「巧語」。

【沈培 2017】（P495～496）：「軀」訓爲「身」，是古書常訓。「軀恭」即「身恭」之義，《荀子・儒效》有「身貴而愈恭」的說法，賈誼《新書・禮容語下》有「身恭除潔」的說法。「軀恭」可以說，但後面再接以「其顏色」則似乎不合語法。由此可見。該句當讀爲「媚妬之臣軀恭，其顏色掩於其巧語」。「其顏色掩於其巧語」，指其真實的態度不見於顏色，不形於外，掩蓋在其花言巧語之下。……完全可以把「勤力」看做是「射馭」的修飾語。如此，這一句就可以讀爲「褻豎、嬖御勤力射馭」，也就是說「勤力射馭」是「褻豎、嬖御」的謂語，意在強調這些君王身邊的寵愛者在竭盡全力帶領君王遊樂。上博簡《競建內之》簡 9～10 說：「公身爲無道，擁華孟子以馳於倪市。驅逐田弋，無期度。」這正是「褻豎、嬖御勤力射馭」的一個具體寫照。……這

段話應該讀爲「孺子亦毋以褻豎、嬖御勤力射馭，媚妬之臣躬恭、其顔色掩於其巧語，以亂大夫之政。」簡文裡說到的人只有兩類，一類是「褻豎」「嬖御」，一類是「媚妬之臣」。前者是君王身邊服侍者，後者是臣子當中的壞人，身份區別還是很明顯的。兩類人，一種是「勤力射馭」，一種是「躬恭、其顔色掩於其巧語」，其所作所爲，都跟他們本來的身份有關。

【吳祺 2017】：《逸周書·皇門》：「媚夫有邇無遠，乃食蓋善夫，俾莫通在士王所。」「媚夫先受殄罰，國亦不寧。」關於這句話中的「媚夫」，王念孫《讀書雜志》引王引之云：「『媚』當爲『媢』，字之誤也。……」《漢書·外戚傳》：「成結寵妾，妬媚之誅。」王念孫《讀書雜志·漢書第十五》「妬媚」條云：「『妬媚』二字義不相屬，『媚』當爲『媢』。……」從文義上看，上述辭例中的「媚」字，誠如顔之推、王引之、王念孫之說，當改爲『媢』字。「媢」古訓「妬」。……簡文「婡妬之臣」之「婡」似亦可讀爲「媢」。上故音「婡」爲明母微部字；「媢」爲明母幽部字。二者聲母雙聲，韻部關係密切。……簡文「婡（媢）妬」即傳世典籍中的「妬媚」，與「媚嫉」同義，均爲同義連文。故簡文「婡（媢）妬之臣」當指好嫉妬之臣，似與「媚」義無涉。

【今按】：簡文「㪯」當從何有祖之說，讀作「射」；「𡚟豎」「卑御」當從石小力之說，讀作「褻豎」「嬖御」，指在國君身邊服侍之人。此句的斷讀從馬楠先生之說，「褻豎」「嬖御」「勤力」「射馭」「媚妬」是五個並列的詞，此句當斷讀作「孺子亦毋以褻豎、嬖御、勤力、射馭、媚妬之臣，躬恭其顔色，掩於其巧語，以亂大夫之政。」武姜說此話是爲告誡年幼的莊公不要被這五類人的花言巧語所迷惑，以致禍亂朝政。武姜對於鄭莊公的規誡是爲了使其遠離朝政，無法樹立在朝中的威望，以便日後共叔段奪取政權。「褻豎、嬖御、勤力、射馭、媚妬之臣」當是暗指勸諫鄭莊公臨政之臣，下文邊父勸莊公臨政時所說的「是有臣而爲褻嬖」，則是對武姜此話的抨擊。

（16）乳＝（孺子）女（汝）共（恭）夫＝（大夫），虞（且）以教女（焉）。

【清華（陸）】（P107）：教，《禮記·學記》「善教者使人繼其志」，陸德明釋文：「教，一本作學。」

【王寧 2016A】：「女」原整理者括讀「汝」，當讀「如」，當也。此處「恭」爲恭敬、尊重義。教，原整理者認爲或同「學」。按：「教」當讀爲「效」，即效驗之「效」，《廣雅·釋詁五》：「稽、效，考也」，即考驗、考察義。此二句是說孺子應當尊重大夫們，且要考察他們。所以下文說「如及三歲，幸果善

之」如何如何，「如弗果善」如何如何，正是考察之謂。

【劉孟瞻】：整理者亦將「女」讀「汝」，雖也可通，然不若讀爲「如」，訓爲「不如」之曉暢。文中指鄭武夫人對孺子的規勸。〔註25〕

【子居2016A】：此句是說若先君舊臣能以先代之政教導鄭莊公，故不必如整理者所引解爲「學」，句讀也當斷在「恭」字而以「大夫」屬下讀，且「恭」當與下文一樣讀爲「拱」，指君主不親自處理事務的狀態。

【沈培 2017】（P506）：句中「女」當讀爲「汝」而不能讀爲假設連詞「如」。如果要把它看做假設連詞，那麼，整個假設句就是「如恭大夫，且以學焉」，「如恭大夫」是假設分句，「且以學焉」是結果分句。但顯然這是不可能的。此句中的「且」所聯繫的是「恭大夫」和「以學」兩個謂詞性結構，不可能將前者所在的句子看做假設分句，後者所在的句子看做結果分句。此句當讀爲：「孺子，汝恭大夫，且以學焉。」

（17）女（如）及三歲（歲），幸果善之，乳=（孺子）亓（其）童（重）旻（得）良臣，

【清華（陸）】（P107）：果，訓「終」，見《古書虛字集釋》（第三三九頁）。這是說諸臣執政三年而終善。重，訓「多」，見《詞詮》（第二一〇頁）。

【王寧2016A】：「三歲」蓋指三年之喪，即鄭莊公爲鄭武公服喪三年。《韓非子·內儲說上》：「墨者之葬也，冬日冬服，夏日夏服，桐棺三寸，服喪三月，世主以爲儉而禮之。儒者破家而葬，服喪三年，大毀扶杖，世主以爲孝而禮之。」「三年之喪」蓋儒家所推崇的喪制。「如及三歲」即如果到三年服喪期滿。根據鄭武夫人的要求，在莊公爲武公服喪的三年期間是不能過問政事的，國中諸事均交付給群臣打理，同時考驗群臣的忠心和能力。按：莊公即位時年尚幼，姜氏專政。莊公親政後仍與姜氏不斷有權力之爭，直到莊公二十二年（《左傳》魯隱公元年，前 722），莊公利用叔段叛亂事件才徹底清除了姜氏的勢力。此處鄭武夫人讓莊公服三年之喪，並且說自己只「糾修宮中之政，門檻之外毋敢有知焉」，實言行不一，爲其專權的開始。

【悅園】：整理者將簡9置於簡8、簡10之間，有不少疑問。我推測簡9中的這段文字應是後文「邊父」給鄭莊公說的話，邊父稱鄭莊公爲「君」，稱鄭武公爲「先君」，身份與話語比較匹配（參看簡14）。將簡9從簡8之後抽

〔註25〕《清華六〈鄭武夫人規孺子〉初讀》21樓，發表日期：2016 年 4 月 18 日。

出，根據簡4「如毋有良臣」的辭例，通觀其餘簡文，可以接在簡8之後的衹有簡10。但簡9抽出後，尚未找到可以放置的地方，故此篇文獻恐怕還有其他脫簡。〔註26〕

【子居2016A】：認同網友悅園的觀點，簡9當從簡8與簡10之間抽出，簡8當與簡10連讀，原文讀作「女（如）及三戠（歲），幸果善之，乳=（孺子）亓（其）童（重）叟（得）良臣，三（四）䣎（鄰）以虍（吾）先君爲能敘。」李守奎先生《〈鄭武夫人規孺子〉中的喪禮用語與相關的禮制問題》提出：「武夫人要求寤生三年不理國政，這應當是有事實與禮制依據的。」說有事實依據當是，但說有「禮制依據」，則恐與《鄭武夫人規孺子》篇的文義不符。觀其全文，武姜僅是引據鄭武公曾「處於衛三年，不見其邦，亦不見其室。如毋有良臣，三年無君，邦家亂矣。」作爲建議鄭莊公考驗鄭武公舊臣是否仍皆爲良臣的事實依據，並未援引任何禮制來支持「三年」說，可見「三年之喪」的禮制觀念並不在《鄭武夫人規孺子》作者的本意中。這裡所說的「重得良臣」，自然就是重新確認這些鄭武公舊臣仍是能很好輔佐鄭莊公的良臣。

【尉侯凱2016A】：整理者將簡9置於簡8、簡10之間，有三點疑問：

第一，簡9云：「臣使禦寇也，布圖於君。昔吾先君使二三臣，抑早前後之以言，思群臣得執焉。□」其中「布圖於君」四字較難理解，但可以肯定的是，這裡的「君」當指鄭武公。因爲簡1「武夫人規孺子曰」至簡11「孺子拜」之間的文字，均爲鄭武夫人告誡孺子即鄭莊公的話語，鄭武夫人稱自己的兒子莊公爲孺子，在此篇文獻中無一例外，而對已故的鄭武公，則或稱「吾先君」（如簡1「昔吾先君」）、或稱「君」（如簡2「故君與大夫晏焉」）、或稱「吾君」（如簡3「無不盈其志於吾君之君己也」）。那麼簡9接在簡8之後就有問題，「孺子其重得良臣，使禦寇也，布圖於君。昔吾先君使二三臣，抑早前後之以言，思群臣得執焉」，前面鄭武夫人讓孺子「重得良臣，使禦寇」，下面突然說要「布圖」於鄭武公，文意跳躍很大。

第二，簡9最後一字殘缺，整理者以「□」代替。其實殘缺的字作「▉」，仍然可以辨認其殘存的筆畫爲虍，根據此篇文獻的相關文例，這個殘缺的字可能就是「虍」，那麼，簡9與簡10相接之後，「吾臣、四鄰以吾先君爲能敘」無法得到通暢的解釋。

〔註26〕《清華六〈鄭武夫人規孺子〉初讀》51樓，發表日期：2016年5月30日。

第三，從文意上看，簡9記載的「昔吾先君使二三臣，抑早前後之以言」等內容，與鄭武夫人勸誡鄭莊公「重得良臣」沒有內在聯繫，而可能與後文邊父所說「今君定，拱而不言，二三臣事於邦」等內容有關。

綜上，簡9置於簡8、簡10之間是有很大的問題的。筆者推測，簡9中的這段文字應是後文「邊父」給鄭莊公說的話，邊父稱鄭莊公為「君」，稱鄭武公為「先君」，身份與話語比較匹配（參看簡14）。

將簡9從簡8之後抽出，根據簡4「如毋有良臣」的辭例，通觀其餘簡文，可以接在簡8之後的衹有簡10，兩簡相接後內容也比較連貫，抄錄如下：「（前略）如及三歲，幸果善之，孺子其重得良〔8〕臣，四鄰以吾先君為能敘；如弗果善，欨吾先君而孤孺子，其罪亦足數也。邦人既盡聞之，孺子〔10〕」

簡10「如弗果善，欨吾先君而孤孺子，其罪亦足數也」，與簡8＋簡10「幸果善之，孺子其重得良臣，四鄰以吾先君為能敘」為並列關係尤其明顯。

但簡9抽出後，尚未找到可以放置的地方，故而筆者推測，此篇文獻恐怕還有其他的脫簡。〔註27〕

【今按】：網友悅園之說可從，原整理者簡序的編排有誤。按原整理者的斷讀方式，原文讀作：「如及三歲，幸果善之，孺子其重得良臣，使御寇也，布圖於君。昔吾先君使二三臣。抑早前後之以言，思群臣得執焉，□臣、四鄰以吾先君為能敘」。簡文其他地方出現的武姜對鄭莊公的稱呼均為「孺子」，此處卻稱「布圖於君」，按照武姜的說話方式應當為「布圖於孺子」，此處武姜稱鄭莊公為「君」略顯突兀。且下文邊父對鄭莊公所說的話中包含「二三老」，與簡9中的「二三臣」類似，簡九內容當屬於下文邊父所說的話。所以當把簡9從簡8和簡10之間抽出，將簡8與簡10連讀，原文讀作：「如及三歲，幸果善之，孺子其重得良臣，四鄰以吾先君為能敘。」簡9的放置當從子居之說，置於簡13和簡14之間。

（18）三（四）鄉（鄰）以虔（吾）先君為能敘。

【清華（陸）】（P107）：敘，《周禮・司書》「以敘其財」，鄭注：「猶比次也。」

【明珍】：（簡9與簡10連讀），簡9：「□臣、四鄰」，此處殘字上從「虍」，

〔註27〕此說又見尉侯凱《讀清華簡六箚記（五則）》一文。

若照一般從「虍」聲字推之，可能是讀爲「虎臣」。〔註28〕

【王寧2016A】：「吾」字因斷簡殘泐，原釋缺，明珍先生云：「此處殘字上從虍，若照一般從虍聲字推之，可能是讀爲『虎臣』。」按：此當爲「吾」之殘泐，「吾臣」一詞古書習見，意思是我的臣子，這裡鄭武夫人說的「吾臣」是指我鄭國的群臣。「敍」即《書・舜典》「百揆時敍」之「敍」，次序，「能敍」即能合理排定官員的次序，謂善於安排群臣。「吾臣、四鄰以吾先君爲能敍」是說我們鄭國的群臣以及四鄰諸國都認爲吾先君很會安排使用諸臣。

【子居2016A】：此句是說四鄰諸國認爲鄭武公能得其世敍，即承認鄭莊公能繼承先君事業的意思。……這裡是邊父對鄭莊公說，先君鄭武公役使眾臣，則是很早就以政令訓誡。

【沈培2017】（497）：根據戰國文字中從「余」之字的用法，可以知道本篇簡文的「敍」當讀爲「豫」。戰國簡常出現「叙」。「豫州」的「豫」，上博簡《容成氏》簡27作「叙」。「豫」的常用義爲「備」，古人常將善於「豫」的人看作智者。《淮南子・說山》：「巧者善度，知者善豫。」高誘注：「備也。」簡文說「四鄰以吾先君爲能豫」，是跟前面「孺子其重得良臣」相互呼應的。本篇簡文開頭說鄭武公在世時，君臣相處甚歡，國家三年無君，仍然能夠不亂，因爲有良臣在。武夫人此處說「孺子其重得良臣」，等於是說孺子你也可以三年不知政，如果大臣們三年都能善待你，就等於你接著你父親而重新獲得良臣，就好像你父親早就給你準備好了一樣，可見你父親是多麼地聖智。因此，把簡文的「敍」讀爲「豫」，文義十分妥當。

（19）女（如）弗果善，欯虗（吾）先君而孤乳＝（孺子），丌（其）辠（罪）亦跓（足）婁（數）也。

【清華（陸）】（P107）：欯，《廣雅・釋詁一》：「病也。」此指爲難。此段所云果善或弗果善，皆指大夫諸臣而言。如及三年，諸臣不能善政，則責以爲難先君之罪。數，《左傳》昭公二年「使吏數之」，杜注：「責數其罪。」

【暮四郎】：「欯」似當直接讀爲「死」。「死先君」與「孤孺子」相對。「跓婁」當讀爲「促速」，表示快速、急促之義。《禮記・樂記》「衛音趨數煩志」，鄭玄注：「趨數讀爲促速，聲之誤也。」「趨數」「促速」和此處「跓婁」是一個詞，上古「數」「速」常常通用。（張儒、劉毓慶：《漢字通用聲素研究》，

太原：山西古籍出版社，2002 年，第 271 頁。）「其皋亦趹（促）婁（速）也」是說那麼他們的罪過就會很快降臨到他們頭上。〔註29〕

【王寧 2016A】：「歀」即《說文》「歀」字，云：「戰見血曰傷，亂或爲惛，死而復生爲歀。从死次聲。」段注：「謂之歀者，次於死也。……从死次聲，形聲包會意也。」然此疑爲「尸」的或體，讀爲「尸」，主也。尸吾先君而孤孺子，意思是主掌了吾先君的位置（或權利）而孤立了孺子。

「足」簡文本作「趹」，從足從次（欠），原整理者隸定爲「趹」，後世典籍用爲「趹趹」字，然此字與之不同，原整理者括讀爲「足」，是也。疑即飽足、充足之「足」的後起專字。下文「亦猶足吾先君」「幾孤其足爲免」之「足」同。數，……《漢書‧高帝紀上》：「漢王數羽」，顏注：「數，責其罪也」，爲責備、譴責意。「足數」謂足以譴責。

【子居 2016A】：「歀」可讀爲「棄」或「欺」，「棄吾先君」指的是背棄先君之命。……所責者當是「棄吾先君而孤孺子」之罪，即指這些舊臣如果不能奉行舊政而言，也就是說將這三年當作對舊臣能否在鄭莊公不干預的情況下依然很好地治理鄭國的一個考驗。

【何有祖 2017】（P119～121）：《鄭武夫人規孺子》「歀」，《國語‧晉語》《呂氏春秋‧悔過》《淮南子‧道應訓》皆作「死」。「歀」字簡文作： 左從歹，右從人，從次。欠、次作爲偏旁時義近換用，如「既」字……字從歹從人從次會意，爲死字異體。《鄭武夫人規孺子》「歀（死）吾先君而孤孺子」大意是因吾先君已死而棄其少子。

【許文獻 2017】：簡文上文見一「敘」字，乃肯定其先君之行爲，則下文「歀」字理應與其對應，甚至爲其反義，但恐怕與「死」無關，一來「死」非必是肯定之反義，二則如上所述，「死其先君」實在無所取義，因此，頗疑簡文「歀」字或可改讀爲「趑」，二字聲韻俱近，且同從次聲，應可相通，而「趑」字本訓作「行不進」，即不願付諸行動之意，如《說文》釋「趑」即云「趑趄，行不進也。」……簡文「歀」字在戰國時期有可能是「趑趄」之專字，甚或有合音形構之關係，是故，簡文此所謂「歀吾先君而孤孺子」，當可讀爲「趑（趄）吾先君而孤孺子」，殆指「對死去之國君懷有二心，現在更孤立其孺子」之意。

〔註29〕《清華六〈鄭武夫人規孺子〉初讀》11 樓，發表日期：2016 年 4 月 18 日。

【今按】：簡文「欻」字仍當從原整理者之說，訓爲「病」。「欻」字《說文》作「𣩌」，從死次聲。《說文》云：「戰見血曰傷，亂或爲惽，死而復生爲欻。」「欻」指死而復生，即將死未死，次於死，「病」則爲其引申意。「病」，有「辱」之義。如《儀禮・士冠禮》：「以病吾子」，鄭玄注：「病，猶辱也。」「欻吾先君而孤孺子」可解釋爲如果三年後，卿大夫們不能善政，則先君將會蒙羞而且孺子你也將孤立無助。

（20）邦人既聿（盡）䎽（聞）之，乳=（孺子）或延（誕）告，虞（吾）先君女（如）忍乳=（孺子）志=（之志），亦猷（猶）跂（足）。虞（吾）先君北（必）牆（將）相乳=（孺子），以定奠（鄭）邦之社襛（稷）。

【清華（陸）】（P107）：或，猶「若」也，見《古書虛字集釋》（第一六七頁）。誕，句中助詞，無義，見《經傳釋詞》。此云孺子屆時若告於先君。忍，動詞，《說文》：「能也。」

【ee】：簡10+11：「孺子〔10〕或延告」，「或」很明顯應讀爲「又」。〔註30〕

【ee】：簡11：「吾先君如忍（念）孺子之志」，「忍」整理者訓能，很怪。按，「忍」應讀爲「念」，「念」泥紐侵部，「忍」日紐文部，古音非常近。〔註31〕

【王寧 2016A】（將此句斷作「孺子或（又）誕告吾先君，如忍乳孺子之志，亦猶足吾先君。」）：誕告，《書・湯誥》：「王歸自克夏，至于亳，誕告萬方。」孔傳：「誕，大也。」又《盤庚中》：「誕告用亶其有眾」，孔傳：「大告用誠于眾。」此爲鄭重告知意。

足吾先君，滿足我先君的願望。「邦人既盡聞之，孺子或（又）延（誕）告吾先君，如忍（念）孺子之志，亦猶足吾先君，必將相孺子，以定鄭邦之社稷」這數句是說：國人都知道你把國政都交給大夫們管理，你又把這事鄭重地告知了吾先君的在天之靈，如果他們念及你的意願，也就等於是滿足了吾先君的意願，必定會輔助你，以安定鄭國的社稷。

【子居 2016A】：誕告，當爲特指告於先君。整理者注：「忍，動詞，《說文》：「能也。」所容忍者蓋指前文所言舊臣的罪責。「孺子之志亦猶足」則是指鄭莊公治理鄭國的志向也還夠。

〔註30〕《清華六〈鄭武夫人規孺子〉初讀》15樓，發表日期：2016年4月18日。
〔註31〕《清華六〈鄭武夫人規孺子〉初讀》34樓，發表日期：2016年4月21日。

－147－

【羅小虎】：這句話可斷爲：邦人既盡聞之，乳=或延告吾先君：「女忍乳=志=，亦猷趺。」這句話的意思大致是說，百姓全都知道了那些情況，然後又誕告先君說：「如果能夠顧念考慮孺子的志願，那麼也就足夠了。」在誕告之後，先君聽到了孺子的誕告，並且有所回應。所以簡文接著就說「先君必相孺子，以定鄭邦之社稷」。〔註32〕

【沈培2017】（P498～499）：這幾句話應斷讀爲：「邦人既盡聞之，孺子或誕告吾先君，女（如）忍，孺子之志亦猶足，吾先君必將相孺子，以定鄭邦之社稷。」這段話包含這幾層意思：一、「邦人既盡聞之，孺子或誕告吾先君」指武夫人建議孺子做的事情（即三年不知政），既讓國人盡知，又讓鄭武公在天之靈知曉，這是一椿天下大白的事情，你不必擔心。二、「女（如）忍，孺子之志亦猶足」本身包含兩個意思，一是孺子要「忍」，就是不要著急，要等三年；二是「孺子之志亦猶足」，是說在三年不知政的情況下，孺子之「志」還能「足」，就是不消沉而保持志氣。三、在前面所說兩點的情況下，「吾先君必將相孺子，以定鄭邦之社稷」可以說是讓孺子看到光明前景的一種鼓勵的話。

【單育辰2017A】（P299）：「或」很明顯是應讀爲「又」，是再的意思。「延」不必破讀爲「誕」，如字讀即可，《國語·晉語》「使張老延君譽於四方」，韋昭注「延，陳也」。「忍」整理者訓能，文意不通且和上下文銜接不上。「忍」應讀爲「念」，是念想的意思，「念」泥紐侵部，「忍」日紐文部，二字聲紐皆屬舌音，韻部旁轉，古音非常近。「亦猶足」的「足」應該就是簡10「欷吾先君而孤孺子，其罪亦足數」的省語，即足數其臣之罪的意思。

（21）乳=（孺子）拜，乃虘（皆）臨。

【清華（陸）】（P107）：臨，哭弔。《左傳》宣公十二年「卜臨于大宮」，杜注：「哭也。」《儀禮·士虞禮》：「宗人告有司具，遂請拜賓。如臨，入門哭，婦人哭。」鄭注：「臨，朝夕哭。」

【李守奎2016】（P16）：武夫人規正孺子之後，「乃皆臨」。《儀禮·上虞禮》：「宗人告有司具，遂請拜賓。如臨，入門，哭，婦人哭。」鄭玄注：「臨，朝夕哭。」

在此是指陳尸於坎之後，面尸而哭。武夫人在武公去世之後，掌控大局，分配權力，然後行臨禮。《論語·八佾》：「居上不寬，爲禮不敬，臨喪不哀，

吾何以觀之哉？」此時武夫人並未沉浸在「臨喪之哀」，而是關心如何控制局面，圖謀輔佐愛子篡位。

【子居 2016A】：臨的哭弔爲所謂朝夕哭。《儀禮・士喪禮》：「朝夕哭，不辟子卯。」鄭注：「既殯之後，朝夕及哀至乃哭，不代哭也。子卯，桀、紂亡日，兇事不辟，吉事闕焉。」所言「既殯之後」，正與此處「既窆」相應。

（22）自是旮（期）以至夗（葬）日，乳=（孺子）母（毋）敢又（有）智（知）女（焉），詎（屬）之夫=（大夫）及百執事，人膚（皆）思（懼），各共（恭）亓（其）事。

【清華（陸）】（P108）：期，《楚辭・九歌》「與佳期兮夕張」，蔣驥注：「約也。」

【暮四郎】：我們認爲這幾句應當斷讀爲：自是期以至葬日，孺子毋敢有知，焉屬之大夫及百執事人，皆懼，各恭其事。期，整理報告解爲約，似不可信。期是日期之意，「是期」指孺子「皆臨」的那一天。〔註33〕

【王寧 2016A】：是期，即鄭武公既窆之期。葬日，殯葬之日，二者距三月。「人」屬首句讀，從暮四郎先生說（斷讀爲「自是期以至葬日，孺子毋敢有知，焉屬之大夫及百執事人，皆懼，各恭其事。」）《尚書・盤庚下》：「嗚呼！邦伯師長百執事之人，尚皆隱哉！」《逸周書・大匡》：「王乃召冢卿、三老、三吏、大夫、百執事之人，朝於大庭。」《國語・越語下》載范蠡曰：「君王已委制於執事之人矣。子往矣，无使執事之人得罪於子。」「百執事人」即「百執事之人」。《說文》：「恭，肅也」，又云：「肅，持事振敬也。」嚴肅謹慎之意。

【子居 2016A】：前文已言，鄭武公爲周平王的卿士，故所行當爲卿大夫之禮，葬日在三月之後。《禮記・王制》：「天子七日而殯，七月而葬。諸侯五日而殯，五月而葬。大夫士庶人，三日而殯，三月而葬。」因此「自是期以至葬日」，當即指的是從第三天到三個月後的葬日這段時間。

（23）鼻（邊）父設（規）夫=（大夫）曰：「君共（拱）而不言，加鉎（重）於夫=（大夫），女（汝）訢（慎）鉎（重）君甕（葬）而舊（久）之於上三月。」

【清華（陸）】（P108）：共，讀爲「拱」。拱默，古習語，見《漢書・鮑

〔註33〕《清華六〈鄭武夫人規孺子〉初讀》13樓，發表日期：2016年4月18日。

宣傳》,《潛夫論・賢難》作「共默」。

重,訓「任」,見《群經平議・春秋左傳三》。

重,訓「厚」,見《淮南子・俶眞》「九鼎重味」高注。一說讀「主」,主持。「久之於上三月」指拖後下葬時間超過三個月。

【李守奎 2016】(P16～17):武夫人規定「自是期以至葬日,孺子毋敢有知焉」。「是期」即「既窆」即武公即世之後五日。葬日,下葬之日。《禮記・王制》:「諸侯五月而葬」,《左傳》隱公元年也有天子七月而葬,諸侯五月,大夫三月,士逾月的記載。

如果按照禮制規定,諸侯五月即下葬,五月之後嗣君即可主政。但武夫人的目的,實際是要求嗣君三年不得主政:「孺子汝恭大夫且以學焉,如及三歲,幸果善之……」云云,一方面是限定至葬日不得主政,另一方面是更希望三年不要參政。雖然不可能三年不葬,但在武夫人的干預下,實際上確實緩葬了。

……𢎶是個雙音符字,可以讀爲「愼重」,也可以讀爲「愼主」。我個人以爲在此讀爲「主」似更合適。

太子爲喪主,理當主持喪事,邊父爲何勸告大臣愼主君喪?上文明確交代「自是期以至葬日,孺子毋敢有知焉,屬之大夫及百執事人」,武姜要求嗣君不得主事,都託付給諸大臣了。

「三月」屬上讀、屬下讀皆不合古書所記禮制。屬下讀,則三個月行小祥之祭未聞。又疑上、下皆不連屬自爲一讀記時,但全篇無記時之例。若屬上讀,則「舊」讀爲「久」,是楚文字的習慣用法。「久之於上三月」就是禮制五個月之外再加三月,是爲緩葬。曾疑讀爲「汝愼重君葬,柩之於上。三月小祥,大夫聚謀」,仔細考慮,既不合禮制,又不合情理。李學勤先生主張屬上讀,合乎實際。

據《左傳》所載,諸侯因內亂而多有緩葬之例,可參看《春秋會要》相關事例。

在這場太后與嗣君權力爭奪的鬥爭中,以邊父爲首的大臣似乎是忠誠於武公遺願,擁戴嗣君。緩葬三個月或更長時間,應當是武夫人的意願,是宮廷鬥爭的結果。

【暮四郎】:這一小節當斷讀爲:邊父 C 大夫曰:「君共(拱)而不言,加重於大夫。女(如)愼重君葬而舊(久)之,於上三月、小羕(祥)。」大

夫聚謀，乃使邊父於君曰：……

邊父的話到「小羕（祥）」結束。其意為：「國君現在端拱而不言，給大夫帶來更大的負擔。如果（是因為要）慎重君之葬而拖這麼久，（那麼）最多也只應該是三個月，然後進行小祥之祭。」「於上」是最多、充其量之意。〔註34〕

【王寧2016A】：「鼻」原整理者括讀「邊」，此字音武延切，《說文》：「鼻，宀宀不見也。」段玉裁云：「鼻、宀疊韵。宀，交覆深屋也。宀宀，密緻皃。《毛詩》曰『縣縣』，《韓詩》曰『民民』，其實一也。……古音如民。」按：武延切古音明紐元部，蓋讀音如「縣」。此人傳世典籍中不見記載，故似不必讀為「邊」，依字讀即可。

此句斷作：「君共（拱）而不言，加鈺（重）於夫_（大夫），女（汝）觔（慎）鈺（重）。君鷺（葬）而舊（久）之，於上三月、小祥。」

共，原整理者讀「拱」，按仍當讀「恭」，亦敬肅義。

「重」字作左童右主的寫法，當即尊重、重視之「重」的專字。《戰國策・中山策》：「有功，寡人之愿，將加重於君。」更加重視、重用之意。此三句是說君一直謹慎而不說話，對大夫們加倍尊重，你們要謹慎地對待這種尊重（認真努力工作）。

此「君」當指鄭莊公。「葬」原簡文作「鷺」，從死臧聲，原整理者括讀「葬」，按此當讀「喪」，是「服喪」之省語。鄭莊公為鄭武公服喪既久，應該已經到了第二年，即鄭莊公元年，所以此處稱之為「君」而不再稱「孺子」，下文所言「吾先君」則指鄭武公。「上三月」當是日期名，《儀禮・士虞禮》：「期而小祥」，《疏》：「自祔以後，至十三月小祥，故云『期而小祥』。」此「上三月」疑即指十三月，即君既葬一年（十二個月）後的第一個月，舉行小祥之祭，二十五個月舉行大祥之祭，即兩年（二十四個月）後的第一個月。從鄭武公卒到小祥，時間過去了一年，故曰「君喪而久之」。

【陳偉2016】：竹書中的「邊父」，很可能就是在鄭國執政六十多年的祭仲。理由有三點。第一，祭仲在鄭伯克段于鄢的鬥爭中，是莊公的堅定支持者。《左傳》桓公十一年還追述說：「初，祭封人仲足有寵于莊公，莊公使為卿。」這與竹書中邊父的立場一致。第二，《史記・十二諸侯年表》在平王二十八年、鄭莊公元年（前743）記稱：「祭仲相」，是說祭仲這年開始在鄭

〔註34〕《清華六〈鄭武夫人規孺子〉初讀》14樓，發表日期：2016年4月18日。

國執政。這與竹書中邊父作爲大夫中核心人物的身份相符。第三，在《左傳》中，祭仲還被稱爲「祭封人仲足」（桓公十一年）、「祭仲足」（桓公五年）、「祭足」（隱公三年、隱公五年、桓公五年）。邊父的「邊」，可以與「趼」字通假。《莊子・大宗師》「趼而鑒於井」，《經典釋文》：「趼，崔本作邊鮮。司馬云：病不能行，故趼也。」趼還與胼、迸通用。《廣韻・先韻》：「趼，同胼。」胼即胼胝，手腳上的硬繭。《玉篇・足部》：「趼，散走也。」《集韻・諍韻》：「迸，《說文》：『散走也。』或從足。」病不能行、散走或者胼胝，都與「足」相關，因而「邊」可能是祭仲之名。一般來說，男子名字後帶「父」的應該是字，但春秋時也有是名的事例。《春秋》經桓公二年孔穎達疏指出：「諸言父者，雖或是字，而春秋之世，有齊侯祿父、蔡侯考父、季孫行父、衛孫林父，乃皆是名，故杜以孔父爲名。」可參考。

【子居2016A】：邊父，似當是以「邊」地得稱，或是來自邊地，或是邊地大夫，其人當是鄭武公老臣中資歷較高者。此時鄭武公已葬，但尚未逾年，邊父已稱鄭莊公爲「君」，可見《鄭武夫人規孺子》的作者並不遵循逾年稱君之例。

此處的不言，是指不發佈政令，《國語・周語上》：「有不祭則修意，有不祀則修言。」韋昭注：「言，號令也。」「拱而不言」即垂拱無爲，這是戰國後期、末期的流行觀念，雖然《鄭武夫人規孺子》中的「拱而不言」只是鄭莊公在喪期所行，但仍可說明該篇以成文於戰國後期、末期最可能。

「加重於大夫」即把治理鄭國責任都加到大夫們的身上。

愼重句……「小祥」仍當從下讀。這句當讀爲「如愼重君葬，而久之於上三月。」是說「（君主）好像要愼重地對待先君的葬事，比之前的三個月更久」，就是說邊父看出鄭莊公在先君下葬後仍不打算發布政令，因此規勸眾大夫繼續等待。

【王永昌2016】（P82～83）：我們認爲，上引簡文的第二個「重」字讀爲「董」更爲合適。……簡文中「汝愼董君葬」即邊父告誡諸大夫要愼重督辦（或主持）先君喪葬之事。此外，需要指出的是，「愼董君葬」中的「君」是指先君還是指嗣君，李守奎根據對該句的不同解讀提出了不同的理解，我們認爲，此「君」理解爲先君似更合適。……

首先，從簡文內容我們可以得知，鄭武夫人與以邊父爲首的諸大夫圍繞嗣君問題展開了明爭暗鬥，以邊父爲首的大臣們是支持嗣君的，但由於鄭武夫人

的干預和嗣君的不敢知政，諸大夫「皆懼」武夫人。而此時，爭鬥雙方須共同面對一件大事——安葬先君，於是雙方在安葬先君的時間上產生了分歧。因此我們推測，在先君葬日之前，鄭武夫人與邊父等諸大夫應該有一段較量，較量的結果就是邊父與諸大夫「愼葷君葬」，且根據武夫人的意願，緩葬先君三個月。

我們知道，「上」在古代可以指「尊長或在上位的人」，簡文中的「上」，可能就是指代在上位的「武夫人」。

如此，「久之於上三月」可以理解爲「久之三月於上」，即根據武夫人（的意願）拖延君葬之事三個月。之，指代君葬之事。「三月」作動詞「久」的補語。

【羅小虎】：「君葬而久之，於上三月，少羕」，可以理解爲鄭武公下葬後過了很久，在三月上旬，舉行了小祥這一祭祀。〔註35〕

【易泉】：此處當讀作「女（汝）愼重君喪而舊（柩）之於上（堂）三月」。「舊」當讀作「柩」。「上」讀作「堂」。「舊（柩）之於上（堂）」，「於」，在。「舊（柩）之於上（堂）」即柩在堂。相似表述見於《漢書·酷吏傳·田廣明傳》「喪柩在堂」，張家山漢簡《奏讞書》183號簡「今杜女子甲夫公士丁疾死，喪棺在堂上，未葬，與丁母素夜喪，環棺而哭」之「喪棺在堂上」。由此可知鄭武公大致三月而葬。《左傳》隱公元年：「天子七月而葬，同軌畢至；諸侯五月，同盟至；大夫三月，同位至。」楊伯峻注：「《禮記·禮器》及《雜記下》並云『諸侯五月而葬』，然考春秋，三月而葬者多，亦有遲至六月始葬者」。可見《禮記·王制》等文獻所記諸侯「五月而葬」恐並非春秋喪制全貌。鄭武夫人並未干預而緩葬鄭武公。〔註36〕

【沈培2017】（P502～503）：這段簡文應該讀爲：「邊父規大夫曰：『君恭而不言，加主於大夫。汝愼主君喪而久之，於上三月。』」

邊父這幾句規勸的話，是緊接著鄭武公下葬之後而說的，其意思就是規勸大夫們，你們主持君喪，可以在下葬之後再拖延一段時間，但最多只能是三個月。結果到了小祥，孺子仍然沒有主持政事。因此，邊父才會受二三老臣之託去勸說莊公。目前還無法從簡文看到鄭武公葬月的時間，如果按照古書所記的通例「三月而葬」的話，那麼簡文給我們展示的情況是：大夫們主持了三個月「葬月」中的政事，然後又拖延了三個月，這就是六個月。再過

〔註35〕 《清華六〈鄭武夫人規孺子〉初讀》57樓，發表日期：2017年6月19日。
〔註36〕 《清華六〈鄭武夫人規孺子〉初讀》63樓，發表日期：2017年8月14日。

六個月，就到了「小祥」。這就意味著，很可能有六個月的時間，鄭國政事處於大夫不得不「主」，但主之又不合乎邊父之規勸的境地。

（24）少（小）羕（祥）

【清華（陸）】（P108）：小祥，祭名。《儀禮·士虞禮》「期而小祥」，鄭注：「小祥，祭名。祥，吉也。期，周年。」《禮記·間傳》：「父母之喪，既虞卒哭，疏食水飲，不食菜果。期而小祥，食菜果。」

【李守奎2016】（P17）：《儀禮·士虞禮》：「期而小祥。」鄭玄注：「小祥，祭名。祥，吉也。期，周年。」《禮記·間傳》：「父母之喪，既虞、卒哭，疏食水飲，不食菜果。期而小祥，食菜果。」……去世一週年，行小祥之禮。簡文的意思是嗣君即位已滿一年尚不理國政，大臣故進諫臨政。若「三月小祥」，既不合禮制，也沒必要進諫。

（25）夫＝（大夫）聚晷（謀），乃史（使）鼻（邊）父於君曰：「二三老臣史（使）戠（禦）寇（寇）也，尃（布）啚（圖）於君。

【清華（陸）】（P107）：戠，從吾得聲，讀「禦」，皆疑母魚部字。《國語·魯語上》：「所以禦亂也。」

【王寧2016A】：「尃」原整理者括讀「布」，當讀「敷」訓「布」。「敷圖於君」即爲君主出謀劃策之意。

【子居2016A】：筆者以爲，悅園所說簡八與簡十連讀甚是，簡九確當自簡八與簡十之間抽出，且當置於簡十三與簡十四之間，上接簡十三，下啓簡十四。

「禦寇」當爲邊父之名。「使禦寇也」即「派我禦寇（前來）」。「布圖於君」即把我們商量的內容說給君主您。

【今按】：此從子居之說，簡9當置於簡13與簡14之間。

（26）昔虔（吾）先君史（使）二三臣，归（抑）杲（早）者（前）句（後）之以言，思羣臣旻（得）執女（焉），□（虞一且）母（毋）交於死

【清華（陸）】（P107～108）：抑，訓「則」，見《古書虛字集釋》（第二○九頁）。思，通「斯」，訓「而」，見《古書虛字集釋》（第七○三頁）。執，訓「用」。《莊子·達生》「吾執臂也」，成玄英疏：「執，用也。」交，《小爾雅·廣言》：「報也。」即「效」字。於，猶「以」，見《古書虛字集釋》（第

五一頁）。句云幾個老臣未能以死報君。「母（毋）」前疑有缺字。

【暮四郎】：「二三老母（毋）交於死」是一句客套話，按字面翻譯是「（希望）那些大臣們不要碰上死亡」。這裡邊父是在代表二三臣說話，所以開場說，希望我們說的這些話不會讓您生氣、判我們死罪。眾所周知，當時的國君與後代專制帝王有很大區別，但是作為客套話，邊父這樣說是可以理解的。〔註37〕

【bulang】：簡九「思群臣得執焉」，「思」讀為「使」似乎較順。〔註38〕

【紫竹道人】：「前後」猶「先後」，《詩・大雅・緜》「予曰有先後」《毛傳》：「相道前後曰先後。」《韓非子・外儲說左下》講孔子弟子子皋為獄吏，「刖人足」，那個刖危對子皋說：「然方公之獄治臣也，公傾側法令，先後臣以言，欲臣之免也甚，而臣知之。」「先後臣以言」似與簡文「前後之以言」語合。武姜對鄭莊公說：「從前俺們先君支使二三臣子，則早早地用話教導他們，使得群臣能夠各守其職……」所以「四鄰」等皆「以吾先君為能敘」。武姜這話是承上「孺子女（如）共（恭）大夫，且以教焉」說的（簡 8），特別點出先君「早前後之以言」，正緊扣「且以教焉」。〔註39〕

【王寧 2016A】：「早」訓「先」，提前意。「前後」本是說身前身後，代指身邊、周圍，此用為動詞，「前後之」即把他們（群臣）叫到前後（身邊）。「以」訓「而」，「言」為言語、說話，這裡是以言語訓誡的意思。「二三」是古人對眾人的一種尊稱，相當於後來說的「諸位」。此二句意思是過去吾先君使用諸位大臣，是提前把他們叫到前後用言語訓誡他們。

「思」原整理者讀「斯」，bulang 先生認為當讀「使」，可從。「執」即執事之省語，「得執」意思是知道自己的職責是什麼。

「二三老」即諸位老臣。交，合也，「交於死」即「合於死」。此句意思是諸位老臣不至合於死，就是還不至於犯該死的罪。

【子居 2016A】：「執焉」下的闕文，由殘存的上半部分看，當是「虞」字。「且毋交於死」，就是暫且沒有遇到死，指沒有因罪責或戰事而死。

【單育辰 2017A】（P299）：簡 9 與簡 14 編聯從悅園、子居說。「交」應讀為「邀」，「交」見紐宵部，「邀」影紐宵部，古音很近，典籍中也有很多相同之例。《繫年》簡 43「令尹子玉遂率鄭、衛、陳、蔡及羣蠻夷之師以交文公」，

〔註37〕 《清華六〈鄭武夫人規孺子〉初讀》16 樓，發表日期：2016 年 4 月 18 日。
〔註38〕 《清華六〈鄭武夫人規孺子〉初讀》17 樓，發表日期：2016 年 4 月 18 日。
〔註39〕 《清華六〈鄭武夫人規孺子〉初讀》39 樓，發表日期：2016 年 4 月 26 日。

「交」即「邀」。「邀」是謀取、招引的意思，「於」是引出「邀」的內容或對象，句式同此者可參《莊子・知北遊》「邀於此者」（「此者」指「至道」）。在這個意義上讀為「要」也是可以的，如《文選・西征賦》「志勤遠以極武，良無要於後福」。「二三老毋邀於死」，是說先王不讓二三個老臣招致死亡，其中「死」字又呼應下文簡「14+15」「毋措手趾，殆於為敗」、簡15「豈既臣之獲罪」。又，其中的「得執」的「執」應該是有所執守的意思。

　　【吳祺 2017】：對於簡文「毋交於死」，暮四郎、子居兩位先生對文義的理解可從，當為碰上、遇到死亡之義。然而「交」字古似乎並未見有碰上、遇到之義，且典籍中亦未見到交於疾患、死亡的用法。「交」字於此似當讀為「遘」。從語音上看，上古音「交」為見母宵部字，「遘」從「冓」聲，上古音「冓」為見母侯部字。二者聲母為雙聲關係，韻部有旁轉關係，古音相近，例可相通。《漢書・蕭何曹參傳》：「蕭何為法，講若畫一。」顏師古注引文穎曰：「講，或作較。」是為從「交」聲字與從「冓」聲字相通的例證。故簡文「交」當可讀為「遘」。「遘」字古有「遇」義，且多用來指遇到疾病。

　　《書・洛誥》：「惠篤敘，無有遘自疾，萬年厭於乃德，殷乃引考。」吳汝綸謂：「有、或同字。《詩箋》：『自，由也。』由，於也，『無有遘自疾』，無或遇於疾也。」此與簡文「毋交（遘）於死」亦可相參。故簡文「昔吾先君使二三臣，抑早前後以言，思群臣得執焉，且毋交（遘）於死。」可翻譯為：過去我們先君支使二三臣子，則早早地用話教導他們，使得群臣能夠各守其職，且不會遇到死亡。

　　【今按】：此從子居之說，簡9下接簡14，簡9末尾殘字作「▉」，從殘餘字形看，此字從「虍」無疑。子居認為此字為「虘」，讀為「且」。簡8「虘」字作「▉」，子居之說或可從。

（27）今君定，龏（拱）而不言，二三臣史（事）於邦，远=女=（惶惶焉，焉）宵（削）昔（錯）器於巽（選）贀（藏）之中，母（毋）乍（措）手止，台（殆）於為散（敗），

　　【清華（陸）】（P108）：句云孺子已定君位。惶惶焉，即惶惶然。削，《廣雅・釋詁二》：「減也。」昔，讀為「錯」，《方言》卷六：「藏也。」「巽」讀為「選」，《說文》：「遣也。」遣藏，即殉葬器物。乍，讀為「措」。止，《儀禮・士昏禮》「皆有枕，北止」，鄭注：「足也。」《論語・子路》：「則民無所

措手足。」訇，讀爲「殆」，義爲幾、近，見《詞詮》（第三九頁）。據簡背劃痕，第十四簡後或缺一整簡。

【ee】：簡 14 與簡 15 可直接編聯，「殆於爲敗」非常通順，中間不必再有缺簡。因竹簡削錯、寫錯等原因，可能拋棄一支簡，簡背劃痕祇能起輔助作用。〔註 40〕

【暮四郎】：本篇竹簡無編號，整理報告根據簡背劃痕，認爲「或缺第十五簡」。單育辰先生認爲，簡 14 與簡 15 可直接編聯，「殆於爲敗」非常通順，中間不必再有缺簡。因竹簡削錯、寫錯等原因，可能拋棄一支簡，簡背劃痕祇能起輔助作用。（簡帛網－簡帛論壇－簡帛研讀－「清華六《鄭武夫人規孺子》初讀」下第 7 樓「ee」（單育辰）的意見。）

……

「今君定莽（恭）而不言」當讀爲一句。

「迬=」讀爲「惶惶」符合文義，但問題是上古「亢/亡」「皇」聲之字似乎罕見相通之例。（參看張儒、劉毓慶《漢字通用聲素研究》，太原：山西古籍出版社，2002 年，第 445～448、486～487 頁。）「迬=」應該讀爲「茫茫」，清華簡第三輯《祝辭》簡 1「亢亢」即用爲「茫茫」（「又（有）上亢=（茫茫）」）。「茫茫」指茫然無所措貌。《楚辭·哀時命》：「怊茫茫而無歸兮，悵遠望此曠野。」

「爲宵昔器於巽酅之中」或當讀爲「爲宵作器於殉、葬之中」，上古「昔」聲、「乍」聲字可通（如此處的「乍（措）手止」），「巽」聲、「旬」聲的字可通用，如「筍」與「簨」，楚簡「酅」字常用爲「葬」。「宵」即夜，乃副詞狀語。「殉」指陪葬品（單說「殉」時不限於人）。《左傳》文公六年：「秦伯任好卒，以子車氏之三子奄息、仲行、鍼虎爲殉。」《左傳》宣公十五年：「疾病，則曰：『必以爲殉。』」「葬」大概也是指陪葬品，與「殉」義近。「茫茫焉，爲宵作器於殉、葬之中」，是說眾臣茫然無措，晝夜只在殉葬品之間周旋操勞。〔註 41〕

【東山鐸】：「宵」或當如字讀，指夜間。邊父言此，當是打一個比方，群臣之於邦國大事，很茫然，好比夜晚在眾多器物中放置其他器物，因昏暗看不清，故手足無措。邊父以此比擬君主「不言」（即不發佈指令）而造成群臣無所適從的狀況。〔註 42〕

〔註 40〕《清華六〈鄭武夫人規孺子〉初讀》8 樓，發表日期：2016 年 4 月 17 日。
〔註 41〕《清華六〈鄭武夫人規孺子〉初讀》16 樓，發表日期：2016 年 4 月 18 日。
〔註 42〕《清華六〈鄭武夫人規孺子〉初讀》37 樓，發表日期：2016 年 4 月 24 日。

【王寧 2016A】：定，安也。鄭莊公服喪滿一年，已經舉行了小祥之祭，一切開始安定下來，逐漸恢復正常，故曰「君定」。《左傳・哀公六年》：「國之多難，貴寵之由，盡去之而後君定」，「君定」均君主安定意。「龔」原整理者讀「拱」，按亦當讀「恭」，與上簡 12-13「君共（恭）而不言」句同。

簡文「遠=」原整理者括讀「惶惶」，此字從辵巟聲，當即「遑」之或體，先秦兩漢典籍中，惶恐、惶懼字作「惶」，用為憂懼不安之貌義者則多作「遑遑」，後世典籍或作「惶惶」，義同。「焉=」簡文作「女=」，「女」本「安」字用為「焉」，其「=」在此處疑是做合文符號，即由「女（安）」字中析出「女」字，讀為「焉女」，猶「夫=」要從「夫」中析出「大」字而讀「大夫」也。「女」讀為「如」，全句當讀為「遑遑焉女（如）宵昔（措）器於巽（選）賦之中」。「遑遑焉」即「惶惶如」。「昔」讀為「措」，置也。……「巽（選）」蓋即選具之選，選藏，指諸多儲藏的物品。或曰：「選」讀為「萬」，《字彙補》：「選，萬也。《山海經》『五億十選九千八百步』，楊慎云：『選與萬，古音通，遂借其字。』」「萬藏」亦指眾多的儲藏之物。「止」即「趾」初文，此指足，「手止」即手足。毋措手止（趾），手足無措。

原整理者於「於」與「為」之間加省略號，以有缺簡。ee 先生云：「……」當是。殆於為敗，幾乎要毀壞了，謂國家政事將陷入混亂也。

【子居 2016A】：網友暮四郎指出：「……」「茫茫」不見先秦辭例，依先秦用字習慣，當作「芒芒」，清華簡《祝辭》同。

……以「巽器」為「眾多器物」，顯然是讀「巽」為「萬」。筆者以為，東山鐸所說當近是，唯「昔」當讀為「索」，訓為搜索。

（28）者（胡）窀（寧）君，是又（有）臣而為埶（褻）辟（嬖），幾（豈）既臣之膞（獲）皋（罪），或（又）辱虘（吾）先君，曰是亓（其）侓（藎）臣也？

【清華（陸）】（P108）：者，讀為「姑」，姑且。寧，安慰。句云姑且安慰一下邦君。幾，讀為「豈」，語助詞。曰，訓為「謂」，見《古書虛字集釋》（第一三四頁）。藎臣，《詩・文王》毛傳訓「藎」為「進」。《說文通訓定聲》：「藎，假借為進，進獻忠誠。」簡文是說諸臣原為先君進任之人。

【清華讀書會 2016】（馬楠）：《大雅・文王》有：「王之藎臣，無念爾祖。」「藎臣」之「藎」，《爾雅・釋詁》、毛傳、鄭箋皆訓為「進」，謂「王之進用臣」（鄭箋），後代注家多同此說。而「藎」字《方言》中另有訓詁「餘

也」，即用作「爐」之通假字。

清華簡《皇門》云：「朕遺父兄眔朕聿（藎）臣。」

「藎臣」與「遺父兄」平列，是「藎臣」謂前代、先王之遺臣無疑。……

「假哉天命」以下說殷未喪眔時，克配上帝。天命不常，上帝棄商，降天命於周，商之子孫遺民服事於周廷。故而「王之藎臣，無念爾祖」是告誡殷遺臣無念爾祖，天命既改，當修德以配天命。告誡對象是「有商孫子」而非「文王孫子」，「藎臣」釋爲遺臣文義乃順，與「王之進用臣」並無關係。又《韓詩外傳》卷三「《詩》曰『有聲有聲，在周之庭』，紂之餘民也」，與「殷士膚敏，祼將于京」文義相類，「藎臣」與「餘民」義亦相類。

《鄭武夫人規孺子》「幾（豈）既臣之獲罪，又辱吾先君，曰是其藎臣也」，謂群臣獲罪，辱及先君，曰此是吾先君之藎臣。更可證「藎臣」是指先君遺老。而《子產》「善君必察昔前善王之法律，求藎之賢，可以自分」[二〇] 也應當指前代的遺賢。

【ee】：簡 15 應斷讀爲：「胡寧君是有臣而爲爇辟」，「胡寧」典籍常見，這裡是反問語氣，如《毛詩‧大雅‧雲漢》：「胡寧瘨我以旱？」[註43]

【暮四郎】：「耆盜君」當讀爲「故寧君」。「殆於爲敗，故寧君」意爲「現在我們的國家快要遭遇失敗了，所以我前來向君主問安」。名曰問安，其實是來進諫。「寧君」同樣是貴族的客氣話。[註44]

【王寧 2016A】：胡寧君，此是問句，意思是怎麼能讓君主安寧呢？

「爇」原整理者讀「爇」，按當讀爲「設」，《三國志‧魏書二十四‧崔林傳》：「太祖隨宜設辟」，即設定官職或職責。

「幾」原整理者括讀「豈」。「幾」又見下文「幾孤其足爲免（勉）」，ee先生云：「『幾』應讀爲『冀』，『冀』是希望的意思，『幾』『冀』相通之例甚多，參《古字通假會典》375 頁。」按此說是也。此處亦當讀「冀」，希望、期望義。此處的「吾先君」當是指武公。

「藎臣」，《補正》引馬楠先生說「當釋爲先王遺臣」，當是。此數句當讀爲：「是有臣而爲爇辟，幾（豈）既臣之獲罪，或（又）辱吾先君，曰是其藎臣也。」同時指出「『藎臣』謂前代、先王之遺臣無疑」，可從。此時莊公朝中群臣都是武公朝的大臣，故曰「其藎臣」，同時也說明此時說的「吾先君」是指武公。從

[註43] 《清華六〈鄭武夫人規孺子〉初讀》15 樓，發表日期：2016 年 4 月 18 日。
[註44] 《清華六〈鄭武夫人規孺子〉初讀》16 樓，發表日期：2016 年 4 月 18 日。

「二三老毋交於死」開始，都是邊父責備鄭莊公的話，大體的意思是：諸位老臣雖然無能，但還不至於犯死罪。可現在您不問國政，把事情都交給大臣去做，大臣們都不知所措，事情都做得不好，國政幾乎要混亂了。您這是為群臣們設定了職責，希望大臣們既犯罪，又侮辱我先君，還要說「這都是他（先君）的遺臣啊」，這樣群臣確實罪至於死了。是希望莊公趕快出來主事，穩定政局。

【陳偉 2016】：邊父在和大夫聚謀後，與莊公談話時最後說：「胡寧君是有臣而為瞀辟（嬖），豈既臣之獲罪，又辱吾先君曰是其蓋臣也。」其中第一個字從「屮」從「古」，整理本讀為「姑且」的「姑」，並在「姑寧君」之後加逗號，把這三個字理解為「姑且安慰一下邦君」。我們知道，《詩經》中幾次出現「胡寧」的說法。《小雅·四月》說：「先祖匪人，胡寧忍予？」《大雅·雲漢》說：「父母先祖，胡寧忍予！」又說「胡寧瘨我以旱？憯不知其故。」這三處「胡寧」，鄭玄箋分別解釋為「何為曾（乃、竟之義）」「何為」「何曾」，表示強烈質問的語氣。這句簡文的第一二字，恐怕也應該如此理解。相應地，「胡寧君」應該連後讀，意思是說：為什麼君主有我們這些臣子卻被看作是「瞀嬖」？這顯然是對武姜說辭的反擊。

【子居 2016A】：「胡寧君寔有臣而為褻嬖」即指鄭莊公對待這些舊臣象對待褻嬖一樣，不發布政令并交給他們執行。

（29）二三夫=（大夫）不尚（當）母（毋）然，二三夫=（大夫）膚（皆）虖（吾）先君之所付（守）孫也。

【清華（陸）】（P108）：付，從肘省聲，李天虹《釋郭店楚簡〈成之聞之〉篇中的「肘」》（《古文字研究》第二十二輯）認為「寸」為「肘」字指事初文。付，在此讀為「守」，《玉篇》：「護也。」孫，《禮記·表記》「詒厥孫謀」，孔疏：「謂子孫」。

【李守奎 2016】（P13）：「不當毋然」字面意思很好懂，意思就是「不應當不這樣」，關鍵問題是這個「然」指的是哪種情況。其母武夫人不讓他參政，諸大臣請求他參政，孺子君此時需要抉擇表態。這句應當是對邊父等大臣的勸告，而不是對其意見的讚同。文中的先君如果是鄭武公，「孫」就不能如字讀，邊父及眾臣不可能是武公之孫。《禮記·學記》：「入學鼓篋，孫其業也。」鄭玄注：「孫，猶恭順也。」後世多作「遜」。孫前一字作「付」，疑是肘聲字，讀為「由」，與小篆之「付」是同形字。「先君之所由孫」即先君所遵從的人。

【暮四郎】：「付」當作本字理解，即託付義。「二三大夫皆吾先君之所付

孫也」意為：那些大夫都是我的先君將自己的子孫所託付給的人啊。〔註45〕

【王寧 2016A】：此處「不」當是語中助詞，起加強語氣的作用，無意。《左傳‧襄公二十九年》：「不尚取之」，服虔注：「不尚，尚也。」《戰國策‧秦策二》：「楚國不尚全事」，鮑注：「不尚，尚也。」「不尚毋然」即「尚毋然」，意思是應該不是這樣的。

【子居 2016A】：毋然，即不以為然，指舊臣們不認可鄭莊公的「拱而不言」。鄭莊公既然對邊父說「二三大夫不當毋然」，自然是認為自己的「拱而不言」是適當的，這也就意味著，此後鄭莊公很可能是完全奉行了武姜所建議的三年不問政。「付孫」當讀為「拊循」，又作「撫循」，為撫慰養護義。

【吳祺 2017】：簡文中「付」字作⿰亻寸形。⿰亻寸所從之⿱⿱ 即「寸」字，為指事字。⿰亻寸是從「人」從「寸」聲之字，可隸定為「付」，與後世付與之付可能只是同形字。《說文》：「寸，十分也。人手卻一寸動脈，謂之寸口。」故此字從「人」應是增繁的標義偏旁。……簡文此字於此似可讀為「尊」。上古音「寸」為清母文部字，「尊」為精母文部字。二字聲母同為齒音，韻部疊韻。古音很近，例可相通。睡虎地秦簡《日書甲種‧詰》：「人毋（無）故而心悲也，以桂長尺有尊而中折。」整理者將「尊」讀為「寸」。……「尊」字在此訓為尊崇、尊重之義。……簡文之「孫」字，我們認為段凱先生讀為「任」可從。「任」訓為任使、任用。簡文「尊任」當為尊崇任用之義。簡文「二三大夫皆吾先君之所付（尊）孫（任）也」，意為二三大夫都是我先君武公所尊崇任用的人，與下文「用兼授之邦」句在語義上前後相承。

（30）虔（吾）先君智（知）二三子之不二心，甬（用）厤（歷）受（授）之邦。不是肰（然），或（又）再（稱）记（起）虔（吾）先君於大難之中？

【清華（陸）】（P109）：歷，《書‧盤庚下》「歷告爾百姓于朕志」，蔡沈集傳：「盡也。」

【清華讀書會 2016】（馬楠）：「或」用作不定代詞。句意是：不如此，誰稱起吾先君於大難之中。

【暮四郎】：「是」當讀為「啻」，上古「是」聲、「帝」聲之字常常通用。（張儒、劉毓慶：《漢字通用聲素研究》，太原：山西古籍出版社，2002 年，

第 508 頁。)「不是（啻）然」即不止如此。所以，這個句子並非文句，而是陳述句，末尾當標句號。〔註 46〕

【李鵬輝 2016】：我們懷疑此「甬厤」或許應讀爲「通歷」，「甬」讀爲「通」在出土材料中有見，（原注：王輝：《古文字通假字典》，中華書局 2008 年 2 月，第 466 頁。）茲不贅舉。此「甬厤」和「不二心」蓋爲並列的關係。再者，「通歷」一詞又見於《史記·梁孝王世家》：「初，武爲淮陽王十年，而梁王勝卒，謚爲梁懷王。懷王最少子，愛幸異於他子。其明年，徙淮陽王武爲梁王。梁王之初王梁，孝文帝之十二年也。梁王自初王通歷已十一年矣。」和《漢書·文三王傳第十七》：「梁孝王武以孝文二年與太原王參、梁王揖同日立。武爲代王，四年徙爲淮陽王，十二年徙梁，自初王通歷已十一年矣。」此二書所記句式近同。簡文的意思是說此「二三大夫」既是「不二心之臣」又是「通歷」先君和今君老臣，最有資格被授之邦以來輔佐鄭莊公。

【王寧 2016A】：用，因此。歷，本爲經歷義，引申爲歷來義，意思相當於「一直」，表示時間長久，故《小爾雅·廣詁》云：「歷，久也」。此句意思是因此一直把國家交給大臣們來管理。

【子居 2016A】：這裡是寫鄭莊公以先君武公對諸大夫的信任，並將鄭邦託付給諸大夫的事，來說明自己現在「拱而不言」是適宜的。

《尚書·牧誓》：「稱干戈，比爾干，立爾矛，予其誓。」孔傳：「稱，舉也。」故「稱起」即「舉起」，指鄭武公舊臣拯救武公脫離大難。

【今按】：「歷」當訓爲盡，原整理者之說是。《周禮·夏官·量人》：「凡宰祭、與鬱人受斝，歷而皆飮之。」賈公彥疏：「此有歷字者，謂鬱人與量人皆飮之也。」《書·盤庚下》：「今予其敷心腹腎腸，歷告爾百姓於朕志。」此句當解釋爲先君知道諸位大臣忠心不二，因此將國家全部交予你們。

（31）今二三夫=（大夫）畜孤而乍（作）女（焉），幾（冀）孤亓（其）欧（足）爲免（勉），归（抑）亡（無）女（如）虐（吾）先君之惥（憂）可（何）？

【清華（陸）】（P109）：今，訓爲「若」。畜，《禮記·祭統》「孝者畜也」，鄭注：「謂順於德教。」「畜孤而作」意云順服君命行事。抑，《古書虛字集釋》：「猶然也。」（第二〇六頁）此句是說諸大夫能遵順孺子的意志行事，足

以勉勵孺子自己，但仍不能使已故的先君無憂。這是謙詞。

【李守奎 2016】（P17～18）：「先君之憂」疑與禮書中所說的「三年憂」相關。……《禮記》中有《三年問》，專論三年之喪，稱其為「無易之道」，不可更改。現在「君拱而不言」，正是按照武夫人的規正，若殷高宗之守喪，若鄭武公之不理朝政。當邊父等要求其臨政時，年輕的君主回答是：我雖然受你們的擁戴，但無奈有三年之喪。

【暮四郎】：這一節應當斷讀為「今二三大夫畜孤而作焉，幾孤其趹（促）為娩（勉），印（抑）亡（無）女（如）吾先君之憂可（何）」，是陳述句而非問句，其後當標句號。

畜，當解為畜養之「畜」，而不是所謂順服。因為此時的國君是孺子，而「二三大夫」是前朝遺老、受先君之命以輔助此孺子，孺子通過邊父向「二三大夫」傳話時理應畢恭畢敬，所以孺子說「二三大夫畜養我而勞作」。「作」照應前文「焉宵作器於殉、葬之中」。「趹」當讀為「促」、解為速，參見我們對上文簡 10「趹婁」、簡 11「趹」的討論。「幾」與上文「幾既臣之獲皋，或（又）辱吾先君曰：是亓選臣也」之「幾」用法可能相同。此字讀為「豈」不可信，如何讀待考。我們初步推測其意相當於「庶幾」。〔註47〕

【ee】：簡 17：「幾（冀）孤其足為勉」，「幾」整理者讀為「豈」，上下文不通順，尤其與下句的「抑」銜接的很不好（暮四郎已言釋豈不可信）。按「幾」應讀為「冀」，「冀」是希望的意思，「幾」「冀」相通之例甚多，參《古字通假會典》375 頁。〔註48〕

【東山鐸】：《孟子・梁惠王下》：「其詩曰：『畜君何尤。』畜君者，好君也。」疑簡文「畜」字亦當訓為「好」。

「今二三大夫畜孤而作焉」云云，或當是謂，大夫們是對我好而有如此舉動（指邊父等大夫規誡於自己），希望我經過努力能夠對得起諸位大夫的勉勵，然而，若是我這麼做的話（指自己親自操持政務，發號施令），對於先君的憂慮又該怎麼辦呢？

——武夫人規誡莊公之語，無非是想讓其放權於眾大夫，以便於自己一方操縱權柄，故言辭之間常常提及「先君（武公）」如何如何。及至莊公放權（表面上的），大夫無所適從，故邊父規諫莊公，中心意思應當是想規勸其重

〔註47〕 《清華六〈鄭武夫人規孺子〉初讀》22 樓，發表日期：2016 年 4 月 18 日。
〔註48〕 《清華六〈鄭武夫人規孺子〉初讀》34 樓，發表日期：2016 年 4 月 21 日。

操權柄。莊公回答邊父的話，表面上說「印（抑）亡（無）女（如）吾先君之憂可（何）」，意即若是我重操權柄，先君那裡不好交待，會讓先君憂慮，言外之意其實當是說在武夫人那裡不好交待。因武夫人是用已經去世的「先君（武公）」來壓制莊公，逼其就範的。

——歷史上的鄭莊公，絕對是權謀大家，看《左傳》隱公十一年攻佔許國後其戒飭守臣之語，委婉含蓄，而又分析透徹，指點到位，外交辭令之運用嫻熟無比（被選入《古文觀止》）。

清華簡此段簡文，似乎也當理解爲鄭莊公之權謀。他一方面以言辭暗示諸大夫，自己具備君人治國才能，值得諸大夫支持擁護；另一方面又暗示自己目前受制於人（武夫人），暫時無法大展身手。——畢竟母子至親，非同一般，不能操之過急。〔註49〕

【王寧 2016A】：「畜」本「養」義，此時莊公尚未成年親政，群臣保護、輔佐他，猶撫養然，故曰「畜」。此句及下二句從暮四郎先生斷讀。

此二句是說：希望我足以以此爲努力的榜樣，也對於吾先君的憂慮無可奈何。意思吾先君憂慮我治理不好國家，我以大夫們爲榜樣努力奮發，恐怕也解除不了先君的憂慮。是莊公自謙的說法。

【陳偉 2016】：孤，是莊公自稱。畜，容納的意思。《左傳》襄公二十六年：「獲罪於兩君，天下誰畜之？」杜預注：「畜，猶容也。」作，大概是指奮起。幾，庶幾，差不多的意思。免，恐怕不能如整理本讀爲「勉勵」的「勉」，而是指免於罪責。《左傳》文公十七年：「雖敝邑之事君，何以不免？」杜預注：「免，免罪也。」這段話是說：現在大夫們奮起保護我，我大概可以免遭惡運，但卻無法面對父君的擔憂。最後一句話大概是因爲武公在確定莊公繼位後，對武姜與莊公母子、莊公與共叔段兄弟之間的衝突懷有憂慮。因而這段話很可能意味著，莊公決定在大夫支持下，正面與武姜抗衡，直接親政。

【子居 2016A】：「乍」當讀爲「作」，《禮記·祭義》：「是故孝子臨尸而不作。」鄭玄注：「色不和曰作。」

免，當訓爲廢黜，《管子·明法解》：「勝其任者處官，不勝其任者廢免。」

此句是說現在諸位舊臣養著我，卻有所不安，這不止足以讓我廢免，恐怕也無法應對先君的憂慮吧。「豈孤其足爲免，抑無如吾先君之憂何」與前面邊父所言「豈既臣之獲罪，又辱吾先君」正相對應。

〔註49〕《清華六〈鄭武夫人規孺子〉初讀》40樓，發表日期：2016年4月27日。

【尉侯凱 2017】（P125～126）：「畜」有「好」義。《孟子・梁惠王》：「其詩曰：『畜君何尤？』畜君者，好君也。」《呂氏春秋・適威》：「民善之則畜也。」高誘注：「畜，好。」《詩・小雅・蓼莪》：「父兮生我，母兮鞠我。拊我畜我，長我育我。」孔穎達疏：「畜我承拊我之後，明起止而畜愛之。」

畜屬曉紐沃部，好屬曉紐幽部，二字聲紐相同，韻部沃、幽爲旁對轉，當可通假。湯餘惠先生認爲，蓄、畜、孝、好諸字並音近可通。《說文》「畜」字下段玉裁注云：「畜，古叚爲好字。如《說苑》尹逸對成王曰：『民善之則畜也，不善則讎也。』晏子對景公曰：『畜君何尤？畜君者，好君也。』謂畜即好之同音叚借也。」但此「好」字當作動詞「喜好」「喜愛」解，《孟子》中的「畜君」，即喜愛君，《詩》中的「畜我」，即喜愛我，簡文中的「畜孤」，即喜愛孤（鄭莊公自稱）。「今二三大夫畜孤而作焉」，意思是說大夫們喜愛我而有此舉動（規勸自己）。網友東山鐸將「好」理解成形容詞「友好」，將「畜孤」翻譯爲「大夫們是對我好」，這是不夠準確的。

【單育辰 2017A】（P300）：「幾」整理者讀爲「豈」，上下文不通順，尤其與下句的「抑」銜接的很不好。按「幾」應讀爲「冀」，「冀」是希望的意思，「幾」見紐微部、「冀」見紐脂部，二字聲紐相同，韻部旁轉，古音很近，典籍想通之例也甚多，如《左傳・哀公十六年》「日月以幾」，《釋文》「幾本或作冀」；《史記・陳丞相世家》「乃冀我死也」，《漢書・陳平傳》「冀」作「幾」等。

【今按】：李守奎之說可從，「先君之憂」與三年之喪有關。據相關史料記載，鄭莊公臨政後，武姜採取各種手段限制莊公執政，并擴充自身勢力，甚至行僭越之舉。對此大臣們都深表憂慮，大臣祭仲、公子呂都曾勸諫莊公當機立斷。《左傳》云「書曰：『鄭伯克段于鄢。』段不弟，故不言弟；故曰克；稱鄭伯，譏失教也：謂之鄭志。不言出奔，難之也。」鄭莊公一直縱容叔段的所作所爲，養成其惡，意在誅之。莊公一直想除掉叔段，但無合適的理由，遂養成其惡而誅之，此時武姜和叔段並無大過，除去他們時機尚不成熟。試想當時的情形，鄭武公去世不久，鄭國遭此變故，若此時莊公與武姜翻臉，必會導致朝中大亂，甚至是使得整個鄭國陷入混亂，當時年幼的莊公或許會有這層顧忌。此外，《鄭武夫人規孺子》篇中的「殯」「臨」「葬日」「小祥」等，均爲喪禮用語。據此，簡文中的「憂」字亦有可能與喪禮有關。

4. 清華簡（陸）《鄭文公問太伯》集釋

【簡介】

據整理者介紹：「《鄭文公問太伯》有甲、乙兩本，內容基本相同，係同一書手根據兩個不同底本進行抄寫，爲目前戰國簡中僅見的情況。現存二十五支簡，甲本十四支，第三簡有殘缺；乙本當爲十二支，第三簡缺失。簡長四十五釐米，寬○‧六釐米，三道編。原無篇題，今篇題爲整理者所擬。簡文記載了太伯臨終時告誡鄭文公的言辭。太伯歷數鄭國自桓公、武公、莊公以來東遷啓疆，昭公、厲公鬥鬩斬伐的史事，最後勸誡文公當追慕先君，克己節慾，任用賢良。簡文多可印證《左傳》《國語》諸書記載，特別是桓公、武公及莊公前期處於兩周之際，文獻多闕，簡文更可補充相關史事，具有較高的史料價值。」〔註50〕

李學勤先生《有關春秋史事的清華簡五種綜述》寫道：「《鄭文公問太伯》簡文記述的是大臣太伯對文公的勸諫。從篇內文公自稱『不穀幼弱』看來，這一件事應發生於文公初嗣位時。文公元年是前 672 年，問太伯當在該年或稍晚一些的時候。」〔註51〕從平王東遷到魯隱公元年這段時間的歷史，傳世文獻的記載非常模糊。傳世文獻中關於鄭桓公和鄭武公的記載非常少，而《鄭文公問太伯》篇中就有關於鄭桓公和鄭武公東遷啓疆的記述，於傳世文獻中失載，本篇對於先秦史研究具有重要意義。

【釋文】

甲本

子人成子既死，太白（伯）豈（當）邑。太白（伯）又（有）疾，吝（文）公逄（往）訊（問）之。君若曰：「白（伯）父，不孛（穀）嬰（幼）弱，忞（閔）竷（喪）〔甲1〕虘（吾）君，卑（譬）若鷄駒（雛），白（伯）父是（實）被複（覆），不孛（穀）以能與遉（就）宷（次）。今天爲不惠，或（又）爰肰（然），與不孛（穀）爭白（伯）父。〔甲2〕所天不豫（舍）白＝父＝（伯父，伯父）而□□

〔註50〕清華大學出土文獻研究與保護中心編，李學勤主編《清華大學藏戰國竹簡（陸）》，上海：中西書局，2016 年 4 月，第 118 頁。

〔註51〕李學勤《有關春秋史事的清華簡五種綜述》，《文物》2016 年第 3 期，第 80頁。

□□□□□□□□李（穀）。」太白（伯）曰：「君，老臣□□□
□〔甲3〕母（毋）言而不豎（當）。故（古）之人又（有）言曰：『爲
臣而不諫，卑（譬）若犢（犢）而不酨（貳）。』昔虘（吾）先君逗
（桓）公後（後）出〔甲4〕自周，以車七鞏（乘），徒世=（三十）
人，故（鼓）亓（其）腹心，畚（奮）亓（其）胏（股）拡（肱），
以頡（協）於攽（庸）瓜（偶），藪（攝）曇（胄）轉（擐）號（甲），
允（攘）戈盾以媒（造）〔甲5〕劻。戩（戰）於魚羅，虘（吾）〔乃〕
膌（獲）鄣（函）、邨（訾）輨車，闌（襲）淼（虢）克鄶，寏=（廟
食）女（汝）容袿（社）之尻（處），亦虘（吾）先君之力也。枼
（世）〔甲6〕及虘（吾）先君武公，西贏（城）洢（伊）、閞（澗），
北遼（就）郟（鄔）、鄙（劉），繁厄（軛）郢（蔦）、竿（邘）之國，
魯、甄（衛）、鄝、邾（蔡）坴（來）見。枼（世）及虘（吾）先〔甲
7〕君臧（莊）公，乃東伐齊鸛（勸）之戎爲敀（徹），北贏（城）鄑
（溫）、原，徆（遺）鉯（陰）橿（鄂）宋（次），東啓遺（隤）、
樂，虘（吾）达（逐）王於鄑（葛）。〔甲8〕枼（世）及虘（吾）先
君劭（昭）公、刺（厲）公，殹（抑）天也，亓（其）殹（抑）人
也，爲是牢鼣（鼠）不能同穴，朝夕豆（鬥）鈂（閱），亦不煺（逸）
斬〔甲9〕伐。今及虘（吾）君，嵺（幼）弱而䋎（滋）長，不能莫
（慕）虘（吾）先君之武敀（徹）臧（莊）矼（功），色〈孚〉涇〈淫〉
糸（媱）于庚（康），膌（獲）皮（彼）智（荊）俑（寵），〔甲10〕敀
（爲）大亓（其）宮，君而輓（狎）之，不善弋（哉）。君女（如）
由皮（彼）孔玗（叔）、達（佚）之屄（夷）、帀（師）之佢鹿、臯
（堵）之俞珊（彌），是四人〔甲11〕者，方諫虘（吾）君於外，兹贈=
（詹）父内譎於中，君女（如）是之不能茅（懋），則卑（譬）若疾
之亡（無）瘮（醫）。君之亡（無）齬（問）也，〔甲12〕則亦亡（無）
齬（聞）也。君之亡（無）出也，則亦亡（無）内（入）也。戒之弋
（哉），君。虘（吾）若齬（聞）夫鬩（殷）邦，庚（湯）爲語而
受（紂）亦〔甲13〕爲語。」〔甲14〕

乙本

〔子〕人成子既死，太白（伯）豎（當）邑。太白（伯）又（有）疾，齐（文）公逞（往）鞫（問）之。君若曰：「白（伯）父，不欶（穀）幽（幼）弱，忞（閔）龑（喪）虗（吾）君，卑（譬）〔乙1〕……被複（覆），不欶（穀）以能與逳（就）欚（次）。今天爲不惠，或爰（援）然，與不欶（穀）請白（伯）父。所天不豫（舍）白=父=（伯父，伯父）〔乙2〕……〔乙3〕……自周，以車七竃（乘），徒丗=（三十）人，故（鼓）亣（其）腹心，畚（奮）亣（其）肺（股）扙（肱），〔乙4〕以猷（協）於攽（庸）瓜（偶），綨（攝）畢（冑）彄（摜）輗（甲），兊（攫）戈盾以媒（造）勖。戠（戰）於魚羅，虗（吾）乃膡（獲）鄟（函）、邨（誓）輚車，闄（襲）猋（虢）克酅，竃₂=（廟食）女（汝）容袥（社）〔乙5〕之屍（處），亦虗（吾）先君之力也。枼（世）及虗（吾）先君武公，西鹹（城）尹（伊）、閞（澗），北僑（就）郪（鄔）、鄙（劉），縶厄（軛）郳（蔦）、竽（邘）之國，魯、衛、鄝（蓼）、郣〈郱（蔡）〉〔乙6〕坴（來）見。枼（世）及虗（吾）先君臧（莊）公，乃東伐齊蕥（鄳）之戎爲敵（徹），北鹹（城）鄙（溫）、原，遺鄝（陰）橿（鄂）事，東攸（啓）遣（隤）、樂，虗（吾）迖（逐）王於鄖（葛）。〔乙7〕枼（世）及虗（吾）先君邵（昭）公、剌〈剌（厲）〉公，殹（抑）天也，亣（其）殹（抑）人也，亣（其）爲是牢鄗（鼠）不能同穴，朝夕豉（鬥）戗（閱），亦不愧（逸）斬伐。今〔乙8〕〔及吾〕君，弱幽（幼）而鞏（滋）長，不能莫（慕）虗（吾）先君之武散（徹）臧（莊）𥐊（功），孚淫〈淫〉柔（嫭）于康，膡（獲）皮（彼）豁〈𣦦（荊））戗（寵），歐（爲）大亣（其）宮，君而〔乙9〕輗（狎）之，不善戈（哉）。君女（如）由皮（彼）孔㫚（叔）、達（佚）之尼（夷）、帀（師）之佢鹿、臯（堵）之俞珊（彌），是四人者，方諫虗（吾）君於外，茲賵（詹）父〔乙10〕內謫於中，君女（如）是之不能茅（戀），則卑（譬）若疾之亡（無）瘝（醫）。君之亡（無）鞫（問）也，則亦亡（無）鞫（聞）也。君

之亡（無）出〔也〕，則亦亡（無）內（入）也。〔乙11〕〔戒之哉，〕君。虔（吾）若酓（聞）夫鄻（殷）邦曰，康（湯）為語而受（紂）亦為語。〔乙12〕

通行釋文：

子人成子既死，太伯當邑。太伯有疾，文公往問之。君若曰：「伯父，不穀幼弱，閔喪吾君，譬若鷄雛，伯父實被覆，不穀以能與就次。今天為不惠，又爰然，與不穀爭伯父。所天不舍伯父，伯父而□□□□□□□□□□穀。」

太伯曰：「君，老臣□□□□毋言而不當。古之人有言曰：『為臣而不諫，譬若饋而不貳。』昔吾先君桓公後出自周，以車十乘，徒三十人，鼓其腹心，奮其股肱，以協於庸偶，攝冑擐甲，攜戈盾以造勛。戰於魚羅，吾乃獲函、訾輡車，襲虢克鄶，廟食汝容社之處，亦吾先君之力也。世及吾先君武公，西城伊、澗，北就鄔、劉，縈輄蔦、邘之國，魯、衛、鄝、蔡來見。世及吾先君莊公，乃東伐齊鄻之戎為徹，北城溫、原，遺陰鄂次，東啓隤、樂，吾逐王於葛。世及吾先君昭公、厲公，抑天也，其抑人也，為是牢鼠不能同穴，朝夕鬥鬩，亦不逸斬伐。今及吾君，弱幼而滋長，不能慕吾先君之武徹莊功，孚淫嬌于康，獲彼荊寵，為大其宮，君而狎之，不善哉。君如由彼孔叔、佚之夷、師之佢鹿、堵之俞彌，是四人者，方諫吾君於外，茲詹父內謫於中，君如是之不能懋，則譬若疾之無醫。君之無問也，則亦無聞也。君之無出也，則亦無入也。戒之哉，君。吾若聞夫殷邦，湯為語而紂亦為語。」

【集釋】

（1）子人成子既死，太伯當邑。

甲本：子人成子既死，太白豐邑。

乙本：〔子〕人成子既死，太白豐邑。

【清華（陸）】（P120）：子人成子，子人為氏，成為謚。《春秋》桓公十

四年（鄭厲公三年）：「夏五，鄭伯使其弟語來盟。」《左傳》：「夏，鄭子人來尋盟，且脩曹之會。」其人為鄭厲公母弟，名語，字子人，係子人氏之祖。子人語為鄭文公叔父，疑即簡文之「子人成子」。魯僖公七年（鄭文公二十年），鄭太子華稱「洩氏、孔氏、子人氏三族」；魯僖公二十八年（鄭文公四十一年）有「子人九」。《左傳》習見「當國」，襄公二十七年杜注：「秉政。」「當邑」與「當國」文意相類，謂太伯繼子人成子執政。

【李學勤 2016】（P80）：子人成子和太伯，都是鄭國的大臣。查《左傳》莊公十四年，鄭莊公之子除昭公、厲公等四人外，還有八人。其中一人名語（《穀梁》作御），字子人，後裔為子人氏。這裡的「子人成子」應為後人追稱語的諡法，他是厲公的弟弟，文公的叔叔。

再看簡文「子人成子既死，太伯當邑」，「當邑」應該是治理封邑的意思，所以太伯很可能是子人成子的長子，也就是文公的兄弟行。文公當時「幼弱」，太伯則年長得多，以致他患重病，文公親去探問，他也自稱「老臣」。

在簡文中，文公是稱太伯為「伯父」的，既是同輩的從兄弟，何以口稱「伯父」？這個問題有一個可能的答案。《左傳》莊公十四年，鄭厲公稱大夫原繁為「伯父」，按照楊伯峻先生《春秋左傳注》（中華書局，1990 年，第197 頁）的這一說法，「伯父」是對年長大夫的特定稱謂，而並不表示血緣上的親屬關係。

【馬楠 2016】（P85）：子人氏出自鄭莊公，《左傳》稱「宋雍氏女於鄭莊公，曰雍姑，生厲公」，鄭厲公即位後與魯國修好，《春秋》魯桓公十四年（鄭厲公三年，前 699 年）「夏五，鄭伯使其弟語來盟」，《左傳》「夏，鄭子人來尋盟，且修曹之會」。其人為鄭厲公母弟，文公叔父，名語，字子人，係子人氏之祖，疑歿後諡「成」，即簡文之「子人成子」。此後 46 年，魯僖公七年（鄭文公二十年，前 653 年），鄭太子華譖「洩氏、孔氏、子人氏三族」，應是子人語已傳至孫輩，立子人氏。又魯僖公二十八年（鄭文公四十一年，前 632 年）有「子人九」，去魯桓公十四年已有 67 年，則子人九可能是子人語的第三代或者第四代。

《左傳》習見「當國」，杜注以為「秉政」。「當邑」與「當國」文意相類，謂太伯繼子人成子執政。魯僖公七年時，管仲稱「鄭有叔詹、堵叔、師叔三良為政」，那麼子人氏可能在子人語之後就不再主政了。

【羅小華 2016】我們懷疑，書寫者也有可能是將「子人」作為氏看待。

如果是這樣，那麼「子人成子」可以概括爲「氏＋諡＋子」。

【子居 2016】：太伯疑即《左傳・隱公五年》中的公子元。據《左傳・隱公五年》可知，鄭莊公除了鄭昭公、鄭厲公、子亹、子嬰四子外，還有曼伯、子元二子。《左傳・昭公十一年》：「鄭莊公城櫟而置子元焉，使昭公不立。齊桓公城谷而置管仲焉，至于今賴之。」杜注：「子元，鄭公子。莊公置子元于櫟。桓十五年，厲公因之，以殺櫟大夫檀伯，遂居櫟，卒使昭公不安位而見殺。」故殺曼伯而危鄭昭公的，就是子元。那麼在鄭莊公諸子已死的情況下，會被鄭厲公重用，並被鄭文公稱爲「伯父」的，自然最可能就是公子元了。

【王寧 2016B】：該篇中「太伯」的「太」，都是寫作：**犬** 簡 1 這個字形在楚簡裡很常見〔註 52〕，隸定作「犬」，它和大小的「大」不是一個字。筆者懷疑《鄭文公問太伯》的「犬伯」即洩伯。「泄（洩）」古有兩個讀音，一個是私列切，心紐月部；一個是余制切，餘紐月部，都是讀舌音，均與「犬」音近；「犬」在楚簡中用爲「厲」，而《漢書・禮樂志》：「迣萬里」，顏注：「迣讀與厲同」，「迣」亦從「世」聲，有三個讀音，一個是征例切，章紐月部；二是《廣韻》以爲「迾」之古文，良薛切，來紐月部，此讀音與「厲」同；三是丑例切，透紐月部，此讀音與「太」同。可見從「世」聲的字多可與月部的舌音字通假。綜合這些因素考慮，筆者認爲「犬」可讀爲「泄（洩）」。

即便是「犬」這個字確如學界所普遍認爲的是「大」或「太」，它也可以通「泄（洩）」，在古書裡，「大」「太」同字，常混用不別，而「大」與「世」「泄」，「太」與「泄」都可以通假，（高亨纂著，董治安整理：《古字通假會典》，齊魯書社 1989 年，633～634 頁【大與世】【大與泄】【太與泄】條。）那麼，「大」或「太」可以讀爲「泄」。「泄」「洩」古字通用，（《古字通假會典》，635～636 頁【泄與洩】條。）則「大（太）伯」可讀爲「洩伯」，洩伯就是鄭國的洩駕。

【王寧 2016E】：子人語當是鄭文公即位之初時鄭國的卿（執政大臣），其後有子人氏，爲鄭國的大族。結合本篇簡文看，鄭文公時期子人氏、洩氏、孔氏三家先後爲卿當國，主持鄭國國政，故《左傳・僖公七年》記載：「鄭伯（文公）使大子華聽命於會，言於齊侯曰：『洩氏、孔氏、子人氏三族，實違君命，若君去之以爲成，我以鄭爲內臣，君亦無所不利焉。』」說明洩

〔註52〕原文「楚簡」後衍「的」字，今刪去。

氏、孔氏、子人氏三族是文公時期三個勢力最大的公族，蓋因其先後爲卿之故。又根據簡文的敘述可知，子人語在文公即位後不久即去世，洩伯繼之爲卿，沒多久洩伯也生病去世，則爲孔叔繼之爲卿。孔叔在文公十六年時已經爲鄭卿，說明洩伯在此之前已經去世。本篇很可能是洩伯去世前與鄭文公問答的記錄。

（2）太伯有疾，文公往問之。

　　甲本：太白又疾，吝公逴酙之。

　　乙本：太白又疾，吝公逴酙之。

【清華（陸）】（P120）：鄭文公名捷，《史記・鄭世家》作「踕」，鄭屬公子。簡文稱「文公」，係追稱。

（3）君若曰：「伯父，不穀幼弱，閔喪吾君，

　　甲本：君若曰：「白父，不𡧤孿弱，忞斃虔君，

　　乙本：君若曰：「白父，不敖孿弱，忞斃虔君，

【清華（陸）】（P120）：君若曰，與《尚書》「王若曰」同例，《尚書》又有「微子若曰」「周公若曰」，是不以王爲限。《禮記・曲禮》：「天子同姓謂之伯父，異姓謂之伯舅。」不穀，《左傳》習見，爲天子諸侯謙稱。閔，《左傳》宣公十二年杜注：「憂也。」

【華東師大 2016】：「伯父」，整理者引《禮記・曲禮》：「天子同姓謂之伯父。」則此處當云「諸侯同姓」。周代天子、諸侯之叔伯，亦謂之「友」；金文有「多友」，即「同姓叔伯之族」。簡文稱「父」，表同姓；稱「伯」，表排行。

【子居 2016】：以「不穀」爲楚王自稱，當是。「孤」「寡」「穀（穀）」同源，皆是幼小之意，這個稱謂或即上承自西周時的沈子（衝子），「不穀」的「不」則是發語詞。由「不穀」本爲楚王自稱，聯繫到清華簡中有多篇內容與子產相關，可推測清華簡中這些與鄭國及子產相關的篇章，或是多爲樂卑的後人子弟入楚之後，既保留了鄭地書寫傳統，又吸收了楚文化的影響所作。

【王寧 2016E】：「閔，弔者在門也。」段注：「引申爲凡痛惜之辭。俗作『憫』，《邶風》：『覯閔既多』，《豳風》：『鬻子之閔斯』，《傳》曰：『閔，病也。』」義同於後言「痛失」之「痛」。吾君，指鄭莊公。

（4）譬若雞雛，伯父實被覆，不穀以能與就次。

　　甲本：卑若雞鶵，白父是被複，不孝以能與逪宋。

　　乙本：卑……被複，不穀以能與逪樨。

　　【清華（陸）】（P120）：鶵，讀爲「雛」。被覆，意同《詩・生民》之「覆翼」。次，謂所居之處。《周禮・宮伯》「授八次八舍之職事」，鄭司農云：「庶子衛王宮，在內爲次，在外爲舍。」引申爲朝堂之位。《周禮・大史》：「祭之日，執書以次位常。」《左傳》僖公九年：「里克殺奚齊于次。」簡文「就次」指繼嗣君位。

　　【馬楠2016A】（P286）：在清華簡初期整理的分篇、編連、綴合工作中，由於對整體材料理解把握存在不足，將同一書手所書寫的《鄭文公問太伯（乙篇）》的一枚殘簡編入了即將於《清華大學藏戰國竹簡（柒）》刊布的《越公其事》中。

　　此枚殘簡釋文爲「被複（覆），不穀（穀）以能與逪（就）樨（次），今天爲」，可與《鄭文公問太伯（乙篇）》第二簡下半「不惠」云云相綴合。《鄭文公問太伯》「不穀」字，甲篇例作「孝」，乙篇例作「穀」，殘簡所反映的情況是與之相合的。甲篇對應的文句作「不穀以能與就宋（次）」，整理報告認爲：次爲所居之處，引申爲朝堂之位，簡文「就次」指繼嗣君位。乙篇作「就樨」，樨從木犀聲，可讀爲次，字所以從木，或如《周禮・朝士》掌外朝之法「左九棘，孤卿大夫位焉，群士在其後。右九棘，公侯伯子男位焉，群吏在其後」，以木表朝位。或說字當隸作「樨」，爲「梩」之訛形，讀爲橜，包山簡266屈旁所從之「出」訛作「止」，本簡屈旁訛作「牛」。橜爲門中之闑。《儀禮・士冠禮》「布席於門中，闑西閾外」，鄭注「闑，門橜」。闑亦爲君位，君入門必中門當闑，卿大夫聘賓入門右、門左謂由闑東、闑西入，見《儀禮》《禮記・玉藻》等書。

　　【華東師大2016】：「以」，因也，《左傳》僖公十五年「以此不和」。簡文的「以」，即「因以」之意。

　　「能」，可讀「忍」，也可讀「耐」，茲讀「耐」，《漢書・晁錯傳》「夫胡貉之地，（中略）其性能寒」「楊粵之地，（中略）其性能暑」，師古曰「能讀曰耐」；《禮記・禮運》「故聖人耐以天下爲一家」，「耐」亦「能」也。

　　「與」，「於也」。此字墨色清淡、字跡細小，乃校勘者補寫所爲。

　　「造」，簡文作 ![字]，整理者讀「就」，其說甚是，此字右偏旁，由「言」

「京」組成，而有所變化，即《鄂君啓節》的難字「就」。然「就」應假讀爲「造」。郭店竹簡《尊德義》簡 7「戚父之御馬，馬也之道也」、《窮達以時》簡 10、11「致千里，遇造父也」，臨沂銀雀山漢簡編號 0184「唐勒與宋玉言御襄王前，唐勒先稱曰：人謂就父登車攬轡，馬協斂整齊，調均不摯，步趨」，又 3588「御有三，而王梁、就〔父〕」，則云「就父」。同樣一人，而云「就父」「造父」「戚父」，可見「戚」「就」「造」，三字可通，然此是方言導致，非傳統小學之「音同」「音近」相通之例也。《墨子・非儒》云：「孔某與其門弟子閒坐，曰：『夫舜見瞽叟就然，此時天下圾乎！』」《孟子・萬章上》云：「舜見瞽叟，其容有蹙。」《韓非子・忠孝》云：「《記》曰：『舜見瞽叟，其容造焉。』孔子曰：『當是時也，危哉天下岌岌。』」亦三種傳世文獻在舜與瞽叟的故事中的同樣話語，一作「就」，一作「蹙（即戚）」，一作「造」，所指皆同，但用字不同，誠各地方音不同所致。

𠥓，整理者讀「次」，也很正確，從「市」得聲。但云：「簡文『就次』指繼嗣君位。」疑非是。

案，連兩字而讀，「造次」是也，詞見於《論語・里仁》：「君子無終食之間違仁，造次必於是，顛沛必於是。」馬融云「急遽」、鄭玄云「倉卒也」：其實，這個「次」字的本字，即《說文》裡的「越」，《說文》：「越，倉卒也。」段注引《夬》九四「其行次且」，「次」，鄭本作「越」。（其書第 64 頁。）「造」疑有「遭」義，「造次」，指「突然遭遇倉卒之變故」，以簡文論，即「文公」遭逢「厲公」身亡之事故，亦「臣以險釁，夙遭閔凶；生孩六月，慈父見背」之意。否則，便是與「次」同義。

【blackbronze】：「是」字讀如字即可，表示強調、加重語氣。不須改讀爲「實」。〔註53〕

【子居 2016】：整理者所說恐不確。「次」當指宿所，且多是指臨時性宿所。這裡的「次」當是指辦喪事時所臨時居住的簡陋處所。《禮記・奔喪》：「相者告就次。」鄭玄注：「次，倚廬也。」《禮記・間傳》：「父母之喪，居倚廬，寢苫枕塊，不說絰帶。」包括整理者所引《左傳・僖公九年》：「里克殺奚齊于次。」杜注：「次，喪寢。」所指也是辦喪事時所臨時居住的簡陋處所。「不穀以能與就次」當是指在太伯的蔭庇之下鄭文公才得以完成鄭厲公的葬禮。這一點暗示著鄭文公即位時，鄭國內部政局並不穩定。

〔註53〕《清華六〈鄭文公問太伯〉初讀》35 樓，發表日期：2016 年 4 月 22 日。

【黃聖松、黃庭頎 2016】：「能」當理解爲「才能」「賢能」，「與」讀爲「舉」，訓爲「舉立」，古書多通假之例。簡文「以能與（舉）就次」可釋爲：太伯因鄭文公具備才能，故舉立以「就次」。

值得注意的是僖公九年《傳》「里克殺奚齊于次」之「次」，楊伯峻《春秋左傳注》云：「《晉世家》作『喪次』，謂次即喪次。沈欽韓補注引士喪禮注『次謂斬衰倚廬』。倚廬者，遭喪者所居，倚木爲之，以草夾障，不塗泥。」《禮記‧奔喪》：「相者告就次。」鄭玄《注》：「次，倚廬。」知此處之「次」乃遭喪者所居之處所。上引襄公二十三年《傳》「立于戶側」，《春秋左傳注》：「依古代喪禮，死者之尸尚在室，爲後者便在戶側南面而立，以待貴賓來弔。……羯既立戶側受弔，則孺子秩非繼承人矣。」《傳》以「立于戶側」暗示羯將繼爲孟孫氏，故季氏有此疑惑。據此而論，簡文「就次」即以遭喪者所居之「倚廬」，暗示鄭文公乃先君之繼位者。以鄭文公角度而言，簡文「以能與（舉）就次」可譯爲：「以不穀之才能而舉立不穀立於先君之喪次。」

【單育辰 2017】（P308～309）：「就」應讀爲「逑」或「仇」，「就」從紐覺部，「逑」「仇」皆群紐幽部，諸字韻部對轉，古音較近。引陳劍《據郭店簡釋讀西周金文一例》一文所舉「就」「逑」相通之例：《汗簡》卷上之一「就」字古文作「𨓜」，《古文四聲韻》卷四「就」字古文作「𨔵」「𨔵」，這些字形都與西周金文中的「逑」形近。金文中常見「逑即」一語，「逑即」在金文中又常寫作「逑匹」。「逑」即仇，是匹偶的意思，「即」應是接近、比次的意思，從金文辭例來看，「即」很明顯可施於上對下。「宋」所從的「𠂤」爲精紐脂部，「即」爲精紐質部，二字聲紐相同，韻部對轉，古音很近。所以簡文「遷（就）宋」應讀爲「逑（或仇）即」，是匹偶、並列之意。乙本「遷（就）樨」亦應讀爲「逑（或仇）即」，「樨」爲心紐脂部，與「宋」「即」古音相近。

（5）今天爲不惠，又爰然，與不穀爭伯父。

甲本：今天爲不惠，或爰肰，與不孛爭白父。

乙本：今天爲不惠，或爰然，與不孛請白父。

【清華（陸）】（P120）：爰，《說文》：「引也。」爭，乙本作「請」。

【清華讀書會 2016】（石小力）：「或」當讀「又」，「又爰然」與「與不穀爭伯父」當連讀，「爰然」作其狀語。

【華東師大 2016】：「爰然」，「跋扈貌」，《老子》第十五章「渙兮若冰之將釋」，「渙」，有「冰之消融」的意思，通「援」，《詩·大雅·皇矣》「帝謂文王，無然畔援，無然歆羨」，鄭箋：「畔援，猶拔扈也。」陸德明《經典釋文》引《韓詩》云：「畔援，武強也。」是以知，可單言「渙」「援」「爰」，亦可雙言「爰然」「判然」「畔畔」「援援」「畔渙」「畔援」等，聯緜字詞是也。整理者訓爲「引也」，稍嫌不詞。

【子居 2016】：「爰」當訓哀恨義，這裡指令人哀恨。《方言》卷六：「爰，嗳，恚也。楚曰爰，秦晉曰嗳，皆不欲應而强畣之意也。」

【王寧 2016】：「爰」疑讀爲「咺」，《詩·衞風·淇奧》：「赫兮咺兮」，《毛傳》：「咺，威儀容止宣著也。」「咺」「宣」音近可通，并盛大義，「爰（咺）然」與「赫然」意思類同，這裡蓋用爲盛氣凌人之貌。所，處所。此二句是說：現在上天不仁愛，又盛氣凌人地來和我爭奪伯父的處所。古人認爲人生在地，死在天，生死處所不同，上天和文公爭伯父的處所，就是爭其性命、生死。

（6）所天不舍伯父，伯父而□□□□□□□□□□□□穀。

甲本：所天不豫白=父=而□□□□□□□□□□□学。

乙本：所天不豫白=父=……

【清華（陸）】（P120）：所，表假設，用法同《左傳》僖公二十四年「所不與舅氏同心者，有如白水」。豫，讀爲「舍」，訓爲「棄」。句謂假若天與不穀爭伯父而不舍。「而」下殘失約十一字。

【華東師大 2016】：「所」，整理者引重耳「所不與舅氏同心者，有如白水」以證簡文，認爲有「假設」的意思，若然，兩者主語（一重耳，一老天）不同，說不恰當。疑「所」字屬上讀，對於「不穀」而言，其若「爭請」到「伯父」至於「其所」，「伯父」尚可活；若老天「爭請」到「伯父」至於「其所」，則「伯父」乃死。

「天不豫伯父」，「不豫」，整理者說「豫，讀爲『舍』，訓『棄』」，此說有誤，「不豫」乃《詩》《書》成語，「不樂」之意。「不豫」者，《逸周書·五權解》：「維王不豫。」亦見《漢書·律曆志》述劉歆《三統曆》等其他古籍，咸訓爲「不樂」，心不樂者，因重病之故。另外，有多種不同的同義詞彙表示，「不懌」（《尙書·顧命》）、「弗豫」（《金縢》）、「不說」（《君奭序》）

皆是。清華簡（壹）《保訓》「不豫」、《周武王有疾周公所自以代王之志（誌）》「王不豫，有遲」，「不豫」，病則「不悅」「不樂」「不懌」，懼怕病痛、死亡，而爲之諱也。「豫」，今本《尚書》所作，《魯世家》亦是，清華簡（壹）簡文作從广、余聲之字，另有從心、予聲（《經典釋文》），從心、余聲（《說文》）之各種異文。「天不豫伯父」者，「老天使伯父疾病不樂也」。

【王寧 2016E】：「不豫」即今言「不舒服」，今膠東、膠南一帶方言中稱生病不舒服爲「不豫作」，病愈舒服稱爲「豫作」，即用此古語。此「不豫」乃使動用法，即上天使伯父生病之意。「穀」前原缺約 11 字，「不」字據文意補，仍缺 10 字。乙本當與此段文字的第 3 簡全缺。此二句大概的意思是說：上天讓伯父生病，伯父還有什麼話要教導我？當是問洩伯的遺言，說明此時洩伯已經病危。

（7）太伯曰：「君，老臣□□□□毋言而不當。

　　甲本：太白曰：「君，老臣□□□□毋言而不豎。

　　【清華（陸）】（P120）：「老臣」下殘失約四字。

（8）古之人有言曰：『爲臣而不諫，譬若饋而不貳。』

　　甲本：故之人又言曰：『爲臣而不諫，卑若饋而不醎。』

　　【清華（陸）】（P120）：「醎」字從戌得聲，試讀爲「醯」，《說文》：「醬也。」

　　【清華讀書會 2016】（石小力）：「饋」字首見，疑爲「饋」字異體。

　　【程燕 2016】：「饋」字，整理者隸定可從，石小力先生疑爲「饋」字異體，甚確。「醎」字，整理者認爲「字從戌聲，試讀爲『醯』，《說文》：『醬也。』」檢簡文，此字形體作：（太伯甲 4），右旁不是「戌」，應該是「貳」。亦見於郭店簡：（郭店・五行 48），郭店簡文可與《詩經・大雅・大明》「上帝臨女，無貳爾心」相比勘，故釋「貳」是毋庸置疑的。

　　「饋」指進食於人。《周禮・天官・膳夫》：「凡王之饋，食用六穀，膳用六牲。」鄭玄注：「進物於尊者曰饋。」孫詒讓《正義》：「此謂膳夫親進饋於王也。」「不貳」，義爲沒有兩樣，相同。《韓非子・難三》：「君令不二，除君之惡，惟恐不堪。」

　　簡文「爲臣而不諫，卑若饋而不貳」意謂：作臣子的如果不能進諫，就如同進來的食物沒有什麼兩樣，亦即與普通人沒什麼異樣。

【曹方向 2016】：看簡文圖版，「饋而不～」的最後一字，右側和「戌」的寫法不相同。而和「式」字寫法更接近。

我們認為，「譬如」之後的簡文，和「為臣而不諫」句子結構應該相似。整理者把最後一字理解為「醬」，應該是考慮到「臣」和「諫」的關係，跟「饋」和「醬」的關係對應，可見他們也認為「譬若」前後兩句話結構相似。「式」字在這裡從「酉」字旁，或許本身也表明其詞義和飲食有直接關聯。所以我們認為，整理者對文意的把握或許更為穩妥。我們認為所謂「饋而不二」，也可能是說饋食之物過於簡陋（可能是數量太少，也可能是味道單一），背離常規。這和大臣徒居其位，不思匡輔，背離人臣之道，兩者應該說是有相似之處的。所以說是「為臣而不諫，譬如饋而不二」。大致文意可以解釋為：大臣不進諫，稱不上大臣；猶如饋食只有一種食物，稱不上饋食。

【蘇建洲 2016A】：簡文「為臣而不諫，卑（譬）若饋（饋）而不酨（二）。」筆者認為可與《左傳・昭公二十年》一段記載參看：「齊侯至自田，晏子侍于遄臺……」所謂「君所謂可而有否焉，臣獻其否以成其可。君所謂否而有可焉，臣獻其可以去其否」表示為臣當諫。若大臣唯唯諾諾，惟君王是從，猶如「以水濟水，誰能食之？若琴瑟之專壹，誰能聽之」，只有一種味道，一種聲音，則令人食不下嚥，聽不悅耳，只有「五味」「五聲」兼備才能成就一道好菜與美好音樂。「饋而不二」是說所進獻的食物只有一種，味道單一。說得更白是：臣下當進諫不同的意見，君王才能聽到不同的聲音；猶如進獻的食物要多種，君王才能吃到不同的味道。

【子居 2016】：饋當指饋祀，《尚書・酒誥》：「爾尚克羞饋祀。」《周禮・春官・大宗伯》：「以饋食享先王。」皆是。「式」則為副貳，為主祭者的副手。

【桂珍明 2016】：「卑（譬）若」，即好像，好比。從「為臣而不諫，卑（譬）若饋而不二」整句子結構來看，「卑（譬）若」前後兩部分存在本喻關係，即「為臣而不諫」為本體，「饋而不二」為喻體。此處旨在借喻體以解釋本體，二者存在對應關係，句式結構基本一致。

我們認為「饋而不二」即膳夫進食於君而所調食物味道單一。第 4 號簡整句的意思是說：作為臣下對於君主為政之得失而不諍諫，就好比膳夫饋食而調味單一一樣。膳夫調味單一，如「以水濟水」不能使食物之味道有根本的改變，因為這還需要「水、火、醯、醢、鹽、梅」等多種異質材料相互調劑以成味。君主為政，其善政有不完備的地方，其惡政中有合理之處，皆需

要臣下根據實際情況提供不同的思想或事物以勸諫之、規正之、引導之，此亦即行太史伯所說「擇臣取諫工，而講以多物」。同時，我們還認為，「饋而不二」主要是出於「質」的區分，即在有無其他的味道以調劑食物之味道口感，強調的食物味道之多寡而不在量之多少。

【王寧 2016E】：「饋」當即饋食，古有二義：一是祭祀，《儀禮·特牲饋食禮》：「特牲饋食之禮」，鄭注：「祭祀自孰始，曰饋食。饋食者，食道也。」二是饗食賓客，《禮記·曲禮上》：「主人親饋」，疏：「饋，謂進饌也。」「酨」字當從諸家說分析為從酉弎聲，此字目前的出土文獻和傳世文獻中為首見，由聲求之，可能是「醴」之或體，「豊」「弎」古音來日旁紐雙聲、同脂部疊韻音近。古書中「醴」通「禮」的例子甚多，（原注：高亨纂著，董治安整理：《古字通假會典》，齊魯書社 1989 年，543 頁【醴與禮】條。）「不禮」之語古書習見。古人饋食都有一整套的禮儀，故《儀禮》中有《特牲饋食禮》《少牢饋食禮》，饋食而不禮，饋食就不符合標準。這是用類比的方式說明為臣者必須進諫的道理：為臣者如果不進諫，就不算稱職；就像饋食如果不循禮，就不符合標準。

【白於藍 2017】（P4～5）：簡文之「𧮟（饋）」字當訓為「祭」。至於「酨」字，當讀為「貳」。《周禮·天官·酒正》：「凡祭祀，以灋共五齊三酒，以寶八尊。大祭三貳，中祭再貳，小祭壹貳，皆有酌數。為齊酒不貳，皆有器重。」鄭玄《注》引鄭司農云：「三貳，三益副之也。大祭天地，中祭宗廟，小祭五祀。齊酒不貳，為尊者質，不敢副益也。」又云：「玄謂大祭者，王服大裘、袞冕所祭也。中祭者，王服鷩冕、毳冕所祭也。小祭者，王服絺冕、玄冕所祭也。三貳、再貳、一貳者，謂就三酒之尊而益之也。……益者，以飲諸臣，若今常滿尊也。祭祀必用五齊者，至敬不尚味，而貴多品。」由此可見，古代不論大祭、中祭還是小祭，飲酒均需「貳」（即副益，相當於現在所謂添酒、再滿上）。至於所「貳」之酒，則均為人所飲用之「三酒」，而非「五齊」。簡文之「酨」字是從「酉」表義，古代大凡與酒有關的字多從「酉」表義，因此「酨」很可能正是用以表示貳酒之義的「貳」字之專字。簡文「為臣而不諫，卑（譬）若𧮟（饋）而不酨（貳）」，大意是講作為臣子卻不進諫，猶如祭而不貳酒。「貳」是祭祀時所必須進行的一項活動，正如同進諫亦是為臣者所必須從事的一項工作一樣，兩件事有相似之處，因此簡文才用「𧮟（饋）而不酨（貳）」來與「為臣而不諫」相比較。

【今按】：簡文「鬛而不酨」，石小力讀「鬛」爲「韇」，此說可從。簡文「酨」，此從程燕之說，隸定爲「酨」，讀爲「貳」。

（9）昔吾先君桓公後出自周，以車十乘，徒三十人，鼓其腹心，奮其股肱，以協於庸偶，攝冑擐甲，攫戈盾以造勛。

    甲本：昔虐先君逗公遬出自周，以車七𤮴，徒卅=人，故亓腹心，奮亓胒拔，以頴於攽𠤏，䕎睪轉虢，𠃬戈盾以媒勛。

    乙本：……自周，以車七𤮴，徒卅=人，故亓腹心，奮亓肼拔，以猷於攽𠤏，䕎睪轉虢，𠃬戈盾以媒勛。

【清華（陸）】（P120～121）：鄭始封君爲桓公友，周屬王子，宣王母弟，宣王時始封。鄭在姬姓邦國中出封在後，故曰「後出」。《左傳》昭公十六年子產曰：「昔我先君桓公與商人皆出自周。」《左傳》僖公二十四年富辰言鄭有「厲、宣之親」，「於諸姬爲近」。

相類文句如《左傳》昭公二十一年：「華軀以車十五乘、徒七十人犯師而出。」「股」字詳趙平安《關於厷的形義來源》（《中國文字學報》第二輯，商務印書館，二〇〇八年，第一七一二二頁）。腹心、股肱古書習見，如《詩·兔罝》「赳赳武夫，公侯腹心」，《左傳·僖公二十六年》：「昔周公、大公股肱周室」。

頴，疑即「協（𢀖）」（見清華簡《尹誥》）省形，從犬、肉，頁爲聲符。攽，從夂（終）得聲，讀爲「庸」。《左傳》昭公十六年子產曰：「昔我先君桓公與商人皆出自周，庸次比耦以艾殺此地，斬之蓬蒿藜藋，而共處之。」

䕎，字又見上博簡《簡大王泊旱》，彼讀爲「箄（篓）」。簡文「䕎」疑讀爲章組葉部之「攝」，訓爲「結」。轉，從專得聲，讀爲「擐」，《說文》：「貫也。」《左傳》成公二年：「擐甲執兵。」《國語·吳語》：「夜中乃令服兵擐甲。」

𠃬，清華簡《金縢》用作「穋」，簡文讀爲「攫」，《說文》：「握也。」「媒」字從早得聲，試讀爲「造」，《書·君奭》鄭注：「成也。」

【李學勤 2016】（P81）：「後」，《儀禮·有司徹》注：「年少也。」桓公以宣王少弟受封，其時只不過「車七乘，徒卅人」，國力如此弱小，是我們難於想到的。

【清華讀書會 2016】（程浩）：簡文講桓公「後出自周」，「後出」之謂，整理報告認爲乃是由於鄭在姬姓邦國中出封在後。另外一種理解就是，「後出」

乃是與《鄭世家》「友初封於鄭」中的「初封」對言，「初封」與「後出」是鄭國本身前後的縱向比較。《左傳》昭公十六年載子產語：「昔吾先君桓公與商人皆出自周」，這裡的「出周」講的就是桓公從宗周的初封地東遷伊洛的這件事。

【清華讀書會 2016】（石小力）：整理者釋作「效」之字原作 𰍌（甲本 05）、𰍌（乙本 05），認為該字右部從「夂（終）」得聲，讀為「庸」。今按，該字右部與「夂（終）」不類，且左半亦非「允」旁，故釋「效」不確。該字當由 𠃨、人、亻三部分組成，其中 𠃨（丩）為聲符，古音見母幽部，疑可讀為禪母幽部之「仇」或羣母幽部之「逑」。「仇、逑」與「偶」同義連用，表示與之匹偶之人或者國家。

【趙平安 2016】：《太伯》篇有字作 𢧵（太伯甲 05）、𢧵（太伯乙 05）之形，整理報告直接隸作盾。十分正確。

此字當分析為 𰀁 和 𢎹 兩個部分。𢎹 是盾的象形字。其寫法和西周中期師旋簋 𢎹 所從 𢎹 相近，只是在豎筆上加一橫而已，符合古文字演變的通例。𰀁 即戶字，是在象形盾字基礎上綴加的形旁。戶和盾形、義俱近。比如甲骨文的肇字，由戈和盾構成，表示「攻擊」「打擊」一類的意思。到了金文，盾形基本上都變成了戶形。（參方稚松：《殷墟甲骨文五種記事刻辭研究》，綫裝書局，2009 年，第 45～61 頁。）這是形近變化的結果。劉熙《釋名·釋宮室》：「戶，護也。所以謹護閉塞也。」《說文解字·戶部》：「戶，護也。半門曰戶。」用護訓戶，是揭示戶的語源的聲訓。戶的形狀和功能和盾有相似性，所以可以用戶作盾的形符。過去見到的古文字盾字，在象形盾的基礎上加聲符允、豚的比較多，加形符的比較少，因此這種寫法彌足珍貴。

【徐在國 2016】：「䫈」，此字乙本作「猷」，「頁為聲符」就沒有了著落。我們懷疑此字當從「狀」聲，「狀」與一般「狀」字寫法相比，只是「犬」「肉」的偏旁位置不同而已。「䫈」，從「頁」，「狀」聲，疑讀為「勸」。「狀」，日紐元部字；「勸」，溪紐元部字。「勸」，獎勉；鼓勵。《國語·越語上》：「國人皆勸，父勉其子，兄勉其弟，婦勉其夫。」

「乂」，應釋為「刈」，讀為「挈」。上古音「刈」，疑紐月部字；「挈」，溪紐月部字。二字聲紐均屬於牙音，韻部相同。「乂」讀為「挈」應該沒有問題。「挈」，有「執」義，如《漢書·韓信傳》：「後陳豨為代相監邊，辭信，信挈其手，與步於庭數匝。」「挈戈」，見於《戰國策·中山》：「中山君饗都

士大夫，司馬子期在焉。羊羹不遍，司馬子期怒而走於楚，說楚王伐中山，中山君亡。有二人挈戈而隨其後者，中山君顧謂二人：『子奚爲者也？』二人對曰：『臣有父，嘗餓且死，君下壺餐餌之。臣父且死，曰：「中山有事，汝必死之。」故來死君也。』」

「娸勛」，我們懷疑讀爲「仇耘」。「仇」，古訓匹。《禮記‧緇衣》引《詩》：「君子好仇。」鄭玄注：「仇，匹也。」引申有配，使相配之義。董仲舒《春秋繁露‧楚莊王》：「百物皆有合偶，偶之合之，仇之匹之，善矣。」「仇耘」與上文「庸偶」相對，均應指田裡兩兩相配的勞作者，戰時就充當士兵，平時就是勞作者。「挈戈盾以仇耘」，意即用仇耘執戈盾。

「盾」，簡文從「戶」。關於這個字的分析，可參看趙平安先生《〈清華簡（陸）〉文字補釋（六則）》（清華大學出土文獻與保護中心網站 2016-04-16）第六則。看到這個字形，使我們聯想到天星觀簡的一個字，這個字著錄於滕壬生先生編著的《楚系簡帛文字編》（增訂本）1285 頁附錄 042，字從「革」「戶」「目」，應分析爲從「革」，「盾」聲，「盾」有用革製作的，所以從「革」，「盾」是用來防護的，所以從「戶」。

【ee】：簡 2：「執（？）冑披甲」，第三字整理認爲從「喜」從「專」，讀爲「摶」，屬誤認字形，其實是「從艸從豆從口從卑」或「從喜從屮從卑」，屮是受喜的影響而類化。喜就是鼓，甲與戰爭有關，故加戰爭常用的「鼓」形。第三字實從「卑」聲讀爲「被（或披）」。「被甲嬰冑」「被甲冒冑」古書常見。〔註54〕

【無痕】：「故」可讀爲「敷」，「敷其腹心」即古書中的「布其腹心」，《左傳‧昭公二十六年》：「敢盡布其腹心及先王之經，而諸侯實深圖之。」古聲字和甫聲字傳世古書及出土文獻均有相通例，可參高亨《古字通假會典》，第863、866 頁；白於藍《戰國秦漢簡帛古書通假字彙纂》第 224 頁。〔註55〕

【bulang】：「籔皁摶輅」第三字釋爲「聱」。〔註56〕

【紫竹道人】：竊以爲「籔冑聱甲」可讀爲「笠冑蓑甲」（《上博（二）‧容成氏》簡 14、15 兩見「蓻（笠）」。籔說不定就是「笠」的異體），「笠」「所以禦暑雨」，「蓑」爲蓑衣、雨衣。此句意謂以盔頭爲斗笠、以鎧甲爲蓑衣，

〔註54〕《清華六〈鄭文公問太伯〉初讀》7 樓，發表日期：2016 年 4 月 17 日。
〔註55〕《清華六〈鄭文公問太伯〉初讀》8 樓，發表日期：2016 年 4 月 17 日。
〔註56〕《清華六〈鄭文公問太伯〉初讀》9 樓，發表日期：2016 年 4 月 17 日。

表明先君武公時篳路藍縷，枕戈待旦，兵不卸甲，把甲冑當作日常衣帽穿戴，隨時準備上陣。似頗生動。〔註57〕

【王寧2016】：懷疑「頷」字很可能當讀「猒」，《說文》：「猒，飽也。從甘、從肰」，段注：「猒、厭古今字，猒、饜正俗字。」《說文》又云：「厭，笮也。一曰合也。」段注：「按『厭』之本義笮也、合也，與『壓』義尙近，……《周語》：『克厭天心』，韋注：『厭，合也。』」韋注《漢書·敘傳》亦同。按《蒼頡篇》云：『伏合人心曰厭。』」此當讀爲「克厭天心」之「厭」，訓「合」。

「敂」字疑是「勼」的異構，《說文》：「勼，聚也。從勹九聲，讀若鳩。」段注：「《釋詁》曰：『鳩，聚也。』《左傳》作『鳩』，《古文尙書》作『逑』，《辵部》曰：『逑，斂聚也。』《莊子》作『九』。今字則『鳩』行而『勼』廢矣。」是「勼」「鳩」「逑」古通用。「逑耦」蓋指幫助鄭桓公的晉人。「鼓其腹心，奮其股肱，以厭於逑耦」當是說盡心竭力地協同友軍作戰的意思。

【明珍】：甲本簡5⿰、乙本簡5⿰，此二字似爲「烏鴉」之「烏」的專字。〔註58〕

【苦行僧】：我們認爲「籔」當讀爲「戴」。「籔」從「竹」，「執」聲，「戴」從「異」聲，「執」聲字與「異」聲字可以輾轉相通。「執」聲字與「立」聲字可通，如陳劍先生將上博簡《容成氏》簡14、15中的「籔」讀爲「笠」；「立」聲字與「異」聲字可通，如古書中「翌日」之「翌」多寫作「翼」。〔註59〕

【此心安處是吾鄉】：「籔」似可讀爲「縶」。縶者，繫也。（《故訓匯纂》1768頁）縶冑與嬰冑同意。〔註60〕

【東山鐸】：懷疑「頷」或是「頮」字，訓爲「善」，《詩·大雅·皇矣》「克明克類」鄭玄箋：「類，善也。勤施無私曰類。」〔註61〕

【子居2016】：此處所言車七乘，也當是車十乘之訛，車十乘則是鄭桓公有十大夫，《國語·鄭語》：「虢鄶受之，十邑皆有寄地。」也正對應於十大夫之地。

「頷」字或即「䫡」字，讀爲「展」（原注：可參看《古字通假會典》第

〔註57〕 《清華六〈鄭文公問太伯〉初讀》26樓，發表日期：2016年4月20日。
〔註58〕 《清華六〈鄭文公問太伯〉初讀》32樓，發表日期：2016年4月22日。
〔註59〕 《清華六〈鄭文公問太伯〉初讀》33樓，發表日期：2016年4月22日。
〔註60〕 《清華六〈鄭文公問太伯〉初讀》37樓，發表日期：2016年4月24日。
〔註61〕 《清華六〈鄭文公問太伯〉初讀》41樓，發表日期：2016年4月27日。

212 頁「撚與躒」條，濟南：齊魯書社，1989 年 7 月。），訓爲誠，《詩經·小雅·車攻》：「允矣君子，展也大成。」鄭箋：「展，誠也。」上文稱「敷其腹心」，這裡稱「展於庸偶」，正相關聯。「鞅」當讀爲「接」。

【王寧 2016E】：「顩」，乙本作「猷」，可見此字的確是從「狀」，二者的不同在於一個作上下結構，一個是左右結構；「頁」「女」當是義符，則「狀」當爲聲符。甲本之字，很可能是「赧」之或體，《說文》：「赧，面慙而赤也。从赤艮聲。周失天下於赧王。」段注：「趙注《孟子》曰：『赧赧，面赤心不正皃也。』司馬貞引《小爾雅》曰：『面慙曰赧。』……《尚書中候》『赧』爲『然』，鄭注云：『然讀曰赧。』」可見「然」「赧」古音近通用，以其爲面色，故從「頁」。乙本此字當即「躠」字，「女」本倒之（止、趾）形，與從足會意當同。《說文》無此字，《玉篇》云「蹂躠也」；《廣韻·上聲·二十八獮》：「躠，踐也，續也，執也，緊也。」《集韻·上聲六·二十七銑》：「躠、跈、趁：蹈也，逐也。或作跈、趁。」又《上聲六·二十八獮》：「躠，踐也。」此字即後世踩躠之「躠」。此處當用爲踐伐意，可能當徑讀爲「踐」。

「敓」當爲「烏（於）」的一種特殊寫法，不能拆分而說。「瓜」原整理者讀「耦」，是，然「烏耦」義不可解。「耦」通「偶」，故疑「烏偶」意同於漢代人常言「烏合之眾」之「烏合」，《爾雅·釋詁》：「偶，合也。」言如烏鴉之合集，似聚實散，是指鄭桓公開拓的東方十邑等地。《國語·鄭語》載史伯對鄭桓公說：「其濟、洛、河、潁之間乎！是其子男之國，虢、鄶爲大，虢叔恃勢，鄶仲恃險，是皆有驕侈怠慢之心，而加之以貪冒。君若以周難之故，寄帑與賄焉，不敢不許。周亂而弊，是驕而貪，必將背君，君若以成周之眾，奉辭伐罪，無不克矣。若克二邑，鄔（當作「鄢」）、弊、補、舟、依、𪟝、歷、華，君之土也。」正是說鄶、虢等國雖爲鄰國而不團結，故稱之爲「烏偶」。簡文言「鼓其腹心，奮其股肱，以躠於烏偶」，就是帶領心腹股肱之人踐伐奪取十邑。

「扟」上部當是象手持禾穗形，和「及」的字形在構造上有相通之處，疑本是從殳從禾省，「殳」即「芟」之初文，象手持刈鉤（銍或鎌）刈割之形，禾省即禾上端相當於禾穗的部分，其字形乃象手持刈鉤刈取禾穗形，因爲刈鉤部分與禾穗部分形近且重疊，所以均用一「人」形筆表示，「及」在上又加一筆作「𠬶」（《管仲》23）、「𠬶」（郭店·語四·5），上面正作反作無別，其全形作「𣏂」（郭店·唐·15）、「𣏂」（郭店·唐·19），即象刈取禾

穗形，傳抄古文中也有類似的寫法，（參徐在國：《傳抄古文字編》，綫裝書局 2006 年，286 頁。）頗似「秉」字。所以「及」當即刈穫之「刈」的本字，因爲被假借爲逮及字，音轉入緝部，乃月、緝二部通轉疊韻相近之故。「叅」字上部當與「及」類似，只是在左下加一飾筆，與「及」上所加的一筆均類同，有標誌或區分的作用，此字當非「刈」而含義與之相同，根據清華簡《金縢》用之爲「穫」而言，此即「穫」之本字，《說文》：「穫，刈穀也」，段注：「穫之言獲也。刈穀者，以鉊以鎌。」就是以刈鉤收割莊稼的意思，比較符合字形之構造，下面所從的當是「刀」，乃綴加的義符。原整理者讀「攫」訓「握」當可從。「造」簡文作「娍」，從女早聲，此字當即曹姓之「曹」的或體，金文中或作「𡜎」（龜友父鬲），從女棗聲，疑爲同一字，故此字當釋「曹」。

【石小力 2016】（P190～191）：甲本簡 5「奮（奮）亓（其）胂（股）拓〈拡（肱）〉」，「拓」字原作𤳊，乙本作𤳊（簡 4），與甲本同，該字在那簡文中用作股肱之「肱」，但整理者逕釋爲拡，卻有可商。簡文此字右部已經訛爲「右」旁，故當隸定作「拓」，乃「拡」之形近訛字。古文字中「厷」與「右」誤書之例偶見。

【黃聖松、黃庭頎 2016A】：「頷」「猒」主要從「狀」，疑讀爲「猒」。「狀」字上古音爲日母元部，「猒」爲影母談部。《說文》：「猒，飽也，從甘、從狀。」《上博簡》多見「猒」「厭」相通之例，如《緇衣》：「我龜既猒（厭）」，《詩論》：「以道交，見善而傚，終乎不猒（厭）人」，《從政》：「持善不猒（厭）」。傳世典籍「厭」字可訓爲壓迫、迫近，如《荀子・儒效》：「遂選馬而進，朝食於戚，暮宿於百泉，旦厭於牧之野。」唐人楊倞《注》：「厭，壓也，迫近。」有時或直接作「壓」，如《左傳》成公十六年：「甲午晦，楚晨壓晉軍而陳。」楊伯峻《春秋左傳注》：「楚軍清早逼近晉軍營壘布陣。」《國語・晉語六》：「鄢之役，荊壓晉軍，軍吏患之，將謀。」此皆爲確證。

「庸次」二字，筆者認爲石小力（《清華六整理報告補正》）分析有據，「瓜」字尚見《上博六・平王與王子木》簡 1「城公旄瓜聽於菶中」，及《上博八・命》簡 9「必內（入）瓜之於十友又厷（三）」。復旦吉大讀書會指出，《平王與王子木》𧍙字讀爲「遇」，《命》篇則可讀爲匹偶之「偶」。「偶」在文獻或作「耦」，《左傳》桓公二年：「嘉耦曰妃，怨耦曰仇，古之命也。」易言之，「仇耦」可指關係不佳的匹耦之國。

考慮到前後文意，此段文字先敘鄭桓公「以車七乘，徒卅人，鼓其腹心，奮其股肱」，爾後又「籤冑犨甲，充戈盾以媒（造）勛。」，故「以厭於仇耦」當是描述鄭桓公發起軍事行動，「以車七乘，徒卅人」向臨近國家迫近與攻擊。

【劉光 2016】（P32）：特別需要指出的是，鄭桓公東遷不僅有避禍之意，也有奉王命經營成周及其附近地區，並爲未來平王的東遷打下基礎。

簡文「勛」固然可以理解爲桓公爲鄭立下功勞，但在文獻中「勛」多被理解爲：王室諸臣或各諸侯國之臣爲王室或公室所立之功。《國語》韋昭注曰：「王功爲勛」，也就是說爲王室所立之功爲勛。韋昭之說得到了古書的證明。

除此之外，有功勞於諸侯國公室者，也稱爲「勛」，《春秋》經傳習見的「飲至禮」中有所謂「策勛」之事，如《左傳·桓公二年》曰：「凡公行告於宗廟：反行、飲至、舍爵、策勛焉，禮也。」

策勛，杜預注曰「書勛勞於策」，頗得其旨。傳文大意是指，公返還時，會將大臣之勛勞書於簡冊，換言之，這裡的勛勞當然是指諸臣對於公室之功。但是無論如何，「勛」這個字，更多還是指「臣」對「君」所立之功。

如上述分析不誤，我們可以推測：鄭桓公身爲王室司徒，其東遷很有可能是奉王命而行，所造之「勛」爲王室所記載，藏於盟府亦爲當然之事。

簡文「函」，整理報告：「疑地在函治，……或地在函陵，今河南新鄭」按：從前說，函治之地在今河南孟縣西北。訾，在今河南鞏縣，兩地都在成周附近，在東周之初均爲周王室之屬地。由此可見簡文此處的「造勛」，當理解爲鄭桓公爲平王東遷作一定的準備；再進一步說，鄭桓之克鄶而居又何嘗不是爲東遷的周王室立一藩屛呢？

【單育辰 2017】（P310～311）：簡文「勛」甲本作「􀀀」，乙本作「􀀀」，隸定作「􀀀」。「才」應爲「勛」的聲符。從「才」的「存」（如《子產》簡3、簡6「才」用作「存」），從紐文部；《成之聞之》簡35用爲「津」的字作「􀀀」形，是從「才」從「􀀀」的雙聲字。「津」爲精紐眞部，和曉紐文部的「勛」古音相近，所以《鄭文公問太伯》的「􀀀」是雙聲字。「媒􀀀」整理者讀作「造勛」於文義上亦可通。《子產》簡17「勛勉救（求）善」之「勛」趙平安讀爲「勤」應當可信。《子產》簡27亦有「獻勛和憙」，亦應

讀爲「勤」。對比《子產》的「勛」字,《鄭文公問太伯》簡5「娯墊」或可讀爲「求勤」。

（10）戰於魚羅,吾乃獲函、訾

　　　甲本：戰於魚羅,虔〔乃〕膗鄭、邿

　　　乙本：戰於魚羅,虔乃膗鄭、邿

【清華（陸）】（P121）：「於」與「以」同義,見《詞詮》（第四三一頁）。「魚麗」爲陣名,《左傳》桓公五年（鄭莊公三十七年）：「曼伯爲右拒,祭仲足爲左拒,原繁、高渠彌以中軍奉公,爲魚麗之陳。」或說爲地名。

鄭,《說文》「棘」從马聲,「讀若含」。試讀爲同從马聲之「函」。疑地在函冶,春秋時爲晉國范氏邑,《國語‧晉語九》公序本、《說苑‧貴德》「范、中行有函冶之難」。或地在函陵,今河南新鄭。邿,讀爲「訾」,地在今河南鞏縣。《左傳》文公元年衛成公「使孔達侵鄭,伐綿、訾及匡」,非此鞏縣之「訾」。

【馬楠 2016】（P86）：簡文言桓公「獲函、訾」「克鄶」。「克鄶」同於古本《竹書紀年》與《韓非子》的記載,可證今本《竹書紀年》作「鄔」實爲誤字。訾在今河南鞏縣。函疑即函冶,春秋時爲晉國范氏邑,《國語‧晉語九》公序本、《說苑‧貴德》「范、中行有函冶之難」,或者地在函陵,今河南新鄭,但恐怕不能是陝西扶風上康村函皇父所居之「函」。

【子居 2016】：既然稱「戰於魚麗」,自當以魚麗爲地名。筆者以爲,魚麗之地,或即後世所稱五池溝。《水經注‧渠水》：「渠水右合五池溝。溝上承澤水,下流注渠,謂之五池口。渠水又東,不家溝水注之,水出京縣東南梅山北溪。」可見五池溝在不家溝水之西,約在今鄭州市西南,蓋即今鄭州市的賈魯河上游一帶。

筆者以爲,函當即函陵（今河南新鄭市新村鎮望京樓）而非函冶,函冶在河南孟州市北,此時鄭桓公勢在攻鄶,不能北有函冶之地。邿,疑在子節溪附近,子節溪在今河南新密市西,發源於新密尖山下寺溝,子節或即邿之緩讀。《水經注‧洧水》：「洧水又東,襄荷水注之。水出北山子節溪,亦謂之子節水,東南流注於洧。」若此推測不誤,那麼函、邿二地正好人致在鄶國的東、西兩側夾鄶而守,距離也大致相當。

【王寧 2016D】：簡文「鄭」從邑棘聲,則亦當讀音「韋」,此字蓋即「鄣」

之或體，即《國語‧鄭語》所言十邑中的「依」，《呂氏春秋‧慎大》：「湯爲天子，夏民親郼如夏」，高注：「郼，讀如衣。今兗州人謂殷氏皆曰衣。」《廣韻》《集韻》并音於希切，與「衣」「依」音同，故「郼」也可作「依」；而根據《說文》言讀爲「函」，恐非古音。這個「郼」顯然不是殷，也許就是見於卜辭的「衣」這個地方，具體地點待考。

這個「訾」也應該是《鄭語》所言的十邑之一，但是裡面並沒有這個邑。可能的情況是，「邥」就是十邑中的「莘」或「華」，這兩個字都是誤字，它本當作「莘」，是精紐之部字，「訾」是精紐支部字，二字雙聲、之支旁轉疊韻音近。字或作「華」者，《說文》徐注、《玉篇‧宀部》引「宰」之古文作「寉」，從「華」作，傳抄古文中「宰」的確有這種寫法，（原注：參徐在國：《傳抄古文字編‧宀部》「宰」字條所收字形。綫裝書局 2006 年，717～718頁。）而「辛」字絕無作此種形體者。那麼就可以知道，在《國語》的各種傳本中，「莘」這個字「艸」下所從有作「宰」者，有作「寉」者，後來在傳抄中發生了訛誤，前者訛作「莘」，後者就訛作「華」，其本應是一字。故簡文作「邥」，《左傳》作「訾」，《國語》作「莘」，都是指同一個邑。

§【薛後生（薛培武）】：「鄭」字所從之形又見於《晉侯蘇鍾》一地名（字從四屮），裘錫圭與何琳儀兩位先生都讀爲「范」，懷疑此地乃鄭地之「氾」也。〔註62〕

【王寧 2016E】：根據簡文的記載看，很可能本是指鄭桓公在魚麗作戰時所用的一種陣法，此戰獲勝而得二邑，對鄭人開拓東方具有里程碑式的意義，故鄭人將這種陣法稱爲「魚麗之陣」，即是指魚麗之戰所用之陣法，亦有紀念先君功烈之意，由此而言，其陣法如何當與「魚麗（羅）」的字面含義無關。

【尉侯凱 2016】：魚羅，當以地名之說爲是。羅，當讀爲「陵」。陵、羅同爲來紐，二字雙聲，當可通用。《史記‧范雎蔡澤列傳》：「至於陵水。」索隱：「劉氏云：『陵水即栗水也。』按：『陵』『栗』聲相近，故惑也。」則「陵」與「栗」通。《大戴禮記‧五帝德》「曆離日月」，《史記‧五帝本紀》「離」作「羅」。則「羅」與「離」通。《詩‧邶風‧旄丘》「流離之子」，毛傳：「流離，鳥也。」孔穎達疏：「《爾雅》『離』或作『栗』。」則「離」與「栗」通。所以「陵」「羅」可以通用。魚陵在今河南省襄城縣西南，該地

〔註62〕王寧《清華簡六〈鄭文公問太伯〉「函」「訾」別解》文下 1 樓評論，發表日期：2016 年 5 月 20 日。

在春秋時期屬於鄭國。《續漢書‧郡國志》潁川郡襄城有魚齒山，劉昭注：「《左傳》謂魚陵，杜預曰魚齒山也，在釁縣北。」《左傳》襄公十八年云：「楚師伐鄭，次於魚陵。」杜預注：「魚陵，魚齒山也，在南陽釁縣北。鄭地。」楚師伐鄭而次於魚陵，說明該地地理位置十分重要，或可驗證簡文「戰於魚羅（陵）」之說。

《續漢書‧郡國志》潁川郡襄城又有氾城，劉昭注謂「在縣南，周襄王所處」。考《左傳》僖二十四年云：「冬，天王使來告難，曰：『不穀不德，得罪于母弟之寵子帶，鄙在鄭地氾，敢告叔父。』」又云：「鄭伯與孔將鉏、石甲父、侯宣多省視官具于氾。」周襄王因王子帶之亂，避居鄭地氾城，鄭文公率三大夫親自到氾地省視官具。後來在晉文公、鄭文公等諸侯的幫助下，擒殺王子帶，周襄王纔得以返回王城。由此可見，位於襄城的氾、魚陵不僅均屬鄭國領地，而且鄭人在兩地活動比較頻繁。

如果筆者推斷不誤，簡文中的「戰於魚陵」確實發生在河南襄城，那麼戰後鄭國所獲得的鄩、𨛘二地當在襄城附近。整理者將「鄩」讀爲「函」，認爲地在函冶，春秋時爲晉國范氏邑，或地在函陵，今河南新鄭。將「𨛘」讀爲「訾」，認爲地在今河南鞏縣。按函冶、函陵、鞏縣距襄城過遠，鄭國因爲魚陵之戰得到鄩、𨛘二地，則二地必距襄城甚近，故整理者所作的改讀和推測都是值得商榷的。

【吳良寶 2016】（P178～182）：將簡文的「魚羅」理解爲陣名「魚麗」並不可信，應是暫不可考的地名。將簡文鄩推定爲「函冶」或「氾」地的意見均不可信。

簡文鄩如確可釋爲「郼」，讀爲「依」是有其可能的，上古音「郼」「依」均在影母、微部，但古書中沒有二者直接相通假的例證。《路史‧國名紀》認爲「依」是姬姓黃帝之後、郼之城邑，徐元誥據此提出「郼在今河南密縣、新鄭縣境」，「依」的位置也應在這一帶。依、訾作爲郼的城邑，如果均在今新鄭附近，恰好與清華簡所述鄭桓公東遷之初「獲鄩、𨛘」、《竹書紀年》所說鄭桓公「居於鄭父之丘，名之曰鄭」相符。

從字形看，簡文鄩所從聲符無疑就是甲骨文、金文的「棗」。裘錫圭認爲甲骨文「棗」字象木上有物纏束之形、有「範」與「圍」兩個讀音。（裘錫圭：《說「𣚩𣚩白大師武」》，《考古》1978 年第 5 期，第 318、305 頁）東周時期文字中的「棗」具體讀作何音，如果不加注聲符，則依據具體語境而定。……

時代屬戰國早期的溫縣盟書中有「練」字，同一辭例中出現在相同位置上的則是「緻」，說明「練」所從的「柬」讀「散（韋）」聲，這是通過明確的異文關係認定的。簡文䣜沒有加注「韋」之類的聲符，也沒有可以佐證其音讀的材料，是否釋讀爲「䣜」（《鄭語》中的「依」），尚待驗證。

《左傳》文公元年的「訾」也稱「訾婁」，見於《左傳》僖公十八年，原爲衛邑，後屬鄭，在今河南滑縣南。該地距離虢、鄶兩國較遠，應如整理者所說並非鄭桓公所取之「訾」。此外，春秋時期還有一處名「訾」之地，《左傳》成公十三年「鄭公子班自訾求入於大宮」，江永《春秋地理考實》云：「奔許而自訾求入，則訾當在鄭南，別一地，非文公元年縣訾之訾。」這一說法雖沒有被《中國歷史地圖集》採納，但已爲部分工具書採納，或推定「在今河南新鄭縣與許昌市之間」，或定在今河南新鄭縣南。從鄭桓公東遷之初的形勢看。簡文䣜也可能是成公十三年的這個「訾」邑。

【尉侯凱 2017】（P128）：薛培武先生之說可從。氾在春秋時屬鄭國，且距魚陵不遠。考《續漢書・郡國志》潁川郡襄城下有氾城，劉昭注謂「在縣南，周襄王所處」。《左傳》僖二十四年云：「冬，天王使來告難，曰：『不穀不德，得罪于母弟之寵子帶，鄙在鄭地氾，敢告叔父。』」又云：「鄭伯與孔將鉏、石甲父、侯宣多省視官具於氾。」周襄王因王子帶之亂，避居鄭地氾城，鄭文公親自率領三位大夫到氾城省視官具。後來周襄王在晉文公、鄭文公等諸侯的幫助下，擒殺王子帶，才得以返回王城。由此可見，位於襄城的氾、魚陵不僅均屬鄭國領地，而且鄭人在兩地活動比較頻繁。

【今按】：簡文「魚羅」與《左傳・桓公五年》中的「魚麗」恐無關聯，「魚羅」爲地名，而「魚麗」爲陣名。（詳見研究部分）簡文「羅」或許無需破讀爲「麗」。

（11）輚車，襲虢克鄶，廟食汝容社之處，亦吾先君之力也。

甲本：輚車，閣綠克鄶，寚=女容袿之尻，亦虗先君之力也。

乙本：輚車，閣綠克鄶，寚=女容袿之尻，亦虗先君之力也。

【清華（陸）】（P121～122）：覆，《左傳・隱公九年》「君爲三覆以待之」，杜注：「伏兵也。」閣，從門、衣。「衣」又見清華簡《楚居》《繫年》，即「襲」字，《文選》李善注引《說文》：「襲，重衣也。」綠，讀爲「甲介」之「介」，《詩・清人》：「駟介旁旁。」襲介猶云被甲。或說「綠」爲表二水之間的地

名。《國語・鄭語》史伯對鄭桓公，謂濟、洛、河、潁之間，「其子男之國，虢、鄶爲大……若克二邑，鄢、弊、補、舟、依、騋、歷、華，君之土也。若前華後河，右洛左濟，主芣、騩而食溱、洧，修典刑以守之，是可以少固」。鄭桓公「乃東寄帑與賄，虢、鄶受之，十邑皆有寄地」。鄶爲妘姓國，見《鄭語》。又《周語中》襄王欲取狄人女爲后，富辰諫曰：「昔鄢之亡也由仲任……鄶由叔妘。」韋注：「鄶，妘姓之國。叔妘，同姓之女爲鄶夫人。唐尚書云：『亦鄭武公滅之，不由女亡也。』昭謂《公羊傳》曰：『先鄭伯有善乎鄶公者，通于夫人以取其國。』此之謂也。」《韓非子・說難》：「昔者鄭武公欲伐胡，故先以其女妻胡君，以娛其意」，「胡君聞之，以鄭爲親己，遂不備鄭，鄭人襲胡，取之」。胡在河南郾城，疑與其事相混。而《內儲說下》以爲鄭桓公取鄶，古本《竹書紀年》亦云晉文侯二年，桓公「伐鄶，克之」。鄢，甲本左下從「邑」，上半從楚文字「庿」字，下半即「刉」，《集韻》以爲「饗」字，試讀爲從刀得聲之「迢」，訓爲迢遞懸遠。鄶在所謂「溱、洧之間」，與函、訾等地相去迢遠。

《鄭語》言鄭桓公「乃東寄帑與賄，虢、鄶受之，十邑皆有寄地」，或即簡文所謂「容社之處」。

【清華讀書會 2016】（程浩）：此句解決了長期以來關於滅鄶者是桓公還是武公的糾葛。簡文明言桓公滅鄶，與《竹書紀年》相合而與《鄭世家》桓公死於驪山的說法衝突。我們認爲，桓公在幽王十一年蒙難驪山時可能並沒有死難，（原注：首倡桓公未死於驪山的是沈長雲先生，見沈長雲：《鄭桓公未死幽王之難考》，《文史》第 43 輯，北京：中華書局，1997 年，第 244～247 頁。）而是已經東遷立國。《鄭世家》載兩周之際史事多本自《國語・鄭語》，而《鄭語》未嘗言桓公死事，只是在篇末講「幽王八年而桓公爲司徒，九年而王室始騷，十一年而斃」。這句話實際上是《鄭語》作者對幽王之難的簡要總結，主要是爲了證明史伯的話得到了應驗。這裡的「十一年而斃」主語自然是幽王，並不是司馬遷所理解的桓公。既然鄭桓公未死於驪山，那麼《竹書紀年》「幽王既敗，二年而滅鄶，四年而滅虢」的記載也便沒有太多疑問了。

【楊蒙生 2016】：簡文此字可釋爲剚。由於它與專字並諧叀聲，故在簡文中可讀爲專；簡文「鄢₌」很可能是「專斷」二字合文，其意或與《左傳》昭公十九年「晉大夫而專制其位」中的專制一詞相接近；它們所處的簡文可

通讀爲「昔吾先君桓公……戰於魚羅（麗），吾〔乃〕膡（獲）函、訾；覆車襲㼜（介）、克鄔，寽＝（專斷）女（如）容社之尻（處），亦吾先君之力也」，句意是說鄭桓公經過努力，獲得函、訾、介、鄔諸地，滅諸小國，專居其地而置鄭之社稷。

【徐在國 2016】：《說文·車部》：「輹，車軸縛也。」段玉裁注：「謂以革若絲之類纏束於軸，以固軸也。縛者，束也。」「輹」，整理者讀爲「覆」，可從。但訓爲「伏兵」，則誤。「覆」有覆蓋；遮蔽義。《呂氏春秋·音初》：「帝令燕往視之，鳴若謚隘，二女愛而爭搏之，覆以玉筐。」「覆車」即遮蔽戰車。「闟」字首次出現，不見後世字書，疑此字當爲「襲」字繁體，贅加「門」。「襲」字，意爲出其不意的進攻。《春秋·襄公二十三年》：「齊侯襲莒。」杜預注：「輕行掩其不備曰襲。」《逸周書·武稱》：「岠嶮伐夷，并小奪亂，辟強攻弱而襲不正，武之經也。」「㼜」，地名。「覆車襲㼜」，意爲遮蔽戰車輕裝進攻㼜。「寽＝」，當從楊蒙生博士讀爲「專斷」。

【王寧 2016】：「輹車」之「輹」，《說文》：「車軸縛也。」段注：「謂以革若絲之類纏束於軸以固軸也。縛者，束也。古者束軼曰楘、曰歷錄；束軸曰輹，亦曰鞏；約轂曰約軧。」此疑用爲動詞，「輹車」本意當是在車軸上纏皮革絲繩之類加固車軸，這裡相當於加固、維修車輛之意。

「闟（襲）㼜」的「㼜」字上從「价」，此字亦見《容成氏》簡14：「葼（芰）价（芥，丰，葛）而坐之」，是「介」之繁構而讀「芥」。此從林者可釋「㳂」，然懷疑此是「澂」字的異構，《說文》：「澂，水裂去也。從水虢聲。」段注：「謂水分裂而去也。」蓋「虢」義爲「虎所攫畫明文也」（《說文》，有劃分義，是會意兼形聲。）《說文》又云：「介，畫也」，段注：「《畫部》曰：『畫、畍也。』按畍也當是本作介也，介與畫互訓，《田部》『畍』字蓋後人增之耳。『介』『畍』古今字。分介則必有閒，故介又訓『閒』，《禮》『擯介』、《左傳》『介人之寵』皆其引伸之義也。一則云『介特』，兩則云『閒介』。从人，从八，人各守其所分也。」可見「介」有劃分、界分之意，從二介、二水，亦會水分裂之意。同時，「虢」「介」又同見紐雙聲、鐸月通轉疊韻音近。「澂」蓋讀爲「虢」。

「寽」字，可能是「斷」的古文，《說文》：「斷，截也。从斤从𢇍。𢇍，古文絕。𩩹，古文斷从𠧢。𠧢，古文叀字。《周書》曰：『𩩹𩩹猗無他技。』」「𩩹」之古文字形作「🐝」「🐝」，簡文蓋即此字形之繁構。《書·秦誓》：「斷

斷猗無他技」，鄭玄、蔡沈并訓「斷斷」爲「誠一之貌」，這裡疑當爲統一、完整之貌。

故簡文「戰於魚羅吾〔乃〕牌函邲輨車闌棽克鄶寓=女容襟之屄亦吾先君之力也」一段簡文當讀作：「戰於魚羅，吾〔乃〕獲函、訾輨車；襲虢克鄶，斷斷如容社之居，亦吾先君之力也。」

【ee】：《鄭文公問太伯》甲本簡6：「克鄶A（廟食），如容社之處」，乙本簡5作B形，A及B下有合文符。按AB上面從「宮」，下面從「飤」，不過「飤」所從的「人」訛爲「刀」形，A的「刀」形又進一步訛變成「刃」，如上博二《魯邦大旱》簡6的「飤」就已近於「刀」形。AB應讀爲「廟食」，《史記・滑稽列傳》：「廟食太牢」、《漢書・淮南衡山濟北王傳》：「高皇帝之神必不廟食於大王之手」，皆是典籍中的「廟食」用例。《鄭文公問太伯》是說鄭克鄶之後始得地以爲祖先之廟以供血食，正好與後面的「如容社之處」緊密銜接。從此處看，鄭之東遷後之始都即應在鄶地，古人已多言及。〔註63〕

【子居 2016】：覆當訓奇襲，《孫子兵法・行軍》：「獸駭者，覆也。」李筌注：「不意而至曰覆。」杜牧注：「凡敵欲覆我，必由他道險阻林木之中，故驅起伏獸。駭，逸也。覆者，來襲我也。」棽當即林，《說文・林部》：「林，二水也。」鄶在溱、洧相會處，故言襲林。「寓=」當讀爲朝食，如《左傳・成公元年》：「齊侯曰，余姑剪滅此而朝食。」這裡當是說清晨以戰車出擊奇襲鄶師於兩水之間，攻克鄶國後吃早飯，以表示戰事的快捷順利。整理者以克鄶與襲胡事相混，所說恐不確。

原文的「女」當讀爲「汝」，「容社之處」即是指「鄭父之丘」。

【王寧 2016C】：「吾〔乃〕牌（獲）函、邲（訾）輨車」，原整理者將「輨車」屬下句讀，恐非。筆者認爲「『輨車』本意當是在車軸上纏皮革絲繩之類加固車軸，這裡相當於加固、維修車輛之意」「鄭人得以在函、訾維修車輛，表示奪取了此二邑」，此處的「縈軶蔫、竽（邢）之國」表達的是相同的意思。

【王寧 2016E】：此字（「寓」）乃「庿（古文廟）」「飤」的合文。「廟食」蓋是指廟食者，即鄭國已故的先人，在宗廟中歆享，故稱「廟食」。如，當訓往。「容社」之「容」甲、乙本均作「宏」，從宀公聲，即《說文》中所載「容」之古文，爲容納、容受之意。蓋鄭桓公初居棫林，乃周王畿內的采邑，不能建立國社，即無容社之地；後來佔領了東方十邑之後，居於鄭父之丘，

〔註63〕 《清華六〈鄭文公問太伯〉初讀》36樓，發表日期：2016年4月23日。

有了容社之所，才國名爲「鄭」，并建立了國社，表示正式立國，即《禮記・郊特牲》所謂「家主中溜而國主社，示本也」；而其舊地棫林亦得名「鄭」，所謂「舊鄭」，後來成爲秦國的縣。新鄭建立後，廟食（在宗廟中享受祭祀）的鄭先人們也都遷到此新鄭，即所謂「廟食如容社之居」。建國立社在鄭桓公時期均已經完成，故曰「亦吾先君之力也」。

【黃聖松、黃庭頎 2016A】：「輟車闌綮」，「介」可與「制」相通，則簡文此句應釋爲「覆車襲制」，可語譯爲：鄭桓公以埋伏之兵車襲擊制邑。……簡文記載鄭桓公「襲制」「克鄶」云云，正與司馬遷之說相應，可佐史公之見。

簡文甲本「寠=」上部應分析爲從宀、叀聲，下部從皀、從刀。乙本此字下半雖從食、從刀，但應爲皀之訛誤，故「寠=」即釋爲「斷斷」。此外，《說文》亦提及「𠦒，古文叀字」，而「斷」與「叀」聲字關係密切，楚簡「剸」字有不少通假爲「斷」之例。如《曹沫之陣》：「五人以伍，一人有多，四人皆賞，所以爲剸（斷）。」《三德》：「毋壅川，毋剸（斷）隙。」《語叢二》：「強生於性，立生於強，剸（斷）生於立。」據此推之，「寠=」在「斷」之古文上增添「叀」旁，其因當是疊加聲符，簡文應讀爲「斷斷」。

《尚書・秦誓》：「昧昧我思之，如有一介臣，斷斷猗無他技，其心休休焉，其如有容。」《禮記・大學》亦引上述《秦誓》之文，漢人鄭玄《注》謂「斷斷」爲「誠一之貌也。」清人孫星衍云：「此言如有一概臣，其心專一，無他技巧，其心休美，寬大如有所容納也。」則「其如有容」之意爲「寬大如有容納」，謂人氣度寬闊、有容乃大。簡文「斷斷如容」當如《秦誓》之文，形容鄭桓公「斷斷」誠一而「如容」寬大。故此處前後文句應斷句爲：「以覆車襲制、克鄶，斷斷如容。」至於後文「社之處，亦先君之力也」，乃言社稷之立處，是我先君鄭桓公之力也。

【今按】：「輟車」當從王寧之說，屬上讀，「吾乃獲函、訾輟車」與下文「縈軛蔦、邘之國」用法相似。簡文「輟」讀如本字即可，不必破讀爲「覆」，爲加固、維修車輛之意。簡文中𤣥（太伯甲簡 6）、𤣥（太伯乙簡 6），整理者隸定爲「綮」，此字或可從王寧之說，爲「虢」之異體。「虢」字異體字作「𤢖」「𤩴」，據王寧所引《說文》及段注的內容，可知「虢」有劃分之義，簡文「綮」亦有劃分、界分之義。據此或可推斷簡文「綮」爲「虢」之異體。而簡文中的「𩜾」字當如網友 ee 之說，爲「廟食」之合文。簡文當斷作「吾

乃獲函、訾覆車，襲虢克鄶，廟食汝容社之處，亦吾先君之力也」，此句簡文所記正與《國語》等傳世文獻之記載相符。（詳見研究部分）

（12）世及吾先君武公，西城伊、澗，北就鄔、劉，縈軭蒍、邘之國，魯、衛、鄝、蔡來見。

　　甲本：枼及虐先君武公，西鹹汌、閞，北遼郆、鄙，縈厄鄥、竽之國，魯、鹽、鄝、郶坴見。

　　乙本：枼及虐先君武公，西鹹汌、閞，北僑郆、鄙，縈厄鄥、竽之國，魯、衛、鄝、邿〈郶〉坴見。

　　【清華（陸）】（P122、126）：《左傳》隱公十一年（周桓王八年、鄭莊公三十二年）：「王取鄔、劉、蒍、邘之田于鄭，而與鄭人蘇忿生之田：温、原、絺、樊、隰郕、欑茅、向、盟、州、陘、隤、懷。」是鄔、劉、蒍、邘四地原爲鄭邑，即簡文之郆、鄙、鄥、竽。鄔，妘姓，見《鄭語》。典籍或作「鄢」，《鄭語》史伯對鄭桓公所言十邑之「鄔」，公序本作「鄢」；《周語中》「昔鄢之亡也由仲任」，韋注：「鄢，妘姓之國，取仲任氏之女爲鄢夫人。唐尚書曰：『鄢爲鄭武公所滅，非取任氏而亡也。』」劉在今河南偃師西南，周匡王封劉康公於此。鄥（毁），曉母微部字，讀爲匣母歌部之「蒍」，地在河南孟津縣東北。邘在今河南沁陽縣西北。

　　《左傳》莊公二十一年（周惠王四年、鄭厲公二十八年），鄭厲公平王子頹之亂，惠王「與之武公之略，自虎牢以東」。是武公時已至虎牢（制）以東。蓼爲偃姓國，皋陶之後，文公五年（楚穆王四年）爲楚所滅，地在今河南固始縣。

　　（第126頁）：汌，尹旁與「四」形混訛，甲本作「汌」。僑，甲本作「遼」，乙本字右下訛爲「高」，參李天虹《曾侯與編鐘銘文補說》（《江漢考古》2014年第4期）。

　　衛，甲本作「鹽」。「蔡」字從午、女、邑，疑從上「蒍」字右半訛變。

　　【ee】：乙本簡6「汌」已訛成「洀」形。〔註64〕

　　【孟躍龍2016】：我們認爲，「閞」當讀爲「關」，「汌（尹）閞」即著名的「伊關」。

　　月聲古音與關聲相通。《說文・月部》：「月，闕也。太陰之精。象形。」

〔註64〕《清華六〈鄭文公問太伯〉初讀》15樓，發表日期：2016年4月18日。

段玉裁注：「月闕曡韵。《釋名》曰：『月，缺也，滿則缺也。』」月闕古音同在月部，又同隶牙音，故可以相通。「閖」从外聲，外从月聲，則「閖」借爲「闕」，應該是沒有問題的。

簡文中「北邍」之「邍」當訓爲「至」或「到」，與傳世文獻中的「造」「𡶒」「摵」音義相近。《尚書・盤庚中》：「其有眾咸造。」孔傳：「造，至也。」《說文・止部》：「𡶒，至也。从止，叔聲。」字亦作「摵」。《方言》：「摵，到也。」《廣雅・釋詁一》：「摵，至也。」王念孫疏證：「摵之言造也。造亦至也。造與戚古同聲。」

從地理位置來看，「伊闕」處於周鄭的邊境，爲兵家必爭之地。簡文大意是說，鄭武公於伊闕築城，向北延伸至郲（鄔）〔註 65〕、鄮（劉）一帶，扼住了郒（蔿）、竽（邘）等國南下的咽喉地帶，魯、衛（衛）、鄝（蓼）、鄡（蔡）等國都前來朝見。

【龐壯城 2016】：「縈」字，原整理者無說，應讀爲「營」，表示經營。

【王寧 2016C】：「縈」是纏繞義，「縈軛」即纏繞車軛。《說文・革部》：「鞙，大車縛軛靼。」段注：「縛軛者，苞注《論語》云：『輗者，轅端橫木以縛枙者也。』皇曰：『古作牛車，先取一橫木縛著兩轅頭，又別取曲木爲枙縛著橫木，以駕牛脰也。』然則軛縛於橫木，橫木縛於轅，縛於轅者輗也。軛縛於輗用靼。鞙亦作𩊚。《釋名》：『𩊚，縣也。所以縣縛軛也。』」……古代的車軛是要用繩索、皮帶之類的東西綁縛、纏裹，即所謂「縛軛」，「縈軛」亦當謂此。「鞙」是綁車軛的皮條，「韇」是纏裹車軛的皮帶，使用時間長了會鬆動、斷裂，則需要重新綁縛纏裹。所以，所謂「縈軛」當是用纏裹車軛表示維護、維修車輛的意思，即用在蔿、竽（邘）維護修理車輛表示佔領了此二國之地。

【石小力 2016】（P191～192）：從網友 ee 之說，甲本「洢」字乙本簡 6 訛作「涓」形，簡文「涓」字即「洢」字之誤書，在簡文中作地名，即伊洛之「伊」。

乙本簡 6「郲」字原形作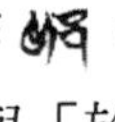，對應甲本「𨛡」字，整理者徑隸作「𨛡」，但該字左半部分從爪從人，與「於」形是不相同，也與甲本「𨛡」字作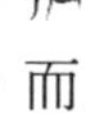字不類，當是書手之誤寫，「郲」字所從爪形可能是「於」字形的誤摹，而人形則是「」形的省訛。

〔註 65〕原文作鄔（𨛡）之誤，今據原整理者本該之。

【黃聖松、黃庭頎 2016】：「縈」，從龐壯城之說，通作「營」。「營」作動詞解可釋爲度量，如《儀禮・士喪禮》：「筮宅，冢人營之。」鄭玄《注》：「營，猶度也。」《廣雅・釋詁》亦謂「營，度也。」……

《說文》云：「厃，隘也。從戶乙聲，亦作厄。」簡文「厄」字應讀爲「益」，二字上古音皆爲影母錫部，典籍常見從「益」與從「厄」之字異文現象。如《左傳》昭公元年：「所遇又阨」，陸德明《經典釋文》謂「阨」又作「隘」。又定公四年《傳》：「還塞大隧、直轅、冥阨」，陸氏謂「阨，本或作隘。」……《戰國策・燕策三・燕太子丹質於秦亡歸》「樊於期偏袒扼腕而進」，《史記・刺客列傳》「扼」作「搤」。由是可證從「厄」與從「益」之字可爲通假，有增益之意。僖公十八年《傳》：「梁伯益其國而不能實也，命曰新里，秦取之。」《集解》釋「益其國」爲「多築城邑」，「新里」即其所「益」之城邑。「國」「邑」有時可互用，如《左傳》常見自稱己國爲「敝邑」。……簡文「營厄（益）蔿、邘之國」句式頗類《傳》之「益其國」，如是則可譯爲：「度量而增益蔿、邘之城邑。」

【單育辰 2017】（P312）：甲本簡7「洡（伊）」作「𢕈」形，而乙本「洡」作「𣲝」形，已訛成「洏」形，整理者僅隸定成「洡」，不完全正確。

（13）世及吾先君莊公，乃東伐齊灇之戎爲徹，北城溫、原，遺陰鄂次，東啓隤、樂，吾逐王於葛。

　　甲本：枼及虗先君臧公，乃東伐齊灇之戎爲敱，北臧邥、原，徱鄂橪宎，東啟遺、樂，虗迲王於鄴。

　　乙本：枼及虗先君臧公，乃東伐齊灇之戎爲敱，北臧邥、原，遺鄂橪事，東攺遺、樂，虗迲王於鄴。

【清華（陸）】（P122～123）：《左傳》隱公九年（鄭莊公三十年）：「北戎侵鄭，鄭伯禦之……大敗戎師。」桓公六年（鄭莊公三十八年）：「北戎伐齊，齊使乞師于鄭。鄭大子忽帥師救齊。六月，大敗戎師，獲其二帥大良、少良，甲首三百，以獻於齊。」似北戎居於鄭、齊之間，與曹、衛間處，與山戎（今河北盧龍縣）、大戎小戎（今山西交城縣）、茅戎（今山西平陸縣）非一，或與隱公二年會魯侯於潛、隱公七年伐凡伯於楚丘之戎有關。齊灇之戎疑即北戎，或處於濟水與斟灌之間，斟灌在今河南范縣東南與山東交界處。徹，《詩・十月之交》「天命不徹」，毛傳：「道也。」溫、原爲周桓王所與鄭人蘇忿生之

田，分別在今河南溫縣、濟源縣北。

遺，訓爲給予、交付，或訓爲《說文》「亡也」。次，乙本作「事」。郘，讀爲「陰」，疑即平陰津，地在河南孟津東北。鄂在山西鄉寧縣。句謂交付陰、鄂之事。似指鄭武公、莊公本爲周卿士，有職事在王家，周桓王奪鄭莊公政，莊公遂不朝。《左傳》隱公六年（鄭莊公二十七年）：「翼九宗五正頃父之子嘉父逆晉侯于隨，納諸鄂，晉人謂之鄂侯。」晉曲沃之亂，周桓王數遣虢國伐曲沃，鄭莊公未與其事，或即簡文所謂「遺陰、鄂事」。

遺，讀爲「隤」。《左傳》隱公十一年周桓王所與鄭人蘇忿生之田，地在河南獲嘉縣西北。樂地不詳，《左傳》桓公十五年鄭厲公「入于櫟」，莊公二十年周惠王「處于櫟」，地在河南禹州，與此非一地。可能與宋地汋陂、汋陵有關，在河南寧陵縣，地近商丘。《左傳》成公十六年鄭子罕伐宋，戰於汋陂、汋陵。

《春秋》桓公五年（周桓王十三年、鄭莊公三十七年）：「秋，蔡人、衛人、陳人從王伐鄭。」《左傳》：「秋，王以諸侯伐鄭，鄭伯禦之」，「王卒大敗。祝聃射王中肩」。《春秋》未言戰地，《左傳》云「戰于繻葛」，顧棟高以爲即長葛。「葛」字釋讀詳陳劍《上博竹書「葛」字小考》（《中國文字研究》二〇〇七年第一輯，第六八－七〇頁）。

【清華讀書會 2016】（石小力）：所謂「櫃」字作「」，乙本簡 7 作「」。今按，該字即桑樹之「桑」，從木，喪聲。楚簡「桑」字多爲上下結構，如（上博二《民之父母》6）、（同上 7）、（同上 12）等，《太伯》之桑字不過將楚簡中常見的上下結構改易爲左右結構，故而導致誤釋。此外，《太伯》中「甕」字作（甲 1）、（乙 1），所從「喪」旁與「桑」字所從相同，乙本「桑」「甕」所從「喪」旁中間皆有一豎筆，可證此字從木，喪聲，無疑就是「桑」字。「桑」字在楚簡中多用爲「喪」，在本簡中讀法待考。

【清華讀書會 2016】（馬楠）：「遺郘（陰）、櫃（鄂）宷（次）」，這句一開始的想法是「遺」訓爲亡，與「桑（喪）」相對，「遺陰桑（喪）次」謂失去了平陰津，喪失了在周王朝的職事。但全句都是講莊公的功績：「乃東伐齊灌之戎爲徹，北城溫、原，遺陰喪次，東啓隤、汋，吾逐王於葛。」因而改用目前整理報告的說法，把「遺」訓爲給予、交付，用乙本「次」作「事」，讀爲「遺陰、鄂事」。

【暮四郎】：「次」，可能是指住所，軍隊駐紮地之類意義。〔註66〕

【子居 2016】：徹訓爲治，《詩經‧大雅‧公劉》：「其軍三單，度其隰原，徹田爲糧。」毛傳：「徹，治也。」北戎得名自邶地，即原居於邶地之戎，在朝歌之北，大致活動範圍在鄭、衛、齊三國的北境。山戎則在黃河之南，魯、曹、南燕之間，而非是整理者所言「今河北盧龍縣」。……整理者以「斟灌在今河南范縣東南與山東交界處」，該說出於後人附會，斟灌、斟尋即在尋地的斟氏和在觀地的斟氏，二者皆在河洛地區，而與此處的鄻地無關。此處的鄻地當即酅地，《說文‧邑部》：「酅，魯下邑。從邑巂聲。《春秋傳》曰：齊人來歸酅。」所引即《春秋‧定公十年》：「齊人來歸鄆、讙、龜陰田。」清代江永《春秋地理考實》卷一：「讙，《經》：『齊侯送姜氏于讙。』杜注：『魯地，濟北蛇丘縣西有下讙亭。』《匯纂》：『今濟南府肥城縣西南有故城，《水經注》云：『俗訛爲夏輝城。』今按：肥城，今屬泰安府。」故可知酅地在今山東肥城縣西南的汶水北岸。整理者言「齊酅之戎疑即北戎」則當是，此時的形勢當爲，北戎被山西赤狄的擴張所迫，不得不南下侵襲鄭國、齊國，但一再被鄭莊公所敗，遂不得竄逃於中原各國之間，至《春秋‧僖公十年》：「夏，齊侯、許男伐北戎。」此後北戎即不復見，蓋已消亡。

此處之「遺」當讀「隤」，「鄔」當讀「陘」，「桑」當讀「向」，「次」當讀「絺」，皆爲《左傳‧隱公十一年》：「王取鄔、劉、蒍、邘之田于鄭，而與鄭人蘇忿生之田：溫、原、絺、樊、隰郕、欑茅、向、盟、州、陘、隤、懷。」所列的周桓王交換給鄭莊公的蘇忿生之田。

此句的「遺」當讀爲「隨」，即沙隨，在今河南寧陵東北，《春秋‧成公十六年》：「秋，公會晉侯、齊侯、衛侯、宋華元、邾人于沙隨。」杜注：「沙隨，宋地。梁國寧陵縣北有沙隨亭。」整理者讀「樂」爲「汋」，以爲「與宋地汋陂、汋陵有關」甚是。《左傳‧隱公十一年》：「冬，十月，鄭伯以虢師伐宋。壬戌，大敗宋師，以報其入鄭也。」簡文的「東啓隨、汋」所指蓋即此事。

【王寧 2016C】：「次」，乙本作「事」，因「朱」「事」雙聲而誤也。「桑」當是地名，蓋鄭國軍隊曾經於此駐紮，故有「桑次」之稱，與「榆次」之地名類同。卜辭、金文中言「在某次」較常見，均謂軍隊在某地的駐紮之處。

由上文的「輵車」「縈軶」推之，此處的「陰」亦當是與車輛有關之事

物。《詩・秦風・小戎》：「陰靷鋈續」，《毛傳》：「陰，揜軓也。」《箋》：「揜軓在軾前，垂輈上。」朱熹《集傳》：「陰，揜軓也。軓在軾前，而以板橫側揜之，以其陰映此軓，故謂之陰也。」……

根據諸家所言，「陰」即古代車輛上遮蔽車軓的擋板，故稱「陰（蔭）」，漢代稱爲「揜軓」，「揜」也是遮蔽義。「遺」當訓「舍」或「棄」，是捨棄、丟棄之意。「遺陰」謂遺棄揜軓，因爲揜軓損壞則需更換，更換下來的則被丟棄，這也是維修車輛之意。「遺陰桑次」謂佔領了桑地在那裡駐軍、維修車輛，將損壞的揜軓遺棄在那裡。

【王寧 2016E】：「齊」當讀爲「濟」，「酀」字原簡文上從艸，蓋繁構。《說文》：「酀，魯下邑。从邑蔖聲。《春秋傳》曰：『齊人來歸酀。』」段注：「《春秋經・定十年》：『齊人來歸鄆、讙、龜陰之田。』鄆，《公羊》作『運』；讙，三經、三傳皆同，許作『酀』，容許所據異也。應劭注《前志》引《春秋・哀八年》『取酀及闡』，字亦作『酀』。賈、服云：『鄆、讙二邑名。』《左傳・桓三年》杜注曰：『讙，魯地。濟北蛇丘縣西有下讙亭。』」楊伯峻先生認爲：「讙在今山東寧陽縣西北三十餘里。」其地在古濟水附近。北戎原居北方，後內侵中土，與中土諸國雜居，亦常與諸夏相互攻戰侵伐。「齊酀之戎」蓋即居於濟水與酀之間的戎人，其地在鄭國東部，故曰「東伐」。徹，疑當讀爲「烈」，《方言》三：「班、徹，列也。燕曰班，東齊曰列。」《箋疏》：「蔡邕《獨斷》：『漢制：子弟封爲侯者謂之諸侯，群臣異姓有功封者謂之徹侯。後避武帝諱改曰通侯。法律家皆曰列侯。』是徹與列義同。」

【黃聖松、黃庭頎 2016】：簡文之「齊酀之戎」應是「山戎」，「齊酀」是「山」之緩讀。「山」字上古音爲山母元部，「酀」字所從「蔖」聲字皆是曉母元部，二字韻部相同。「齊」字上古音爲從母脂部，然「齊」又常通讀爲「齋」，「齋」字上古音爲莊母脂部。「山」字上古音聲母爲山母，與「齋」字聲母莊母同屬正齒音，發音位置極爲接近。據上文說明可證「山」字應可緩讀「齊酀」，簡文「齊酀之戎」當即文獻之「山戎」。

簡文「爲敫」當獨立成句，「敫」當讀爲「徹」，有「取」義。至於簡文「爲徹」者何？即「北城溫、原」與「東啓隤、樂」。隱公十一年《傳》：「王取鄔、劉、蔿、邘之田于鄭，而與鄭人蘇忿生之田：溫、原、絺、樊、隰郕、欑茅、向、盟、州、陘、隤、懷。」周桓王取鄭國「鄔、劉、蔿、邘之田」，而予鄭國蘇忿生之田十二邑。《傳》所載「鄔、劉、蔿、邘之田」，正與簡文

記述鄭武公「北就鄔、劉，營厄（益）薦、邘之國」相符。簡文又言「北城溫、原」與「東啓隤、樂」，其中三邑又見《傳》載蘇忿生十二邑之列，此段文字可與隱公十一年《傳》證合。《傳》以周桓王角度描述，故言「王取鄔、劉、薦、邘之田于鄭」。簡文則從鄭莊公立場言之，故謂「爲敹（徹）」溫、原、隤三邑；意指以鄭武公時開拓之鄔、劉、薦、邘四邑，換取原屬蘇忿生之溫、原、隤三邑。

上文已說明簡文「乃東伐齊鄻之戎」應是隱公九年《傳》「北戎侵鄭」一事，此句「爲敹（徹）」則謂隱公十一年《傳》周桓王取鄭國四邑之事。簡文又載桓公五年《傳》周、鄭「戰於繻葛」，相關史事確實依時序先後排比，亦可旁證本文所論。

簡文「遺鈙桑宋」之「鈙」從金聲，上古音爲見母侵部，在此可讀爲影母侵部之「廕」「蔭」。《左傳》文公七年：「公族，公室之枝葉也，若去之，則本根無所庇廕矣。」陸德明謂「廕，本又作蔭。」《爾雅・釋言》：「庇、庥，廕也。」知「陰」有庇蔭、庇護之意。「桑」字整理小組原釋「櫃」，今從石小力說改釋爲「桑」，用爲「喪」。

宋，典籍可見從「弟」與從「次」之字有異文現象，如《周易・夬卦》：「其行次且」，《經典釋文》謂「次」，「《說文》及鄭作趀」，《說文》「趀」字段玉裁《注》：「鄭作趀。」又《儀禮・既夕禮》：「設床第，當牖。」鄭玄《注》：「古文第爲茨。」「弟」字上古音爲莊母脂部，「次」爲清母脂部。二字韻部相同，聲母雖有正齒音與齒頭音之別，然發音部位接近，故可爲通假。簡文「秭」可讀爲「資」，《說文》：「資，貨也。」又《毛詩・大雅・板》：「喪亂蔑資，曾莫惠我師。」毛亨《傳》：「蔑，無。資，財也。」鄭玄《箋》：「賦斂空虛，無財貨以共其事。」又《國語・周語下》：「於是乎量資幣，權輕重，以振救民。」三國吳人韋昭《注》：「資，財也。」《韓非子・外儲說右上》：「吾民之有喪資者，寡人親使郎中視事。」「喪資」二字連言，可證簡文「秭」讀爲「資」應無疑義。

簡文「遺廕喪資」之「遺」「喪」皆爲失去之意，「喪資」既指「喪財」，「遺廕」應可釋爲「失去庇廕」。至於「遺廕喪資」者爲何？應與前句「北城溫、原」有密切關聯。……周桓王本不能控制蘇忿生之十二邑，卻實取鄭國四邑而虛予其十二邑，故鄭國損失甚劇。然由簡文「北城溫、原」推測，鄭國或當短暫控制溫、原二邑，故曾遣人「城」溫、原之城郭。爾後鄭國仍

無法保留二邑，故簡文乃謂「遺廕喪資」。襄公三十一年《傳》：「大官、大邑，身之所庇也。」都邑不僅可庇護個人與宗族，更是拱衛國都之屏障。由是則「遺廕喪資」之「廕」「資」皆指溫、原二邑，因無法保有其地，故謂鄭莊公喪失庇廕國家之都邑與資產。

【劉光 2016】（P34）：北戎所處地理位置在鄭國的西北部，而簡文明謂「東伐」，因此所謂北戎並非齊酈之戎。「齊酈之戎」當讀爲「濟酈之戎」，爲活動在濟水之戎。……濟水之戎爲己姓，其在春秋初年是以今山東曹縣附近爲中心，其活動範圍大致在：魯國以西，鄭國以東的濟水流域，從地理位置上來看，此戎正位於鄭國之東，應當是簡文所謂的「齊（濟）酈之戎。」

（14）世及吾先君卲公、厲公，抑天也，其抑人也，為是牢鼠不能同穴，朝夕鬥鬩，亦不逸斬伐。

> 甲本：枼及虘先君卲公、剌公，殹天也，亓殹人也，為是牢鼩不能同穴，朝夕豆戉，亦不㤎斬伐。

> 乙本：枼及虘先君卲公、制〈剌〉公，殹天也，亓殹人也，亓為是牢鼩不能同穴，朝夕豆戉，亦不㤎斬伐。

【清華（陸）】（P123、126）：鄭昭公、厲公事詳魯桓公十一年、十五年，魯莊公十四年《春秋》經傳。

鼩，讀爲「鼠」。《春秋》言「鼷鼠食郊牛」，是牢閑中有之。《漢書·楊惲傳》有「鼠不容穴」語。豆戉，讀爲「鬥鬩」。《詩·常棣》「兄弟鬩于牆，外御其務」，毛傳：「很也。」逸，訓爲放失。

（P126）：（乙本）「剌（厲）」字訛作「制」。

【ee】：㤎，整理者讀爲「逸」。按，讀「失」更符合典籍用語習慣。
〔註67〕

【李鵬輝 2016】：原書對「鼩」字的解釋是可信的，但此字并非讀爲「鼠」，而應該是「鼠」字的異體。此字還見於《包山楚簡》，形體如下：

《包山》85　　　　　　《包山》162　　　　　　《包山》180

「鼩」字，何琳儀先生分析爲：「從鼠，予聲。疑狳之異文。《搜眞玉鏡》

『狣，音野。』《包山簡》鼳，人名。」（何琳儀：《戰國古文字典－戰國文字聲系》，中華書局 1998 年 9 月，第 569 頁。）……「鼳」字形體當從何先生分析從「鼠」，「予」聲。「予」和「鼠」位置可以互換，古文字中這種情況常見。從清華陸《太伯》「爲是牢鼳（鼠）不能同穴」這一詞例來看，「鼳」就應是「鼠」字。清華陸《太伯》中的「鼳」字所從予或省去八形，可分析爲从鼠呂聲和從鼠予聲。「『予』字從呂，八爲分化符號。呂亦聲。」（何琳儀：《戰國古文字典－戰國文字聲系》，中華書局 1998 年 9 月，第 567 頁。）「予」喻紐魚部字，「鼠」審紐魚部字。「鼳」或爲加注聲符「予」或「呂」的一個注音形聲字，關於古文字中的注音形聲字可參見吳振武先生大作（吳振武：《古文字中的「注音形聲字」》，《古文字與商周文明》臺北中央研究院 2002 年，第 223～236 頁。），所以「鼳」字蓋是「鼠」字的一個異體。

【蘇建洲 2016】：《鄭太伯》乙 08 整理釋文作「剌〈剌〉（厲）公」，所隸定的「剌」作![字形]

此隸定不確，作者可能是受到「速」作![字形]（《郭店・尊德義》簡 28）的影響，不過「速」本從「束」，且這種字形是受到「兼」的類化，並非常態。獨體的「朱」或「束」從「木」，均未見增添一斜筆。此字可以直接釋爲「剌」。

【子居 2016】：「牢」當讀爲「狸」，狸、鼠是死對頭，因此說「不能同穴」，如《韓非子・揚權》：「使雞司夜，令狸執鼠，皆用其能，上乃無事。」《漢書・楊惲傳》的「鼠不容穴」是說鑽不進洞的意思，跟這裡應該無關。

【王寧 2016E】：鬥，原字從戈豆聲；鬩，原字從戈兒聲。《說文》：「恆訟也。《詩》云：『兄弟鬩于牆。』」即長久地爭訟不合。此句謂做出這種如同牢鼠不能同穴的事情，朝夕爭鬥糾紛。……昭公、厲公於君位都是失而又得，期間可能發生很多糾紛和爭鬥，故曰「朝夕鬥鬩」。逸，ee 先生認爲應讀「失」，可從，「不失」乃古書習見詞語。此句意爲在昭公、厲公爭鬥之時，也沒有放鬆對外的征伐，然具體事跡無考，唯《鄭世家》記載鄭厲公復位後曾與虢叔平定周王子穨之亂，幫助周惠王復位，簡文大約是指此事。

【尉侯凱 2016】：整理者引《漢書・楊惲傳》「鼠不容穴」以證「牢鼠不能同穴」，有斷章取義之嫌。《漢書・楊惲傳》云：「我不能自保，眞人所謂鼠不容穴，銜竇數者也。」如淳曰：「所以不容穴，坐銜竇數自妨，故不得入穴。」顏師古曰：「竇數，戴器也。」竇數，亦作「竇藪」，爲盆底所墊之物。《漢書・東方朔傳》：「是竇藪也。」顏師古曰：「竇藪，戴器也，以盆

盛物戴於頭者，則以窶數薦之，今賣白團餅人所用者也。」《楊惲傳》謂老鼠口銜戴器，故不能容納於穴中。群鼠爭鬪於穴中，古人常以此比喻時事。如《史記·廉頗藺相如列傳》：「其道遠險狹，譬之猶兩鼠鬪於穴中，將勇者勝。」《梁書·元帝紀》：「侯景奔竄，十鼠爭穴。」此簡云「牢鼠不能同穴」，亦以群鼠爭鬪於穴中比喻鄭莊公死後群公子爭立的史實。

【單育辰 2017】（P312）：「逸」讀「失」更符合典籍用語習慣。「逸」爲喻紐質部，「失」爲書紐質部，古音相近。在這種語境下「不失」的用法很常見，也就是沒有丟掉的意思。

（15）今及吾君，弱幼而滋長，不能慕吾先君之武徹莊功，孚淫嬌于康，
　　　獲彼荊寵，爲大其宮，君而狎之，不善哉。

　　　甲本：今及虡君，孿弱而䏿長，不能莫虡先君之武散𢼨䢼，色〈孚〉
　　　　　　涇〈淫〉柔于庚，䐩皮䍐俑，啟大亓宮，君而䡇之，不善
　　　　　　戈。

　　　乙本：今〔及吾〕君，弱幽而䏿長，不能莫虡先君之武散𢼨䢼，
　　　　　　孚涇〈淫〉柔于康，䐩皮䍐〈䍐〉𢼨，啟大亓宮，君而䡇
　　　　　　之，不善戈。

【清華（陸）】（P123、126）：「䏿」字疑從以聲、子聲，試讀爲「滋」。

　　色，乙本作「孚」，訓爲「信」。甲本疑因下「淫嬌」等語誤作「色」。「柔」字又見包山簡二七八，上博簡《容成氏》第三十八簡，後者辭例爲「瑶臺」。簡文讀爲「嬌」，《方言》：「遊也。」康，《爾雅·釋詁》：「樂也。」清華簡《厚父》：「不盤于康。」陳曼簠（《集成》四五九五—四五九六）：「齊陳曼不敢逸康。」

　　俑，讀爲「寵」。城濮戰前鄭文公從楚背晉，《左傳》僖公二十二年：「丙子晨，鄭文夫人羋氏、姜氏勞楚子於柯澤」，「丁丑，楚子入饗于鄭，九獻，庭實旅百，加籩豆六品。饗畢，夜出，文羋送于軍」。羋氏即楚女。

　　（P126 乙本）：孚，甲本作「色」，疑誤。康，甲本作「庚」。「䍐（荊）」字訛作「䍐」。𢼨，甲本作「俑」。

【李學勤 2016】（P81）：太伯對文公的諫誡，除了希望他接受幾位賢臣的勸告之位，還特別警告不可耽於女色，……這個「荊寵」是楚國的女兒，大概就是鄭文公的夫人，《左傳》僖公二十二年稱「文羋」，僖公三十三年稱「文夫人」。由此可知，文公沒有聽從太伯的勸說，仍然以她作爲夫人。這

一點，或許與當時鄭、楚的政治關係有關。

【清華讀書會 2016】（石小力）：所謂「色」字原簡作「」，此字對應乙本簡 9 作「孚」，整理者認爲甲本誤，當從乙本作「孚」，訓爲「信」。今按，字當釋「印」，從乙本多訛字的情況看，乙本作「孚」當是「印」之訛，字在簡文中用作連詞「抑」，表示轉折，相當於可是、但是。

【ee】：「色淫猶（遊）于康」，「猶」可直接讀爲「遊」。〔註68〕

【無痕】：整理報告中「猶」讀「媱」，「媱」亦即「遙」，《方言》卷十：「遙，淫也。」錢繹箋疏：「媱，與遙聲義並同。」〔註69〕

【紫竹道人】：整理者讀「嗣」爲「滋」。但「弱幼而滋長」話很怪。這個從「子」「辛＋呂（辤）」聲之字，可能就是「嗣」的異體。「嗣」「長」皆動詞。此句意謂吾君弱幼而繼承君位、成爲首領。〔註70〕

【ee】：「先君之武徹壯功」，按典籍「武徹」未見，不如讀爲「武烈」，典籍常見此詞。「徹」透紐月部，「烈」來紐月部，二字古音全同。〔註71〕

【子居 2016】：「嗣」字或是孽字，這裡是說鄭文公尚幼弱而罪孽已長。

【王寧 2016E】：此字（「嗣」）從子辤聲，讀「嗣」可從，繼也。長，《廣雅・釋詁一》：「君也」，此指君位，「嗣長」與「嗣位」意同。

「色」字當釋「印」，從乙本多訛字的情況看，乙本作「孚」當是「印」之訛，字在簡文中用作連詞「抑」，表示轉折，相當於可是、但是。此字從丨從卩，與從爪從卩的「印」和從匕從卩的「色」均形近，彼此易訛，所以秦簡《歸藏》的那個字可能當釋「綷」或「紺」，讀爲「孚」；本篇乙本的寫手可能就是把「印」誤讀爲「符」而寫作了「孚」。

「媱」「逸」雙聲，「淫媱」即「淫逸」，乃一語之轉。庚，原整理者讀「康」，乙本正作「康」。《爾雅・釋詁》：「康，樂也。」「淫逸于康」即淫逸於享樂，與《墨子・非樂上》引《武觀》曰「啓乃淫逸康樂」之「淫逸康樂」意略同。

原整理者「君」屬下句讀，當讀爲「不善哉，君！」，與下文簡 13「戒之哉，君！」句式同。

〔註68〕 《清華六〈鄭文公問太伯〉初讀》12 樓，發表日期：2016 年 4 月 17 日。
〔註69〕 《清華六〈鄭文公問太伯〉初讀》14 樓，發表日期：2016 年 4 月 17 日。
〔註70〕 《清華六〈鄭文公問太伯〉初讀》19 樓，發表日期：2016 年 4 月 18 日。
〔註71〕 《清華六〈鄭文公問太伯〉初讀》39 樓，發表日期：2016 年 4 月 25 日。

　　【黃聖松、黃庭頎 2016】：簡文「孚」讀爲「復」，意同「又」字，如是亦有強化告誡鄭文公「淫媱於康」之效。簡文「孚（復）淫媱於康（荒）」，可讀爲「孚（復）康（荒）於淫媱」，語譯爲：又廢亂於淫媱之事。

　　【單育辰 2017】（P312）：典籍未見「武徹」，或可讀爲「武烈」。「徹」透紐月部，「烈」來紐月部，二字古音相近。「武烈」之用武之功績。

　　甲本「色」不必是訛字，乙本「孚」可能是訛字。「色淫」是一個意思，應指貪淫於美色。其下「条于康」又是一個意思，「条」字整理者言《容成氏》中用爲「瑤」，「条」或可直接讀爲「游」。「游」爲喻紐幽部，「瑤」謂喻紐宵部，聲紐相同，韻部旁轉，古音很近，「游于康」的意思是康樂中嬉游。

（16）君如由彼孔叔、佚之夷、師之佢鹿、堵之俞彌，是四人者，方諫
　　　吾君於外，茲詹父內謫於中，君如是之不能戀，則譬若疾之無醫。
　　　甲本：君女由皮孔咠、逢之㠯、帀之佢鹿、壴之俞珊，是四人者，
　　　　　　方諫虔君於外，茲賠父內謫於中，君女是之不能茅，則卑
　　　　　　若疾之亡瘴。
　　　乙本：君女由皮孔咠、逢之㠯、帀之佢鹿、壴之俞珊，是四人者，
　　　　　　方諫虔君於外，茲賠父內謫於中，君女是之不能茅，則卑
　　　　　　若疾之亡瘴。

　　【清華（陸）】（P123～124）：由，用。《左傳》僖公三年：「楚人伐鄭，鄭伯欲成。孔叔不可，曰：『齊方勤我，棄德，不祥。』」事在鄭文公十六年。《左傳》僖公二十年：「夏，鄭公子士洩、堵寇帥師入滑。」事在鄭文公三十三年。《左傳》僖公二十四年：「鄭公子士洩、堵俞彌帥師伐滑。」事在鄭文公三十七年。舊說皆讀作「公子士」「洩堵俞彌」，以「洩堵」爲「俞彌」之氏，非是。《左傳》宣公三年稱鄭文公「娶于江，生公子士」，疑「士」「洩」一名一字，或名「士洩」而單稱「士」，如晉文公重耳稱「晉重」之例。《左傳》僖公三十年佚之狐薦燭之武，以退秦師，事在鄭文公四十三年，與簡文之「佚之夷」不知是否一人。又《左傳》僖公七年（鄭文公二十年）管仲稱「鄭有叔詹、堵叔、師叔三良爲政」，當與簡文之「詹父」「堵俞彌」「師之佢鹿」有關。

　　詹父即叔詹，又見於《左傳》僖公二十二年、二十三年與《國語‧晉語四》；《呂氏春秋‧上德》作「被瞻」，《韓非子‧喻老》作「叔瞻」。謫，《左

傳》成公十七年「國子譴我」，杜注：「譴責也。」

瘖，從疒，音聲。鄭司農以《禮記・內則》之「醷」當《周禮・酒正》之「醫」。

【馬楠 2016】（P85）：太伯勸誡文公任用賢良，提及孔叔、佚之夷、師之佢鹿、堵之俞彌、詹父五人。《左傳》魯僖公三年（鄭文公十六年，前 657 年）載「楚人伐鄭，鄭伯欲成，孔叔不可，曰：『齊方勤我，棄德，不祥』」。魯僖公七年（鄭文公二十年，前 653 年），管仲稱「鄭有叔詹、堵叔、師叔三良為政」。魯僖公二十二年（鄭文公三十五年，前 638 年），楚成王入饗於鄭，叔詹譏其無禮；又重耳流亡，鄭文公不禮，叔詹諫之，晉文公返國後伐鄭，叔詹紓其難，事見《左傳》《國語・晉語四》《呂氏春秋》《韓非子》等書。魯僖公二十四年（鄭文公三十七年，前 636 年）「鄭公子士洩，堵俞彌帥師伐滑」。魯僖公三十年（鄭文公四十三年，前 630 年），佚之狐薦燭之武，以退秦師，而簡文所述在文公早年，「佚之夷」與佚之狐可能並非一人。

「堵之俞彌」即《左傳》之「堵叔」「堵俞彌」，據此可以糾正對《左傳》的一處讀解。《左傳》魯僖公二十年（鄭文公三十三年，前 640 年）「夏，鄭公子士洩、堵寇帥師入滑」，魯僖公二十四年「鄭公子士洩、堵之俞彌帥師伐滑」，舊說皆讀作「公子士」「洩堵寇」「洩堵俞彌」，以「洩堵」為「俞彌」之氏。其說蓋《左傳》魯宣公三年，鄭文公「娶於江，生公子士」。疑「士」「洩」一名一字，或名「士洩」而單稱「士」，如晉文公重耳稱「晉重」之例。

【ee】：「君如是之不能茅（務）」，「茅」整理者讀為「懋」。按，不如讀為「務」更好。「務」言「務行臣下之諫言」。〔註72〕

【子居 2016】：以詹父為叔詹，或有疑問。《鄭文公問太伯》事在鄭文公初期，叔詹則《左傳・僖公七年》始見稱，至晉文公伐鄭時猶在世，則在鄭文公初期恐怕也還很年輕，似不宜被太伯稱為「詹父」。筆者以為，這裡的「詹父」很可能仍是筆者前文提到的鄭詹，其人很可能是鄭厲公的同輩親族，所以這裡才以「詹父」相稱。

【王寧 2016E】：由，《爾雅・釋詁》「自也」，郭注：「猶從也。」孔叔，即繼洩伯為鄭卿者。

方，《廣雅・釋詁一》「正也」，「方諫」當即古書常見之「正諫」，《管子・

形勢解》：「正諫死節，臣下之則也。」《戰國策‧齊策四》：「聞先生直言正諫
不諱。」均謂直言而諫。茲，《說文》「艸木多益」，段注：「《詩‧小雅》：『兄
也永歎』，毛曰：『兄、茲也。』戴先生《毛鄭詩考正》曰：『茲今通用滋。《說
文》茲字說云：艸木多益。滋字說云：益也。韋注《國語》云：兄，益也。』」
此用其「益」義，猶言「加之」。內，《說文》《字書》并云：「入也」，「內譖」
即「入譖」，謂進批評之言，與「入諫」意略同。

亡醫即無醫，無可醫治、不可救藥的意思。此數句是說：如果由那孔叔
等四位在外直言進諫，加之瞻父在內進言批評，君主您這樣還不能努力（改
正），就象生重病的人不可救藥一樣。

【尉侯凱 2016】：《左傳》隱公五年有洩駕，又稱洩伯，鄭國大夫。《左
傳》僖公七年云：「鄭伯使大子華聽命於會，言於齊侯曰：『洩氏、孔氏、子
人氏三族，實違君命。』」則洩爲鄭國大夫之氏。《左傳》僖公七年又云：「鄭
有叔詹、堵叔、師叔三良爲政，未可間也。」《左傳》襄公十年云：「初，子
駟爲田洫，司氏、堵氏、侯氏、子師氏皆喪田焉。故五族聚群不逞之人，因
公子之徒以作亂。多十月戊辰，尉止、司臣、侯晉、堵女父、子師僕帥賊以
入，晨攻執政于西宮之朝，殺子駟、子國、子耳，劫鄭伯以如北宮。」前云
堵叔，後云堵氏、堵女父，則堵亦爲鄭國大夫之氏。由此可知，洩、堵均爲
鄭國大夫的氏，二者並非同族，杜預將「洩堵」連讀實誤。因此，整理者於
《左傳》僖公二十年、僖公二十四年在簡文「鄭公子士洩」之後斷句是十分
準確的。

如果「士洩」是人名，而在其他地方又省稱爲「士」，《左傳》中未見其
例。晉文公重耳省稱「晉重」是載在天子盟書中的特例，兩者沒有可比性。
「士」「洩」一名一字，亦未有證據。整理者之所以作出以上的推測，是牽
合僖公二十年、僖公二十四年的「公子士洩」與宣公三年的「公子士」爲一
人的結果。筆者以爲，「公子士洩」與「公子士」當非一人。

《左傳》僖公二十四年「鄭公子士洩、堵俞彌帥師入滑」，杜預注：「堵
俞彌，鄭大夫。」則以「公子士洩」爲一人，「堵俞彌」爲一人。與僖公二
十年的注解似乎自相矛盾。杜預《春秋釋例》卷八亦將「洩堵寇」與「堵俞
彌」並列爲二人。可知杜預在爲《左傳》僖公二十四年作注時，確實是在「堵
俞彌」斷句，而以「公子士洩」爲另一人。僖公二十年至二十四年僅五年左
右的時間，兩次率師的「公子士洩」當爲一人。杜預之所以在《左傳》僖公

二十年誤將「洩堵寇」斷爲人名，應該也是爲宣公三年記載鄭文公「娶于江，生公子士」所誤導。

《左傳》宣公三年記載，鄭文公「又娶于江，生公子士，朝于楚，楚人酖之，及葉而卒」。公子士朝見楚王而被酖殺，發生如此重大的外交事故，其原因祇可能是鄭國背叛楚國而依附齊國，楚王痛恨鄭伯背盟。而在魯僖公十八年，齊桓公去世後，諸公子爭立，齊國大亂，鄭國徹底倒向楚國，故在此之後，不會發生楚國酖殺鄭國公子的情況。因此，公子士應當死於魯僖公十八年以前，故《左傳》僖公二十年、二十四年率師入滑的「公子士洩」當另有其人。

《史記·鄭世家》云：「鄭文公有三夫人，寵子五人，皆以罪蚤死。」說明包括公子士在內的鄭文公五子均早卒。而魯僖公二十四年，已爲鄭文公三十七年，距鄭文公去世祇有八年，此時「公子士洩」尚能率師入滑，可知他不可能是鄭文公早卒的兒子「公子士」。

再者，《左傳》僖公三年追記鄭文公「逐群公子，公子蘭奔晉」，鄭文公將最寵愛的公子蘭都驅逐出境，似無理由兩次讓另一個兒子「公子士」率師入滑。

【單育辰 2017】（P312）：「茅」不如讀爲「務」更好，二字皆從「矛」得聲，「務」是「務行（臣下之諫言）」的意思。

（17）君之無問也，則亦無聞也。君之無出也，則亦無入也。戒之哉，君。吾若聞夫殷邦，湯爲語而紂亦爲語。

甲本：君之亡啻也，則亦亡啻也。君之亡出也，則亦亡內也。戒之戈，君。虘若啻夫醫邦，庚爲語而受亦爲語。

乙本：君之亡啻也，則亦亡啻也。君之亡出〔也〕，則亦亡內也。〔戒之哉，〕君。虘若啻夫鄻邦曰，康爲語而受亦爲語。

【清華（陸）】（P124、126）：句謂此語殷邦湯聞之，受亦聞之。

（P126）：甲本無「曰」字。「殷」字疑爲另一書手所補，甲本作「醫」，乙本字從邑，戊聲。

【余小眞】：「受」即「紂」。《尚書·西伯戡黎》：「祖伊恐，奔告于受。」孔傳：「受，紂也。音相亂。」《上博二·容成氏》21：「湯王天下，卅又一世而受作。」「受」，即「紂」。這一段話很有意思，全篇寫太伯勸諫鄭文公，最後這幾句話意思是：「你若不問，你就不會聽到什麼。你若沒有付出，你

就不會有收穫。好好警惕呀，君王。就好像我聽到殷邦的歷史，湯留下了話語，紂也留下了話語，（看你要選擇什麼吧）。〔註73〕

【海天遊蹤】：乙本簡 12「吾若聞夫殷邦曰」的「殷」字寫法比較特別，整理者分析說從「戉聲。」自屬不可信。比對前面「饋而不弍」的「弍」字，此字右旁應該分析為從「隹」，「弍」聲。「弍」（影紐質部）與「殷」（影紐文部）聲音相近。進一步猜測，所謂從「隹」從「弍」的字，可能就是「鳦」，也就是「天命玄鳥，降而生商」的「玄鳥（燕子）」。鄭箋：「天使鳦下而生商，謂鳦遺卵，娀氏之女簡狄吞之而生契。」《史記‧殷本紀》：「殷契，母曰簡狄，有娀氏之女，為帝嚳次妃。三人行浴，見玄鳥墮其卵，簡狄取吞之，因孕生契。」可見「鳦」與商朝的誕生有所關係。簡文以從「邑」從「鳦」的字形來表示「殷」可能不是偶然的。〔註74〕

【王寧】：乙本簡 12 的「殷」字，比上下文字的墨跡顏色要淡很多，似乎是經過刮削但沒削去。如果確是這樣，說明抄手是認為這個字寫錯了想刮去重寫。那麼似乎可以這樣推測：這個字形「戉」的部分很可能是「殷」形的誤寫。甲本簡 13 的「殷」是上殷下邑的寫法，寫乙本時當是想寫個左邑右殷的字形，但把「殷」的部分誤寫成了「戉」，可能是他把「殷」所從的「攴」誤記成了從「戈」，因而筆誤了，為了彌補，就在下面寫了個「隹」當聲符（本來是應該一個類似「刀」形的筆畫），因為殷商的「殷」古讀若「韋」或「衣」，與「隹」同為微部字。可能寫完了抄手又覺得不合適，想刮掉重寫，但不知什麼原因沒刮淨，也沒重寫，所以該字的墨跡就比其它字淡了很多。如果此推測成立，那麼這個「殷」字就是一個筆誤的錯字，或者說本不成字。

該簡抄手還有一個失誤就是末句「康為語而受亦為語」的「而」字，夾在「語」「受」之間的字縫裡，筆畫細而字小，明顯是本來寫漏了後來又添上的。說明抄手在寫最末一簡的時候有點倉促了。〔註75〕

【王寧 2016E】：此處的「殷邦」懷疑是指衛國，並非是指周之前代的殷（商）。又乙本「邦」下有「曰」字，是，甲本當據補。

「為」猶「有」也，《說文》：「語，論也。」《廣雅‧釋詁四》：「語，言也。」

〔註73〕《清華六〈鄭文公問太伯〉初讀》29 樓，發表日期：2016 年 4 月 20 日。
〔註74〕《清華六〈鄭文公問太伯〉初讀》46 樓，發表日期：2016 年 5 月 8 日。
〔註75〕《清華六〈鄭文公問太伯〉初讀》47 樓，發表日期：2016 年 5 月 9 日。

即言論。此二句是說：我這樣聽到殷邦的人們說：湯留有言論而受（紂）也留有言論。洩伯對鄭文公說這話的意思是：湯和紂都有言論流傳下來，一個是明君，一個是昏君。君主您是要像湯那樣留下言論，還是像紂那樣留下言論。

5. 清華簡（陸）《子產》篇相關內容集釋

【簡介】

《子產》篇共二十九支簡，簡長約 45 釐米，寬約 0.6 釐米，共 29 支，是一篇傳述子產道德修養和政治作為的論說。全篇可分為十個小段，前九段均以「此謂……」作結。篇首從「聖君」應該怎樣以利民自勉，取得民眾信任擁護講起，說明子產作為重臣，如何「自勝立中」，做到「助上牧民」。篇中敘及子產努力向前輩賢哲學習，集合良臣作為「六輔」等事跡。更重要的是，本篇提及子產參照夏商周「三邦之令」「三邦之刑」，制定了「鄭令」「野令」和「鄭刑」「野刑」，足以印證和補充《左傳》關於子產作刑書的記載。

《子產》篇末歎息子產沒有機會在「大國」執政，以致未能充分實現其理想抱負，顯示此篇的作者對子產的崇拜。看篇中有的文字，如「誇（信）」，是典型的三晉系寫法，篇文作者或抄寫者可能與鄭有一定關係。

【釋文】

昔之聖君取虜（虜—獻）於身，勉以利民＝（民，民）用誇（信）之；不＝誇＝（不信不信）。求誇（信）又（有）事，淺（淺）以誇（信）罙＝（深，深）以誇（信）淺（淺）。能〔1〕誇（信），卡＝（上下）乃周。

不良君古（怙）立（位）劫（固）稟（福），不思（懼）遼（失）民。思（懼）遼（失）又＝戒＝（有戒，有戒）所以緢（申）命固立＝（位，位）固邦＝〔2〕安＝（邦安，邦安）民犇（遂），邦危民麗（離），此胃（謂）才（存）亡才（在）君。

子產所旨（嗜）欲不可智（知），內君子亡（無）支（變）。官政〔3〕眾（懷）帀（師）栗，豈（當）事乃進亡（無）好，曰：「固身董＝誇＝（謹信。」謹信）又（有）事，所以自堯（勝）立审（中），此胃（謂）亡（無）好〔4〕惡。

夯（勉）政、利政、固政又（有）事。整政才（在）身，閔（文）
腥（理）、型（形）膿（體）、惼（端）夯（冕），共（恭）憸（儉）、
整齊弅見（現）又（有）〔5〕秼＝（秩。秩）所以迚（從）即（節）
行＝豊＝（行禮，行禮）後（踐）政又（有）事，出言邊（復），所以
智（知）自又（有）自喪也。又（有）道樂才（存），亡（無）〔6〕
道樂亡，此胃（謂）劼（嘉）敉（理）。

子產不大宅戓（域）。不塞（崇）薹（臺）寢，不勅（飾）覍（美）
車馬衣裘，曰：「勿以〔7〕骿巳（已）。」宅大心張，覍（美）外跪（態）
端（矜），乃自逢（失）。孨＝（君子）智（知）思（懼）乃悥＝（憂，
憂）乃少悥（憂）。敗（損）難又（有）事，多難恁（近）〔8〕亡。
此胃（謂）窐（卑）媿（逸）樂。

君人立（蒞）民又（有）道，青（情）以夯（勉），旻（得）立
（位）命固。臣人畏君又（有）道，智畏亡（無）皋（罪）。〔9〕臣人
非所能不進。君人亡（無）事，民事是事。旻（得）民，天央（殃）
不至，外戠（仇）否。以厶（私）事＝（事使）民，〔10〕事起貨＝行＝
皋＝起＝民＝龘（禍行，禍行罪起，罪起民矜，民矜）上危。弖（己）
之皋（罪）也，反以皋（罪）人，此胃（謂）不事不戾。

又（有）道〔11〕之君，能攸（修）亓（其）邦或（國）以和＝民＝
（和民。和民）又（有）道，才（在）大能政，才（在）小能枳（支）；
才（在）大可舊（久），才（在）少（小）可大。〔12〕又（有）以畣（答）
天，能同（通）於神，又（有）以埜（棶）民，又（有）以旻（得）
臤（賢），又（有）以御（禦）割（害）毇（傷），先聖君所以徝（達）
〔13〕成邦或（國）也。此胃（謂）因耑（前）彶（遂）耆（故）。

耑（前）者之能伇（役）相亓（其）邦豪（家），以成名於天下
者，身〔14〕以虞（膚一獻）之。用身之道，不以冥＝（冥冥）归（抑）
福，不以媿（逸）求旻（得），不以利行直（聲），不以虐（虐）出民
力。子〔15〕產專（傅）於六正，與善為徒，以谷（愨）事不善，母

（毋）茲愇（違）梻（拂）亓（其）事。裘（勞）惠邦政，耑（端）
徙（使）〔16〕於三（四）叟（鄰）。緔（怠）緫（覓）、繲（懈）悤（緩），
愭（病）則任之，善則爲人，勛（勤）勉救善，以勳（助）上牧民＝
（民。民）又（有）怂（過）逵（失），〔17〕嚚逵（佚）弗詎（誅）。
曰：「句（苟）我固善，不我能鬳（亂），我是亢（荒）纫（怠），民
屯荶（廢）然。」下能弌（式）上，此冑（謂）〔18〕民訽（信）志之。

　　古之悻（狂）君，窞（卑）不足先善君之憺（驗），以自余（餘）
智，民亡（無）可事，任砫（重）不果，〔19〕邦以襄（壞）。善君必狾
（察）昔耊（前）善王之虙（薦），聿叔（求）婞（蓋）之臤（賢），
可以自分，砫（重）任以果墮（將）。子〔20〕產用羿（尊）老先生之
眈（俊），乃又（有）喪（桑）垒（丘）中（仲）屌（文）、邧（杜）
鷖（逝）、肥中（仲）、王子白（伯）怹（願）；乃埶（設）六甫（輔）：
子羽、子剌、〔21〕麒（蔑）明、卑登、侘之支、王子百；乃皵（禁）
辛道、猷語，虛言亡（無）賣（實）；乃皵（禁）巻（管）單、相冒、
軏（韓）樂，〔22〕勅（飾）岇（美）宮室衣裘，好酓（飲）飤（食）
酙（晳）釀，以爰（遠）骿（屏）者。此冑（謂）由善甹（散）巻（惌）。

　　子產既由善用聖，〔23〕班羞勿（物）眈（俊）之行，乃聿（肆）
參（三）邦之命（令），以爲奠（鄭）命（令）、埜（野）命（令），
道（導）之以㸚（教），乃怵（迹）天陞（地）、逆川（順）、弜（強）
柔，〔24〕以咸皵（禁）御；聿（肆）參（三）邦之型（刑），以爲奠
（鄭）型（刑）、埜（野）型（刑），行以岙（尊）命（令）裕義（儀），
以臭（釋）亡（無）㸚（教）不姑（辜）。此冑（謂）〔25〕張岇（美）
棄亞（惡）。

　　爲民型（刑）程，上下髃（維）耳（輯）。埜（野）參（三）分，
粟參（三）分，兵參（三）分，是冑（謂）虘（廧一獻）固，以勳（助）
〔26〕政直（德）之固＝（固。固）以自守，不用民於兵麻（甲）戰戜（鬥），
曰武惢（愛），以成政惪（德）之惢（愛）。虘（廧一獻）勛（勤）和

悥（憙），可用〔27〕而不勴（遇）大＝或＝（大國，大國）古（故）丂（肯）复（作）亓（其）愚（謀）。蜼（惟）能智（知）亓（其）身，以能智＝亓＝所＝生＝（知其所生，知其所生）以先＝愚＝人＝（先謀人，先謀人）以還（復）于身＝（身，身）、室、〔28〕邦或（國）、者（諸）侯、天堅（地），固用不悖，以能成卒。〔29〕

通行釋文：

昔之聖君取獻於身，勉以利民，民用信之；不信不信。求信有事，淺以信深，深以信淺。能信，上下乃周。

不良君怙位固福，不懼失民。懼失有戒，有戒所以申命固位，位固邦安，邦安民遂，邦危民離，此謂存亡在君。

子產所嗜欲不可知，內君子無變。官政懷師栗，當事乃進無好，曰：「固身謹信。」謹信有事，所以自勝立中，此謂無好惡。

勉政、利政、固政有事。整政在身，文理、形體、端冕，恭儉整齊，弅現有秩。秩所以從節行禮，行禮踐政有事，出言復，所以知自有自喪也。有道樂存，無道樂亡，此謂嘉理。

子產不大宅域。不崇臺寢，不飾美車馬衣裘，曰：「勿以胼已。」宅大心張，美外態矜，乃自失。君子知懼乃憂，憂乃少憂。損難有事，多難近亡。此謂卑逸樂。

君人蒞民有道，情以勉，得位命固。臣人畏君有道，知畏無罪。臣人非所能不進。君人無事，民事是事。得民，天殃不至，外仇否。以私事使民，事起禍行，禍行罪起，罪起民矜，民矜上危。己之罪也，反以罪人，此謂不事不戾。

有道之君，能修其邦國，以和民。和民有道，在大能政，在小能支；在大可久，在小可大。有以答天，能通於神，有以徠民，有以得賢，有以禦害傷，先聖君所以達成邦國也。此謂因前遂故。

　　前者之能役相其邦家，以成名於天下者，身以獻之。用身之道，不以冥冥抑福，不以逸求得，不以利行皆，不以虐出民力。子產傅於六正，與善爲徒，以愨事不善，毋兹違拂其事。勞惠邦政，端使於四鄰。怠覓、懈緩，病則任之，善則爲人，勤勉求善，以助上牧民。民有過失，囂佚弗誅，曰：「苟我固善，不我能亂，我是荒怠，民屯廢然。」下能式上，此謂民信志之。

　　古之狂君，卑不足先善君之驗，以自餘智，民無可事，任重不果，邦以壞。善君必察昔前善王之鷹，聿求蓋之賢，可以自分，重任以果將。子產用尊老先生之俊，乃有桑丘仲文、杜逝、肥仲、王子伯願；乃設六輔：子羽、子刺、蔑明、卑登、佋之支、王子百；乃禁辛道、飲語，虛言無實；乃禁管單、相冒、韓樂，飾美宮室衣裘，好飲食饗釀，以遠屏者。此謂由善散惌。

　　子產既由善用聖，班羞物俊之行，乃肆三邦之令，以爲鄭令、野令，導之以教，乃迹天地、逆順、強柔，以咸禁御；肆三邦之刑，以爲鄭刑、野刑，行以尊令裕儀，以釋亡教不辜。此謂張美棄惡。

　　爲民刑程，上下維輯。野三分，粟三分，兵三分，是謂獻固，以助政德之固。固以自守，不用民於兵甲戰鬥，曰武愛，以成政德之愛。獻勤和憲，可用而不遇大國，大國故肯作其謀。惟能知其身，以能知其所生，知其所生，以先謀人，先謀人以復于身，身、室、邦國、諸侯、天地，固用不悖，以能成卒。

【集釋】

（1）昔之聖君取虜（虜－獻）於身，勉以利民＝（民，民）用誚（信）之；

　　【清華（陸）】（P139）：「虜」字從貝，虍聲，讀爲《說文》或體從処、虍聲的「處」。處，《經義述聞》訓「爲審度，爲辨察」，《羣經平議》據之云：「猶察也。」「取處於身」是說於自身求取審察。誚，即「信」字，常見於戰國三晉系文字，參湯志彪《三晉文字編》（作家出版社，2013 年，第 316

～319 頁）。

【趙平安 2016】：虞即《說文》「鬲屬。從鬲，虍聲」的鬳。鬳中的鬲本為鬳之象形，在演變的過程中，訛變為「貝」形。從貝虍聲的鬳見於燕系和楚系文字，在戰國時期使用比較普遍。簡文寫法猶與《璽匯》3506 酷似，而3506 有學者認為是楚文字寫法。簡文中用為獻。睡虎地秦簡《日甲‧歲》：「九月楚鬳馬，日七夕九。」《日甲‧毀棄》：「鬳馬、中夕、屈夕作事東方，皆吉。」鬳皆讀為獻。

【王寧 2016H】：整理者釋為「虞」之字釋「鬳」可從，然當讀「儀」，訓「法」或「象」，效法義。本文容儀之「儀」用「義」，效法之「儀」用「鬳」，此其分別。「信」簡文作「誜」，從言身聲，楚簡習見，蓋「信」本從言人聲，「人」「身」音形並近，故或從「身」聲，即「信」之或體。

【今按】：此從趙平安之說，「虞」作「鬳」，讀為「獻」。

（2）不=誜=（不信不信）。

【清華（陸）】（P139）：意云其自身不信者，民即不信。

（3）求誜（信）又（有）事，淺（淺）以誜（信）罙=（深，深）以誜（信）淺（淺）。

【清華（陸）】（P139）：有事，在此意類於「有道」。

【王寧 2016H】：「有」猶于也、於也，「有」與「于」「於」皆互訓。（解惠全、崔永琳、鄭天一：《古書虛詞通解》，中華書局 2008 年，980 頁。）「有事」即「於事」，「事」即政事、事務。

（4）能誜（信），卡=（上下）乃周。

【清華（陸）】（P139）：周，《左傳》哀公十六年「周仁謂之信」，杜注：「親也。」「上下乃周」意云君民親密。

（5）不良君古（怙）立（位）劫（固）稟（福），不思（懼）逵（失）民。

【清華（陸）】（P139）：怙，《說文》：「恃也。」固，《國語‧魯語上》「帝嚳能序三辰以固民」，章注：「安也。」「怙位固福」意云仗恃權位，安於福享。

【ee】：所謂的「福」讀為「富」更好些，參張新俊先生《上博簡〈彭祖〉

「毋怙富」解》。〔註76〕

【暮四郎】：「劫」似乎也應當讀爲「怙」。「位」「富」同樣是不良君怙恃的東西。〔註77〕

【王寧2016H】：「福」依字讀即可。

（6）思（懼）逵（失）又=戒=（有戒，有戒）所以紳（申）命固立=（位，位）固邦=安=（邦安，邦安）民䜴（遂），邦危民麗（離），此胃（謂）才（存）亡才（在）君。

【清華（陸）】（P139）：戒，《左傳》哀公元年「葸澆能戒之」，杜注：「備也。」句意云如懼怕失民，則必有所戒備。西周金文毛公鼎、番生簋均有「申𥆞（固）大命」，參看李學勤《夏商周文明研究》（商務印書館，2015年，第98頁）。䜴，即「薛」字，讀爲「遂」。《國語·周語下》「以遂八風」，韋注：「順也。」上一「才」字，讀爲「存」，《說文》「存」從才聲。

【清華讀書會2016】（馬楠）：䜴可以直接讀爲肆，謂邦安時民放恣，邦危時民離散。

【bulang】：「邦安民肆」的「肆」，或理解爲放恣恐不妥，「肆」應該是安適從容一類意思，這裡並不含貶義；2號簡的「劫」是否7號簡「劫」之誤，字形蠻似的，《詩經》說「哿矣富人」，可參。〔註78〕

【王寧2016H】：「䜴」字當讀爲《禮記·表記》「君子莊敬日强，安肆日偷」之「肆」，鄭注：「肆，猶放恣也。」「安肆」猶言安逸，「肆」是逸樂、安樂之意。

本篇每段末幾乎都有「此胃（謂）……」這樣的結語。「此謂」「是謂」之後的內容，疑都是子產所作《刑書》（包括下文所言的「鄭令」「野令」「鄭刑」「野刑」）裡的句子，《子產》篇的作者推崇子產及其所作的刑書，故用一些前人和子產的言行做根據，爲刑書的一些內容作解釋和相互的證明，就像《韓詩外傳》，講一些故事說明一個道理，最後都是以「《詩》曰」作結，是用故事說明此句《詩》所包含的道理，同時又以《詩》句證明此理之有據，「《詩》曰」後自然都是《詩經》中的文句，此篇之「此謂」疑與此類同。

〔註76〕 《清華六〈子產〉初讀》30樓，發表日期：2016年4月18日。
〔註77〕 《清華六〈子產〉初讀》72樓，發表日期：2016年4月28日。
〔註78〕 《清華六〈子產〉初讀》15樓，發表日期：2016年4月17日。

（7）子產所旨（嗜）欲不可智（知），內君子亡（無）攴（變）。

【清華（陸）】（P139）：內，《禮記·禮器》「無節於內」，孔疏：「猶心也。」句意云內心始終爲君子，沒有改變。

【王寧 2016H】：「內」即「納」。「攴」即「鞭」字，讀「辨」是，分別義。此二句意思是說子產的喜好不能知道，收納君子無所分別。

（8）官政眔（懷）帀（師）栗，豈（當）事乃進亡（無）好，

【清華（陸）】（P139）：官政，疑指任用官吏之事。眔，讀爲「懷」，《說文》：「念思也。」師，《爾雅·釋詁》：「眾也。」栗，《書·舜典》「寬而栗」，孔疏：「謹敬也。」在此指能敬業之人。當，《禮記·哀公問》「求得當欲」，鄭注：「猶稱也。」句意云稱職者即予拔擢。亡好，沒有偏愛。

【暮四郎】：「政」似當讀爲「正」，正長之義。「官政（正）懷」「帀（師）栗」當分開來看。〔註79〕

【暮四郎】：「政」似當讀爲「正」，正長之義；「師」似當解爲師旅之師，指眾吏。《國語·周語中》：「至於王吏，則皆官正蒞事，上卿監之。」《楚語上》：「天子之貴也，唯其以公侯爲官正，而以伯子男爲師旅。」王引之云：「經傳言師旅者有二義，一爲士卒之名……一爲群有司之名，《宰夫》『掌百官府之徵令，辨其八職：一曰正，掌官灋以治要，二曰師，掌官成以治凡，三曰司，掌官灋以治目，四曰旅，掌官常以治數』是也。」「官政（正）懷」「帀（師）栗」當分開來看，指官長念思、眾吏敬謹。〔註80〕

【明珍】：官政（正），指子產爲官能把官事都治理好。正爲治理之義，參《易·蹇》：「當位貞吉，以正邦也。」黃傑先生於 65 樓亦讀爲「正」，唯釋義不同。眔，及也，參《皇門》簡12「朕遺父兄眔朕藎臣」。師栗，指子產率領師眾（眾人或軍隊）能使其堅定。《禮記·聘義》：「縝密以栗，知也。」鄭玄注：「栗，堅貌。」〔註81〕

【王寧 2016H】：本句釋作：「官政眔（及）帀（師）栗（慄）當事，乃進亡（無）好」。《說文》：「眔，目相及也。從目，從隶省。」段注：「隶，及也。石經《公羊》：『祖之所逮聞』，今本作『逮』；《中庸》：『所以逮賤』，《釋文》作『還』，此『眔』與『隶』音義俱同之證。」「眔」在甲骨文中

〔註79〕《清華六〈子產〉初讀》6樓，發表日期：2016年4月17日。
〔註80〕《清華六〈子產〉初讀》65樓，發表日期：2016年4月26日。
〔註81〕《清華六〈子產〉初讀》68樓，發表日期：2016年4月27日。

寫作「🖋」，即「泣」字，與「及」音近而用爲「及」，此亦當徑讀爲「及」。《管子‧宙合》：「不官於物二旁通於道」，尹注：「官，主也。」《荀子‧解蔽》：「埶亂其官也」，楊注：「官，司主也。」「官」的主掌、管理義。「政」即朝政，「師」本爲軍隊，此指軍事。「栗」即「慄」，《爾雅‧釋詁》：「慄，懼也」，謹愼小心義。「進」是推舉、舉薦義。以上二句是說，對於那些在管理政事和軍事中謹愼小心對待職責的人，就舉薦起用，而沒有個人的好惡。

（9）曰：「固身菫＝詐＝（謹信。」謹信）又（有）事，所以自垚（勝）立审（中），此胃（謂）亡（無）好惡。

【清華（陸）】（P139～140）：固，訓「安」。「垚」即「乘」，讀爲「勝」。「自勝立中」指克服自己而做到中正。

【王寧　2016H】：「中」意爲標準、榜樣。「自勝立中」謂自我約束完善爲眾人樹立榜樣。以上一段是說子產在對待人員上，只要是嚴謹誠信的人就舉薦起用，而不是根據自己的好惡來選人，故曰「無好惡」。

（10）夽（勉）政、利政、固政又（有）事。

【清華（陸）】（P140）：夽，從万即丙聲，讀爲「勉」。或讀爲「勸」亦通，《說文》：「勸，勉也。」

【王寧　2016F】：「夽」字從尖從元當是個雙聲符的字，即「完」之楚文字寫法，而與小篆、秦隸「完」字形同的字形，在楚文字中均用作「賓」，（參滕壬生：《楚系簡帛文字編（增訂本）》，湖北教育出版社 2008 年，691 頁「宎」字。）二者不同。《說文》：「完，全也。从宀元聲。古文以爲寬字。」

「完政、利政、固政」，古書中常以「完利」「完固」并稱，「完」爲堅固義，蕭旭先生在與筆者交流此問題時認爲，「完」讀爲「院」，《說文》：「院，堅也。」朱駿聲《通訓定聲》曰：「《荀子‧王制》：『尚完利』，《莊子‧天地》：『不以物挫志之謂完』，皆以『完』爲之。」然本篇「完政」「固政」并存，意者「完」爲周全而堅，謂其形；「固」爲緻密而堅，謂其性，二者略有差別。則「完政」謂使政完整而無紕漏，「利政」爲使政便利而易於用，「固政」謂使政堅固而不可破。

另外，《說文》言「完」古文以爲「寬」字，「寬政」之說多見於古書，然「寬政」在此似與文意不諧，存以備參。

（11）整政才（在）身，閔（文）腥（理）、型（形）膿（體）、惴（端）兮（冕），共（恭）儉（儉）整齊，弇見（現）又（有）桼（秩）。

【清華（陸）】（P140）：整，《說文》：「齊也。」「閔」從旻，旻從文聲，即「文」字。腥，讀爲「理」。「文理」見《荀子‧禮論》，指禮文儀節。端，《荀子‧不苟》「若端拜而議」，楊倞注：「朝服也。」冕，《說文》：「大夫以上冠也。」儉，《左傳》莊公二十四年：「儉，德之共也。」弇，《說文》：「蓋也。」今作「掩」，與「見（現）」相對。桼，讀爲「秩」，皆質部字。掩現有秩，疑指服飾而言。

【無痕】：似可斷讀爲「弇現有桼=（漆漆），所以從節行禮。」《禮記‧祭義》：「子之言祭，濟濟漆漆然，何也？」「漆漆」文獻或作「切切」，皆是恭敬之貌。「弇現有桼=（漆漆）」應該是說背地裡和在人面前都很恭敬端正，表裡如一。與上文講衣冠端整，下文講所以從節行禮均可貫通。〔註82〕

【蘇建洲2016】：關於「閔」字，整理者所說大抵可從。不過此字應該是《說文》「閔」的異體。《說文‧旻部》云：「閔，低目視也。从旻，門聲。弘農湖縣有閔鄉。汝南西平有閔亭。」此字「旻」與「門」都是聲符，陳劍先生指出「旻」字《說文》云「讀若愍」，大徐音「火劣切」，其上古音當爲曉母合口物部字，跟明母文部一類讀音的「旻」音亦不遠。（陳劍：《甲骨金文舊釋「尤」之字及相關諸字新釋》，《甲骨金文考釋論集》頁74注1。）如同楚簡常見的「夐」字所從的「民」和「旻」也都是聲旁。簡文「閔」的「門」與「旻」也都是聲符，也可能是「閔」與「旻」的糅合字。

【暮四郎】：「桼」「秩」在上古文獻中找不到通假之例。「桼」當讀爲「次」。二字上古時有通假之例。「次」爲次序之義。附帶提及，楚簡中有「卻」字（信陽簡2-02等），從桼從卩，用作「漆」。這個字見於《說文》，云「脛頭卩也。从卩、桼聲」。根據上面提到的「桼」與「次」在先秦的密切音韻關係，我們懷疑，「卻」有可能是個雙聲符字，其右旁爲「即」的省略。眾所周知，上古「即」常用作「次」。〔註83〕

【心包】：「桼桼」有无可能讀爲「切切」，表示急切的矜庄之貌。〔註84〕

【王寧2016F】：「惴完」當讀爲「嘽緩」，又作「闡緩」「繟緩」「嘽咺」，

〔註82〕《清華六〈子產〉初讀》46樓，發表日期：2016年4月19日。
〔註83〕《清華六〈子產〉初讀》66樓，發表日期：2016年4月27日。
〔註84〕《清華六〈子產〉初讀》69樓，發表日期：2016年4月27日。

－220－

舒緩、寬緩之貌，簡文言「文理、形體惴（嘽）完（緩）」，謂其言語、行爲柔和舒緩，是禮儀之要求也。

【王寧2016H】：「憸」乃「憸」之繁構，原整理者讀「憸」是，《說文》：「憸，約也」，段注：「約者，纏束也；憸者，不敢放侈之意。」《爾雅·釋言》：「弁，同也」，「弁見」即「同現」。「又」下原簡有句讀符號，表示在此絕句。疑「又」當讀「矣」，爲句末語氣詞。「漆漆」「切切」乃同一詞，《禮記·祭義》：「濟濟漆漆」，鄭注：「漆漆者，專致之容。」

（12）秩所以延（從）即（節）行=豊=（行禮，行禮）後（踐）政又（有）事，出言遻（復），所以智（知）自又（有）自喪也。

【清華（陸）】（P140）：節，《禮記·文王世子》「興秩節」，鄭注：「猶禮也。」覆，《爾雅·釋詁》：「審也。」在此意爲審慎。

【王亞龍】：覆或直接讀爲「復」，「復」有「實踐諾言」之義，《論語·學而》有子曰：「信近於義，言可復也。」

【暮四郎】：我們認爲「遻」當讀爲「復」，返、報之義。「出言復」是說說出的話都會返報於己。《詩·大雅·抑》：「無言不讎，無德不報。」即此義。〔註85〕

【心包】：「出言復」是否可以考慮解釋爲「實踐履行話言」。〔註86〕

【sting】：「遻」，此即復字。《論語·學而》：「言可復也。」朱熹集注：「復，踐言也。」簡文「出言遻」即言出必踐，不出空言之意。〔註87〕

【王寧 2016H】：「復」爲踐行、兌現義。《孔子家語·王言解》：「多信而寡貌，其禮可守，其言可復，其跡可履」，義同。下簡28言「以復于身」之「復」亦踐行義。「自有」與「自喪」意相反，「有」當爲「存」義，「喪」爲「亡」義。

（13）又（有）道樂才（存），亡（無）道樂亡，此胃（謂）劫（嘉）叙（理）。

【清華（陸）】（P140）：劫，原作「㪍」，清華簡《厚父》第一簡「劫」爲「嘉」字。嘉，《說文》：「美也。」叙，疑即「勞」字。

〔註85〕《清華六〈子產〉初讀》67樓，發表日期：2016年4月27日。

〔註86〕《清華六〈子產〉初讀》69樓，發表日期：2016年4月27日。

〔註87〕《清華六〈子產〉初讀》76樓，發表日期：2016年4月28日。

【王寧 2016H】：「有道」「亡（無）道」古籍習見，然此處疑與之略有區別，「有」即「自有」之「有」，「有道」當即存道，謂生存之道；「亡」相當於「自喪」之「喪」，「亡道」謂覆亡之道。「樂」本喜樂義，此引申爲易於、容易之意。「劼」爲「固」義，「劼理」即「固理」。此二句意思是生存之道易於生存，滅亡之道易於滅亡，此乃固然之理。

（14）子產不大宅或（域）。不篸（崇）臺（臺）寢，不勑（飾）兇（美）車馬衣裘，

【清華（陸）】（P140）：域，《廣雅‧釋丘》：「葬地也。」「篸」字從業，有省筆，在此讀爲見母元部之「建」。勑，通「飭」字，在此讀爲「飾」。

【趙平安 2016】：簡7🔲字，我們認爲它是🔲（郭店《緇衣》16）、🔲（新蔡簡零：189）的進一步省變。字中部分上下各省一筆就成了上面的樣子。與之具有相同聲符的字，戰國文字多見，讀音和「從」「宗」「簪」等字相近，陳劍先生已有系統深入的討論。（陳劍：《釋「琮」及相關諸字》，載《甲骨金文考釋論集》，綫裝書局，2007年，271～316頁。）根據他的研究，這個字也見於西周時期的盂卣，可以隸作窀。其中間部分是琮的象形，象形琮字已見於甲骨文，用爲人名、地名或國族名，當讀爲崇。簡文🔲可以讀爲崇。

【何有祖 2016】：篸字從宀從止，中間所從當爲至之初文〔象織布之經線（林義光《文源》說）〕，也見於包山楚簡268號簡🔲，字當讀作經。《詩‧大雅‧靈臺》：「經始靈臺，經之營之」提及「經……臺」，與簡文「經臺寢」文例相近，可知此處可讀作「不經臺寢」。經，度量，當爲建築最初步驟。既然不大興土木，自然不會去度量規劃。

【王寧 2016H】：「篸」讀「崇」是。「大」爲擴大，「崇」爲加高。

【陳治軍 2016】：🔲字與《包山楚簡》127簡🔲字相同，而與🔲（郭店《緇衣》16）、🔲（新蔡簡零：189）距離較大，不應等同。此字上部從宗，下部從正，可隸定作「窀」。《子產》簡7🔲字所從的「宗」字與下面「正」字的飾筆並列而混，故不易識。文中「窀」讀「崇」。《書‧牧誓》：「是崇是長。」《漢書‧谷永傳》引「崇」作「宗」。《墨子‧非儒下》：「宗喪循哀。」《孔叢子‧詰墨》《史記‧孔子世家》「宗」作「崇」。該簡文可讀作「子產不大其宅域，不崇臺寢，不勑美車馬衣裘。」「勑」用其本意似亦可。

【何有祖 2017】（P121～123）：「臺寢」上一字簡文作「🔲」，字從宀從

止，中間所從爲至之省形，「🖼」中間所從與包山楚簡 268「經」（🖼）右部極爲接近。字當讀作經。《詩・大雅・靈臺》：「經始靈臺，經之營之。」提及「經……臺」，與簡文「經臺寢」文例相同。「經始臺寢」之「經」與「經之營之」之「經」意義同。簡文「子產不大宅或（域），不經臺（臺）寢，不勅（飾）兑（美）車馬衣裘」，從三個方面描述子產作爲鄭國執政，不求奢華。不經，與不大、不飾並言，可知「不經臺（臺）寢」指不經營臺寢。

【今按】：「窒」，此從趙平安之說，讀爲「崇」，訓爲高，「不崇臺寢」即不高建臺寢之意。

（15）曰：「勿以胼巳（已）。」

【清華（陸）】（P140）：胼，疑讀爲「屏」，《說文》：「蔽也。」在此意指受物欲所蔽。或說此字從弜，「弜」與「弗」通，應讀爲「費」，《說文》：「散財用也。」意即耗費。

【ee】：簡 9 與簡 23 的「胼」應是一字，似應讀爲「病」。〔註 88〕

【王寧 2016H】：「胼」疑當讀「勑」，《玉篇》：「勑，大也。」《集韻》：「大力也。」以，用也。「巳」當讀「已」，句末語氣詞。「勿以勑已」意思是不要在這方面用大力（指人、財、物等方面）。

【今按】：「巳」不必破讀爲「也」，此從王寧之說，讀作「已」，爲句末語氣詞。

（16）宅大心張，兑（美）外雜（怠）端（矜），乃自遙（失）。

【清華（陸）】（P140）：張，《左傳》桓公六年「隨張，必弃小國」，杜注：「自侈大也。」端，疑讀爲「愍」，《廣雅・釋詁三》：「亂也。」

【清華讀書會 2016】（石小力）：「宅大」和「美外」分別對應前文「大宅域」和「飾美車馬衣裘」，皆爲逸樂之事，「心張」和「雜端」應爲追求逸樂之事而導致的一種心理狀態，「心張」之「張」，整理者訓爲「自侈大也」，「雜端」疑與「心張」意思相近。循此，「端」可讀爲「矜」。矜本從令得聲（參「矜」字段注），今本《老子》「果而弗矜」之「矜」字，《郭店・老子甲》簡 7 作「孫」，從矛，命聲，命、令一字分化，故端、矜音近可通。

【ee】：「宅大，心張；美外，態（怠）矜，乃自逸。」石小力先生讀第 8 字爲「矜」是正確的，其中之「態」還可進一步讀爲「怠」，石小力已引《戰

國策・秦策三》：「多功而不矜，貴富不驕怠。」正是矜、怠并稱。〔註89〕

【bulang】：「態」讀「怠」是很可疑的，楚文字系統內「能」与「台」聲字目前看不到确切的通假之例，我們知道，楚簡的「台」聲字多是用「厶＋司」表示的。〔註90〕

【王寧 2016H】：「端」當即「玲」之或體，讀「矜」可從，即後之「矜」字，古音如「憐」。此二句當讀「宅大心張，美外態矜」，《古今韻會舉要》卷二十三《去聲・二十三漾》：「張，……一曰自侈大也。《左傳》：『隋張，必棄小國』。」今言張狂是也。《公羊傳・僖公九年》：「矜之者何？猶曰莫若我也。」何注：「色自美大之貌。」「心張」即思想張狂，「態矜」即意態自美自大。

【今按】：「端」，此從石小力之說，讀爲「矜」，「態矜」與上一句中的「心張」意思相近，指神態自尊自大。

（17）孨＝（君子）智（知）思（懼）乃惪＝（憂，憂）乃少惪（憂）。敗（損）難又（有）事，多難怨（近）亡。此胃（謂）庳（卑）槐（逸）樂。

【清華（陸）】（P140）：損，《說文》：「減也。」卑，《說文》：「賤也。」

【暮四郎】：「庳」字或當讀爲「僻」，去除之義。〔註91〕

【ee】：〔宀＋卑〕應讀爲「辟或避」是辟除的意思。〔註92〕

【王寧 2016H】：「庳（卑）」有「下」義，可引申爲輕視之意，在文中依字讀或讀「卑」可通。「庳」讀「辟」亦可通。又「牌」與「罷」、「捭」與「擺」、「痺」與「罷」均可通，則「庳」亦可讀「罷」，「罷逸樂」亦通。

（18）君人立（涖）民又（有）道，青（情）以分（勉），旻（得）立（位）命固。

【清華（陸）】（P140）：君人，爲君之人，即君，與下「臣人」相對。情，《淮南子・繆稱》「不戴其情」，高注：「誠也。」以，在此訓爲「而」。

【王寧 2016F】：「君人涖民有道，青（情）以完，得位命固」，謂主宰管理人民有合理的方法，既要根據具體情況，又要行政堅決，故能「得位命固」，「完」「固」義通相應，均「堅」義。

〔註89〕 《清華六〈子產〉初讀》29樓，發表日期：2016年4月18日。
〔註90〕 《清華六〈子產〉初讀》31樓，發表日期：2016年4月18日。
〔註91〕 《清華六〈子產〉初讀》9樓，發表日期：2016年4月17日。
〔註92〕 《清華六〈子產〉初讀》26樓，發表日期：2016年4月17日。

（19）臣人畏君又（有）道，智（知）畏亡（無）辠（罪）。臣人非所能不進。

【清華（陸）】（P141）：進，指進任官職。

（20）君人亡（無）事，民事是事。

【清華（陸）】（P141）：句意是說為君當專以民事為事。

【王寧2016H】：「民」亦兼臣而言，《慎子·民雜》：「君臣之道，臣事事而君無事，君逸樂而臣任勞。臣盡智力以善其事，而君無與焉，仰成而已。」可對照理解。

（21）旻（得）民，天央（殃）不至，外戟（仇）否。

【清華（陸）】（P141）：否，《經傳釋詞》卷十云：「無也。」或以為「否」係「不」與另一字的譌誤。

【問道】：「外仇否」所謂「否」，結合上文「天央（殃）不至」來看，似也應看作「不至」的合書。〔註93〕

【暮四郎】：此處「外戟（仇）否」應當讀為「外戟（仇）否（附）」，指外圍的仇敵之邦也歸附。〔註94〕

【王寧2016H】：《周易·否卦·六二》：「小人吉，大人否」；又《遯·九四》：「君子吉，小人否」，「外仇否」之「否」當同之。此蓋謂得民者天自佑助之，不降予禍殃，而其外之仇敵則非，當遭天殃。

（22）以厶（私）事＝（事使）民，事起貨＝行＝辠＝起＝民＝薾（禍行，禍行罪起，罪起民矜，民矜）上危。

【清華（陸）】（P141）：起，《呂氏春秋·直諫》「百邪悉起」，高誘注：「興也。」按，《老子》「何物滋起」薾，從霝聲，讀為「矜」，《書·呂刑》《釋文》：「哀也。」「矜」字本從令聲，見《說文》段注。「危」字最下增一橫筆。

【明珍】：薾，應讀為「凌」。暴虐、凶惡。《管子·中匡》：「法行而不苛，刑廉而不赦，有司寬而不凌」。〔註95〕

【王寧2016H】：「貨」原整理者讀「禍」，疑當依字讀，謂財貨，「貨行」謂財貨大行其道，人皆愛財，必生邪念妄行，則罪起矣。「薾」當讀零落、

〔註93〕《清華六〈子產〉初讀》54樓，發表日期：2016年4月20日。
〔註94〕《清華六〈子產〉初讀》77樓，發表日期：2016年4月29日。
〔註95〕《清華六〈子產〉初讀》68樓，發表日期：2016年4月27日。

凋零之「零」。

（23）吕（己）之皋（罪）也，反以皋（罪）人，此胃（謂）不事不戾。

【清華（陸）】（P141）：戾，《爾雅・釋詁》：「皋也。」

【ee】：「不事不戾」不好理解，按「事」不如讀爲「使」，「使」就是「以私事使民」，此句謂不（以私事）使（民）則不會有罪戾。〔註96〕

（24）又（有）道之君，能攸（修）亓（其）邦或（國）以和=民=（和民。和民）又（有）道，才（在）大能政，才（在）小能枳（支）；才（在）大可舊（久），才（在）少（小）可大。

【清華（陸）】（P141）：大，指大國，與下「小」指小國相對。政，《淮南子・氾論》「聽天下之政」，高注：「治也。」枳，讀爲「支」，支持。

【明珍】：此句中間的逗點可省略，斷句作「能修其邦國以和民」。以，作連詞「和」，與同篇注〔三四〕同。〔註97〕

（25）又（有）以含（答）天，能同（通）於神，又（有）以埣（徠）民，又（有）以旻（得）叚（賢），又（有）以御（禦）割（害）戫（傷），先聖君所以徫（達）成邦或（國）也。

【清華（陸）】（P141）：答，《漢書・郊祀志》「禮不答」，顏注：「對也。」徠，招徠，《商君書》有《徠民篇》。達，《禮記・中庸》「天下之達道五」，鄭注：「達者常行，百王所不變也。」

（26）此胃（謂）因毒（前）㣚（遂）者（故）。

【清華（陸）】（P141）：因，《文選・東京賦》薛注：「仍也。」遂，《國語・周語下》韋注：「順也。」句意指繼承前人即「先聖君」。

【王寧2016H】：「者」乃胡壽之「胡」，讀爲「故」。

（27）毒（前）者之能伇（役）相亓（其）邦豪（家），以成名於天下者，身以虞（虜－獻）之。用身之道，不以冥=（冥冥）归（抑）福，不以挽（逸）求旻（得），不以利行直（眚），不以虐（虐）出民力。

【清華（陸）】（P141）：役，《左傳》成公二年「以役王命」，杜注：「事

〔註96〕《清華六〈子產〉初讀》73樓，發表日期：2016年4月28日。
〔註97〕《清華六〈子產〉初讀》68樓，發表日期：2016年4月27日。

也。」相，輔助。冥冥，《廣雅・釋訓》：「暗也。」抑，《淮南子・本經》高注：「止也。」虗，《說文》「虐」字古文。

【暮四郎】：簡 15 所謂「直（德）」字當釋爲「眚」，「不以利行眚」，意爲不因利益而推行禍害人民的政策。〔註98〕

【ee】：「冥冥」下那個字應釋爲「卬（仰）」，參《三德》簡 15 的「卬（仰）」。〔註99〕

【黔之菜 2016】：簡文之「役」字，亦爲輔助之義。「迟（役）相亓（其）邦豪（家）」即輔助其國家之義。

【暮四郎】：楚簡「抑」作 （《鄭武夫人規孺子》簡 17），與此字不同。《三德》簡 15 的「卬（仰）」字作 ，與此字同。「仰福」之「仰」意爲慕、想要，與《國語・晉語四》「重耳之仰君也，若黍苗之仰陰雨也」之「仰」意同。《詩・小雅・車牽》「高山仰止」《正義》：「仰是心慕之辭。」「冥冥」，整理報告解爲暗，似欠準確。「冥冥」當是人的某種品質或狀態，應解釋爲暗昧。《戰國策・趙策二》：「豈掩於眾人之言，而以冥冥決事哉？」〔註100〕

【王寧 2016H】：「役」訓「助」可從。「役」「相」乃同義連用，均輔助、輔佐義。「身以膚（儀）之」，「膚」讀「儀」，效法。「卬」讀「仰」可從，亦「卬」「昂」字，《廣雅・釋詁一》：「昂，舉也。」此言不做暗昧之事以提高自己的福祉。「直」當依字讀，指物價，亦即價值之「值」，古作「直」。此二句是說不因爲逸樂求多獲得，不因爲利益而亂定價。

【今按】：簡文中的「直」，原整理者釋爲「德」，網友暮四郎釋爲「眚」，王寧釋爲「值」，此從暮四郎之說，釋爲「眚」，「不以利行眚」即不爲一己私利行有損於民眾之事。

（28）子產專（傅）於六正，與善爲徒，以谷（愨）事不善，母（毋）茲惇（違）梻（拂）亓（其）事。

【清華（陸）】（P141）：傅，《廣雅・釋詁三》：「就也。」六正，即六官。愨，《淮南子・主術》高注：「誠也。」茲，訓「致」，見《古書虛字集釋》（第631～632 頁）。「毋茲」即《左傳》隱公十一年「無滋他族實偪處此」之「無滋」。拂，《荀子・臣道》「無撟拂」，楊倞注：「違也。」

〔註98〕 《清華六〈子產〉初讀》8 樓，發表日期：2016 年 4 月 17 日。
〔註99〕 《清華六〈子產〉初讀》16 樓，發表日期：2016 年 4 月 17 日。
〔註100〕 《清華六〈子產〉初讀》82 樓，發表日期：2016 年 4 月 30 日。

【暮四郎】：「專」字似當讀爲「輔」。〔註101〕

【ee】：「專」應讀爲「敷」，典籍常見「敷政」一語。〔註102〕

【王亞龍】：拂，此用法似當訓爲「使」。

【王寧2016H】：「專」讀「輔」是，「六正」即下文之子羽、子剌等「六甫（輔）」，「輔於六正」即六正輔佐之。六正均良善之賢人，故下句言「與善爲徒」。「谷」原整理者讀「愨」，義不可通。當爲「卻」，退也、止也。「事」當讀「使」。「卻使」猶言不使，謂不用。

（29）袋（勞）惠邦政，耑（端）徙（使）於三（四）殹（鄰）。

【清華（陸）】（P141）：端，《說文》：「直也。」

（30）絅（怠）緢（覓）、縴（懈）愍（緩），（病）則任之，善則爲人，勖（勤）勉救善，以勤（助）上牧民。

【清華（陸）】（P142）：緢，讀爲「覓」，即「弁」。《禮記·玉藻》「弁行」，《釋文》：「急也。」愍，即《說文愐》「患」字古文「愯」，讀爲同在匣母元部之「緩」，與上「弁」字相對。句意指官員怠於緩急的政事。愐，讀爲同從丙聲之「更」，《說文》：「改也。」勖，疑爲「勔」字之譌，勔、勉同義。救，《禮記·檀弓》「扶服救之」，鄭注：「猶助也。」牧民，《管子》有《牧民篇》。

【清華讀書會2016】（石小力）：「絅緢」疑可讀作「怠慢」，古書又作「怠嫚」。緢、慢皆脣音元部字，古音相近，可以通用。怠慢，懈怠輕忽之義。

【ee】：簡17相關句應讀爲：絅（治）緢（煩）縴（解）丗（亂），愐（病）則任之，善則爲人。「丗」讀爲寬或緩似也能通。〔註103〕

【bulang】：「丗」讀患可乎？〔註104〕

【ee】：「勖勉救（求）善」，「救」應讀爲「求」。〔註105〕

【ee】：簡17「勖勉救（求）善」、簡27「獻勖和憙」，「勖」應讀爲「勤」。《鄭文公問太伯》簡5「棄勖」之「勖」亦有讀爲「勤」的可能，不知能否讀爲「求勤」？〔註106〕

〔註101〕《清華六〈子產〉初讀》12樓，發表日期：2016年4月17日。
〔註102〕《清華六〈子產〉初讀》30樓，發表日期：2016年4月18日。
〔註103〕《清華六〈子產〉初讀》14樓，發表日期：2016年4月17日。
〔註104〕《清華六〈子產〉初讀》17樓，發表日期：2016年4月17日。
〔註105〕《清華六〈子產〉初讀》24樓，發表日期：2016年4月17日。
〔註106〕《清華六〈子產〉初讀》44樓，發表日期：2016年4月19日。

　　【王亞龍】：「惛（更）則任之」，似當爲「則更任之」，並點句號。意思是說，怠慢懈緩之人，就更換掉他們。

　　【明珍】：勛勉，即獎賞勤勉有功者。救善，幫助善良之人。〔註107〕

　　【黔之茱 2016A】：「紷緩」可讀爲「紿慢」。「緩」「慢」二字古音皆爲元部字，雖然聲母分別是並紐和明紐，但並、明二紐都是重唇音，所以「緩」「慢」二字古音應該極近，故可以通假。從傳世文獻的異文來看，如《論語・子罕》「冕衣裳者」，《釋文》「冕，鄭本作弁，魯讀弁爲絻」，《論語・鄉黨》「見冕者」，《釋文》「冕，鄭本作弁」。弁、冕則分別爲並、明二紐，可以爲證。簡文「紷（怠）緩（覓）緲（懈）愨（緩）」，四字平列，文義相近，《廣雅・釋詁二》：「懈、慢、紿，緩也。」是其證。「紿慢」之「慢」，其字又作「僈」，《荀子・不苟》有「君子寬而不僈……」之語，楊倞注：「僈與慢同，怠惰也。」簡文的「紷（怠）緩（覓）緲（懈）愨（緩）」指的是人對待工作的態度、行爲。

　　「勛」所從之「員」字與「勖」所從之「冒」在戰國文字中其字形並不相近，即以清華簡爲例，「冒」字作：

 命訓 07　　命訓 07　　三壽 16（《清華（伍）字表》201 頁）
　　子產 22（《清華（陸）字表》191 頁）

　　「員」字作：

 湯丘 06　　湯丘 10（《清華（伍）字表》196 頁）

　　可見「員」「冒」二字之字形存在著較大的差距，所以整理者懷疑簡文「勛」爲「勖」之誤，恐不能成立。更何況是目前已見的戰國文字中似尚未出現「勖」字。

　　「勛勉」或是「黽勉」一詞之異寫。「勛（黽）勉救（求）善」就是「努力求善」的意思。且「勛（黽）勉救（求）善」與《詩・邶風・谷風》「黽勉求之」語句相類。尤其值得注意的是《賈子・勸學》有「舜僶俛而加志，我僒僈而弗省」語，王念孫指出：「僒僈謂怠緩也。《淮南子・脩務訓》作誕謾，並字異而義同。」《賈子》以「僶俛」「僒僈」對文，簡文以「紷（怠）緩（覓）緲（懈）愨（緩）」（即「紿/怠緩」）「勛（黽）勉」對文，其遣詞命意相類。

〔註107〕《清華六〈子產〉初讀》68 樓，發表日期：2016 年 4 月 27 日。

【王寧 2016H】：「緒」字楚簡習見，多用爲「治」，指治事；本篇簡 18 有「怠」字，從心不從糸，故讀「怠」證據不足。「緵」是「覓」之繁構，當讀爲「辨」，《周禮・天官冢宰》：「弊群吏之治：……六曰廉辨」，鄭注：「辨，謂辨然於事分明，無有疑惑也。」故有「辨事」之說，《周禮・春官宗伯・大史》：「辨事者考焉」，後所言「辦事」是也。「治辨」一詞，《荀子》一書中多見，如《榮辱》：「脩正治辨矣，而亦欲人之善己也」；又《王霸》：「加有治辨彊固之道焉」「出若入若，天下莫不均平，莫不治辨」；《議兵》：「禮者，治辨之極也」；《正論》：「上宣明，則下治辨矣」；《禮論》：「君者，治辨之主也」。「治辨」乃治事、辨事也。「緪」字清華簡《筮法》用爲「解」，《禮記・學記》：「相說以解」，鄭注：「解物爲解，自解釋爲解，是相證而曉解也。」《廣韻》：「解，曉也」，通曉義。「愚」即「慣」字，當即《說文》之「摜」，云：「習也」，段注：「此與《辵部》『遺』音義皆同，古多叚『貫』爲之。」「習」即習熟，今言熟悉是也。楚簡文字中「丙」均從口作，故此字乃從心丙聲的「恓」字，《說文》訓「憂」，讀「更」可疑。此疑當讀爲「炳」，《說文》：「明也」，《玉篇》：「明著也」，這裡是顯著、突出之意。「人」當指官府的普通工作人員。此二句的意思是說：在治事、辦事方面通曉、熟悉的人，顯著突出的人就任命他做官，做得比較好的人就讓他們做普通的工作人員。

「勖」當訓「帥」，《後漢書・蔡邕列傳》：「下獲薰胥之辜」，李注：「《詩・小雅》曰：『若此無罪，勛胥以痛。』勛，帥也。胥，相也。……見《韓詩》。《前書》曰：『史遷薰胥以刑。』《音義》云：『謂相薰蒸得罪也。』」是其字或作「熏」「薰」。《漢書・敘傳下》：「烏呼史遷，薰胥以刑」，《集注》引晉灼曰：「齊、韓、魯《詩》作『薰』。薰，帥也。」猶今言帶頭、領頭。「救」讀「求」是，「善」蓋指良善之賢人，如本文所言子產之四師、六輔之類。此二句意爲子產帶頭努力工作，尋求優秀之人以幫助君主治理人民。

【今按】：「勖勉救善」，此從單育辰（網友 ee）之說，「勖」讀作「勤」，「救」讀作「求」，原文作「勤勉求善」。

（31）民又（有）怸（過）遻（失），囂遶（佚）弗詚（誅），曰：「句（苟）我固善，不我能肏（亂），我是宂（荒）𢓜（怠），民屯芰（廢）然。」

【清華（陸）】（P142）：敖，《爾雅・釋詁》：「戲謔也。」屯，訓爲「皆」。芰，疑從攴聲，讀爲「剝」，《說文》：「裂也。」在此爲分裂離散之義。以上四

句押元部韻。

【趙平安 2016】：茇，應當分析爲從心、從芰兩個部分，芰是戔的訛體字。茇從心從戔，很可能是廢的專字。廢字從心，可與 （悖，《子產》29）字從心類比。簡文：「句（苟）我固善，不我能奝（亂），我是宖（荒）刢（怠），民屯茇然。」屯訓皆，茇然即廢然。《史記‧淮陰侯列傳》：「項王暗惡叱咤，千人皆廢，然不能任屬賢將，此特匹夫之勇耳。」孟康曰：「廢，伏也。」張晏曰：「廢，偃也。」用法與簡文相仿佛。

【無痕】：「矞逶（佚）弗訌」似可讀「矯失弗誅」，就是矯枉過失不責罰、誅殺的意思，與上文合。「矞」與「矯」聲紐近韻部同，楚簡已有以「矞＋戈」爲「矯」之例，可參白於藍《戰國秦漢簡帛古書通假字彙纂》第 140 頁。〔註108〕

【王亞龍】：似當逗在「佚」字後。

【暮四郎】：趙平安先生將「茇然」讀爲「廢然」應當可信，「廢然」見於《莊子‧德充符》「人以其全足笑吾不全足者眾矣，我怫然而怒；而適先生之所，則廢然而反」。「廢然而反」，郭象解釋爲「廢向者之怒而復常」，將「廢然」理解爲實詞，不確。從《莊子》看，「廢然」是指一種心情。結合這裡的「我是荒怠，民屯廢然」看，「廢然」應當是由於「我」（助上牧民者）荒怠而導致的頹然、頹廢的樣子。〔註109〕

【王寧 2016H】：「民又（有）忲（過）逶（失），矞（敖）逶（佚）弗訌（誅）」，此二句是說，民眾有過失、傲佚等不良行爲而不肯訓誡責讓，就是荒殆職責，會造成不良後果，故下文言「苟我固善，不我能亂；我是荒怠，民屯廢然。」

「茇」當即「憡」字，《集韻》：「心起也」，此讀爲「廢」。《莊子》之「廢然」與「怫然」當意相反，「怫然」爲暴怒之貌，「廢然」當爲平靜、平和之貌，猶「釋然」。在此當爲頹廢委頓之貌。這兩句是說：如果我在事務上荒廢懈怠，民眾都會頹廢萎靡。

【今按】：簡文「茇」字，原整理者認爲讀「剝」，趙平安認爲讀「廢」。此從趙平安之說，讀作「廢」。

〔註108〕《清華六〈子產〉初讀》39樓，發表日期：2016年4月18日。
〔註109〕《清華六〈子產〉初讀》83樓，發表日期：2016年5月1日。

（32）下能弋（式）上，此胃（謂）民訐（信）志之。

【清華（陸）】（P142）：式，《說文》：「法也。」「下能式上」即取法於上。「民信志之」，「志」通「識」字，意云民信而記識之。

（33）古之悝（狂）君，宰（卑）不足先善君之憸（驗），以自余（餘）智，民亡可事，任砫（重）不果，邦以裏（壞）。

【清華（陸）】（P142）：《韓非子・解老》：「心不能審得失之地，則謂之狂。」卑，《左傳》昭公二十五年「語卑宋大夫」，杜注：「其才德薄。」驗，《呂氏春秋・察傳》「其於人必驗之以理」，高誘注：「效也。」自，自己，見《說文通訓定聲》。餘，《呂氏春秋・辨土》高誘注：「猶多也。」

【清華讀書會 2016】（馬楠）：簡文應當是說先善君有憸約之德，懂得任用賢能，分擔政務。狂君「以自余智」，不能「自分」，導致邦國崩壞。果疑讀為課，訓為試、用，「任重不果」與「重任以果將」相對。

【暮四郎】：原釋讀為「狂」之字，似亦可讀為「枉」，與後「宰（僻）」相呼應。「宰」整理報告讀為「卑」。我們認為似當讀為「僻」，邪僻也。「民亡可事」，「事」當讀為「使」。「民亡可事」不是說民眾無有可以從事的事情，而是說民眾不可役使。〔註110〕

【王寧 2016H】：「卑」當讀「俾」，《詞詮》：「俾，不完全外動詞，《爾雅・釋詁》云：『俾，使也。』」（楊樹達：《詞詮》，中華書局 1954 年，5 頁。）即「倘使」之「使」，意思相當於「假如」「如果」。「憸」原整理者括讀「驗」，按上簡 5 有「共憸」讀「恭儉」，此亦當讀「儉」，自我約束之意，此為有德之表現，故《左傳・莊公二十四年》言「儉，德之共也」。

「事」讀「使」是。此二句當讀為「以自餘智，民無可使」，即自認為多智慧，臣民沒有可使用之人。「以自餘智」相當於古說的「自賢」，《呂氏春秋・謹聽》：「亡國之主反此，乃自賢而少人，少人則說者持容而不極，聽者自多而不得，雖有天下何益焉？」《逸周書・史記解》：「昔有共工自賢，自以無臣，久空大官，下官交亂，民無所附，唐氏伐之，共工以亡。」

【孫合肥 2017】（P2）：足，重視。民，臣。事，治事。砫，讀重。任重，猶下句重任。此句意思是說：古代狂妄的君王，才德淺薄而不重視前代賢明君王的禮典模範，自以為全知全能，臣民無法施展才能而無所治事，國家不

〔註110〕《清華六〈子產〉初讀》9樓，發表日期：2016 年 4 月 17 日。

能得到治理，以致衰敗。

（34）善君必�犵（察）昔耑（前）善王之瀗（薦），聿敊（求）婔（蓋）之臤（賢），可以自分，砫（重）任以果壐（將）。

【清華（陸）】（P142）：瀗，疑即「瀗（法）」字譌變。婔，《逸周書・皇門》「朕婔臣」，孔晁注：「婔，進也。」《說文通訓定聲》：「婔，假借爲進，進獻忠誠。」按《詩・文王》有「婔臣」，此字應本有忠誠之義。自分，分擔自己的任事。將，《廣雅・釋詁一》：「美也。」果將，功成而美。

【清華讀書會 2016】（馬楠）：前善王「求婔之賢」應當指前代遺賢，對應子產用尊「老先生之俊」。

【暮四郎】：我們認爲應當斷讀爲：善君必△昔前善王之瀗（法）律，△（犛—肆）爐（選）之賢可，以自分重任，以果將。△並非「求＋又」字，而應當是清華簡一《皇門》簡1「△」（犛）字（犛（肆）朕（沖）人非敢不用明刑）、清華簡五《厚父》簡3、簡8「△」（犛）字（「朝夕～（肆）祀」）的省變，也應當釋爲「犛」、讀爲「肆」，爲分句句首的連接詞。「爐」讀爲「選」。原簡「可」字下有墨點。本篇這種符號似乎都是用在句讀處，則此處不應例外。〔註111〕

【此心安處是吾鄉】：《墨子・尚同》：「是故選天下之賢可者，立以爲天子。」與簡文高度相似！「賢可」也可分開來說，參陳劍：《上博（八）・王居》復原，陳先生原注：「不稱賢進可」作一頓讀，「可」猶言可用之人、適合之人。原整理者和讀書會皆將「進可」（讀書會又將「可」字讀爲「何」）與上斷開、連下讀，致使此處文意不明。〔註112〕

【明珍】：簡20的△字，此字也可能是從狀從又。《說文》有「撚」字，釋爲「執也。從手然聲。」《逸周書・大武解》「五後動撚之」，孔晁注：「撚，從也。」陳逢衡引《廣雅》「撚，續也。」釋爲相續之義。《子產》此處似可釋爲「△（撚）昔前善王之法律」，即執先王之法律、從續先王之法律。〔註113〕

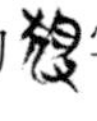

【徐在國 2016A】：△，整理者隸作「狵」，括注爲「察」，無說。我們認爲此字當釋爲「豚」，《郭店・語叢二》14「豚」字作△（詳徐在國：《談郭店簡〈語叢二〉中的「豚」》，「漢語史研究的材料、方法與學術史觀」研討

〔註111〕《清華六〈子產〉初讀》11 樓，發表日期：2016 年 4 月 17 日。
〔註112〕《清華六〈子產〉初讀》13 樓，發表日期：2016 年 4 月 17 日。
〔註113〕《清華六〈子產〉初讀》29 樓，發表日期：2016 年 4 月 18 日。

會論文，南京，2016 年 6 月），右旁所從與此字右旁同，一從「豕」。一從「犬」，「犬」「豕」二旁古通，例多不備舉。此字在簡文中當讀爲「循」。典籍中「盾」聲字與「豚」聲字通假的例證非常多，詳見《古字通假會典》132 頁。「循」，沿著，順著。《左傳・僖公四年》：「若出於東方，觀兵於東夷，循海而歸，其可也。」引申爲遵守；遵從；遵循。《書・顧命》：「臨君周邦，率循大卞。」孔傳：「率羣臣，循大法。」簡文「善君必豚（循）昔前善王之虥（法）聿（律）」，意爲好的君主一定遵循前代好的君王的法律。

【蘇建洲 2016】：《子產》簡 20 的「法」作 ，左旁從立比較奇特。此處有兩種考慮，一是「去」的訛寫。楚簡的「澶」有時會寫成「𤎮」，如 （《陳公治兵》11）其「夫」旁也是「去」的訛變省。另一種考慮是與施謝捷先生所揭示的一方三晉璽私名璽並看： （趫竝丘）（參見《三晉文字編》第三冊，頁 1513。）施謝捷先生指出「竝」，當分析爲從立，去（盍）聲，璽文讀爲「澶丘」。另外，「竝」也可能是「替廢」的「廢」的專字。（施謝捷：《新見戰國私璽零釋》，《中國書法》2012 年 11 期，頁 100。）那麼可以考慮《子產》的「虥（澶）」如同上舉三晉璽印都有立旁，二者不能排除是異體關係，可能也是「替廢」的「廢」的專字，當分析爲從「立」，「澶」省聲。

【明珍】：「狋」當爲「〔猺系〕」字。筆者以爲可讀爲「由」，釋爲「遵循」之義，參《詩・假樂》「率由舊章」。或釋爲「用」，參同篇某個「由」字原考釋解爲「用也」。徐在國將此字與《語叢二》簡 14「豚」字釋同，但語叢的那個字右下從「主」，似不從「又」。〔註114〕

【張伯元 2016】：我們主張，「虥」字從「廌」而言，廌可通「薦（薦）」。「廌」字古有「薦」音，早見於《朱德熙古文字論集》第五十五頁。又如，上博簡（四）《曹沫之陳》簡 42：「父兄不廌（薦，薦），由邦禦之。」「廌」，表舉薦之義。「虥」亦可通「薦」，表舉薦之義。這樣，簡 20 中釋爲「律」的「聿」字就失去了依旁。「聿」，除簡 20「虥聿」中的「聿」外，「聿」又見《子產》簡 24「乃聿三邦之令」、簡 25「聿三邦之型（刑）」句子的句首。聿，常用作句首、句中助詞，絕大多數出現在動詞前面。如《詩經・大雅・大明》：「昭事上帝，聿懷多福。」《詩經・大雅・文王》：「無念爾祖，聿修

〔註114〕《清華六〈子產〉初讀》64 樓，發表日期：2016 年 4 月 26 日。

厥德。」何況,「律」字之出,時間較晚。初非用於法律。「聿」恐不能隸釋為「律」。

我們以為簡20「善君必察昔前善王之虺聿」句之後的「求蓋之賢」四字,是以求賢為其目的,條件就是要有善王的良好舉薦。為此,上下句似可斷在「聿」字之前,為「善君必察昔前善王之虺(薦),聿求蓋之賢。」與「法律」無關,與鑄刑鼎更是無甚關涉。

【王寧2016H】:「狄」字當分析為從又豚聲,可能即「遁」字的異構,讀「循」當是,釋為「遵循」之義。「蓋之賢可」即前朝遺留下來的賢人及可用之人。

【孫合肥 2017】(P2):整理者釋作「狄」之字,簡文字形作 犬,此字或為「祭」字異體。甲骨文「祭」字從又從肉,會手持祭肉之意。西周金文增形符「示」。楚簡文字「又」旁或作「攴」「殳」。晉系文字「示」旁位於字形左部。犬字右部構形與晉系文字相同,偏旁布局與晉系文字相類,或可隸定作「奘」,從又從肉從犬,為「祭」字異體。古人殺犬以祭之禮見於典籍。《說文‧犬部》:「獻,宗廟犬名羹獻,犬肥者以獻之。」段玉裁注:「獻,本祭祀奉犬牲之稱。」「察」從「祭」聲,「祭」在簡文中讀「察」。聿,遂也。「虺」字屬下讀。此句與上句意義相對,意思是說:古代的明君必定要明了其前代賢明君王的禮典模範,並且爭取完全知曉,賢德的人各自分配到自己的職務,各安其位處理事務,君王治理國家的重任得以實現。

【今按】:簡文中「虺聿」並不讀為「法律」,此句與子產「鑄刑書」之事並無關聯。此從張伯元之說,此句斷作「善君必察昔先王之薦,聿求蓋之賢。」

(35) 子產用畧(尊)老先生之眕(俊),乃又(有)喪(桑)乇(丘)中(仲)昬(文)、坏(杜)嚜(逝)、肥中(仲)、王子白(伯)惌(願);乃埶(設)六甫(輔):子羽、子刺、厵(茂)明、卑登、佸之攴、王子百;

【清華(陸)】(P142):老,動詞,義為敬老,如《孟子‧梁惠王上》「老吾老」的前一「老」字。俊,《說文》:「材千人也。」以上諸人即清華簡《良臣》所列子產之師、子產之輔,祇有個別出入。

【李學勤2016】(P81):這些人名都見於清華簡《良臣》(唯後者無桑丘

仲文而有斷斥），簡中的「先生之後」《良臣》稱爲「子產之師」，「六輔」《良臣》稱爲「子產之輔」。這些人是支持子產治政的「團隊」，在當時起有相當重要的作用。

【羅小華 2016】桑丘，本爲地名。《史記‧魏世家》：「七年，伐齊，至桑丘。」張守節正義引《括地志》云：「桑丘故城俗名敬城，在易州遂城縣界也。」也用作複姓。《拾遺記‧少昊》：「皇娥生少昊，號曰窮桑氏，亦曰桑丘氏。至六國時，桑丘子著陰陽書，即其餘裔也。」（王嘉撰，蕭綺錄，齊治平校注：《拾遺記》第 13 頁，中華書局 1981 年。）簡文中的「桑丘」應爲複姓。桑丘仲文，也應該是少昊的後裔，其人待考。

佫之攴，應即《良臣》中的「畗（富）之庋（鞭）」。「佫」，當從「否」得聲，「否」從「不」得聲。「畗」，滂紐職部；「不」，幫紐之部。幫、滂均屬重脣音。之、職爲陰入對轉。從「畗」得聲之字，常與從「不」得聲之字相通假。「庋」，原篆作「庋」。網友苦行僧認爲：「其實該字爲從『厂』，『鞭』聲之字，不從『更』。此處的『鞭』字爲古文『鞭』，從『攴』，以『冕』的初文爲聲。」「攴」字的出現，恰好證明了苦行僧的說法是對的。古文「鞭」作「夋」。「攴」，當從「卞」得聲。「夋」，幫紐元部；「卞」，並紐元部。幫、並均屬重脣音。故「夋」與「卞」音近可通。

【bulang】：21 號簡讀「尊」的字不是從民，從鹿，《子儀》17「鹿+力」的鹿與之同。〔註115〕

【蘇建洲 2016】：「蔑明」的「蔑」作 ![字形] ，字表 931 號隸定作 ![字形] 。這個隸定是有問題的。「蔑」，明紐月部；「竊」「察」「淺」「蔡」等字則爲精系字月、元部，聲紐似有距離。不過，《良臣》簡 10「蔑明」的「蔑」作 ![字形] ，筆者曾指出其下增添「丯」聲（見母月部）。上博四《曹沫之陣》「曹沫」之「沫」作從蔑或從萬。古書又作「劇」（見母月部）可證。（見簡帛論壇《清華簡三〈良臣〉箚記》第 6 樓，1 月 9 日。後以《清華三〈周公之琴舞〉〈良臣〉〈祝辭〉研讀札記》爲題，發表於《中國文字》39 期。）「契」從「丯」聲；商的始祖「偰」又作「禼」，《說文》：「禼，蟲也。从厹，象形，讀與偰同。」「竊」從「禼」聲，可見「竊」與「蔑」聲音相近，《子產》的「蔑」寫作讀爲「淺」等字的「羹」是合適的。

【ee】：〔鷹+斧〕應從鷹從斧，是個雙聲字，「鷹」「斧」皆聲。「鷹」的

讀音可參古文字中的「存」常作「廌」形;《成之聞之》簡 35 的「津」是從「才」從「廌」的雙聲字等,與「斧」音非常近。又《子儀》簡 16 的有個字也是從廌從力,不過那個「廌」也有可能是「鹿」的訛變的字形。〔註 116〕

　　【暮四郎】:對照此處的「佰之支」可知,《良臣》的整理者認爲「酋」所從的「酉」形是「畐」的訛變,是有道理的。「佰」上古音在之部滂母,與「畐」(職部滂母)古音相近。上古文獻中「不」聲的字與「畐」聲的字也有相通的例子,如銀雀山漢簡「怀(偪)」。(參看王輝《古文字通假字典》,北京:中華書局,2008 年,第 250 頁。)楚簡「酉」(🔲《容成氏》45、🔲包山 202)、「畐」(🔲郭店《老子》甲簡 38「福(富)」上部所從)的部分形體非常接近,容易混淆。所以,此處的「佰」,也應當讀爲「富」。〔註 117〕

　　【王寧 2016G】:《子產》之「𩰫」原簡文作「🔲」,此字形又見《良臣》,令尹子文之「文」作「🔲」(簡 5),整理者均括讀「文」,當無問題。《良臣》《子產》的字形當分析爲從彡𩰫聲,即《說文》「𢼭彣」之「彣」的或體,「文」「彣」古通用,後世典籍通行用「文」。

　　「佰」即「伾」字或體,或作「怀」,與「富」滂幫旁紐雙聲、之職對轉,音近可通。

　　「𠨷」字簡文作「🔲」,從厂更(鞭)聲,當即「反」之繁構或異構,傳抄古文中「反」作「🔲」(《說文》),「厂」下所從的部分當即「更(鞭)」之省變,乃從之得聲。《子產》之「支」即「鞭」字,楚簡書中多用爲「辨」,「反」「鞭(辨)」均並紐元部字,音近可通。

　　「子剌」不見古書,疑當作「子列」,「剌」「列」通用,蓋即鄭國的列氏之祖,戰國時代鄭國的列禦寇當其後人。《元和姓纂》卷十、《通志・氏族略四》以爲列子出自古帝王列山氏,《路史・後紀第八・高陽》云楚國公族有列氏,羅苹注:「列出列宗,有禦寇」,又以爲列禦寇是出自楚國公族的列氏,恐均非是。

　　蔑明,是名明,字蔑,「明」「蔑」義相反,此古人名、字意義關係常例之一,「䣓」當是其氏名。「然明」之「然」疑是「威」字之誤,「威」本作上戌下火的寫法,「戌」形訛作「狀」則成「然」字。「威」「蔑」音同可通。《良臣》作「🔲明」,相當於「蔑」的字蓋即「薈」字,只不過用「丰」作

〔註 116〕《清華六〈子產〉初讀》60 樓,發表日期:2016 年 4 月 23 日。
〔註 117〕《清華六〈子產〉初讀》86 樓,發表日期:2016 年 5 月 2 日。

聲符替換了義符「目」，讀爲「蔑」。王引之《春秋名字解詁》上云：「鄭罷
蔑，字明」，應該是弄倒了；又楚國的唐蔑（《荀子・議兵》），又稱唐明（《戰
國策・趙策四》），王引之亦認爲是名蔑，字明。《子產》「蔑」的寫法是「𥄕」，
此字左從「見」乃義符，與從「目」同；右旁爲聲符，是在「業」的左邊加
一「丿」，「業」是「劃」之本字，（劉洪濤：《叔弓鐘及鑄銘文「劃」字考釋》，
復旦大學出土文獻與古文字研究中心網 2010/5/29）楚簡中多用爲「察」；「丿」
字《說文》訓「右戾也。象左引之形。」音房密切，段注：「又匹蔑切」，這
個字可能古音是房滅切，與匹蔑切同爲滂紐月部音，因爲月、質旁轉的緣故
音轉爲房密切。那麼，此字形當分析爲從業丿聲（「業」音「察」亦可視爲
聲符），它可能就是劃（𥄕）滅之「滅」的或體或專字，故簡文此字當分析
爲從見滅聲，即「𥅴」之或體，或作「𥄕」，用與「蔑」同。

卑登，當是名登，字卑，「登」本有升、上、高等義，「卑」爲低、下義，
二字義相反。《論語》《左傳》作「諶」「湛」則不可解，蓋非其本字也。

《良臣》「土齹」即《子產》的「邞（杜）齹」，「土」「杜」通假，「齹」
「齹」乃一字之異構，前簡後繁，《良臣》及《子產》整理者均括讀「逝」，
恐非，此字從齒，當是「噬」字，（孟蓬生：《郭店楚簡字詞考釋》，《古文字
研究》第二十四輯，中華書局 2002 年。406～407 頁。王寧：《釋郭店楚簡的
「噬」與「澀」》，簡帛研究網 2002-08-27）《方言》十二、《廣雅・釋詁二》
並云：「噬，食也」，即吃的意思。那麼，「土」或「杜」可能是氏，但更有
可能是字，即「土」或「杜」均「吐」之假借字，古書有「土」「吐」通假
之例。《詩・大雅・烝民》：「柔則茹之，剛則吐之」，「茹」亦吃義，《爾雅・
釋言》、《方言》七、《廣雅・釋詁二》並云：「茹，食也」，「噬」「茹」均爲
吃進，「吐」爲吐出，二者義相反，用爲人名字，則名噬，字吐，連稱之則
曰「吐噬」。

「𪐗圻」很可能就是桑丘仲文，只是《良臣》《子產》稱謂格式不同而已，
即《良臣》中用的是字＋名的格式，《子產》中用的是氏＋字的格式，那麼《良
臣》的「𪐗」字即相當於《子產》中的「文（𢼸）」，或者說「𪐗」字是個與「文
（𢼸）」音同或音近的字，爲唇音文部字。「𪐗」字右旁「斤」當是形旁兼聲旁，
左旁田＋黽的部分是主要聲旁，而其主要聲符就是「黽」，是明紐陽部字，段
玉裁於《說文》「黽」下注云「讀如芒」是也。

「𪐗」字可讀爲「文（𢼸）」是沒有疑問的。它也許就是用爲動詞文飾

之「文」的後起專字，《說文》：「文，錯畫也。象交文。」本是刻畫出來的
花紋，也用爲動詞，即刻畫花紋以裝飾之，引申爲「飾」義，《禮記·玉藻》：
「大夫以魚須文竹」，鄭注：「文猶飾也」；《荀子·儒效》：「取是而文之也」，
楊注：「文，飾也」，《論語·憲問》：「文之以禮樂」，均用爲動詞裝飾之意；
《說苑·修文》：「其質美而無文，吾欲說而文之」，前句「文」爲名詞，謂
紋飾，後句「文」爲動詞，謂裝飾。「A」蓋即其後起專字，故從「斤」，示
以利器刻畫之，不從「刀」作是以「斤」亦作綴加聲符。那麼，《良臣》的
「文」與《子產》中的「彣」當爲同一字分化引申義的不同寫法，前者是動
詞，後者是名詞，都讀「文」，故後世均可假「文」爲之。

　　《良臣》之「文斤」即，當是一字一名，「斤」應是「栞」之假借字，
亦作「栞」「刊」，《說文》云：「栞，槎識也」。「栞」是在樹木上砍斫、刻劃
紋路或文字作標誌，所謂「表志」，今言「做記號」，與刻劃紋飾義的「文」
和爲彣彰義的「彣」義均相關聯，故此人當是名栞，字文（彣），「桑丘」乃
其氏。《良臣》稱「文斤」，乃字＋名的稱呼格式；《子產》稱「桑丘仲彣」，
乃氏＋字的稱呼格式，二者實一人也。

　　【王寧 2016H】：用，由也，因也，因此、因而。「麋」字當是從「鹿」
省，下面的部分「卉」乃「尊」的簡化寫法，即將「尊」所從的「酋」簡化
爲從八從丨（或十）的替代符號。故此字當分析爲從鹿尊聲，由聲求之，當
即慶麋之「麋」（見《集韻》）的或體，《說文》作「㺍」，是心紐元部字，此
當讀爲「選」，選用意。「老先生」當是一詞，《史記·屈原賈生列傳》：「每
詔令議下，諸老先生不能言，賈生盡爲之對」，是指年長於己而有道德見識
可爲師者，猶今言「前輩」。「眅」即「睃」字，讀爲「俊」可從，此用爲優
秀、突出之意，「老先生之俊」即老先生中之優秀者，即下文桑丘仲文等四
人。

　　「倍之支」，「倍」即「倍」之本字。《良臣》中此人名第三字原整理者
隸定爲「厚」，後又據《子產》隸定爲「夊」，（145 頁）此字當即「反」之繁
構，亦「阪」之初文；「支」即「鞭」字，簡 3 用爲「辨」，此亦當讀爲「辨」，
「反（阪）」「鞭」「辨」古音均並紐元部字，音近可通，故富之反亦即倍之
辨。他當即《左傳·僖公三十一年》《說苑·政理》中的鄭國大夫馮簡子，「富」
「倍」「馮」音近可通，如古代的河神稱爲河伯，名馮夷，而《集韻·平聲
二·十五灰》云：「倍、負：河神名」，「倍」「負」顯然是「馮」之音轉。「馮」

是氏，「辨（反）」是名，「簡子」是諡。

子刺當即《左傳・襄公二十八年》的游吉，又稱子大叔，《論語・憲問》裡稱之為「世叔」，根據《韓非子・內儲說上》記載，他是繼子產為鄭卿者，蓋亦鄭國公族。王引之《春秋名字解詁上》認為「游吉字子大叔」，同時指出：「『世』『大』聲相近，『大』正字也，『世』假借字也。」按「大」當是楚簡文中習見之「犬」，董珊先生認為此字從「大」聲，釋「厲」，（董珊：《楚簡中從「大」聲之字的讀法（二）》，簡帛網 2007-07-08）可從。「大」「厲」「刺」「列（烈）」「世」并音近可通。其人當是游氏，名吉，字子刺（烈），《說文》：「吉，善也」，《詩・賓之初筵》：「烝衎烈祖」，鄭箋：「烈，美也。」「吉」「烈」義近，故名吉，字子刺（列、烈）。「子大（世）叔」當作「子刺叔」，蓋是以字加排行為諡曰「刺叔」，如鄭公子語字子人，其後有子人氏，其諡號為「子人成子」，則游吉字子刺，其後當有子刺氏，即子列氏、列氏，是鄭國列氏之祖，戰國時期的列禦寇蓋其後人；其諡號當即「子刺＝叔（子刺刺叔）」，後人為避免重複而省曰「子刺叔」而寫作「子大叔」「世叔」。

王子百，傳世典籍不見此人。「百」疑是「迫」的假借字，二字古音同。他可能是《左傳・襄公八年》《襄公十一年》所載的鄭國大夫王子伯駢，與子產同時。「駢」是「併」義，亦或即「併」的假借字，《禮記・祭義》：「行肩而不併」，鄭注：「老幼并行，肩臂不得併。」《楚辭・哀時命》：「眾比周以肩迫兮」，王逸注：「言眾佞相與合同，並肩親比。」「肩併」即「肩迫」，「迫」「併」義同，故名百（迫），字伯駢（併）。

（36）乃斂（禁）辛道、飲語，虛言亡（無）實（實）；乃斂（禁）𥅆（管）單、相冒、䩉（韓）樂，勑（飾）𦍒（美）宮室衣裘，好酓（飲）飤（食）酖（醯）釀，

【清華（陸）】（P142～143）：「斂」字從泉聲，從母元部，試讀為清母元部之「竄」。《書・舜典》「竄三苗于三危」，孔疏：「投棄之名。」即放逐。或即西周金文之「敳」字。「實」字有省變，與上「虛」字相對。「酖」字參看李學勤《文物中的古文明》（商務印書館，2008 年，第 330～334 頁），在此讀為同在章母支部之「醯」，《說文》：「酒也。」《說文通訓定聲》：「按酒厚也。」

【清華讀書會 2016】（馬楠）：下文兩處「乃斂」，斂應遵從整理報告第

二種意見，認爲是鐘鎛銘文中常見的 ![字](《集成》00045）字。應當爲侵部字，試讀爲「勘」，訓爲犯而不校的校。而數的賓語「辛道」「訆語」和「娄單」「相冒」「幹樂」應當都不是人名，而是指行爲。

【清華讀書會 2016】（石小力）：整理者釋作「釀」字原形作「![字]」，下部從酉，但上部與「襄」差距較大，釋「釀」不確，疑上部所從乃「鼎」之變形。

【石小力 2016】（P194）：「實」字原作 ![字]，整理者據該字與「虛」相對，故認爲是「實」字省變之體。古書虛、實對言多見。……從文意看，整理者之說可從。從形體看，「實」字演變過程如下：![字]（《集成》4317㐬簋）→![字]（《集成》10361 國差𦉜）→![字]（郭店《忠信之道》8），「實」字主要變化在字的中部，金文由「毌」形演變爲「田」形，楚簡類化作「貝」省之形。![字]形宀下所從誤書作「員」，不符合文字演變的規律，當是書手偶然之訛誤。

【ee】：「娄單」可讀爲「緩嘽」，即古書常見「嘽緩」「嘽咺」「嘽㬉」之倒文。數字應讀爲「禁」，金文用其字爲「大林鐘」之「林」，「禁」即從「林」得聲。〔註118〕

【徐在國 2016A】：![字]，整理者隸作「數」。此字「或即西周金文之『𢿳』」之說，可從。「𢿳」，乃「㐭」字繁體，加「泉」是義符，表示倉㐭就像泉水一樣不竭。簡文「![字]」，可以分析爲從「㐭」省，也可分析爲「㐭」「泉」共用偏旁，清華二·繫年 123「㐭」下部所從與「泉」上部形近，看做共用偏旁更好一些。簡文「數（㐭）」，讀爲「禁」。「㐭」「林」二字通假的例證很多，詳參《古字通假會典》242 頁。楚公家鐘中的「數（㐭）」就是讀爲「林」的。因此，此字讀爲「禁」，沒有問題。「禁」，禁止；制止。《易·繫辭下》：「理財正辭，禁民爲非曰義。」《左傳·僖公三年》：「齊侯與蔡姬乘舟於囿，蕩公，公懼變色，禁之不可。」

簡文大意是乃禁止辛道、訆語說假話，乃禁止管單、相冒、韓樂美飾宮室衣裘、沉溺飲食美酒。

【ee】：「乃禁辛道、訆（爽）語、虛言亡實」，訆似讀爲「爽」，班固《幽通賦》「抗爽言以矯情兮」，「爽言」項岱曰：「過差之言」，「爽語」與「爽言」

〔註118〕《清華六〈子產〉初讀》1 樓，發表日期：2016 年 4 月 16 日。

相類。《太平御覽》卷八十四引《周書》「無擅制、無更創」，馬王堆帛書《經法・國次》《十大經・正亂》作「擅制更爽」，（參蔡偉先生《〈馬王堆漢墓帛書〉札記（三則）》），又《殷高宗問於三壽》簡 20：「上下毋倉」之「倉」，郭永秉先生讀爲「爽」。〔註 119〕

【暮四郎】：看文義，從「辛道」到「虛言無實」，從「𢼊單」到「好酓（飲）飤（食）酛（醢）釀以🐾𦀰者」，都是「斂（禁）」的對象。〔註 120〕

【此心安處是吾鄉】：簡文從酉的兩個字，第一字疑讀爲「旨」，即「旨酒」之「旨」，旨者，美也。第二字不能確識，或是從酉從覃。《說文》：醰，酒味長也。《魏都賦》：宅心醰粹，李善注：醰，美也。（參王念孫《廣雅疏證》，中華書局，23～24 頁）總之這兩個從酉的字是酒的形容詞，套在簡文裡面，即：好飲食美酒。〔註 121〕

【王寧 2016H】：辛道，「辛」即辛辣之意，「道」是言語，「辛道」謂辛辣之言，猶惡言。又疑「辛道」讀爲「訊（誶）詢」，《集韻・去聲七・六至》：「謐、訊：告也、問也。或作誶。」又曰：「誶：《說文》：『讓也。』」「飤」當即「槍」之或體，亦作「搶」「鎗」，讀「爽」可從，「爽語」即漢人所云之「爽言」，《漢書・敘傳上》載《通幽賦》：「抗爽言以矯情兮」，顏注：「爽，差也。謂二人雖舉言齊死生，壹禍福，而心實不然，是差謬也。」

「𢼊」字從止卷聲，當是「跧」之本字，「𢼊單」疑讀「捲戰」，《說文》：「捲，氣勢也。從手卷聲。《國語》曰：『有捲勇。』」，據段注字亦作「拳」「攎」。「捲戰」謂負氣爭鬥，猶今言「打架鬥毆」。相冒，互相冒犯。原整理者於「釀」下斷句，疑非。當斷作：好酓（飲）飤（食）酛（醢）釀（醬）以再𦀰（劯）者。

「酛」字從酉枳聲，當是「醯」之異構，「醯」「枳」（頸介切或舉綺切，并見《集韻・上聲五・四紙》）曉、見旁紐雙聲、同支部音近；「釀」字原字形作「🐾」，下從酉，上面的部分當是從目襄聲，疑是訓「省視」之「相」的後起專字，故此字當分析爲從酉相聲，原整理者釋「釀」可從，然其讀音非女亮切，而應如「襄」或「相」，在此疑當讀爲「醬」，「醬」與「襄」「相」精心旁紐雙聲、同陽部疊韻音近也。「醯」是酸味調料，「醬」是鹹味的調料，

〔註 119〕《清華六〈子產〉初讀》61 樓，發表日期：2016 年 4 月 23 日。
〔註 120〕《清華六〈子產〉初讀》88 樓，發表日期：2016 年 5 月 3 日。
〔註 121〕《清華六〈子產〉初讀》90 樓，發表日期：2016 年 5 月 3 日。

－242－

古書每連稱，如《儀禮‧士昏禮》：「醢醬二豆，菹醢四豆。」《周禮‧天官冢宰‧醢人》：「凡醢醬之物，賓客亦如之。」《禮記‧曲禮上》：「醢醬處內。」又《喪大記》：「食菜以醢醬。」《史記‧貨殖列傳》：「醢醬千瓨。」等等均是。醢醬是古人的飲食佐料，求其美味也。「好飲食醢醬」謂喜歡追求美味的飲食。

【孫合肥 2017】（P3）：辛道，猶枉道。耂，讀倦。單，讀臺。單、臺雙聲，故通用，臺乃後起字。冒，讀瑁。《說文》：「諸侯執圭朝天子，天子執玉以冒之，似犁冠。周禮曰：天子執玉，四寸。」此指美玉。軹，讀耽。軹、元部見紐；耽，元部端紐，二字古音相通。

【今按】：簡文「𢽡」字，此從徐在國之說，讀作「禁」。

（37）以爰（遠）骿（屛）者。此胃（謂）由善朁（散）耂（愆）。

【清華（陸）】（P143）：爰，讀爲同在匣母元部之「遠」。骿，讀爲「屛」。《禮記‧王制》「屛之四方」，鄭注：「猶放去也。」者，在此訓爲「也」或「焉」，參《古書虛字集釋》（第 756～757 頁）或說「骿」字應釋「費」，「費者」爲耗費之人。由，《小爾雅‧廣詁》：「用也。」散，《公羊傳》莊公十二年「散舍諸宮中」，何休注：「放也。」耂，《書‧大禹謨》「帝德罔愆」，孔傳：「過也。」

【何有祖 2016】：「善」下一字疑讀作「靡」。由善靡愆，靡愆，即沒愆，無愆。由善靡愆，似指遵從善道，無過錯。《詩‧大雅‧假樂》：「不愆不忘，率由舊章」之由、愆，與簡文同。

【暮四郎】：朁應當釋爲「膚」，讀爲「靡」，意爲麗（華麗）。「耂」，似當讀爲「患」。《孔子詩論》有「耂」字，學者們讀爲「患」（白於藍《戰國秦漢簡帛古書通假字彙纂》，福州：福建人民出版社，2012 年，第 803 頁）。「朁（靡）耂（患）」可能是說消除禍患，與「由善」並列，結構也相同。《荀子‧大略》：「害靡國家。」王念孫：「靡，滅也。」《荀子‧富國》：「以相顚倒，以靡敝之。」〔註 122〕

【暮四郎】：𢽡釋作「爰」可疑，此字更近於「禹」（𥝌）。〔註 123〕

【王寧 2016H】：𢽡釋爲「禹」可從，「禹骿」當讀爲「稱絣」，「稱」

是稱舉，此為炫耀、誇耀意。「渤」訓「大」。有人修飾華麗的宮室和衣裘，喜歡追求美味的飲食，以此來誇耀自己財大勢大，這種人會引起社會不安，故子產整飭之。「此胃由善瞢巻」，當讀為「此謂由善靡捲」。《廣雅・釋詁四》：「由，用也。」《方言》十三：「靡，滅也」，即消滅、消除義。蓋有「辛道」等不良行為之人氣焰囂張，有危國家穩定，需治理之，故子產出臺了一系列禁令禁止這些不良行為。「由善」謂使用良善之人，「靡捲」謂消除兇惡之人的囂張氣勢。

【孫合肥 2017】（P3）：肵，讀為費。「此胃（謂）由善瞢（靡）巻（患）」是說：這是任用賢良消除禍患。

（38）子產既由善用聖，班羞勿（物）晙（俊）之行，

【清華（陸）】（P143）：聖，《老子》王弼本十九章注：「才之善也。」班，《左傳》襄公十八年「有班馬之聲」，杜注：「別也。」即選擇分別。羞，讀為「好」；「好」或作「妞」，亦從丑聲。物，《周禮・載師》「以物地事」，鄭注：「物色之。」

【王寧 2016H】：「由」與「用」義同。「由善用聖」即使用善良之人和賢明之人。《左傳・襄公三十一年》言子產從政，使公孫揮「班位貴賤能否」，「班」為分而布予，指「班位」，謂任命職位。「羞」是進獻義，這裡是推薦的意思。「俊」即相當於《左傳》的「能」，謂優秀的賢人；「勿」相當於「否」，謂不優秀的普通人，「晙（俊）」指優秀的賢良者；「行」是行列義，此指某一類人。「勿俊之行」是包括「勿之行」和「俊之行」，前者是普通的一類人，後者是優秀的一類人。此謂子產用人是優秀的、普通的都推薦使用，只是根據不同的情況分派不同的職位。

【今按】：此處「羞」讀如本字即可，不必破讀為「好」，「羞」可訓為「好」，如《儀禮・公食大夫禮》：「士羞庶羞」，胡培翬《正義》引郝敬云：「肴美曰羞。」「羞」指美味的意思，「好」為其引申意。

（39）乃肂（肄）參（三）邦之命（令），以為奠（鄭）命（令）、埜（野）命（令），道（導）之以爻（教），乃怵（迹）天坔（地）、逆川（順）、弜（強）柔，以咸歔（禁）御；

【清華（陸）】（P143）：肂，《說文》：「習也。」三邦，指夏、商、周。當時諸侯國有國、野之分，此處「鄭」即指鄭之國中，與「野」相對。迹，

《漢書・平當傳》「深迹其道」，顏注：「謂求其蹤迹也。」強，與「剛」同義。咸，《詩・閟宮》鄭箋：「同也。」斂，試讀爲「全」。御，《書・泰誓上》孔傳：「治也。」或疑「斂御」爲一詞。

【徐在國　2016A】：簡文「斂御」，當讀爲「禁禦」，禁止；制止。古書有「禁禦」一詞，見《左傳・昭公六年》：「昔先王議事以制，不爲刑辟，懼民之有爭心也，猶不可禁禦，是故閑之以義，糾之以政，行之以禮，守之以信，奉之以仁。」桓寬《鹽鐵論・錯幣》：「故有鑄錢之禁，禁禦之法立而奸僞息。」《後漢書・朱暉傳》：「子弟親戚並荷榮任，故放濫驕溢，莫能禁禦。」簡文「以咸禁禦」，指奸盜等犯罪活動都被禁止。

【程燕　2016】：「悈」字形作：。我們認爲此字當分析爲從「心」，「亦」聲，疑讀爲「繹」。《詩・魯頌・閟宮》：「新廟奕奕。」《周禮・夏官・隸僕》鄭注引奕作「繹」。（《古字通假會典》861頁）「繹」，尋繹，理出事物的頭緒，可引申爲解析。《論語・子罕》：「巽與之言，能無說乎？繹之爲貴。」邢昺疏：「繹，尋繹也。」《漢書・循吏傳・黃霸》：「吏民見者，語次尋繹。」顏師古注：「繹謂抽引而出也。」

【薛後生】：悈或者讀爲「舉」，「咸」似當讀爲「一」。〔註124〕

【王寧　2016H】：「聿」當依字讀，《書・湯誥》：「聿求元聖，與之戮力。」《傳》：「聿，遂也。」《釋文》：「聿，允橘切，述也。」《正義》：「聿訓述也。述前所以申遂，故聿爲遂也。」《說文》：「述，循也。」此爲遵循義。下簡25「聿參（三）邦之型（刑）」之「聿」同。

《左傳・襄公三十一年》：「裨諶能謀，謀於野則獲，謀於邑則否。」「野」與本篇「野」同，即郊野；「邑」即「鄭」，指鄭的都邑。「鄭令」即施行於鄭國都邑內之法令，「野令」即施行於都邑之外、郊野之間的法令。「悈」字從心亦聲，當是「懌」之或體，讀「繹」當是，《爾雅・釋詁》：「繹，陳也。」《廣雅》：「繹，窮也。」布陳研究之意。

（40）聿（肆）參（三）邦之型（刑），以爲奠（鄭）型（刑）、埜（野）型（刑），行以㝵（尊）命（令）裕義（儀），以臬（釋）亡（無）爻（教）不姑（辜）。此胃（謂）張㫃（美）弃亞（惡）。

【清華（陸）】（P143）：《左傳》昭公六年：「鄭人鑄刑書，（晉）叔向使

詒子產書。」其中提到「夏有亂政而作《禹刑》，商有亂政而作《湯刑》，周有亂政而作《九刑》」，即此處「三邦之刑」。

裕，玄應《一切經音義》引《廣雅》：「寬緩也。」儀，《國語‧周語下》「度之于軌儀」，韋注：「法也。」法律寬緩，故下云「釋亡教不辜」。

【李學勤 2016】（P81）：作刑書一事，見於《左傳》昭公六年（前 536 年），云：「鄭人鑄刑書」，杜注：「鑄刑書于鼎，以爲國之常法。」沒有更多的記述，而是引用了晉國叔向對此事批評的書信。《子產》簡文則有較詳細的敘說。「三邦」即夏、商、周。《左傳》叔向書信中說：「夏有亂政而作《禹刑》，商有亂政而作《湯刑》，周有亂政而作《九刑》。」就是《子產》所謂「三邦之刑」。至於子產所制有「令」與「刑」的區分，「令」和「刑」又都有「鄭」（指國都）與「野」（指郊野），更是從來沒有人知道的。

【暮四郎】：「行以悉命裕義」，此句似當釋讀爲「行以畯命、容儀」。以 上部爲聲符的字在楚簡中常用作「尊」，上古「尊」聲、「夋」聲之字可通，參見張儒、劉毓慶《漢字通用聲素研究》，太原：山西古籍出版社，2002 年，第 942 頁。《詩‧大雅‧文王》：「宜鑒于殷，駿命不易。」《禮記‧大學》引作「峻命不易」。「駿命」即大命。先秦文獻中常見「命不易」（如《大雅‧韓奕》「朕命不易」、《周頌‧敬之》「命不易哉」），省去「駿」字，可見「駿」只是修飾詞。 上部所從實爲「容」字，上博五《鮑叔牙與隰朋之諫》1、2 號簡「容」字寫作 ，與此字上部相同。〔註 125〕

【暮四郎】：「悉」當讀爲「訓」。郭店簡《緇衣》簡 26「又（有）愻（遜）心」，上博一《緇衣》簡 13 與「愻（遜）」對應的字作「悉」，可見「悉」可用作「孫」聲之字。上古「孫」聲、「川」聲之字常相通。「訓命」即訓告、命令，這裡是名詞。《書‧顧命》：「茲予審訓命汝。」則是「訓命」作動詞的例子。〔註 126〕

【華東師大 2016A】：「義」如字讀即可。「義」，古多訓「宜」，於理稱「合宜」，於事則謂「能斷」。《白虎通‧性情》云：「義者，宜也，斷決得中也。」《禮記‧表記》「義者，天下之制也」，都有「制斷」「裁決」之義。《周易‧繫辭下》曰：「理財、正辭、禁民爲非曰義。」正謂此也。因此，「義」

〔註 125〕《清華六〈子產〉初讀》25 樓，發表日期：2016 年 4 月 17 日。
〔註 126〕《清華六〈子產〉初讀》89 樓，發表日期：2016 年 5 月 3 日。

可以代指「刑罰」，比如郭店簡《尊德義》的「德義」，正與其下文的「賞刑」相對。又《說苑・君道》「德義不中，信行衰微」，正謂「賞刑不中」。

「命」，讀爲「令」，可從。「令」謂「政令」。

「惷」，整理者讀爲「尊」。又案，「尊」似可讀爲「劋」，減省之義；此字亦傳統文獻中常見的「撙」字。「劋」從「尊」得聲，楚簡中的「尊」字即有從「羍」作「𡭟」者，然則，「惷」「劋」於音，亦可相通。《說文》：「劋，減也。」《禮記・曲禮上》：「恭敬、撙節、退讓以明禮。」「撙」爲「劋」之借字，「節」亦「節約」「減省」之義，「劋」「節」同義連用。《禮記・樂記》云「政以行之，刑以禁之」，「政」「刑」對舉，正如簡文「令」「義」對舉。「政令」謂有所施行，「刑罰」謂有所禁止。「政」有繁簡，「刑」有寬嚴，「劋令裕義」正謂政令減省，刑禁寬裕。

「無教」「不辜」謂「無教民」「不辜民」。「無教民」，即《論語・子路》「以不教民戰，是謂棄之」之「不教民」，謂「不被先王德教之民」。《孟子・告子下》亦曰：「不教民而用之，謂之殃民。」故當釋放之而不用。「不辜民」，即《淮南子・兵略訓》「殺無辜之民，而養無義之君，害莫大焉」之「無辜之民」，謂無罪之人，故當釋放之而不罰。「不用」，對應「政令」；「不罰」對應「刑禁」，簡文之邏輯關係，如此。

「張美弃惡」，如整理者讀，謂張大美善，拋棄醜惡。正與簡 23 的「由善散惡」相對應。「散」當訓「放」，《禮記・樂記》「馬散之華山之陽」，鄭《注》：「散，猶放。」《公羊傳・莊公十二年》：「散舍諸宮中。」何《注》：「散，放也。」皆可證。「放散罪人」，即謂放逐辛道、歃語、管單、相冒、韓樂等人之事。

【王寧 2016H】：「惷」字上面所從的即「尊」的簡體寫法，故此字當分析爲從心尊聲，當即「悛」之或體，恐怕仍當讀「駿」或「峻」爲是。「裕」訓「寬」「緩」，與「峻」義相反。「峻命」即嚴厲的法令，「裕義」即寬緩的禮法。謂子產之法令嚴、寬并施。「亡教」即「無教」，指不受教化之民。《孟子・滕文公上》：「人之有道也，飽食煖衣、逸居而無教，則近於禽獸。」此類人易於犯罪，但情有可原，故子產之法令根據情況寬釋之。「不辜」即「無辜」，《書・多方》：「開釋無辜，亦克用勸」，孔傳：「開放無罪之人，必無枉縱，亦能用勸善。」「張」爲弘揚之意。

【范雲飛 2016】：「惷命裕義」讀爲「尊令裕義」似乎更合適。「惷命裕

義」之「豢」讀爲「尊」，表示積極的意思。另外，「命」讀爲「令」，本文認爲「鄭刑」「野刑」以「尊令裕義」，這個「令」就是對應上述的「鄭令」「野令」之「令」。在這個「令－刑」的結構中，「刑」輔翼「令」，以「令」爲原則而展開，所以把「命」讀爲「令」。至於「義」，本文認爲「鄭令」「野令」的目的乃是「導之以教，乃跡天地、逆順、強柔，以咸全御」，其意義更接近儒家哲學中「義」的範疇。「刑」輔翼「令」，「令」出之以「義」，也就是所謂「導之以教，乃跡天地、逆順、強柔，以咸全御」等等。這樣一來，「刑」的目的就是尊「令」，進而達到裕「義」的目的。

（41）爲民型（刑）程，上下髐（維）畠（輯）。

【清華（陸）】（P143）：刑程，猶云法度。維，《周禮・大司馬》「以維邦國」，鄭注：「猶連結也。」輯，《詩・板》「辭之輯矣」，毛傳：「和也。」

【清華讀書會 2016】（石小力）：「髐」字當從心，雎聲，雎即鶺字異體。鶺從畠聲，畠，古音影母元部，疑可讀爲同音之「晏」，《詩經・衞風》「言笑晏晏」，《傳》：「和柔也。」與輯意近。

【徐在國 2016A】：，我們認爲此字當分析爲從「心」，「鶺」聲。將此字去掉「心」的部分隸作「雎」，釋爲「鶺」應該沒有問題。此字在簡文中當讀爲「和」。上古音「畠」，影紐元部；「禾」，匣紐歌部。聲紐同爲喉音，韻部歌、元對轉。典籍中也有二字間接通假的例證。「髐」可讀爲「和」。簡文「上下髐畠（輯）」，當讀爲「上下和輯」。相同的辭例又見於上博四《曹沫之陳》16「上下和叔（且）畠（輯）」。《曹沫之陳》33 則作「不和則不畠（輯）」。簡文「上下和輯」，就是上下和睦團結。「和輯」見於《管子・五輔》：「舉錯得，則民和輯；民和輯，則功名立矣。」《淮南子・本經訓》：「世無災害，雖神無所施其德；上下和輯，雖賢無所立其功。」

【華東師大 2016A】：「型」應如字讀，訓爲「法」，謂法則、標準。《說文》「型，鑄器之瀘也」，段玉裁謂「引申之爲典型」「叚借刑字爲之」，又「《詩》毛《傳》屢云：刑，法也」，皆可參看。「程」亦訓爲「法」「度」，與「型」同義連用。《詩・小雅・小旻》「匪先民是程」，毛《傳》：「程，法也。」可證。「爲民型程」即是「爲民楷模」之義。

「維」，原作「」。整理者隸定爲「髐」，是，讀爲「維」，疑非。此字從「畠」得聲，宜讀爲「懕」。金文「猒」字作「」（毛公鼎），即從「畠」

得聲；上博《孔子詩論》簡23「猒」字亦寫作「🔲」，字形正承襲金文而來。

「懕」以「猒」爲聲，古音亦可與「聽」相通。《說文》曰：「懕，安也。」《荀子·儒效》云「天下厭然猶一也」，王念孫以爲「厭然」即「懕然」，訓爲「安貌」。（清·王先謙：《荀子集解》，北京：中華書局（新編諸子集成），2013年4月第2版，第138頁。）典籍中，又常通作「猒」「厭」「愔」，古音皆近，可以相通。（原注：作「猒」，《方言》「猒，安也」。作「厭」，《爾雅》「厭厭，安也」；《秦風·小戎》「厭厭良人」，毛《傳》「厭厭，安靜也」。作「愔」，《小雅·湛露》「厭厭夜飲」，韓《詩》作「愔愔」；《左傳·昭公十二年》「祈招之愔愔」，杜《注》「愔愔，安和貌」。）「厭然猶一」，即言天下安然和睦，與簡文文意正同。

【王寧2016H】：「聽」疑是「悁」字的繁構，此讀爲「和」。「咠」古書多作「輯」或「集」，「悁咠」即古書之「和輯」，和樂義。《管子·五輔》：「舉錯得，則民和輯；民和輯，則功名立矣。」《淮南子·本經訓》：「世無災害，雖神無所施其德；上下和輯，雖賢無所立其功。」又作「和集」，《晏子春秋·內篇·諫上》：「是以天下治平，百姓和集。」《淮南子·本經訓》：「天下甯定，百姓和集。」《史記·衛康叔世家》：「康叔之國，既以此命，能和集其民，民大說」「武公即位，修康叔之政，百姓和集。」

（42）埜（野）參（三）分，粟參（三）分，兵參（三）分，是胃（謂）虞（膚－獻）固，以勤（助）政直（德）之固。

【清華（陸）】（P144）：野，郊野；粟，食糧；兵，武器。三分，三分之一，例見三晉系金文。按《左傳》昭公六年叔向書云子產「制參（三）辟，鑄刑書」，疑其刑書有野、粟、兵三部分。處固，安定穩固。

【趙平安2016】：「型程」指有關規定。「野」與「邑」相對，「野三分」是對野的奉獻額度的規定，「粟三分」「兵三分」是對野賦稅、兵役的規定。獻固是固定的奉獻。

（43）固以自守，不用民於兵虘（甲）戰虼（鬥），曰武惡（愛），以成政意（德）之惡（愛）。虞（處）勛（溫）和惪（憙），可用而不勛（遇）大=或=（大國，大國）古（故）𦣞（肯）复（作）亓（其）愚（謀）。

【清華（陸）】（P144）：勛，通「勳」，在曉母文部，讀爲影母文部之「溫」。

作,《周禮・羅氏》鄭注:「猶用也。」

【清華讀書會 2016】(石小力):「勛」字整理者讀作「遇」,疑當讀爲「耦」。《說文》:「耦,耒廣五寸爲伐,二伐爲耦。」引申二人爲耦,又引申爲匹,配;又可用作動詞。簡文「耦」字也用爲動詞,「耦大國」即匹敵大國,與大國爭強之意。

【趙平安 2016】:勛字從攴員聲,又見於簡 17「勛勉救善」,可讀爲「勤勉救善」。此處讀爲損。員聲字讀爲損見於郭店簡《老子乙》「學者日益,爲道者日員。員之或員,以至亡爲也。亡爲而亡不爲。」今本員作損。獻本身就意味著損,故獻損連用。勛也可讀爲捐,《漢書・貨殖傳》:「唯毋鹽氏出捐千金貸。」表示捐獻、捐助。但上古時這個用法很少。勛通寓,表示居住,或通虞,表示欺騙。簡文是說,如果能平和快樂地奉獻,國家用度足夠又不居於大國之間(或國家用度足夠卻不欺騙大國),大國固能成其謀略。

【王寧 2016H】:「膚勛和憙」,「膚」讀「儀」,效法、仿效義。「勛」爲率先、帶頭義,說已見上。此句意思是仿效的、帶頭的都融洽快樂。「勛」疑即耦耕之「耦」的或體,本二人共耕之義,故或從力作。原整理者讀「遇」當不誤,「遇」古訓「逢」「逆」「會」「當」「偶」等義,引申而有敵對、爲敵之義,如《戰國策・齊策一》:「復搏其士卒以與王遇,必不便於王矣」,鮑注:「遇,敵也。」「作」當讀爲「措」,置也。大國故肯措其謀,謂大國因此願意放棄對鄭國的圖謀。

(44)蟰(惟)能智(知)亓(其)身,以能智=亓=所=生=(知其所生,知其所生)以先=愳=人=(先謀人,先謀人)以邊(復)于身=(身,身)、室、邦或(國)、者(諸)侯、天坒(地),固用不悖,以能成卒。

【清華(陸)】(P144):復,返回。室,家室。卒,字形與「衣」混淆,古文字多見。《爾雅・釋詁》:「卒,終也。」「成卒」,以成功告終。

【清華讀書會 2016】(王挺斌):所謂的「蟰」字原作「𤕾」,其實當隸定爲「雈」字。此字見於晉公𥂴(《集成》10342),吳王餘眜劍,上博簡《采風曲目》2 號簡。「雈」字不見於後世字書。不過綜合其他幾處辭例來看,讀爲「唯」或「雖」大概是合適的。「雈」可能就是從隹得聲的。

【王寧 2016H】:甲骨文、金文「御」字從「午」得聲,「雈」字疑當分析爲從御省,隹聲,即繫馬義的「維」字之本字,其本意可能是繫馬的繩索,

用之繫馬亦曰「維」，此與御馬有關，故字從御省。「維」「惟」「唯」「雖」古通用，此當讀爲「惟」。「復」亦踐行義。

6. 清華簡（柒）《晉文公入於晉》涉鄭國史內容集釋

【簡介】

清華簡（柒）《晉文公入於晉》一篇敘述晉文公流亡回國後，整頓內政，修治兵甲，城濮之戰大勝楚君，取得春秋霸主的地位。簡文中所記晉文公敗楚之後的一系列措施中，亦有與鄭國相關的內容。

【釋文】

元年克萰（蓎－原），五年啓東道，克曹、五麌（鹿），〔7〕敗楚師（師）於城僕（濮），畫（建）壥（衛），成宋，回（圍）嚕（許），反奠（鄭）之厙（陴）。九年，大旻（得）河東之者（諸）侯。

【集釋】

（1）反奠（鄭）之厙（陴）

【清華（柒）】（P103）：「反」訓爲顛覆，詳李守奎《據清華簡〈繫年〉「克反商邑」釋讀小臣單觶中的「反」與包山簡中的「鈑」》（《簡帛》第九輯，上海古籍出版社，二○一四年，第一二九－一三六頁）。陴，《國語·晉語四》「反其陴」，韋昭注：「城上女垣。」魯僖公二十八年、晉文公五年春，晉師東伐曹而假道於衛，衛人弗許，晉師遂西還，由南河濟，地在河南淇縣南之棘津。正月戊申，取衛之五鹿，棘津至五鹿縱貫衛地，即《商君書·賞刑》《呂氏春秋·簡選》《韓非子·外儲說右上》所謂「東衛之畝」。又向東南伐曹，二月與齊侯盟於斂盂。晉師圍曹，三月丙午入曹，私許復曹、衛，曹、衛告絕於楚，晉師向北退避三舍。四月己巳與楚子玉戰於衛之城濮。晉師三日館穀，癸酉還師，甲午至於鄭之衡雍，作王宮於踐土。五月丙午，晉、鄭盟於衡雍。六月，復衛侯。冬，會於溫。十月丁丑率諸侯圍許。據簡文則成宋在六月復衛之後，《國語·晉語四》等書所載「伐鄭，反其陴」事又在十月丁丑圍許之後。《史記》以此伐鄭爲晉文公七年之秦、晉圍鄭，非是。《韓非子·外儲說右上》言「文公見民之可戰也，於是遂興兵伐原，克之。伐衛，東其畝，取五鹿。攻陽。勝虢。伐曹。南圍鄭，反之陴。罷宋圍。還與荊人戰城濮，大

敗荊人。返爲踐土之盟，遂成衡雍之義。一舉而八有功」。「攻陽」「勝虢」誤涉晉獻公事，其餘與簡文相似。

【參考文獻簡稱表】

1. 清華（貳）：清華大學出土文獻研究與保護中心編，李學勤主編《清華大學藏戰國竹簡（貳）》〔M〕，上海：中西書局，2011 年 12 月。

2. 黃傑 2011：《初讀〈清華大學藏戰國竹簡（貳）〉筆記》〔EB/OL〕，復旦大學出土文獻與古文字研究中心網「學術討論」論壇，2011 年 12 月 20 日，http://www.gwz.fudan.edu.cn/ShowPost.asp?ThreadID=5345。

3. 陳偉 2011：《讀清華簡〈繫年〉札記（二）》〔EB/OL〕，簡帛網，2011 年 12 月 21 日，http://www.bsm.org.cn/show_article.php?id=1598，又載《讀清華簡〈繫年〉札記》，《江漢考古》2012 年第 3 期，第 117～121 頁。

4. 暮四郎 2011：《清華簡（貳）簡 46「我既得鄭之門管巳（矣）」》〔EB/OL〕，簡帛網——簡帛論壇，2011 年 12 月 21 日，http://www.bsm.org.cn/bbs/read.php?tid=2856。

5. 暮四郎 2011A：《簡 61「莊王遂加鄭亂」的理解》〔EB/OL〕，簡帛網——簡帛論壇，2011 年 12 月 21 日，http://www.bsm.org.cn/bbs/read.php?tid=2859。

6. 苦行僧 2011：《說清華簡〈繫年〉中的「交」》〔EB/OL〕，復旦大學出土文獻與古文字研究中心網「學術討論」論壇，2011 年 12 月 21 日，http://www.bsm.org.cn/ShowPost.asp?ThreadID=5354。

7. 復旦讀書會 2011：復旦大學出土文獻與古文字研究中心讀書會《〈清華（貳）〉討論記錄》〔EB/OL〕，復旦大學出土文獻與古文字研究中心網，2011 年 12 月 23 日，http://www.gwz.fudan.edu.cn/Web/Show/1746。

8. 海天 2011：《〈繫年〉的「蔡」字》〔EB/OL〕，復旦大學出土文獻與古文字研究中心網「學術討論」論壇，2011 年 12 月 24 日，http://www.gwz.fudan.edu.cn/ShowPost.asp?ThreadID=5378。

9. 李銳 2011：《讀〈繫年〉劄記（二）》〔EB/OL〕，孔子 2000 網「清華大學簡帛研究」專欄，2011 年 12 月 25 日，http://www.confucious2000.com/admin/list.asp?id=5148。

10. 董珊 2011：《讀清華簡〈繫年〉》〔EB/OL〕，復旦大學出土文獻與古文字研究中心網，2011 年 12 月 26 日，http://www.gwz.fudan.edu.cn/Web/Show/1752，又載《簡帛文獻考釋論叢》，上海：上海古籍出版社，2014 年 3 月，第 102～110 頁。

11. 華東師大讀書小組 2011：華東師範大學中文系戰國簡讀書小組《讀〈清華大學藏戰國竹簡（貳）·繫年〉書後（一）》〔EB/OL〕，簡帛網，2011 年 12 月 29 日，http://www.bsm.org.cn/show_article.php?id=1609。

12. 清華讀書會 2011：清華大學出土文獻讀書會《〈清華大學藏戰國竹簡〉（貳）研讀箚記（二）》〔EB/OL〕，復旦大學出土文獻與古文字研究中心網，2011年 12 月 31 日，http://www.gwz.fudan.edu.cn/SrcShow.asp?Src_ID=1760。

13. 華東師大讀書小組 2012：華東師範大學中文系戰國簡讀書小組《讀〈清華大學藏戰國竹簡（貳）·繫年〉書後（三）》〔EB/OL〕，簡帛網，2012年 1 月 1 日，http://www.bsm.org.cn/show_article.php?id=1613。

14. 小狐 2012：《讀〈繫年〉臆札》〔EB/OL〕，復旦大學出土文獻與古文字研究中心網，2012 年 1 月 3 日，http://www.gwz.fudan.edu.cn/Web/Show/1766。

15. 海天 2012：《〈繫年〉簡 129 的人名》〔EB/OL〕，復旦大學出土文獻與古文字研究中心網「學術討論」論壇，2012 年 1 月 4 日，http://www.gwz.fudan.edu.cn/ShowPost.asp?ThreadID=5409。

16. 顏世鉉 2012：《清華竹書〈繫年〉「射于楚軍之門」試解》〔EB/OL〕，簡帛網，2012 年 1 月 6 日，http://www.bsm.org.cn/show_article.php?id=1619。又載《清華竹書〈繫年〉札記二則》，《簡帛》第七輯，上海古籍出版社，2012 年 10 月，第 57～59 頁。

17. 子居 2012：《清華簡〈繫年〉1～4 章解析》〔EB/OL〕，孔子 2000 網「清華大學簡帛研究」專欄，2012 年 1 月 6 日，http://www.confucius2000.com/admin/list.asp?id=5182; 又中國先秦史網──出土文獻研究，2015 年 9 月11 日，http://xianqin.byethost10.com/2015/09/11/201。

18. 海天 2012A：《由〈繫年〉重新認識幾個楚文字》〔EB/OL〕，復旦大學出土文獻與古文字研究中心網「學術討論」論壇，2012 年 1 月 6 日，http://www.gwz.fudan.edu.cn/old/ShowForumSearch.asp?PageIndex=29&Keywords=%BA%A3%CC%EC&Item=Src_Desc&DateComparer=-1。

19. 郭永秉 2012：《疑〈繫年〉64 號簡的「射」字實是「發」字》〔EB/OL〕，復旦大學出土文獻與古文字研究中心網「學術討論」論壇，2012 年 1 月7 日，http://www.gwz.fudan.edu.cn/ShowPost.asp?TreadID=5418。

20. 陶金 2012：《由清華簡〈繫年〉談洹子孟姜壺相關問題》〔EB/OL〕，復旦大學出土文獻與古文字研究中心網，2012 年 2 月 14 日，http://www.gwz.fudan.edu.cn/Web/Show/1785。

21. 孫飛燕 2012：《釋〈左傳〉的「屬之役」》〔J〕，《深圳大學學報（人文社會科學版）》2012 年第 2 期，第 58～59 頁。

22. 胡凱、陳民鎮 2012：《清華簡〈繫年〉所見晉國史料初探──從〈繫年〉看晉國的邦交》〔J〕，《邯鄲學院學報》2012 年第 2 期，第 58～66 頁。

23. 孫飛燕 2012A：《讀〈繫年〉箚記三則》〔EB/OL〕，復旦大學出土文獻與古文字研究中心網，2012 年 3 月 9 日，http://www.gwz.fudan.edu.cn/Web/Show/1801#_ednref10。

24. 王紅亮 2012：《讀清華簡〈繫年〉箚記（一）》〔EB/OL〕，簡帛網，2012

年 3 月 26 日，http://www.bsm.org.cn/show_article.php?id=1657。

25. 白光琦 2012：《由清華簡〈繫年〉訂正戰國楚年》〔EB/OL〕，簡帛網，2012 年 3 月 26 日，http://www.bsm.org.cn/show_article.php?id=1659。

26. 廖名春 2012：《清華簡專題研究（續）——清華簡〈繫年〉管窺》〔J〕，《深圳大學學報（人文社會科學版）》2012 年第 3 期，第 51～54 頁。又《清華簡〈繫年〉管窺》〔C〕，《第二十三屆中國文字學國際學術研討會會後論文集》，新北：聖環圖書股份有限公司 2013 年，第 235～254 頁。

27. 陳穎飛 2012：《楚悼王初期的大戰與楚封君——清華簡〈繫年〉札記之一》〔J〕，《文史知識》2012 年第 5 期，第 105～107 頁。

28. 程薇 2012：《清華簡〈繫年〉與夏姬身份之謎》〔J〕，《文史知識》2012 年第 7 期，第 108～112 頁。

29. 子居 2012A：《清華簡〈繫年〉12～15 章解析》〔EB/OL〕，孔子 2000 網「清華大學簡帛研究」專欄，2012 年 10 月 2 日，http://www.confucius2000.com/admin/list.asp?id=5413；又中國先秦史網——出土文獻研究，2015 年 9 月 11 日，http://xianqin.byethost10.com/2015/09/11/208。

30. 馬衛東、王政冬 2012：《清華簡〈繫年〉三晉伐齊考》〔EB/OL〕，復旦大學出土文獻與古文字研究中心網，2012 年 10 月 18 日，http://www.gwz.fudan.edu.cn/Web/Show/1943，又《晉陽學刊》2014 年第 1 期，第 16～22 頁。

31. 鄔可晶 2012：《東周題銘零釋（兩篇）之二——釋句吳王之孫殘盉銘中的「伐」》〔C〕，《中國文字》第 38 期，臺北：藝文印書館，2012 年 12 月，第 103～112 頁。

32. 劉建明 2012：《古文字釋讀的「還本性」論——以〈繫年〉爲例》〔EB/OL〕，孔子 2000 網「清華大學簡帛研究」專欄，2012 年 12 月 19 日，http://www.confucius2000.com/admin/list.asp?id=5507。

33. 劉建明 2012A：《清華簡〈繫年〉釋讀辨疑》〔EB/OL〕，孔子 2000 網「清華大學簡帛研究」專欄， 2012 年 12 月 26 日，http://www.confucius2000.com/admin/list.asp?id=5508。

34. 清華（叁）：清華大學出土文獻研究與保護中心編，李學勤主編《清華大學藏戰國竹簡（叁）》〔M〕，上海：中西書局，2012 年 12 月。

35. 陳偉 2013：《〈清華大學藏戰國竹簡·良臣〉初讀》〔EB/OL〕，簡帛網，2013 年 1 月 4 日，http://www.bsm.org.cn/show_article.php?id=1769。

36. 黃傑 2013：《初讀清華簡（叁）〈良臣〉〈祝辭〉筆記》〔EB/OL〕，簡帛網，2013 年 1 月 7 日，http://www.bsm.org.cn/show_article.php?id=1785。

37. 周飛 2013：《清華簡〈良臣〉篇箚記》〔EB/OL〕，清華大學出土文獻研究與保護中心網，2013 年 1 月 8 日，http://www.ctwx.tsinghua.edu.cn/

publish/cetrp/6842/2013/2013010822071110319341 1/20130108220711110319
3411_.html。

38. 簡帛論壇《清華簡三〈良臣〉箚記》〔EB/OL〕，簡帛網，http://www.bsm.org.
cn/bbs/read.php?tid=3052&page=1。

39. 子居 2013：《清華簡〈繫年〉16～19 章解析》〔EB/OL〕，孔子 2000 網「清
華大學簡帛研究」專欄，2013 年 1 月 8 日，http://www.confucius2000.com
/admin/list.asp?id=5525；又中國先秦史網——出土文獻研究，2015 年 9
月 11 日，http://xianqin.byethost10.com/2015/09/11/210。

40. 李鋭 2013：《由清華簡〈繫年〉談戰國初楚史年代的問題》〔J〕，《史學史
研究》2013 年第 2 期，第 100～104 頁。又「『簡帛文獻與古代史』學術
研討會暨第二屆出土文獻青年學者論壇」論文，復旦大學 2013 年。

41. 王紅亮 2013：《據清華簡〈繫年〉證〈左傳〉一則》〔EB/OL〕，復旦大學
出土文獻與古文字研究中心網，2013 年 4 月 23 日，http://www.gwz.fudan.
edu.cn/Web/Show/2037。

42. 羅運環 2013：《清華簡〈繫年〉楚文王史事考論》〔C〕，「出土文獻與中
國古代文明學術研討會」論文，清華大學 2013 年。

43. 劉剛 2013：《釋「染」》〔C〕，「中國文字學會第七屆學術年會」論文，吉
林大學 2013 年。

44. 集解 2013：蘇建洲、吳雯雯、賴怡璇《清華二〈繫年〉集解》〔M〕，臺
北：萬卷樓圖書股份有限公司，2013 年 12 月。

45. 王紅亮 2013A：《清華簡〈繫年〉第十二章及相關史事考》〔J〕，《文史》
2013 年第四輯，第 217～222 頁。

46. 林宏佳 2014：《説「覓」及其相關字形》〔C〕，《出土文獻研究視野與方
法》第五輯，臺北：政治大學中國文學系，2014 年 12 月，第 37～71 頁。

47. 羅小華 2015：《試論清華簡〈良臣〉中的「子剌」》〔C〕，《出土文獻》第
六輯，上海：中西書局，2015 年 4 月，第 198～200 頁。

48. 侯文學、宋美霖 2015：《〈左傳〉與清華簡〈繫年〉關於夏姬的不同敘述》
〔J〕，《吉林師範大學學報（人文社會科學版）》2015 年第 4 期，第 36～
41 頁。

49. 代生、張少筠 2015：《清華簡〈繫年〉所見鄭國史事初探》〔J〕，《中南大
學學報（社會科學版）》2015 年第 3 期，第 242～247 頁。

50. 郭麗 2015：《清華簡〈良臣〉文本結構與思路考略》〔J〕，《山東理工大學
學報（社會科學版）》2015 年第 4 期，第 48～51 頁。

51. 李松儒 2015：《清華簡〈繫年〉集釋》〔M〕，上海：中西書局，2015 年
10 月。

52. 張崇依 2015：《清華簡釋文補正五則》〔J〕，《古籍整理研究學刊》2015

年第 6 期，第 37～39 頁。

53. 李學勤 2016：《有關春秋史事的清華簡五種綜述》〔J〕，《文物》2016 年第 3 期，第 79～83 頁。

54. 羅小華 2016：《試論清華簡中的幾個人名》〔EB/OL〕，簡帛網，2016 年 4 月 8 日，http://www.bsm.org.cn/show_article.php?id=2514。

55. 清華（陸）：清華大學出土文獻研究與保護中心編，李學勤主編《清華大學藏戰國竹簡（陸）》〔M〕，上海：中西書局，2016 年 4 月。

56. 李守奎 2016：《〈鄭武夫人規孺子〉中的喪禮用語與相關的禮制問題》〔J〕，《中國史研究》2016 年第 1 期，第 11～18 頁。

57. 清華讀書會 2016：清華大學出土文獻讀書會《清華六整理報告補正》〔EB/OL〕，清華大學出土文獻研究與保護中心網，2016 年 4 月 16 日，http://www.ctwx.tsinghua.edu.cn/publish/cetrp/6831/2016/20160416052940099595642/20160416052940099595642_.html。

58. 趙平安 2016：《〈清華簡（陸）〉文字補釋（六則）》〔EB/OL〕，清華大學出土文獻研究與保護中心網，2016 年 4 月 16 日，http://www.tsinghua.edu.cn/publish/cetrp/6842/2016/20160416052835466553594/201604160528354666553594_.html，又載《出土文獻》第九輯，中西書局，2016 年 10 月，183～189 頁。

59. 馬楠 2016：《清華簡〈鄭文公問太伯〉與鄭國早期史事》〔J〕，《文物》2016 年第 3 期，第 84～87 頁。

60. 馬楠 2016A：《關於〈清華大學藏戰國竹簡（陸）〉的一則說明》〔J〕，《文物》2016 年第 3 期，第 286 頁。

61. 楊蒙生 2016：《讀清華六〈子儀〉筆記五則——附〈鄭文公問太伯〉筆記一則》〔EB/OL〕，清華大學出土文獻與保護中心網，2016 年 4 月 16 日，http://www.ctwx.tsinghua.edu.cn/publish/cetrp/6842/2016/20160416052603696651907/20160416052603696651907_.html。

62. 簡帛論壇《清華六〈鄭武夫人規孺子〉初讀》〔EB/OL〕，簡帛網，http://www.bsm.org.cn/bbs/read.php?tid=3345&page=1。

63. 簡帛論壇《清華六〈鄭文公問太伯〉初讀》〔EB/OL〕，簡帛網，http://www.bsm.org.cn/bbs/read.php?tid=3346&fpage=4。

64. 簡帛論壇《清華六〈子產〉初讀》〔EB/OL〕，簡帛網，http://www.bsm.org.cn/bbs/read.php?tid=3344&fpage=2。

65. 王紅亮 2016：《清華六〈鄭武夫人規孺子〉有關歷史問題解說》〔EB/OL〕，復旦大學出土文獻與古文字研究中心網，2016 年 4 月 17 日，http://www.gwz.fudan.edu.cn/Web/Show/2772。

66. 徐在國 2016：《清華六〈鄭文公問太伯〉札記一則》〔EB/OL〕，簡帛網，

2016 年 4 月 17 日，http://www.bsm.org.cn/show_article.php?id=2519。

67. 孟躍龍 2016：《清華簡「伊阩」即「伊闕」說》〔EB/OL〕，簡帛網，2016 年 4 月 18 日，http://www.bsm.org.cn/show_article.php?id=2521。

68. 徐在國 2016A：《談清華六〈子產〉中的三個字》〔EB/OL〕，簡帛網，2016 年 4 月 19 日，http://www.bsm.org.cn/show_article.php?id=2523。

69. 何有祖 2016：《讀清華六短札（三則)》〔EB/OL〕，簡帛網，2016 年 4 月 19 日，http://www.bsm.org.cn/show_article.php?id=2524。

70. 程燕 2016：《清華六考釋三則》〔EB/OL〕，簡帛網，2016 年 4 月 19 日，http://www.bsm.org.cn/show_article.php?id=2525。

71. 王寧 2016：《由清華簡六二篇說鄭的立國時間問題》〔EB/OL〕，復旦大學出土文獻與古文字研究中心網，2016 年 4 月 20 日，http://www.gwz.fudan.edu.cn/Web/Show/2777。

72. 黔之菜 2016：《清華簡（陸）〈子產〉小札一則》〔EB/OL〕，復旦大學出土文獻與古文字研究中心網，2016 年 4 月 20 日，http://www.gwz.fudan.edu.cn/Web/Show/2773。

73. 李鵬輝 2016：《清華簡陸筆記二則》〔EB/OL〕，復旦大學出土文獻與古文字研究中心網，2016 年 4 月 20 日，http://www.gwz.fudan.edu.cn/Web/Show/2775。

74. 蘇建洲 2016：《〈清華六〉文字補釋》〔EB/OL〕，簡帛網，2016 年 4 月 20 日，http://www.bsm.org.cn/show_article.php?id=2526。

75. 華東師大 2016：華東師範大學中文系出土文獻研究工作室《讀〈清華大學藏戰國竹簡（陸）·鄭文公問太伯〉書後（一)》〔EB/OL〕，簡帛網，2016 年 4 月 20 日，http://www.bsm.org.cn/show_article.php?id=2527。

76. 王亞龍：《〈子產〉釋文及注釋》，未刊載。

77. 楚竹客 2016：《清華六〈鄭武夫人規孺子〉札記一則》〔EB/OL〕，復旦大學出土文獻與古文字研究中心網「學術討論」，2016 年 4 月 22 日，http://www.gwz.fudan.edu.cn/forum/forum.php?mod=viewthread&tid=7828。

78. 曹方向 2016：《清華六「饋而不二」試解》〔EB/OL〕，簡帛網，2016 年 4 月 22 日，http://www.bsm.org.cn/show_article.php?id=2529。

79. 華東師大 2016A：華東師範大學中文系出土文獻研究工作室《讀〈清華大學藏戰國竹簡（陸）·子產〉書後（一)》〔EB/OL〕，簡帛網，2016 年 4 月 25 日，http://www.bsm.org.cn/show_article.php?id=2533。

80. 蘇建洲 2016A：《〈清華六·鄭文公問太伯〉「饋而不二」補說》〔EB/OL〕，簡帛網，2016 年 4 月 26 日，http://www.bsm.org.cn/show_article.php?id=2535。

81. 龐壯城 2016：《〈清華簡（陸)〉考釋零箋》〔EB/OL〕，簡帛網，2016 年 4

月 27，http://www.bsm.org.cn/show_article.php?id=2537。

82. 李守奎 2016A：《釋楚簡中的「規」——兼説「支」亦「規」之表意初文》〔J〕，《復旦學報（社會科學版）》2016 年第 3 期，第 80～86 頁。

83. 王寧 2016A：《清華簡六〈鄭武夫人規孺子〉寬式文本校讀》〔EB/OL〕，復旦大學出土文獻與古文字研究中心網，2016 年 5 月 1 日，http://www.gwz.fudan.edu.cn/SrcShow.asp?Src_ID=2784。

84. 子居 2016：《清華簡〈鄭文公問太伯（甲本）〉解析》〔EB/OL〕，中國先秦史網，2016 年 5 月 1 日，http://xianqin.22web.org/2016/05/01/327。

85. 桂珍明 2016：《清華六〈鄭文公問太伯〉「饋而不二」引喻考論》〔EB/OL〕，復旦大學出土文獻與古文字研究中心網，2016 年 5 月 2 日，http://www.gwz.fudan.edu.cn/Web/Show/2786。

86. 蔣偉男 2016：《簡牘「毀」字補説》〔J〕，《古籍研究》2016 年第 2 期，第 181～185 頁。

87. 王寧 2016B：《清華簡六〈鄭文公問太伯〉之「太伯」爲「浅伯」説》〔EB/OL〕，簡帛網，2016 年 5 月 8 日，http://www.bsm.org.cn/show_article.php?id=2547。

88. 張伯元 2016：《清華簡六〈子產〉篇「法律」一詞考》〔EB/OL〕，簡帛網，2016 年 5 月 10 日，http://www.bsm.org.cn/show_article.php?id=2551。

89. 黔之菜 2016A：《清華簡（陸）〈子產〉篇之「勛勉」或可讀爲「黽勉」》〔EB/OL〕，復旦大學出土文獻與古文字研究中心網，2016 年 5 月 12 日，http://www.gwz.fudan.edu.cn/Web/Show/2791。

90. 王寧 2016C：《清華簡六〈鄭文公問太伯〉的「縈軛」「遺陰」解》〔EB/OL〕，復旦大學出土文獻與古文字研究中心網，2016 年 5 月 16 日，http://www.gwz.fudan.edu.cn/Web/Show/2793。

91. 王寧 2016D：《清華簡六〈鄭文公問太伯〉「函」「訾」別解》〔EB/OL〕，復旦大學出土文獻與古文字研究中心網，2016 年 5 月 20 日，http://www.gwz.fudan.edu.cn/Web/Show/2801。

92. 陳偉 2016：《鄭伯克段「前傳」的歷史敘事》〔N〕，《中國社會科學報》2016 年 5 月 30 日第 004 版。

93. 王寧 2016E：《清華簡六〈鄭文公問太伯〉（甲本）釋文校讀》〔EB/OL〕，復旦大學出土文獻與古文字研究中心網，2016 年 5 月 30 日，http://www.gwz.fudan.edu.cn/Web/Show/2809。

94. 尉侯凱 2016：《〈鄭文公問太伯〉（甲本）注釋訂補（三則）》〔EB/OL〕，簡帛網，2016 年 6 月 6 日，http://www.bsm.org.cn/show_article.php?id=2569。

95. 子居 2016A：《清華簡〈鄭武夫人規孺子〉解析》〔EB/OL〕，中國先秦史

網，2016 年 6 月 7 日，http://xianqin.byethost10.com/2016/06/07/338。

96. 尉侯凱 2016A：《清華簡六〈鄭武夫人規孺子〉編連獻疑》〔EB/OL〕，簡帛網，2016 年 6 月 9 日，http://www.bsm.org.cn/show_article.php?id=2573。

97. 王寧 2016F：《釋清華簡六〈子產〉中的「完」字》〔EB/OL〕，簡帛網，2016 年 6 月 14 日，http://www.bsm.org.cn/show_article.php?id=2578。

98. 王寧 2016G：《清華簡〈良臣〉〈子產〉中子產師、輔人名雜識》〔EB/OL〕，復旦大學出土文獻與古文字研究中心網，2016 年 6 月 27 日，http://www.gwz.fudan.edu.cn/Web/Show/2843。

99. 王寧 2016H：《清華簡六〈子產〉釋文校讀》〔EB/OL〕，復旦大學出土文獻與古文字研究中心網，2016 年 7 月 4 日，http://www.gwz.fudan.edu.cn/Web/Show/2851。

100. 黃聖松、黃庭頎 2016：《〈清華六·鄭文公問太伯〉札記》〔EB/OL〕，簡帛網，2016 年 9 月 7 日，http://www.bsm.org.cn/show_article.php?id=2628。

101. 黃聖松、黃庭頎 2016A：《〈清華六·鄭文公問太伯〉札記（二）》〔EB/OL〕，簡帛網，2016 年 9 月 14 日，http://www.bsm.org.cn/show_article.php?id=2631。

102. 陳治軍 2016：《清華簡六〈子產〉中的「窰」字補釋》〔EB/OL〕，復旦大學出土文獻與古文字研究中心網，2016 年 9 月 24 日，http://www.gwz.fudan.edu.cn/Web/Show/2905。

103. 石小力 2016：《清華簡第六輯中的訛字研究》〔C〕，《出土文獻》第九輯，上海：中西書局，2016 年 10 月，第 190～197 頁。

104. 吳良寶 2016：《清華簡地名「鄅」「邶」小考》〔C〕，《出土文獻》第九輯，上海：中西書局，2016 年 10 月，第 178～182 頁。

105. 王永昌 2016：《清華簡研究二題》〔J〕，《延安大學學報（社會科學版）》2016 年第 5 期，第 82～84 頁。

106. 范雲飛 2016：《〈清華陸·子產〉「尊令裕義」解》〔EB/OL〕，簡帛網，2016 年 10 月 18 日，http://www.bsm.org.cn/show_article.php?id=2646。

107. 劉光 2016：《清華簡〈鄭文公問太伯〉所見鄭國初年史事研究》〔J〕，《山西檔案》2016 年第 6 期，第 31～34 頁。

108. 孫合肥 2017：《清華簡〈子產〉簡 19-23 校讀》〔J〕，《淮南師範學院學報》2017 年第 1 期，第 1～3 頁。

109. 子居 2017：《清華簡釋讀涉及到的幾個歷史地理問題淺議》〔EB/OL〕，中國先秦史網——出土文獻研究，2017 年 1 月 29 日，http://xianqin.byethost10.com/2017/01/29/379。

110. 何有祖 2017：《讀清華簡六札記（二則）》〔C〕，《出土文獻》第十輯，上海：中西書局，2017 年 4 月第 1 版，第 119～123 頁，又載簡帛網，2017

年 8 月 17 日，http://www.bsm.org.cn/show_article.php?id=2867。

111. 尉侯凱 2017：《讀清華簡六札記（五則）》〔C〕，《出土文獻》第十輯，上海：中西書局，2017 年 4 月第 1 版，第 124～129 頁。

112. 清華（柒）：清華大學出土文獻研究與保護中心編，李學勤主編《清華大學藏戰國竹簡（柒）》〔M〕，上海：中西書局，2017 年 4 月。

113. 黃德寬 2017：《試釋楚簡中的「湛」字》〔EB/OL〕，復旦大學出土文獻與古文字研究中心網，2016 年 6 月 6 日，http://www.gwz.fudan.edu.cn/Web/Show/3062。

114. 晁福林 2017：《談清華簡〈鄭武夫人規孺子〉的史料價值》〔J〕，《清華大學學報（哲學社會科學版）》2017 年第 3 期，第 125～130 頁。

115. 袁金平、趙艷莉 2017：《清華簡校讀散札（三則）》〔J〕，《三峽論壇》2017 年第 4 期，第 60～64 頁。

116. 單育辰 2017：《清華六〈鄭文公問太伯〉釋文商榷》〔C〕，《語言研究輯刊》第十八輯，2017 年第 1 期，第 308～313 頁。

117. 沈培 2017：《清華簡〈鄭武夫人規孺子〉校讀五則》〔C〕，簡帛網、香港中文大學歷史系中國歷史研究中心、韓國國立慶北大學歷史系《新出土戰國秦漢簡牘研究論文集》，2017 年 10 月 9～12 日，第 493～507 頁。

118. 白於藍 2017：《讀簡劄記（三則）》〔C〕，《「出土文獻與傳世典籍的詮釋」國際學術研討會議程論文集》，上海：復旦大學，2017 年 10 月 14～15 日，第 1～5 頁。

119. 單育辰 2017A：《清華六〈鄭武夫人規孺子〉釋文商榷》〔C〕，《「出土文獻與傳世典籍的詮釋」國際學術研討會議程論文集》，上海：復旦大學，2017 年 10 月 14～15 日，第 297～300 頁。

120. 吳祺 2017：《清華六〈鄭武夫人規孺子〉校釋三則》〔C〕，《西南大學 2017 年全國博士生論壇論文集》。

121. 許文獻 2017：《清華簡六《鄭武夫人規孺子》「𣅳」字釋讀疑義淺說》〔EB/OL〕，簡帛網，2017 年 11 月 7 日，http://www.bsm.org.cn/show_article.php?id=2937#_ftnref7。

附錄：《竹書紀年》中涉及鄭國歷史的內容輯錄

晉紀

鄭桓公（厲）〔宣〕王之子。（《史通・雜說上》）

晉文侯二年，周宣王子多父伐鄶，克之。乃居鄭父之丘，名之曰鄭，是曰桓公。（《水經・洧水注》）

鄭莊公殺公子聖。（《春秋啖趙集傳纂例》卷一）

鄭殺其君某。（《春秋啖趙集傳纂例》卷一）

晉獻公二年春，周惠王居于鄭。鄭人入王府，多取玉，玉化爲蜮射人。（《開元占經》卷一二〇）

晉獻公二年春，周惠王居于鄭。鄭人入王府多取玉焉，玉化爲蜮射人。（《太平御覽》卷九五〇蟲豸部）

晉獻公二年春，周惠王居于鄭。鄭人入王府取玉焉，玉化爲蜮以射人也。（《太平廣記》卷四七三昆蟲部引《感應經》所引）

鄭棄其師。（《春秋啖趙集傳纂例》卷一）

鄭棄其師。（《新唐書・劉貺傳》）

齊師逐鄭太子齒奔城張陽南鄭。（《水經・涑水注》）

楚囊瓦奔鄭。（《春秋啖趙集傳纂例》卷一）

晉出公六年，齊、鄭伐衛。荀瑤城宅陽。（《水經・濟水注》）

宅陽一名：「北宅」。（《史記・穰侯列傳正義》）

魏紀

魏武侯二十一年，韓滅鄭，哀侯入于鄭。（《史記・韓世家》索隱）

晉桓公邑哀侯于鄭。韓山堅賊其君哀侯，而立韓若山。（《史記・韓世家》索隱）

（魏武侯）二十二年，晉桓公邑哀侯于鄭。（《史記・韓世家》索隱）

……韓哀侯、趙敬侯並以（晉）桓公十五年卒。（《史記・晉世家》索隱）

〔註 127〕

〔註 127〕方詩銘、王修齡《古本竹書紀年輯證》，上海：上海古籍出版社，2005 年 10 月，第 70、72、75、77～78、82、84、86～87、109～110 頁。